中国非洲研究院文库·研究论丛系列

中东国际关系的新变化、新特点与新趋势

International Relations in the Middle East: New Changes, Characteristics and Tendencies

安春英　主编

中国社会科学出版社

图书在版编目（CIP）数据

中东国际关系的新变化、新特点与新趋势 / 安春英主编 . —北京：中国社会科学出版社，2020.7

（中国非洲研究院文库）

ISBN 978 - 7 - 5203 - 6593 - 2

Ⅰ.①中… Ⅱ.①安… Ⅲ.①国际关系—研究—中东 Ⅳ.①D837.02

中国版本图书馆 CIP 数据核字（2020）第 093519 号

出 版 人	赵剑英
策划编辑	喻　苗
责任编辑	张冰洁　胡新芳
责任校对	李　剑
责任印制	王　超

出　　版	中国社会科学出版社
社　　址	北京鼓楼西大街甲 158 号
邮　　编	100720
网　　址	http://www.csspw.cn
发 行 部	010 - 84083685
门 市 部	010 - 84029450
经　　销	新华书店及其他书店
印　　刷	北京明恒达印务有限公司
装　　订	廊坊市广阳区广增装订厂
版　　次	2020 年 7 月第 1 版
印　　次	2020 年 7 月第 1 次印刷
开　　本	710 × 1000　1/16
印　　张	29.25
插　　页	2
字　　数	461 千字
定　　价	159.00 元

凡购买中国社会科学出版社图书，如有质量问题请与本社营销中心联系调换
电话：010 - 84083683
版权所有　侵权必究

《中国非洲研究院文库》编纂委员会

(按姓氏笔画排序)

主　任　蔡　昉

编委会　王　凤　　王林聪　　王灵桂　　毕健康　　朱伟东
　　　　刘鸿武　　安春英　　李安山　　李智彪　　李新烽
　　　　杨宝荣　　吴传华　　余国庆　　张永宏　　张宇燕
　　　　张宏明　　张忠祥　　张艳秋　　张振克　　林毅夫
　　　　罗建波　　周　弘　　赵剑英　　胡必亮　　洪永红
　　　　姚桂梅　　贺文萍　　莫纪宏　　党争胜　　郭建树
　　　　唐志超　　谢寿光　　詹世明　　蔡　昉

充分发挥智库作用
助力中非友好合作

——"中国非洲研究院文库"总序

当今世界正面临百年未有之大变局。世界多极化、经济全球化、社会信息化、文化多样化深入发展，和平、发展、合作、共赢成为人类社会共同的诉求，构建人类命运共同体成为各国人民共同的愿望。与此同时，大国博弈激烈，地区冲突不断，恐怖主义难除，发展失衡严重，气候变化凸显，单边主义和贸易保护主义抬头，人类面临许多共同挑战。中国是世界上最大的发展中国家，是人类和平与发展事业的建设者、贡献者和维护者。2017年10月中共十九大胜利召开，引领中国发展踏上新的伟大征程。在习近平新时代中国特色社会主义思想指引下，中国人民正在为实现"两个一百年"奋斗目标和中华民族伟大复兴的"中国梦"而奋发努力，同时继续努力为人类作出新的更大的贡献。非洲是发展中国家最集中的大陆，是维护世界和平、促进全球发展的重要力量之一。近年来，非洲在自主可持续发展、联合自强道路上取得了可喜进展，从西方眼中"没有希望的大陆"变成了"充满希望的大陆"，成为"奔跑的雄狮"。非洲各国正在积极探索适合自身国情的发展道路，非洲人民正在为实现《2063年议程》与和平繁荣的"非洲梦"而努力奋斗。

中国与非洲传统友谊源远流长，中非历来是命运共同体。中国高度重视发展中非关系，2013年3月习近平担任国家主席后首次出访就选择了非洲；2018年7月习近平连任国家主席后首次出访仍然选择了非洲；6年间，习近平主席先后4次踏上非洲大陆，访问坦桑尼亚、南非、塞内加尔等8国，向世界表明中国对中非传统友谊倍加珍惜，对非洲和中非关系高度重视。2018年中非合作论坛北京峰会成功召开。习近平主席在此次峰会上，揭示了中非团结合作的本质特征，指明了中非关系发展的前进方向，规划了中非共同发展的具体路径，极大完善并创新了中国对非政策的理论框架和思想体系，这成为习近平新时代中国特色社会主义外交思想的重要理论创新成果，为未来中非关系的发展提供了强大政治遵循和行动指南。这次峰会是中非关系发展史上又一次具有里程碑意义的盛会。

随着中非合作蓬勃发展，国际社会对中非关系的关注度不断提高，出于对中国在非洲影响力不断上升的担忧，西方国家不时泛起一些肆意抹黑、诋毁中非关系的奇谈怪论，诸如"新殖民主义论""资源争夺论""债务陷阱论"等，给中非关系发展带来一定程度的干扰。在此背景下，学术界加强对非洲和中非关系的研究，及时推出相关研究成果，提升国际话语权，展示中非务实合作的丰硕成果，客观积极地反映中非关系良好发展，向世界发出中国声音，显得日益紧迫和重要。

中国社会科学院以习近平新时代中国特色社会主义思想为指导，努力建设马克思主义理论阵地，发挥为党的国家决策服务的思想库作用，努力为构建中国特色哲学社会科学学科体系、学术体系、话语体系作出新的更大贡献，不断增强我国哲学社会科学的国际影响力。中国社会科学院西亚非洲研究所是当年根据毛泽东主席批示成立的区域性研究机构，长期致力于非洲问题和中非关系研究，基础研究和应用研究并重，出版和发表了大量学术专著和论文，在国内外的影响力不断扩大。以西亚非洲研究所为主体于2019年4月成立的中国非洲研究院，是习近平总书记在中非合作论坛北京峰会上宣布的加强中非人文交流行动的重要举措。

按照习近平总书记致中国非洲研究院成立贺信精神，中国非洲研究院的宗旨是：汇聚中非学术智库资源，深化中非文明互鉴，加强治国理政和发展经验交流，为中非和中非同其他各方的合作集思广益、建言献策，增进中非人民相互了解和友谊，为中非共同推进"一带一路"合作，共同建设面向未来的中非全面战略合作伙伴关系，共同构筑更加紧密的中非命运共同体提供智力支持和人才支撑。中国非洲研究院有四大功能：一是发挥交流平台作用，密切中非学术交往。办好"非洲讲坛"

"中国讲坛""大使讲坛",创办"中非文明对话大会",运行好"中非治国理政交流机制""中非可持续发展交流机制""中非共建'一带一路'交流机制"。二是发挥研究基地作用,聚焦共建"一带一路"。开展中非合作研究,对中非共同关注的重大问题和热点问题进行跟踪研究,定期发布研究课题及其成果。三是发挥人才高地作用,培养高端专业人才。开展学历学位教育,实施中非学者互访项目,培养青年专家、扶持青年学者和培养高端专业人才。四是发挥传播窗口作用,讲好中非友好故事。办好中国非洲研究院微信公众号,办好中英文中国非洲研究院网站,创办多语种《中国非洲学刊》。

为贯彻落实习近平总书记的贺信精神,更好地汇聚中非学术智库资源,团结非洲学者,引领中国非洲研究工作者提高学术水平和创新能力,推动相关非洲学科融合发展,推出精品力作,同时重视加强学术道德建设,中国非洲研究院面向全国非洲研究学界,坚持立足中国,放眼世界,特设"中国非洲研究院文库"。"中国非洲研究院文库"坚持精品导向,由相关部门领导与专家学者组成的编辑委员会遴选非洲研究及中非关系研究的相关成果,并统一组织出版,下设五大系列丛书:"学术著作"系列重在推动学科发展和建议,反映非洲发展问题、发展道路及中非合作等某一学科领域的系统性专题研究或国别研究成果;"经典译丛"系列主要把非洲学者以及其他方学者有关非洲问题研究的经典学术著作翻译成中文出版,特别注重全面反映非洲本土学者的学术水平、学术观点和对自身发展问题的认识;"智库报告"系列以中非关系为研究主线,中非各领域合作、国别双边关系及中国与其他国际角色在非洲的互动关系为支撑,客观、准确、翔实地反映中非合作的现状,为新时代中非关系顺利发展提供对策建议;"研究论丛"系列基于国际格局新变化、中国特色社会主义进入新时代,集结中国专家学者研究非洲政治、经济、安全、社会发展等方面的重大问题和非洲国际关系的创新性学术论文,具有学科覆盖面、基础性、系统性和标志性研究成果的特点;"年鉴"系列是连续出版的资料性文献,设有"重要文献""热点聚焦""专题特稿""研究综述""新书选介""学刊简介""学术机构""学术动态""数据统计""年度大事"等栏目,系统汇集每年度非洲研究的新观点、新动态、新成果。

期待中国的非洲研究和非洲的中国研究在中国非洲研究院成立的新的历史起点上，凝聚国内研究力量，联合非洲各国专家学者，开拓进取，勇于创新，不断推进我国的非洲研究和非洲的中国研究以及中非关系研究，从而更好地服务于中非共建"一带一路"，助力新时代中非友好合作全面深入发展。

中国社会科学院副院长
中国非洲研究院院长
蔡　昉

目　录

域外大国与中东国家关系

失序的时代与中东权力新格局 …………………… 唐志超（3）
美国特朗普政府极限施压伊朗：内涵、动因及影响 ……… 范鸿达（26）
评析俄罗斯在中东的机会主义外交 ………………… 姜　毅（46）
当前印度与海湾国家关系及前景 …………………… 魏　亮（61）

中东国家的对外战略与政策

"同质化联盟"与沙特—卡塔尔交恶的结构性
　　根源 …………………………………… 孙德刚　安　然（85）
"萨勒曼新政"与沙特内政外交走向 ………………… 马晓霖（106）
埃尔多安时代土耳其外交的转型及其限度 ……… 李秉忠　涂　斌（136）
埃及塞西政府的平衡外交政策述评 ………………… 李　意（158）

国际关系视角下的中东移民问题

穆斯林移民在欧洲：身份认同及其冲突 ……………… 宋全成（183）
当代穆斯林移民与法国社会：融入还是分离 ………… 彭姝祎（200）
试论马格里布移民问题及其治理 …………………… 潘华琼（220）
以色列对非洲非法移民的认知与管控 ………………… 艾仁贵（241）

目 录

中国和中东关系及"一带一路"建设

中阿战略伙伴关系：基础、现状与趋势 ………… 李伟建（271）
中国与阿拉伯国家人文交流的现状、基础及挑战 ………… 包澄章（290）
境外工业园建设与中阿产能合作 ………… 刘　冬（313）
沙特阿拉伯的工业化与中沙产能合作 ………… 陈　沫（338）
"一带一路"视域下的中国中东外交：传承与担当 ……… 王　猛（362）
"一带一路"框架下中国与中东基础设施互联互通的
　问题和对策研究 ………… 魏　敏（385）
"一带一路"背景下中阿投资争议的解决途径 ………… 朱伟东（399）
"一带一路"视角下的中国与以色列关系 ………… 肖　宪（420）
阿富汗与"一带一路"建设：地区多元竞争下的
　选择 ………… 黄民兴　陈利宽（440）

域外大国与中东国家关系

失序的时代与中东权力新格局

唐志超[*]

摘　要：混乱而无序是当下国际形势发展的主要特征。阿拉伯剧变之后的中东可谓全球无序的典型。动荡的中东呈现出大国竞争新常态，且正在孕育着新的地区格局。美国独步天下的局面正在逐步被打破，"后美国时代的中东"开启大幕。美国作用的缺失和弱化带来巨大的权力真空，群雄逐鹿中东，"美退俄进""西退东进""一降两升"三大特征明显。中东正由单极向多极化加速演进。中东失序的根源在于全球及地区范围内的权力失衡与转换。中东最终走向有序，仍需很长一段时间，既有赖于新制度和规范的确立，亦有赖于全球及本地区的权力再平衡。

关键词：权力格局　失序　"后美国时代的中东"　俄罗斯　新冷战

　　失序是当今时代的一个显著特征。旧的国际秩序、体系乃至与之紧密相关的政治制度、意识形态和发展模式面临颠覆式挑战。美国的全球领导力下降，全球权力呈现分散化和碎片化之势，国际治理面临困局与颓势，重大"黑天鹅事件"频发。当前的这一历史性巨变实质上反映的是西方世界政治制度、意识形态以及实力的褪色和衰落，全球权力正发生历史性转移。中东历来是大国博弈的重要地区，是最能反映当今世界

---

[*] 唐志超，中国社会科学院西亚非洲研究所政治研究室主任、研究员。

变迁的一个缩影。我们正面对一个无序、失衡、失控的动荡中东。阿拉伯剧变、全球力量格局的转换以及美国在全球及地区领导角色的转变,强有力推动着中东地区秩序走向无序。从奥巴马到特朗普,美国坚持从中东持续战略收缩,预示着中东正进入"后美国时代",这是冷战结束后中东地缘政治格局的最重大变化。西方的退却、俄罗斯的强势回归、亚洲大国的进取、域内大国作用和角色的转换,以及地区联盟的变幻重组,显示出中东新秩序和地区权力新格局正在构建之中。

一 失序的时代:从全球到中东

当今这个时代日益走向失序几乎已成不争的现实。2017年初,美国著名学者理查德·哈斯出版了新作《失序的时代:美国外交政策与旧秩序的危机》,提出了"失序的世界"这一概念。① 同年岁末,俄罗斯瓦尔代国际辩论俱乐部2017年年会召开,确立的主题为"建设性破坏:新世界秩序能否在冲突中诞生"。上述"一书"和"一会"对外传达的信息几乎高度一致:当下的世界,是危机四伏的迷茫时代,正从有序走向无序和失序。

所谓失序,主要相对于有序而言,指秩序的紊乱,失去常规。本文所指的失序主要指世界秩序的紊乱和失调。对稳定秩序的追求是人类的天性,而有序和无序总是相对的、变动的、没有一成不变的。人类追求有序,亦可能造成意外的无序。失序既是主观的,也是客观的,与人们的主观感知、理解以及价值观念等紧密相关。失序主要具有五大特征:其一是紊乱性,这不仅指功能性失调,也指权力结构的失衡和瓦解;其二是迷失性,主要指方向的迷失;其三是不确定性,有序代表着确定性,无序则意味着不确定性;其四是焦虑性,这主要是期望与现实的巨大落差造成的,根源于不稳定和不确定性,普遍焦虑情绪亦可能引发冲突;其五是动荡性,大失序的后果就是混乱和动荡,有序是相对稳定的,无序往往带来不确定性,进而导致动荡,也可以说,焦虑、不确定和动荡

---

① Richard Haass, *A World in Disarray: American Foreign Policy and the Crisis of the Old Order*, Penguin Press, 2017.

既是失序的结果,也是原因。

当下,世界似乎正走进一个失序的时代。既往的惯例和规则已被打破。一个相对稳定的世界正走向动荡,甚至被描绘为类似第一次世界大战前夕的紧张局势,大战一触即发。① 未来一切都具有很强的不确定性。势头正盛的全球化似乎正在逆转。大国领导作用弱化,全球治理失去势力,"无人愿意出头扛大旗"。精英政治被大众政治取代,全球民粹主义、反建制主义兴起。在全球范围内,精英与大众、建制派与反建制派、全球化与反全球化、城市与乡村、中心与边缘等形成一对对新的尖锐矛盾和对抗。对全球影响重大的"黑天鹅事件"频繁发生:俄罗斯出兵乌克兰并吞并克里米亚,苏格兰公投与英国脱欧,从阿拉伯剧变到叙利亚战争,宗教极端主义的勃兴与"伊斯兰国"的兴衰,库尔德人的公投,加泰罗尼亚的分裂危机,特朗普当选,等等,其中最大的"黑天鹅事件"当数特朗普胜选。在失序的时代,我们既有全球的样本,也有区域和国家的模板。从区域层面看,中东则是无序的典型。欧洲似乎也正走向无序的道路,或许会成为新的地区样板。从国家层面看,伊拉克、利比亚、也门、叙利亚、阿富汗、索马里等国,都不同程度面临政权瘫痪、政局动荡、国家陷入分裂或无政府状态等严峻挑战。美国的未来前景也值得玩味。特朗普的当选不仅反映美国内部存在严重危机,还给美国未来走向带来巨大挑战。内部日益撕裂的美国不再是世界的领导者,也不再是世界的榜样。布热津斯基曾经在其著作《大棋局》中大胆预言:2015 年前后美国或将失去世界霸权地位;未来美国或许会面临解体,甚至可能出现此伏彼起的"城市游击战"。② 这一切似乎正在应验。

在 21 世纪的第二个十年,世界的发展突然失去了方向,世人对世界的前途和未来突然产生了前所未有的焦虑感。世界由有序到失序的转换,保护主义的盛行和全球化的逆向发展,归纳起来主要有五方面原因:其一,世界主要大国,尤其是以美国为首的西方国家在维系旧秩序上的能

---

① Julian Snelder, "The Next Great War: America vs. China?", *The National Interest*, February 2, 2015, http://nationalinterest.org/blog/the-buzz/the-next-great-war-america-vs-china – 1216, 2017 – 10 – 20.

② 李慎之:《21 世纪的忧思》,《读书》1996 年第 4 期,第 120 页。

力和意愿下降，力不从心；其二，旧的国际体系和秩序难以跟上时代发展的步伐，已经难以为继；其三，国际权力分散化和去中心化日益发展，非国家行为体影响力上升；其四，经济全球化在各国内部以及全球带来了巨大分化；其五，科技高速发展，全球化和信息化时代来临，以及由此带来全球性新问题与新挑战。其中，美国实力地位的变化以及角色和作用的转换是关键性因素。"在塑造当代世界秩序方面，没有哪个国家像美国一样发挥了如此决定性作用"，不过如今"代表全人类行事"的美国在领导世界秩序方面却"心情复杂"。① 美国是二战结束后西方自由主义国际秩序的缔造者和领导者，尤其在后冷战时代，美国以全球领袖和世界警察自居，打着国际主义、自由主义、普世主义的大旗，建立了美国主导的单极世界霸权秩序。不过，这一地位在21世纪接连遭遇各种强有力挑战："9·11"事件、阿富汗战争、伊拉克战争、国际金融危机，等等。盛极必衰是历史发展的必然规律，但美国的过度扩张以及诸多对外侵略和干预加速了这一进程。美国对外关系委员会主席理查德·哈斯认为，冷战结束后建立起的"新世界秩序"很快就陷入了危机，这主要是因为从克林顿、小布什、奥巴马到特朗普历届政府在巴尔干问题、伊拉克问题、索马里问题、阿富汗问题、海地问题、利比亚问题、叙利亚问题等挑战秩序的严重问题上采取了错误政策，不仅严重损耗了美国的实力，还对美国道德权威造成致命侵蚀。民族主义、孤立主义和民粹主义在美国逐步起势，对美国主导创建的战后全球秩序不屑一顾的特朗普的胜选则使上述趋势达到了一个历史顶点。特朗普当选是一个历史转折性事件，"标志着以美国为首的西方在全球事务中担当核心角色的时代就要终结。其结果将不是形成新秩序，而是出现危险的失序"②。美国"欧亚集团"（Eurasia Group）总裁伊恩·布雷默哀叹，"美国时代结束了……美国已经成为全球不确定性的单一最大来源"。③

---

① ［美］亨利·基辛格：《世界秩序》，胡利平译，中信出版社2015年版，第305、361页。
② ［英］马丁·沃尔夫：《特朗普总统将带来"失序世界"》，［英］《金融时报》中文网2016年9月29日（http://www.ftchinese.com/story/001069556? full = y），访问日期：2017年10月28日。
③ Ian Bremmer, "The Era of American Global Leaderships Over: Here's What Comes Next", *Time*, Dec. 19, 2016.

当前世界的失序，反映的是国际秩序的转型，是从旧秩序走向新秩序的过渡期的失序，其本质是以西方世界为中心的自由主义国际秩序的危机，是西方世界的没落以及由此带来的国际权力结构的再平衡。在西方世界，关于"自由世界秩序"走向终结的言论不绝于耳。① 值得指出的是，这一失序，不仅是物质层次的衰落，也包含政治制度和思想形态层次上的危机。布热津斯基早在1993年出版的《失去控制：21世纪前夕的全球性混乱》中就指出："几乎所有的既定价值标准，特别是在世界先进地区大规模地瓦解了。"世界因此已陷入了"全面的精神危机"。② 面对西方世界的蜕变，曾以"历史终结论"闻名的美国学者福山也不得不承认，在亲手打造了自由主义国际秩序的欧美国家，"不论是在国内还是国际的舞台上，自由主义国际秩序的确面临非常严重的威胁"③。在当代，主要由美国等西方确立的"基于规则的"国际体系正面临诸多挑战。④

　　如果说我们当前所面临的是一个"失序的全球秩序"，⑤ 那么中东则无愧于全球失序的"典型"。阿拉伯剧变爆发之初，西方人士曾乐观高呼："一个新中东即将诞生。"⑥ 可惜好景不长，所谓的"阿拉伯之春"变成了"阿拉伯之冬"，中东很快再次陷入大面积动荡混乱之中。以瓜分中东的"塞克斯—皮科协定"为基础的中东旧秩序正遭遇重大冲击与挑战。从叙利亚战争久拖不决到"伊斯兰国"的兴起，从库尔德人公投到卡塔尔—沙特断交危机，从伊拉克的困境到利比亚的分裂，从《伊核全

---

① G. John Ikenberry, "The Future of the Liberal World Order-Internationalism after America", *Foreign Affairs*, May/June 2011; Mercy A. Kuo, "The End of American World Order", *The Diplomat*, November 10, 2016; Stephen M. Walt, "The Collapse of the Liberal World Order", *Foreign Policy*, June 26, 2016.

② 李慎之：《21世纪的忧思》，《读书》1996年第4期，第119页。

③ [美]福山：《我们还生活在自由主义国际秩序中吗》，2017年4月17日，观察者网（http://www.guancha.cn/FuLangXiSi-FuShan/2017_04_17_404034_s.shtmlhttp://www.guancha.cn/FuLangXiSi-FuShan/2017_04_17_404034_s.shtml），访问日期：2017年10月31日。

④ [美]亨利·基辛格：《世界秩序》，胡利平译，中信出版社2015年版，序言。

⑤ [英]菲利普·斯蒂芬斯：《失序的全球秩序》，2016年7月25日，[英]《金融时报》中文网（http://www.ftchinese.com/story/001068592?full=y），访问日期：2017年10月31日。

⑥ [英]鲁拉·卡拉夫：《"阿拉伯之春"的阴影》，2011年3月21日，[英]《金融时报》中文网（https://www.ftchinese.com/story/001037620），访问日期：2017年10月31日。

面协议》(JCPOA)到"新土耳其"①,从埃及西奈半岛的失控到也门的战争,传递出的都是同一信息,即中东的失序。当前,中东的无序主要体现在如下几个方面。其一,中东沦为全球最动荡混乱之域。大规模抗议浪潮引发地区政局震荡,多国政权发生更迭②。新旧矛盾集中爆发,从利比亚战争、也门战争到叙利亚战争,地区冲突与战争不断。极端主义、恐怖主义、民族主义和教派主义泛滥,极端组织"伊斯兰国"异军突起并割据"建国"。多国爆发大规模难民潮,严重危害地区安全。其二,地区秩序破立,地区格局重组。当下的中东正处于旧秩序崩塌、新秩序重塑的漫长而动荡的过渡阶段。美国主导的地区秩序风雨飘摇,地区力量对比严重失衡。地区单极格局正朝向一超多强、多极化的格局演变。旧秩序的坍塌往往导致无序和动荡。其三,地区秩序呈现不确定性。不确定性是当今全球及中东地区局势失序发展的一个共同特征。中东向何处去?在经过血与火的洗礼之后能否迎来一个"新中东"?这一切都没有答案。某种程度上,中东正处于漂流状态(Drifting),中东这只大船不仅失去了控制,而且迷失了航向。传统规则和机制失灵。与此同时,在中东,没有任何一个超级大国能够完全掌控地区局势发展。

二 从单极到多极:中东地区格局的历史演变

  阿拉伯剧变爆发至今已有七载,它极大颠覆了原有的中东秩序。自19世纪末以来,中东地缘政治秩序历经诸多重大变迁,经历了一元多极、多极、两极、单极等4个阶段演变过程。19世纪末,奥斯曼帝国的一元体系在欧洲的殖民势力挤压下开始支离破碎,帝国治下的领土或被分割或寻求自治。第一次世界大战后,中东建立了英、法、俄、意主导的殖民体系。不过,这一体系很快被第二次世界大战所摧毁。二战后,英国和法国逐步退出中东,美国和苏联开始长期争霸中东,两极格局主导中东近半个世纪。苏联解体后,美国借海湾战争打造"中东新秩序",开始

---

① "新土耳其"指土耳其总统埃尔多安竭力打造的,有别于"国父"凯末尔的土耳其。
② 这里指突尼斯、埃及、利比亚和也门。

一家独霸中东。中东秩序的变动与国际权力格局的演变紧密相关。尤其是两次世界大战、冷战、两次伊拉克战争等全球性重大事件，极大改变了中东历史进程以及地区政治面貌。外部大国在地区秩序演变中扮演了关键性角色。一战中来自西欧的协约国摧毁了奥斯曼帝国；二战后，美、苏替代英、法接管了中东；苏联解体后，美国开始在中东一家独大，直至21世纪初。

进入21世纪尤其是第二个十年，以阿拉伯剧变为标志，中东再度进入周期性的新的历史阵痛期。在阿拉伯剧变的巨大冲击下，失序、失衡、失控、动荡和不确定性正成为描绘当下中东特征的五大关键词。当下，已经延续20多年的美国治下的中东和平秩序正发生严重动摇，地区格局由单极加速向多极化方向演化。西方的退缩，俄罗斯的强势回归，中国和印度等亚洲大国积极"西进"，埃及、伊拉克、土耳其、沙特和伊朗等地区大国的身份与角色转换，地区敌我阵营与盟友体系的再组合，使得中东格局与地缘政治秩序正呈现出后冷战以来前所未有的新特征。

对中东事务发挥主导作用的各种力量正发生大分化，角色大转换是当前地区格局演化发展的重要特征之一。当前地区内外各主要行为体的作用正面临"一降两升""美退俄进""西退东进"的新变局。"一降"，指美国在中东实行战略收缩，干预和主导地区事务的意愿和能力下降，领导力和影响力下降。从奥巴马到特朗普，战略收缩构成了美国中东战略的中心路线。这与美国领导作用的全球退却是一致的，它反映了国际格局与全球力量对比的历史性变化与调整。此外，"一降"亦指包括美欧在内的西方在中东的影响力和掌控力的下降。"两升"，一方面指俄罗斯、中国和印度等新兴大国在中东影响力增大，尤其是俄罗斯借力叙利亚战争强势重返中东，在地区事务上发言权明显增大；另一方面指沙特、伊朗、土耳其等地区大国在地区事务中发挥的作用不断上升，意欲在地区格局再塑造中扮演新角色。随着美国等西方的退却，俄罗斯顺势填补权力真空，来自东方的亚洲新兴大国也积极加大对中东的投入，如中国推出"一带一路"倡议，而印度与日本联手推出了"亚非增长走廊"

（AAGC）倡议。①

区域外大国在中东的博弈当前正呈现"新常态"。首先，美国的领导作用在地区的缺失成为地区大国竞争的最大特点，中东正进入"后美国时代"。自20世纪以来，奥斯曼帝国的解体、英国和法国在中东殖民统治的解体、苏联的崩溃，先后掀起了对中东地缘政治产生重大影响的三波浪潮，而当前美国的退缩则构成了第四波浪潮，其影响不可低估。2017年6月美国国防部发布报告，公开承认二战后美国主导的世界秩序出现崩溃，世界正进入一个新的更具竞争性的后美国霸权主义秩序时代（Post-Primacy World）。②其次，"西退东进""美退俄进"成为大国竞争的新态势。阿拉伯剧变爆发之初，英国前外交大臣戴维·米利班德曾警告称，西方的袖手旁观将导致中东十年的战争转变为十年的无序。③不过，西方国家对此早已无力回天。冷战后，西方国家在政治、经济、安全和意识形态上主导中东的大一统局面正逐步被打破，"西化"模式的改革与发展道路受阻，地区国家自主选择发展道路信心增强，"埃尔多安主义"凸显西方模式吸引力下降，中国模式、俄罗斯模式受欢迎程度增大。土耳其"埃尔多安主义"的兴起以及打造"新土耳其"的努力，本质上反映的是土耳其对已追随近一个世纪的西方模式和西方道路的失望。再次，地区格局呈现由单极到两极再到多极的演变路径与特征，两极格局成为过渡性特征。当前，美、俄两极竞争激烈，尤其体现在围绕叙利亚内战而展开的博弈，中东再现两强相争的"新冷战"格局。不同于冷战时期美、苏在中东的竞争从属于它们在全球的对抗，当前美、俄在中东的关系有竞争的成分，但这并非双方关系的主要方面。俄罗斯加强在中东的存在，其主要目标并非针对美国。最后，针对西方的颓势，中东地区国家加大调整对外政策，积极推动多元化外交、自主外交。地区国家

---

① Avinash Nair, "To Counter OBOR, India and Japan Propose Asia-Africa Sea Corridor", *Indian Express*, May 31, 2017.

② "At Our Own Peril: DoD Risk Assessment in A Post-primacy World", *DoD*, June 2017, https://ssi.armywarcollege.edu/pdffiles/PUB1358.pdf, 2017-10-25.

③ ［英］菲利普·斯蒂芬斯：《防止中东走向"无序十年"》，2013年8月16日，［英］《金融时报》中文网（http://www.ftchinese.com/story/001052010），访问日期：2017年10月31日。

几乎集体一致推行"向东看"政策，亚洲国家则以积极"西进"予以回应，双方正逐步形成新的战略依赖关系和战略伙伴关系。俄罗斯在叙利亚"一战成名"，地区国家对美国的安全依赖减低，对俄罗斯的安全恐惧上升，或加强与俄罗斯传统合作，或主动与俄罗斯接近，以与俄罗斯改善关系。

从区域内部看，地区国家分化加剧，新兴地区大国扮演新角色。区域内部力量对比呈现"此降彼升"新态势。在阿拉伯人、波斯人、土耳其人、犹太人和库尔德人等中东五大主体民族中，阿拉伯人和犹太人的地位和作用相对下降，另外三大主体力量影响相对上升，尤其是库尔德人和波斯人的影响格外突出。从国别看，随着中东传统秩序的垮塌，埃及、伊拉克、叙利亚、利比亚、也门和阿尔及利亚等传统地区大国因内部问题缠身，影响力式微，而沙特、卡塔尔、阿联酋、伊朗和土耳其的影响力上升。在阿拉伯世界，"东升西降"尤为明显。阿拉伯"双雄并立"时代（埃及和沙特）告一段落，埃及囿于内部事务一时难以自拔，其领袖地位被沙特一家独占。马格里布国家疏远西亚国家和阿拉伯世界态势明显。沙特、阿联酋与卡塔尔等海合会国家不满美国在中东的退缩政策，视伊朗为当前最大威胁，急切希望在地区扮演领导角色，对外政策日益主动，先后出兵巴林、利比亚、叙利亚和也门，并加强海合会军事一体化以及扩充海合会，以全面加强与伊朗对抗。传统上，埃及、沙特和伊朗被视为中东的"三驾马车"。但阿拉伯剧变以来，伊朗、沙特与土耳其"新三驾马车"已经取而代之，此三国的一举一动对地区安全与稳定都将产生重大影响。当前，中东地区内大国的博弈也主要聚焦土耳其、沙特和伊朗三国，其中又以伊朗与沙特的战略竞争最为关键，并将重构未来一段时期影响中东战略稳定的一对主要矛盾。沙特与伊朗在地区范围内展开全面竞争，从巴勒斯坦到黎巴嫩，从伊拉克到叙利亚，从巴林到也门，双方不仅爆发"冷战"，甚至出现局部"热战"，开打"代理人战争"。当然，这里也不排除双方矛盾进一步升级并爆发直接军事对抗的可能性。

与此同时，随着区域内外各国作用的变化以及国家间关系的调整，传统地区联盟体系开始瓦解，新的地区联盟体系正在生成。阿拉伯剧变之前，中东的联盟体系基本有4个层次。围绕巴勒斯坦问题，分成两大阵营：一方是以色列；另一方是阿拉伯国家与伊斯兰世界。围绕伊朗，分成两大阵营：一方是以美国、以色列和沙特为主的反伊朗联盟；另一方是以伊朗为首，成员主要包括叙利亚、黎巴嫩真主党。围绕教派分野，分成逊尼派与什叶派两大阵营：前者以沙特为首，后者以伊朗为首（伊朗、伊拉克、叙利亚、也门胡塞武装、黎巴嫩真主党构成了所谓的"什叶派轴心"）。围绕对美国的态度，分成亲美和反美两大营垒。绝大多数地区国家属于前者，包括海合会国家、土耳其、埃及、约旦、突尼斯和摩洛哥，只有伊朗、叙利亚和利比亚等国属于少数阵营。个别国家处于中间游离状态，如阿尔及利亚、也门、黎巴嫩、伊拉克等。自阿拉伯剧变发生以来，地区内外关系剧烈变化，国家间关系重新分化组合，旧地区联盟体系发生重组，并生成新的联盟。旧联盟体系发生裂变与分化，如围绕巴勒斯坦问题而形成的两大阵营中，以色列与沙特由于反伊朗的共同立场而日益接近，暗地里进行合作。在反伊朗联盟中，卡塔尔退出，埃及和阿尔及利亚等国保持中立，而苏丹、索马里主动向沙特靠拢。海湾联盟发生严重分裂，形成沙特、阿联酋和巴林为一方，卡塔尔为另一方，科威特和阿曼中立的内部格局，海合会的前途令人担忧。近年来，中东地区形成的新地区联盟更值得关注。比如，沙特牵头组建的"阿拉伯版北约"，既是为了反恐，也带有明显反伊朗的意味。为了遏制共同的敌人——伊朗，以色列与沙特结成了准战略联盟。围绕沙特和卡塔尔危机，卡塔尔明显与伊朗走近，土耳其则选择远离沙特，卡塔尔、土耳其与伊朗三国明显带有意识形态联盟的色彩。在叙利亚问题上，俄罗斯不仅推动了它与伊朗、叙利亚、黎巴嫩真主党以及伊拉克什叶派民兵的新地区联盟，在叙利亚战场开展了强有力的军事协作，还与伊朗、土耳其组建三国干涉联盟，发起"阿斯塔纳进程"，有力地推动了叙利亚停火和政治进程的启动。围绕打击极端组织"伊斯兰国"，中东地区形成分别由美国、俄罗斯和沙特牵头的三大反恐联盟。打击"伊斯兰国"的斗争，不仅未能使中东诸国走向团结，反而走向更加分裂。① 在库尔德问题上，

---

① Ty Joplin, "The Atlantic Got it Wrong: The War on ISIS Further Tore the Middle East Apart", https://www.albawaba.com/news/original-atlantic-wrong-the-war-on-isis-tore-middle-east-apart-1036012, 2017-11-01.

土耳其与伊拉克、伊朗开展合作，而以色列则公开支持库尔德人独立建国，支持在中东建立"第二个以色列"。① 近一个世纪以来，土耳其在对外结盟问题上坚持"脱亚入欧"，希望加入西方世界并成为北约成员的土耳其，如今却与欧美渐行渐远，与昔日的宿敌俄罗斯则越走越近，建立了战略伙伴关系。②

从上述变化可以看出，当前中东地区联盟的分化重组主要有以下特点。其一，美国的地区联盟体系弱化，盟友"脱美化"明显。其中以沙特、卡塔尔、土耳其三国的多元自主外交为典型，这三国与西方国家关系疏离，同时加强了与俄罗斯以及亚洲大国的关系。2017年以来，沙特国王萨勒曼对中国、日本、印度以及俄罗斯的访问，沙特国王历史上首次访俄并签署能源、军事大单，更是凸显地区地缘政治的转型。其二，俄罗斯在中东的作用日益突出。冷战结束后，俄罗斯在中东的联盟基本解体，如今开始重建。其三，反以色列色彩淡化，如沙特等海湾国家与以色列走近，土耳其与以色列重修旧好③。其四，意识形态色彩增浓。阿拉伯剧变发生后，地区国家针对卡扎菲、巴沙尔先后结成所谓"民主联盟"。卡塔尔与土耳其战略伙伴关系得以建立，主要源于土耳其总统埃尔多安与卡塔尔埃米尔塔米姆的思想接近。其五，民族主义和教派主义色彩日浓，这在沙特与伊朗的对抗结盟，以色列与库尔德人抱团取暖中表现得最为突出。其六，各联盟体系的界限日益模糊，相互交叉。

三 从奥巴马到特朗普：持续战略收缩

美国入主中东及其地位变迁是推动当代中东格局演变的最主要驱动

---

① Ofra Bengio, "Surprising Ties between Israel and the Kurds", *Middle East Quarterly*, Summer 2014, p. 1.
② 唐志超：《俄罗斯与土耳其关系的内在逻辑与发展趋势》，《西亚非洲》2017年第2期，第3页。
③ 20世纪90年代，土耳其与以色列结成了战略联盟关系。2002年埃尔多安领导的正义与发展党执政后，在巴勒斯坦等诸多问题上与以色列发生冲突，双方关系趋于恶化。2015年双方开始恢复关系谈判，2016年底达成关系正常化协议，两国关系再度走上正轨。

力之一。早在19世纪，美国就开始进入中东，不过当时美国主要是出于商业与宗教热情，对政治介入表现犹豫。一战后，美国参与世界事务的热情很快消退。尽管美国对英、法在中东的作为非常失望，但并不热衷参与中东事务，而只关注美国在中东的石油利益。1931年，美国石油公司开始进入沙特市场。二战期间，因政治和军事需要，美国在政治和军事上开始真正进入中东，在将德国纳粹从北非驱逐出去的过程中扮演了关键角色。随着沙特石油对美国战略价值的上升，罗斯福总统公开称保卫沙特对保卫美国至关重要。而且，伊朗也成为美国抵御苏联的重要战略通道。事实上，美国在中东的势力急剧扩张是在冷战爆发后。冷战期间，长期主宰中东事务的英、法两国在中东主导地位逐步旁落，美国为阻止苏联在中东势力扩张，开始大举进军中东。1945年，美国与沙特缔结了基于"以石油换安全"的特殊伙伴关系。1949年，杜鲁门推出"第四点计划"，援助中东国家，抵御苏联渗透。1952年，美国吸纳土耳其加入北约。1953年，美国中情局策划伊朗政变，推翻亲苏的摩萨台政府。1957年，艾森豪威尔主义出笼，美国扩大了对中东国家的军事和经济援助。到20世纪50年代末，美国已在中东建立了强大根基。冷战期间，美、苏各自扶持亲己阵营，争霸中东。70年代末期，随着伊朗爆发伊斯兰革命以及苏联入侵阿富汗，美国加强了在中东尤其是海湾的军事存在，1983年设立统辖整个大中东地区的美军中央司令部。随着冷战结束、苏联解体，美国积极填补地区权力真空，并通过海湾战争筹建"中东新秩序"，美国主导的中东秩序正式确立。克林顿当政时期，美国推行"东遏两伊、西促和谈"的中东政策，积极输出西方价值观和民主模式，打压地区反美势力。2001年"9·11"事件后，小布什政府视来自中东的恐怖主义为美国的最紧迫威胁和国家安全的首要挑战，针对中东推出了高度意识形态化的"自由议程"（Freedom Agenda），认为"民主和自由的赤字"是导致中东恐怖主义蔓延的根本原因，希望将中东彻底改造为"民主"地区。为实现这一战略目标，小布什政府接连发动两场战争（阿富汗战争和伊拉克战争），推行"大中东计划"（GMEI），对中东进行系统"改造"。到2009年奥巴马总统上任之前，冷战后历届美国政府在中东推行的均是进攻性外交，小布什政府时期更是达到顶峰。其间，美国发动两次伊拉克战争，极大改变了中东格局。不过，这两场战争不仅严重危及美国在中东及伊斯兰世界的形象,还严重拖累美国经济,并进一步动摇了美国的全球领导地位。

2009年奥巴马总统上任后,大幅调整美国全球战略和国家安全战略,恢复受两场战争以及金融危机沉重打击的美国经济成为奥巴马政府聚焦的中心任务和最优先目标。在对全球事务干预上,美国由充当全球公域(Global Commons)的保护者降身为做一个"选择性超级大国",在非事关美国核心利益问题上采取"浅脚印"策略。"美国仍是对世界各个角落都很重要的唯一大国,但华盛顿方面不再认为世界各个角落对美国都很重要,美国不再认为本国利益与国际整体利益高度吻合。"[①]在对外战略上,奥巴马政府下调了对恐怖主义威胁的评估,上调了对来自传统地缘政治对手的挑战和威胁评估。美国的全球战略和中东政策亦随之改变。奥巴马政府认为伊拉克战争是一场错误的战争,耗费了美国太多的资源,损害了美国与伊斯兰世界的关系。为此,美国对外战略重点由中东转移至亚太,以图实现"脱中东、入亚太"的战略目标。[②] 同时,奥巴马希望修补因两场战争受损的与伊斯兰世界的关系。2009年,奥巴马在开罗发表的演讲集中体现了他的这一思想。对奥巴马而言,中东在美国外交全局和安全战略中地位已大大下降,为此他开始推行战略收缩政策,在中东事务上发挥领导作用、进行军事干预的能力、意愿和热情大大下降。

特朗普总统上任以来,美国的中东政策虽不甚明晰,但已初露端倪。其一,特朗普的"美国第一"外交带有强烈的孤立主义色彩,对美国过度参与国际事务并不热心,无意充当世界警察。与奥巴马相比,特朗普让美国退出世界领导角色的意愿更强烈。特朗普反对全球主义,提出"我们的每一个决定、每一步行动,都以美国为优先考量"[③]。由

---

① [英] 菲利普·斯蒂芬斯:《展望当今世界大趋势》,2014年1月15日,[英]《金融时报》中文网(http://www.ftchinese.com/story/001054406?full=y),访问日期:2017年10月30日。

② 唐志超:《试析奥巴马第二任期中东政策走向》,《西亚非洲》2013年第2期,第40页。

③ Donald J. Trump, "Remarks by President Trump on the Administration's National Security Strategy", https://www.whitehouse.gov/briefings-statements/remarks-president-trump-administrations-national-security-strategy, 2017-12-20.

此，著名新保守主义思想家罗伯特·卡根称，特朗普对承担维护世界秩序责任不感兴趣，这意味着长达70年的美式世界秩序接近终结。① 其二，特朗普考虑的最优先事务是经济繁荣，在这一点上与奥巴马相似。特朗普将促进经济繁荣作为美国新版国家安全战略的核心支柱。在他看来，国家安全始于国内，"一个不能保证国内繁荣的国家，亦不能保护其在国外的利益"②。其三，特朗普对中东并不待见，认为中东是美国的拖累，批评小布什和奥巴马在中东搞"政权更迭"破坏了中东稳定，造成了中东动荡，损害了美国利益和国家安全，浪费了美国纳税人的钱财。特朗普聚焦来自中国和俄罗斯的战略竞争。其四，特朗普中东政策较为务实，对输出西方民主制度和价值观缺乏兴趣，强调不会搞"国家建设"。与此前的美国政府相比，特朗普对于美国在中东的核心利益的界定更加狭隘，"美国第一"在中东更多表现为"安全第一"，聚焦于极端主义和恐怖主义，特朗普有着浓郁的反伊斯兰和反伊朗情结。除以色列外，特朗普对于中东地区盟友的利益以及地区盟友是否团结似乎并不特别关注。从特朗普的首个《国家安全战略报告》可以看出，他对中东首要关注的就是恐怖主义以及伊朗的威胁。其描绘的中东政策目标主要有三点：防止中东成为恐怖分子的安全天堂和滋生地；确保该地区不被任何敌视美国的力量所控制；有助于建立稳定的全球能源市场。但该文件未提及保护美国朋友的安全这一核心利益。③ 英国《金融时报》专栏作家斯蒂芬斯慨叹："美国在中东'一朝被蛇咬，十年怕井绳'，从干预主义转向了冷酷的现实主义。以前谴责美国挥舞军刀的人，现在可能哀叹其对叙利亚不肯动兵。"④

从奥巴马到特朗普，战略收缩是美国对中东政策的主线。这一政策不仅反映了美国国内从民众到政界各个阶层对美国深度陷入中东的

---

① Robert Kagam, "Trump Marks the End of America as World's 'Indispensable Nation'", *Financial Times*, Nov. 20, 2016.

② Donald J. Trump, "Remarks by President Trump on the Administration's National Security Strategy".

③ "National Security Strategy of the United States of America", December 2017, p. 48.

④ [英] 菲利普·斯蒂芬斯：《美国从伊拉克战争中汲取了错误的教训》，2013年3月20日，[英]《金融时报》中文网（http://www.ftchinese.com/story/001049524?full=y），访问日期：2017年11月3日。

普遍担忧，还反映了国际格局的变迁、美国对自身国家力量的认知与研判以及其在全球事务中角色的新变化。因此，这一政策的选择虽带有奥巴马或特朗普的个人因素，但本质上则是历史发展的必然路径和大时代演变的必然结局。美国从中东的撤离是不可避免的选择，这不仅基于战略拖累，也是超级大国的历史宿命。美国在中东的地位沉浮本身也是主导战后数十年的西方自由世界秩序开始坍塌的一个缩影。正如马丁·沃尔夫所言："我们既处于西方主导的全球化经济时期的终点，也处于以美国领导的全球秩序后冷战'单极时刻'地缘政治时期的终点。"①

美国从中东"撤离"不仅严重冲击美国在地区的威望与形象，破坏了美国与盟友关系的稳定，"美国的影响力减退，其最低限度干预政策使美国失去了在中东曾经享有的光环"②，而且该地区带来"权力真空"，打破了既有地区力量和地缘政治关系的平衡，并给该地区带来新一轮地缘政治大调整。美国战略收缩与阿拉伯剧变是影响当代中东发展的两大关键性事件，且前者影响不亚于后者，由此使中东逐步进入"后美国时代"。其主要特征是美国主导地位开始发生动摇，对中东地区事务的领导、控制、引导、塑造能力衰退、弱化，对中东国家政局、地区发展方向、地区安全与稳定、地区秩序安排等方面的影响力和控制力下降。③ 更重要的是，美国的中东政策发生变化，虽有战略、策略调整的因素，但其背后实质上反映了大时代和在历史长河中西方力量的演变以及长期由西方主导的国际体系正经历深刻调整。美国的退却不仅造成地区性大动荡，还使得冷战后由西方一手建立并主导的中东旧秩序处于风雨飘摇之中。"阿富汗和伊拉克战争的败笔、大衰退、'阿拉伯剧变'以及美国能源独立的前景这些变化，使得美国以老方式主导这一地区变得不再现实，

---

① ［英］马丁·沃尔夫：《通向世界失序的痛苦旅程》，2017年1月20日，［英］《金融时报》中文网（http://www.ftchinese.com/story/001071072? page = rest），访问日期：2017年11月1日。
② ［英］杰夫·代尔：《多极化世界中的美国外交困局》，2014年6月10日，［英］《金融时报》中文网（https://www.ftchinese.com/story/001056639），访问日期：2017年11月1日。
③ 唐志超：《中东进入后美国时代》，《环球时报》2014年1月14日。

甚至不再可取。西方主导中东的时代进入尾声。"① 德国前外长菲舍尔指出，美国的强大足以摧毁原有的地区秩序，却无法建立地区新秩序。②

四 俄罗斯：强势回归中东

俄罗斯借叙利亚战争，强势回归中东，成为近年来中东地缘政治发展的突出特点。从沙俄时代开始，俄罗斯就对中东虎视眈眈，长期垂涎奥斯曼帝国、恺加王朝（伊朗）的领土，并多次发动战争，以开疆辟土，打通南部出海口。19世纪末，围绕瓜分奥斯曼帝国领土，沙俄与欧洲列强一手酿成了"东方问题"，并引发第一次世界大战。二战结束后，苏联很快又与西方阵营围绕土耳其、伊朗等展开激烈争夺，苏联不仅对土耳其提出领土要求，还赖在伊朗不想撤军，推动伊朗和土耳其加入反苏的西方阵营。冷战期间，苏联大力支持中东国家的民族主义运动，反对西方的殖民主义和侵略干涉政策，并建立了自己的势力范围，培育了一大批地区盟友，如埃及、叙利亚、利比亚、巴勒斯坦、伊拉克、南也门、阿尔及利亚、苏丹等国。在20世纪五六十年代，苏联在中东的影响达到顶峰。自70年代末开始，苏联在中东地区的影响力开始走下坡路。埃及总统萨达特决心弃苏投美、苏联入侵阿富汗以及伊朗伊斯兰革命等一系列重大事件重挫苏联在中东影响力。1990年南、北也门统一，1991年海湾战争爆发，苏联在中东再遭重击。冷战结束后，随着苏联的解体，作为苏联的继承者，俄罗斯在中东的影响力骤降，其传统盟友和伙伴大多倒向西方或面临西方重压，俄军开始撤出中东。1992年，作为苏联在中东及地中海地区重要军事威慑的地中海舰队遭解散，俄军只在叙利亚保留了其在中东的最后一个军事基地（塔尔图斯港）。俄罗斯在中东势力的锐减，一方面与其实力衰落相关，另一方面与叶利钦在执政初期推行全

---

① ［英］吉迪恩·拉赫曼：《西方主导中东的时代进入尾声》，2013年6月20日，［英］《金融时报》中文网（http://www.ftchinese.com/story/001050990？page＝2），访问日期：2017年10月30日。

② Joschka Fischer, "The Middle East's Lost Decade", March 18, 2013, https://www.project-syndicate.org/commentary/winners-and-losers-of-the-iraq-war-by-joschka-fischer？barrier＝accessreg, 2017 - 10 - 30.

面融入西方的外交政策紧密相连。不过,在叶利钦执政后期,由于北约加紧东扩,俄罗斯与西方关系逐步恶化,加之俄罗斯车臣问题愈演愈烈,俄罗斯不仅与西方围绕一系列国际和地区问题展开新的激烈交锋,还力图在中东事务上重新发挥大国作用。但囿于实力,虽然有专家称俄罗斯正在"重返中东"①,但实际上其在中东并无多大作为,并非真正意义上的重返。总体而言,叶利钦时期,中东地区并非俄罗斯外交的优先选项,中东在俄罗斯外交中地位大幅下降,远远排在西方、独联体、中国之后。在俄罗斯独立后的第一个十年里,俄罗斯主要关注的是与中东国家如土耳其、伊朗和沙特在中亚的竞争,以及因车臣战争而与伊斯兰世界产生的摩擦。2000年普京执政,直至阿拉伯剧变发生,这一个新的十年里俄罗斯对中东政策并无重大变化,连续性要大于变动性。

不可否认的是,自2000年以来,俄罗斯加大中东外交力度,并在伊拉克问题、巴以问题、伊朗核问题等地区问题上发力,扮演了举足轻重的角色。不过,囿于其实力限制以及与西方关系,其发挥作用有限,俄罗斯在中东影响力下滑趋势并未得到根本扭转。因担心受美国制裁,俄罗斯与伊朗的布什尔电站建设一拖再拖。事实上,直至2010年底阿拉伯剧变爆发,俄罗斯在中东一直保持影响力持续下滑态势。与俄罗斯保持不错关系的利比亚卡扎菲政权、埃及穆巴拉克政权和也门萨利赫政权相继垮台。伊朗与西方趋向和解,并达成核协议。俄罗斯在该地区的最忠实盟友叙利亚巴沙尔政权也岌岌可危,并严重危及俄罗斯在中东的唯一海军基地。叙利亚内战爆发后,巴沙尔政权摇摇欲坠,俄罗斯日益担心。它担心的不只是其在叙利亚的军事基地,失去传统盟友,更担忧因政权更迭带来的连锁反应,担忧"颜色革命"的扩散与蔓延。为此,俄罗斯打破以往在南斯拉夫、利比亚等地的节节退缩惯例,从格鲁吉亚到乌克兰,再到叙利亚,开始强势反击。普京在叙利亚出重手,采取咄咄逼人的行动,实际上是背水一战似的最后反击。这一狙击取得了重大战略成果,成功遏制了俄罗斯在中东影响力不断下滑的颓势,确保了俄罗斯在中东的利益,阻止了恐怖主义向俄罗斯及其周边的蔓延扩散,重新树立

---

① Stephen J. Blank, "Russia's Return to Mideast Diplomacy", *Orbis*, Volume 40, Issue 4, Autumn 1996.

了大国形象，转移了因乌克兰危机等造成西方持续向俄罗斯实施制裁的压力。普京总统以叙利亚战争为契机，多方着手，扩大了俄罗斯在中东的存在，提升了俄罗斯在地区事务中的话语权，重振了俄罗斯在中东地区的大国威望。

第一，俄罗斯力保地区唯一盟友巴沙尔政权的生存，确保俄罗斯在叙利亚的利益。俄罗斯坚决反对叙利亚政权更迭，在政治、军事和经济上为巴沙尔政权提供支持，多次在安理会否决相关提案。2015年9月30日，以打击"伊斯兰国"等恐怖主义为由，俄罗斯正式军事介入叙利亚。这是冷战结束以来俄军首次进入中东，此举不仅逆转了叙利亚战局，稳固了巴沙尔政权，还极大震慑了地区对手，提升了俄罗斯在叙利亚以及地区安全问题上的话语权，使美、俄在中东战略竞争进入新阶段。

第二，俄罗斯多方面加强在中东的军事存在，以军事促政治。俄罗斯加强军事存在的途径有多种方式，包括签署军事合作协议、出兵叙利亚、建立军事基地、重建地中海舰队、参与亚丁湾打击海盗军事行动、联合军演以及军售等。叙利亚战争期间，俄罗斯对其在叙利亚的军港进行了改建、扩建，并签署了长期租借协议。2013年3月，俄罗斯宣布重建黑海舰队地中海分舰队。出售武器是俄罗斯向中东拓展影响力的另一重要途径，[①] 阿尔及利亚、伊朗、叙利亚、伊拉克和埃及是俄罗斯在中东的主要武器出口对象。近年来，俄罗斯在伊朗、土耳其、埃及、阿尔及利亚、伊拉克、利比亚等国以及海湾国家都有重要斩获。俄罗斯重返伊拉克和埃及军火市场，与美国军事盟友沙特和土耳其达成"S-400"导弹交易格外引人注目，被视为有可能改变地区军事平衡的行动，沙特与俄罗斯达成的"S-400"军售协议更被视为"世纪交易"。

第三，俄罗斯重建在中东的盟友体系，加强战略合作。这里面包含多个层次的关系，如俄叙关系、俄埃关系、俄伊（伊朗）关系、俄阿（阿尔及利亚）和俄利（利比亚）关系等。俄罗斯采取的主要做法如下。

---

① Nikolay Kozhanov, "Arms Exports Add to Russia's Tools of Influence in Middle East", The Chatham House, 20 July, 2016, https：//www.chathamhouse.org/expert/comment/arms-exports-add-russia-s-tools-influence-middle-east，2017-10-31.

其一，重建盟友体系，强化与传统盟友埃及、阿尔及利亚的战略伙伴关系。俄罗斯与埃及关系恢复并保持上升势头。塞西上任后积极重建与俄罗斯关系，并很快访俄，向西方发出明确信号。2013—2015年，塞西3次访俄。2014年，普京会见塞西时提出要加强军事合作，双方签署自贸协定。2015年2月，普京访埃，达成帮助埃及建设首座核电站的协议，并表示帮助埃及建立完整核工业体系。6月，俄罗斯与埃及举行两国海军历史上首次军演。8月，梅德韦杰夫总理出席新苏伊士运河开通仪式。此外，俄罗斯还与埃及达成在埃及建立自由贸易区、工业区的协议。2017年5月，俄罗斯外长和国防部长同时访埃，并举行"2+2"会谈，就地区形势进行了讨论。据悉，埃及拟向俄罗斯提供空军基地。埃及从20世纪70年代"弃苏投美"转向"弃美投俄"政策以来，该国"回归母港"，俄埃关系正在复兴。① 其二，深化与伊朗战略合作，构建以俄罗斯—伊朗—叙利亚为核心的新地区伙伴体系。例如，俄罗斯加强与伊朗在叙利亚的军事协调，开展军事合作，举行联合军演，决定向伊朗出售"S-300"防空导弹，支持伊朗加入上海合作组织，扩大与伊朗在核能及经贸等方面的合作。2015年1月，俄罗斯国防部长访伊，双方签署军事合作协议，并决定在里海举行联合军演。10月，俄罗斯能源部长访伊，达成俄罗斯在伊布什尔修建两座核电站以及石油、天然气互换的协议。11月，俄罗斯表示将向伊朗提供70亿—80亿美元贷款，用于实施合作项目。据悉，俄罗斯还有意吸收伊朗加入欧亚经济联盟。值得注意的是，由俄罗斯主导的包括俄罗斯、伊朗、伊拉克、叙利亚和黎巴嫩真主党在内的新地区联盟正隐约成型。尤其是在俄罗斯军事卷入叙利亚后，伊朗破天荒为俄罗斯空军提供过境通道和转场的空军基地。这在俄、伊数百年关系史上非常罕见，显示了双方战略合作的深度。

第四，俄罗斯积极介入地区热点问题，展现大国地位。近年来，俄罗斯在伊朗核问题、叙利亚问题、巴以问题、利比亚和解、也门战争、卡塔尔—沙特外交危机、库尔德问题等一系列问题上多方出手，显示了

---

① "Could Egypt Become Russia's Springboard to the Middle East?", *Sputniknews*, May 30, 2017, https://sputniknews.com/politics/201705301054124886-russia-egypt-relationship, 2017-10-30.

俄罗斯在地区事务上具有独特的地位和作用，对相关事务影响力正在上升。比如，在叙利亚问题上，俄罗斯排挤美国，已建立了自己的主导权。俄罗斯还积极参与利比亚事务，与地方实力派建立合作关系。卡扎菲垮台后，俄罗斯在利比亚政治、军事和商业利益严重受损，近65亿美元商业合同打了水漂。为维护俄罗斯在利比亚的利益，俄罗斯积极与利比亚东部实力派武装"利比亚国民军"司令哈利法·哈夫塔尔建立关系。2016年，哈夫塔尔两次访俄，寻求支持。据悉，俄罗斯向该组织提供了军事援助。该组织还希望俄罗斯在利比亚采取类似在叙利亚的反恐军事行动。俄罗斯突然成为当初反俄将军的盟友，这让西方难以接受。"俄罗斯在利比亚的存在为西方带来了新挑战。"[1] 卡塔尔与沙特爆发危机后，俄罗斯还积极进行斡旋。

第五，俄罗斯利用地区国家对美国不信任态度的加深，抢夺美国地区盟友和伙伴。其中，俄罗斯与沙特、土耳其这两个美国战略盟友关系的走近对地缘政治和地区安全具有重大影响。俄罗斯与沙特虽然在伊朗、叙利亚问题上存在严重分歧，但并不妨碍它们在地区事务以及能源问题上的合作。2015年9月，沙特副王储穆罕默德·本·萨勒曼访俄，双方签署大规模投资合作协议，沙特拟向俄罗斯投资100亿美元。双方还联手减产抬升油价。2017年5月，在美国总统特朗普访问沙特后不久，穆罕默德副王储再次访俄，并与普京总统进行会谈。双方高度评价在能源市场上的合作，并强调要克服分歧，加强政治与军事、经济合作。穆罕默德副王储称"两国关系正处于历史最好时期"。[2] 10月，萨勒曼国王访俄。这是沙特国王历史上首次访问俄罗斯，具有标志性意义。访问期间，双方签署了能源和军售等多项重要协议，其中包括俄向沙特出售"S-400"导弹防御系统的协议。长期以来，作为西方牵制和遏制苏联的

---

[1] Nikolay Kozhanov, "Moscow's Presence in Libya Is a New Challenge for the West", chathamhouse.org, May 30, 2017, https://www.chathamhouse.org/expert/comment/moscow-s-presence-libya-new-challenge-west?utm_source=Chatham%20House&utm_medium=email&utm_campaign=8342340_Publication%20Alert%20Nikolay%20Kozhanov%20EC%2030052017&dm_i=1S3M, 4YSZO, OY0DGN, IWT5, 1#sthash.3hlPJWjT.dpuf, 2017-10-31.

[2] "Saudi Arabia's Mohammed Bin Salman Meets Putin in Moscow", *The Nation*, May 30, 2017, http://www.thenational.ae/world/europe/saudi-arabias-mohammed-bin-salman-meets-putin-in-moscow, 2017-10-30.

桥头堡，土俄关系一直较为冷淡。普京和埃尔多安执政后，双方关系不断升温，尤其是 2010 年以来，双方关系更是突飞猛进，在政治、经济、能源等领域合作持续深入，土耳其已成为俄罗斯在中东的最大贸易伙伴。2010 年，土耳其总理埃尔多安访问俄罗斯期间，双方签署了"全方位优惠伙伴关系"（也称"战略伙伴关系"）文件。2011 年，两国外长签署了战略合作协议。近年来，虽然双方在叙利亚问题上存在严重分歧，且双边关系受到土耳其击落俄罗斯战机、俄罗斯驻土耳其大使遭枪杀等事件的严重冲击，但是双方关系很快重新回到合作轨道。俄罗斯在土耳其实施了一系列有利于加深战略合作的重大项目，如修建核电站、兴建"土耳其流"天然气管道①。双方还在叙利亚问题上由对抗走向合作。2016 年 12 月，俄罗斯与土耳其、伊朗三国外长和国防部长在莫斯科举行三边会晤，发表《莫斯科宣言》，就叙利亚停火事宜达成一致并充当协议保证国，推动建立了解决叙利亚问题的一个新机制——阿斯塔纳进程。此举在西方掀起轩然大波。一些专家甚至称，俄罗斯、土耳其和伊朗三国缔结了轴心联盟，并改变了地区战略平衡。② 俄罗斯还利用美国与伊拉克之间的裂缝，深化与伊拉克合作关系。普京强调伊拉克是俄罗斯在中东地区长期、可靠的伙伴。俄、伊在反恐、军事、石油和投资等领域开展了合作。2013 年以来，俄罗斯向伊拉克出售价值 50 多亿美元的军火。俄罗斯企业在伊拉克投资额达几十亿美元。2015 年 9 月，俄罗斯、伊拉克、伊朗和叙利亚四国联合在伊拉克建立信息中心，共享有关"伊斯兰国"的情报，引发美国的强烈不满。

叙利亚战争是俄罗斯与中东关系的重要转折点。俄罗斯对叙利亚的直接军事介入非但未增加地区国家对俄罗斯的离心力，反而增加了向心力，地区国家纷纷向俄罗斯示好，比如土、俄重归于好，沙特国王历史性访俄。从目前来看，借助地区危机尤其是叙利亚战争，俄罗斯在时隔 25 年后已成功以"地区大玩家"面目实现重返中东目的。俄罗斯在中东的影响力达到了冷战结束以来的顶峰，在中东安全事务上的话语权和发

---

① 2014 年普京访问土耳其时提出倡议。该项目计划从俄罗斯，经黑海海底抵达土耳其，然后输往希腊和欧洲。计划投资 130 亿美元。
② Kenneth R. Timmerman, "The Turkey-Russia-Iran Axis", *Frontpagemag*, August 22, 2016.

言权大增。中东国家日益认识到俄罗斯作为唯一能够且敢于挑战美国的全球性大国所具有的不凡实力,以及敢于实施其战略和政策的意识和决心。对于俄罗斯在中东影响力的上升,美国"后共产主义和恐怖主义研究所"所长莱尼·弗里德曼评价说,普京对中东的投资正在升值,而奥巴马的投资则在贬值。①

结　语

　　马克思主义发展观认为,事物是永恒发展变化的。一个事物的发展往往是一个从不平衡到平衡,再从新的不平衡到新的平衡的波浪式前进、循环往复式上升的过程。世界也可被看作一个永恒发展的事物。所谓时移世易,时代变化了,国际力量对比变化了,相应地国际秩序的调整也势在必行。从有序到失序,从无序到有序,这既是秩序的重构过程,也是世界权力结构的再平衡过程。就当今世界而言,也是"去西方化"的新国际秩序的再造过程。当今时代的无序,既是"发展"的问题,也是一个转型与价值重建的问题。虽然失序潜藏不确定性和动荡,但也孕育着建立相对稳定有序新秩序的重大机遇。

　　在相当长时期里,中东将处于旧秩序崩溃、新秩序重建、新旧秩序交替的过渡阶段。如何去除旧秩序的弊端,尽快重建一个对地区稳定与发展有益的新秩序,是当前摆在中东地区国家面前的重大挑战与任务。事实上,一战以来中东秩序的演进与调整,都与外部大国的兴衰进退紧密相关。在新的历史条件下,中东新秩序的构建需要注入新的积极因素。虽然难以彻底摆脱外部大国的影响,但本地区国家和人民能否在构建地区秩序中扮演关键性角色对建立一个稳定而有序的地区秩序至关重要。一个多世纪以来,外部大国尤其是西方主导了中东秩序的构建,它带有天然的殖民主义、霸权主义色彩以及强加于人的不公正、不合法等特征,这也是旧中东秩序的致命性缺陷,也是其脆弱性的重要基础。因此,在中东新秩序构建中,积极引入外部正能量,对构建一个更公正、可持续、

---

① Leni Friedman Valenta, "Russia's Middle East Chess Game", *Nation Interest*, Dec. 18, 2013.

促稳定的新秩序也有积极意义。

经过长期努力，中国特色社会主义进入了新时代，这是中国发展新的历史定位。在这一新时代，推行有中国特色的大国外交，承担国际责任义务，积极参与全球治理，构建人类命运共同体，是新时代中国外交的总任务。2016年初，习近平主席访问埃及时提出，中国将以中国理念、中国方案和中国方式来解答困扰中东百年的"中东之问"，提出中方将确立和平、创新、引领、治理、交融的行动理念，做中东和平的建设者、中东发展的推动者、中东工业化的助推者、中东稳定的支持者、中东民心交融的合作伙伴。① 中国的历史性崛起，全球性大国及其大国外交的全新定位，"一带一路"倡议的推进，以及中国在中东利益的不断拓展，决定了中国必须也能够在中东新秩序重构中扮演新角色，发挥更大作用。

（本文原刊发于《西亚非洲》2018年第1期）

---

① 习近平：《共同开创中阿关系的美好未来——在阿拉伯国家联盟总部的演讲》，新华网 (http://news.xinhuanet.com/world/2016-01/22/c_1117855467.htm)，访问日期：2017年11月5日。

美国特朗普政府极限施压伊朗：
内涵、动因及影响

范鸿达[*]

摘　要： 特朗普总统执政后，美国对伊朗的打压逐步升级，涵盖外交、能源、金融和军事等诸多领域，令伊朗承受了来自美国的前所未有的压力。特朗普政府对伊朗的极限施压，既是两国长期冲突的历史惯性使然，也有"全球霸权""地区霸权"之争、以色列和沙特等国的推动、"世纪协议"即将推出，以及美国内部政治和经济利益驱动等原因，其实质是维护与巩固美国世界唯一超级大国地位。美国特朗普政府对伊朗的极限施压策略，一方面对伊朗的政治、社会发展和对外交往均产生了较为明显的影响，针对内政外交进行大幅度改革成为伊朗摆脱当下现实困境的最佳出路；另一方面，此举虽然加剧了美伊关系的紧张，对中东地区的和平与安全造成一些冲击，但是美伊最高决策者均无意令双边关系进一步恶化到战争的烈度，目前来看本次美伊关系危机仍然处于可控之中。

关键词： 美伊关系　特朗普　极限施压　伊朗　中东安全

由于伊斯兰革命以来伊朗官方强烈且持续地反对美国，特别是1979年11月4日美国驻德黑兰大使馆被伊朗人占领，其中50多位外交官被扣

---

[*] 范鸿达，上海外国语大学中东研究所教授。

为人质达 444 天，导致美国对伊朗现政权憎恨有加，并陆续推出一系列举措制裁伊朗，美伊关系也长期处于僵持状态。2017 年 1 月特朗普上任后，美国政府不断对伊朗进行极限施压，力图通过前所未有的制裁广度和深度迫使伊朗妥协。2019 年 5 月，美国更是宣布包括航母战斗群在内的军事力量向中东海湾地区集结，美伊关系再遇冰点，甚至两国会爆发战争的言论也屡屡出现。① 特朗普政府究竟是如何施压伊朗的？美国为何提升对伊朗的打压力度？美国对伊朗的极限施压对各方又会产生什么影响？本文拟就这些问题进行探讨。

一 特朗普政府对伊朗极限施压策略的要义

随着特朗普 2017 年 1 月入主白宫，美国对伊朗的政策迅即从奥巴马总统时期的缓和趋向改变为强力打压，特朗普总统上任不到两个月就下令制定且于 10 月 13 日抛出美国的伊朗新战略。特朗普总统直言前任奥巴马政府 2015 年签署的伊朗核协议②——《联合全面行动计划》（Joint Comprehensive Plan of Action，JCPOA）是"美国所签署过的最糟糕、最一边倒的协议之一"，批评该协议非但没能消除伊朗"独裁"政权的恐怖主义威胁，反而增强了其行动能力。特朗普认为，美国需要采取一系列压制伊朗的举措，包括与盟国合作对抗伊朗破坏地区稳定的行为、对伊朗加大制裁力度阻止其资助恐怖主义、应对伊朗的导弹和武器扩散、切断伊朗获得核武器的一切途径等。为了有效推行美国对伊朗新战略，特朗普还强调要对"伊朗最高领袖邪恶的御用恐怖武装"伊斯兰革命卫队施加严厉制裁、"打击伊朗政权的弹道导弹项目"，以及在修订不理想的情况下退出伊朗核协议等。③ 2018 年 5 月 21 日，蓬佩奥在美国传统基金会

---

① 比如 2019 年 5 月后，仅仅在中国就有包括中央电视台、东方卫视、深圳卫视、凤凰卫视等媒体，针对伊朗形势和美伊关系邀请包括军事专家或评论员在内的多位嘉宾做了多次专题节目，特别是中央电视台中文国际频道《今日关注》和新闻频道《环球视点》两档时事评论栏目进行了连续关注，其中对美伊可能的军事冲突也做了连续探讨。

② 关于奥巴马总统对美国签署伊朗核协议的政策考虑，参见 Trita Parsi, *Losing an Enemy: Obama, Iran, and the Triumph of Diplomacy*, Yale University Press, 2017。

③ Whitehouse, "President Trump Announces Iran Strategy", https://www.whitehouse.gov/articles/president-trump-announces-iran-strategy, 2019 – 05 – 29.

发表就任国务卿后的首次公开演讲——《伊朗核协议之后：新的伊朗战略》，对伊朗核协议、德黑兰继续从事核发展、伊朗地区扩张威胁等问题均进行了猛烈抨击，并阐述了美国制裁伊朗的具体举措：强化制裁向伊朗施加"前所未有的财政压力"，使用军事手段和盟国一起"遏制伊朗的侵略""支持伊朗人民的权利"等，蓬佩奥国务卿还给伊朗政权指出了一些必须要采取的行动，以回应美国的关切。① 8 月 6 日，特朗普总统签署了重启制裁伊朗的行政命令，针对伊朗的金融、金属、矿产、汽车等领域进行制裁。② 11 月 2 日，特朗普总统宣布三天后重启因伊朗核协议而取消的对伊朗能源和金融领域的制裁。③ 如今来看，不管是广度还是烈度，特朗普政府对伊朗的打压在多领域均已达到一个新高度，由此被视作"极限施压"。

在外交领域，特朗普政府在中东大力构建遏制伊朗的地区联盟，尽力压缩伊朗在中东的活动空间。特朗普政府不断推进"阿拉伯版北约"的构建，美国希望成员国包括海湾 6 个阿拉伯国家和埃及、约旦，仍处于设想中的这一区域组织被赋予的主要功能之一就是遏制伊朗。④ 2017 年 5 月，特朗普就任总统后的首次出访就选择了沙特，在这次访问中两国达成 980 亿—1280 亿美元的军火销售协议，在未来十年中该协议涉及的资金有望扩充到 3500 亿美元，美国媒体报道这一协议是鼓励海湾阿拉伯国

---

① 《伊朗核协议之后：新的伊朗战略》，美国驻华大使馆和领事馆网站（https：//china. usembassy-china. org. cn/zh/after-the-deal-a-new-iran-strategy），访问日期：2019 年 5 月 29 日。蓬佩奥国务卿反伊朗核协议的立场久已有之，早在 2015 年 9 月 9 日，还是国会议员的蓬佩奥就曾在美国传统基金会公开发表演讲《前进的道路：为存在缺陷的伊朗核协议提供替代方案》（A Pathway Forward：An Alternative to the Flawed Iran Nuclear Deal），对刚刚签署的伊朗核协议进行了抨击。

② Whitehouse, "Executive Order Reimposing Certain Sanctions with Respect to Iran", https：//www. whitehouse. gov/presidential-actions/executive-order-reimposing-certain-sanctions-respect-iran, 2019 – 05 – 29.

③ Whitehouse, "Statement by the President Regarding the Reimposition of Nuclear-Related Sanctions on Iran", https：//www. whitehouse. gov/briefings-statements/statement-president-regarding-reimposition-nuclear-related-sanctions-iran, 2019 – 05 – 29.

④ 王宏彬：《美欲打造"阿拉伯版北约"牵制伊朗》，新华网（http：//www. xinhuanet. com/world/2018 – 07/29/c_ 129922273. htm），访问日期：2019 年 5 月 30 日；刘品然、刘晨：《蓬佩奥开启中东八国行　安抚盟友推"阿拉伯版北约"》，新华网（http：//www. xinhuanet. com/mil/2019 – 01/06/c_ 121003145 8. htm），访问日期：2019 年 5 月 30 日。

家组建"阿拉伯版北约"的关键步骤。① 除了推动中东国家集体遏制伊朗外，特朗普政府还对曾给伊朗带来很大希望的伊朗核协议下手，悍然退出该协议并重启对伊朗的制裁。这不仅加大了伊朗面临的来自美国的直接压力，而且也增加了其他国家与伊朗往来的难度。此外，为了更有效地打压伊朗，2018年8月16日美国国务院还专门成立了"伊朗行动小组"，以确保美国国务院和政府其他部门密切协调施压伊朗。目前美国仍在积极游说中东阿拉伯国家和欧洲国家共同遏制伊朗。

在金融领域，美国财政部连续多次对伊朗个人和实体进行制裁。2017年7月28日，美国宣布对6家伊朗实体实施制裁。2018年5月10日，宣布对6名伊朗人和3家经济实体在美国的资产包括德黑兰和迪拜的"前台公司"和外币兑换处实施制裁；8月7日，美国退出伊朗核协议后，对德黑兰实施的首批制裁内容就包括制裁伊朗政府购买美元和伊朗货币里亚尔的交易；11月5日，美国发布通告，宣布从当天起对涉及包括伊朗金融领域在内的超过700个个人、实体、飞机和船只实施制裁，其中包括50家伊朗的银行及其境内外分支机构。2019年1月24日，宣布对4个与伊朗有关的实体和组织实施制裁；3月22日，宣布制裁伊朗14名个人和17个实体。② 这些被美国财政部制裁的个人和实体均被指控与受美国制裁的伊朗机构有关，根据美国的相关规定，受制裁的个人和实体在美国境内的资产被冻结，美国公民不得与其进行交易。美国对伊朗银行业和国际金融流通的制裁由来已久，长期以来伊朗银行游离在国际金融体系之外，再考虑到美元在当今国际贸易中不可替代的作用和美国对伊

---

① 海洋：《打造"阿拉伯版北约" 特朗普给沙特送去最壕军火》，新华网（http：//us. xinhuanet. com/2017 - 05/18/c_ 129607286. htm），访问日期：2019年6月6日。

② 陆佳飞、刘晨：《美国宣布对6家伊朗实体实施制裁》，新华网（http：//www. xinhuanet. com/world/2017 - 07/29/c_ 129666787. htm），访问日期：2019年6月6日；刘晨、朱东阳：《美国财政部宣布制裁9个伊朗实体和个人》，新华网（http：//www. xinhuanet. com/world/2018 - 05/11/c_ 1122816966. htm），访问日期：2019年6月6日；朱东阳、刘晨：《美国宣布重启对伊朗金融和能源等领域制裁》，新华网（http：//www. xinhuanet. com/photo/2018 - 11/06/c_ 1123668048. htm），访问日期：2019年6月6日；邓仙来、刘品然：《美国财政部宣布制裁4个与伊朗有关实体和组织》，新华网（http：//www. xinhuanet. com/2019 - 01/25/c_ 1124039152. htm），访问日期：2019年6月6日；刘晨、刘品然：《美国财政部宣布制裁多个伊朗个人和实体》，新华网（http：//www. xinhuanet. com/world/2019 - 03/23/c_ 1124271873. htm），访问日期：2019年6月6日。

朗制裁的"长臂管辖"特征，其他国家和国外实体越来越难以和伊朗进行正常的业务往来。

在能源、资源领域，美国财政部对伊朗包括个人和实体实施的制裁有些已经包括了能源、资源领域。除此之外，美国还有一些明确制裁伊朗能源或其他资源方面的举措，比如2018年4月22日，白宫宣告此前曾短暂给予8个国家和地区进口伊朗石油的制裁豁免在2019年5月初到期后不再延长，期望实现伊朗石油的"零出口"[1]；同日，蓬佩奥国务卿声称特朗普政府已经把伊朗的石油出口减至历史低点，直言美国"将继续对伊朗政权施加最大压力，直到其领导人改变其破坏行为，尊重伊朗人民的权利，并重返谈判桌"[2]。2019年5月8日，特朗普总统又签署行政命令，对伊朗除石油出口以外最大的外汇来源铁、钢、铝、铜等产业进行制裁，进一步强化对伊朗的极限施压[3]。特朗普政府对石油和矿产资源的制裁，使伊朗的外汇收入锐减，严重增加了伊朗的财政困难。

在军事领域，多年来美国在伊朗周边伊拉克、阿富汗、土耳其、科威特、巴林、沙特、卡塔尔、阿曼等邻国一直设有军事基地或驻军，伊朗本就已经处于美国军事力量的围堵之中，2018年5月8日，美国退出伊朗核协议时强调，"除了永不发展核武器外伊朗政权还必须永不拥有洲际弹道导弹，停止发展任何具有核能力的导弹，不再向其他方面扩散弹道导弹"[4]。在美国财政部推出的针对伊朗个人和实体的制裁文件中，就有一些涉及对伊朗军事力量的制裁。比如，美国财政部2018年10月16

---

[1] Whitehouse, "President Donald J. Trump Is Working to Bring Iran's Oil Exports to Zero", https://www.whitehouse.gov/briefings-statements/president-donald-j-trump-working-bring-irans-oil-exports-zero, 2019-05-29.

[2] 《国务卿讲话：关于伊朗石油进口的决定》，美国驻华大使馆和领事馆网站（https://china.usembassy-china.org.cn/zh/secretarys-remarks-decision-on-imports-of-iranian-oil），访问日期：2019年5月29日。

[3] Whitehouse, "Statement from President Donald J. Trump Regarding Imposing Sanctions with Respect to the Iron, Steel, Aluminum, and Copper Sectors of Iran", May 8, 2019, https://www.whitehouse.gov/briefings-statements/statement-president-donald-j-trump-regarding-imposing-sanctions-respect-iron-steel-aluminum-copper-sectors-iran, 2019-05-29.

[4] 参见美国驻华大使馆和领事馆网站（https://china.usembassy-china.org.cn/zh/president-donald-j-trump-is-ending-united-states-participation-in-an-unacceptable-iran-deal-2018），访问日期：2019年6月5日。

日宣布制裁伊朗伊斯兰革命卫队下属一准军事组织，以及一个据称为该组织提供金融支持的合作基金会，宣布冻结上述组织在美国境内资产且禁止美国人与其交易。[①] 2019 年 4 月 8 日，特朗普总统在白宫发表声明，把伊朗伊斯兰革命卫队列为恐怖组织，他强调此举表明美国将加大对伊朗极限施压的范围和力度。进入 5 月后，美国对伊朗施加了更大的军事压力，宣布把"亚伯拉罕·林肯"号航空母舰战斗群和"B-52"战略轰炸机等军事力量调往海湾地区，以应对"伊朗威胁"，同期还提升了驻伊朗周边国家美军的战斗力。[②] 5 月 24 日，特朗普总统宣布美国再向中东增兵约 1500 人，这也是回应"伊朗威胁"的一部分。[③] 5 月 28 日，美国总统国家安全事务助理博尔顿访问阿联酋时，仍在宣扬"伊朗的地区威胁"，直言"如果美国及其地区盟友的利益遭到侵犯，美国将给予猛烈还击"[④]。

半个世纪以来，伊朗的主要外汇来源是石油，特朗普政府却要让伊朗石油"零出口"；国际社会早就是个"地球村"，特朗普政府却要让伊朗金融孤立于国际金融体系之外；1979 年伊斯兰革命后伊朗与中东其他国家的关系原本就摩擦不断，特朗普政府却要着力组建"阿拉伯版北约"以集体遏制伊朗；近两年伊朗国内形势已经非常严峻，特朗普政府对伊朗的军事施压却要步步提升，2019 年 6 月 24 日特朗普总统更是签署行政令宣布制裁伊朗国家最高领袖哈梅内伊。由此看来，特朗普政府以后所采取的不断从政治、外交、经济以及军事等方面对伊朗的打压和制裁，正考验着伊朗所能承受的极限，正像伊朗总统鲁哈尼所言，当前美国对伊朗的施压史无前例，伊朗运油船遭到美国卫星的追踪，甚至连一艘伊朗货船都无法停靠任何国家的港口，这种情况在伊朗伊斯兰革命以来还是第一次出现，甚至"在（两伊）战争期间，银行业、石油销售和进出

[①] 刘晨、朱东阳：《美国制裁伊朗革命卫队下属组织及相关机构》，新华网（http://www.xinhuanet.com/world/2018-10/17/c_1123570613.htm），访问日期：2019 年 6 月 7 日。

[②] 李强、任重、刘扬：《美军 B-52 和 F-35 已部署就位 专家：对付伊朗还不够》，《环球时报》2019 年 5 月 13 日。

[③] 刘品然、刘晨：《特朗普说美国将向中东增兵约 1500 人》，新华网（http://www.xinhuanet.com/2019-05/25/c_1210143444.htm），访问日期：2019 年 5 月 29 日。

[④] "Iranian Naval Mines likely Used in UAE Tanker Attacks: Bolton", [Saudi Arabia] *Arab News*, 29 May 2019, http://www.arabnews.com/node/1503571/middle-east, 2019-05-30.

口等未受任何影响，当时对伊朗施加的唯一禁令只是武器禁运"。① 鲁哈尼总统的言论鲜明道出当下伊朗面对美国极限施压的艰辛，而且如今来看特朗普政府并没有减轻对伊朗施压的迹象。

二 特朗普政府对伊朗极限施压的原因

与前任奥巴马总统积极推进伊朗核协议签署、缓和与伊朗的关系显著不同，特朗普总统上任后对伊朗的打压骤然升级，这既是美伊长期冲突的历史惯性使然，也与当下美国、中东和伊朗出现的新变化息息相关。

（一）美伊既有关系的影响

1979 年伊朗伊斯兰共和国成立以来，美国同伊朗关系的基本特征是对抗，历史的冲突惯性导致迄今美伊仍然摩擦不断。1979 年 11 月 4 日，伊朗青年强占美国驻德黑兰大使馆，并把其中的几十位外交官扣为人质长达 400 多天，这一事件仍然深刻影响着美国对伊朗现政权的观感以及对伊朗强硬政策的推出。② 再者，伊朗现政权成立以来一贯秉承强烈反美立场，直到现在，在很大程度上讲伊朗官方仍然把反对美国视为"政治正确"，而且美国的中东盟友以色列等国家还认为伊朗现政权对自己的安全造成严重威胁，这均推动美国特朗普政府对伊朗执行打压之策。目前，美国国内还没有出现彻底改善与伊朗关系的氛围。事实上，美国内部对 2015 年奥巴马总统签署伊朗核协议存在非常强大的反对之声，这也是特朗普总统上任后很快就退出该协议的重要原因。显然，美伊长期对抗的历史惯性仍然影响着双边关系的开展和美国对伊朗的态度。

近年来，伊朗在中东地区的影响力显著上升。作为全球霸权国家的

---

① 李晓宏、黄培昭：《特朗普称愿意对话伊朗总统：不会屈服眼下的困难》，人民网（http://m.people.cn/n4/2019/0528/c57-12757557.html），访问日期：2019 年 6 月 3 日；《绝不屈服！伊朗总统呼吁全国各派团结应对美国"全面战争"》，光明网（http://m.gmw.cn/2019-05/12/content_13003675 16.htm），访问日期：2019 年 5 月 29 日。

② See David Houghton, *US Foreign Policy and the Iran Hostage Crisis*, Cambridge: Cambridge University Press, 2001; William Daugherty, *In the Shadow of the Ayatollah: A CIA Hostage in Iran*, Naval Institute Press, 2016; David Crist, *The Twilight War: The Secret History of America's Thirty-Year Conflict with Iran*, Penguin Books, 2013.

美国，对"地区霸权"国家伊朗的敌视感加剧。1979年成功推翻伊朗巴列维王朝的伊斯兰革命具有较为明显的意识形态扩张性，伊朗伊斯兰共和国也怀有较为强烈的地区领导者之心，因此伊朗的"地区霸权"和美国的全球霸权早就存在结构性的矛盾和冲突。[①] 自从美国2001年展开"反恐战争"和阿拉伯剧变发生以来，随着敌对的伊拉克萨达姆政权和阿富汗塔利班政权的倾覆，以及埃及、利比亚、叙利亚等阿拉伯强国的陨落，伊朗的东西部边界安全环境大为改善，地区影响力也有显著提升。作为全球霸权的美国，更加不能容忍与己怀有二心的伊朗，有关"伊朗威胁"与战争的讨论随之也屡屡出现。[②] 目前，美国虽然仍是世界唯一超级大国，但是它相对其他大国的优势已经逐步缩小，自信心也不断下降，华盛顿需要采取一些诸如打压伊朗这样"刺头"的行动，彰显自己的世界警察角色，强化自己全球霸权国家的存在。

（二）美国自身利益的需要

特朗普政府对伊朗进行极限施压，与美国即将推出的"世纪协议"有关。美国多任总统，比如卡特和克林顿，有关注巴勒斯坦问题和推进中东和平的想法或举措，如今看来特朗普总统也有此意。2018年特朗普总统接连在耶路撒冷地位、戈兰高地归属等向来被认为非常棘手的中东问题上作出有利于以色列的认定，接下来他要发力的就是巴勒斯坦问题。特朗普总统上任后令其女婿、白宫高级顾问、犹太人贾里德·库什纳策划解决巴勒斯坦问题的所谓"世纪协议"。2019年6月22日，白宫宣布了名为"和平促繁荣"的方案，这是"世纪协议"的经济部分，其主要内容是通过投资、援助等经济手段来安抚巴勒斯坦人。此方案一经推出，就遭到巴方的强烈反对，法塔赫、哈马斯、吉哈德等组织的领导人旋即

---

① See James A Bill, "Iran and the United States: A Clash of Hegemonies", *Middle East Report*, Fall 1999.

② See Alireza Jafarzadeh, *The Iran Threat: President Ahmadinejad and the Coming Nuclear Crisis*, Palgrave Macmillan, 2007; Yaakov Katz and Yoaz Hendel, *Israel vs. Iran: The Shadow War*, Potomac Books, 2012; Jay Solomon, *The Iran Wars: Spy Games, Bank Battles, and the Secret Deals That Reshaped the Middle East*, Random House, 2016; "America and Iran: Collision Course", *The Economist*, May 11–17, 2019.

发表声明，提出美国"世纪协议"的经济方案代表的是美国和以色列解决巴以问题的观点，与巴勒斯坦人民的原则、权利和政治诉求相去甚远。而"世纪协议"的政治部分（如何解决巴勒斯坦的主权、领土、边境，以及耶路撒冷的归属问题）仍未公之于众。美国方面和以色列媒体此前已经零零散散透露了一些"世纪协议"的有关内容，因该协议的部分内容过于偏袒以色列而不利于巴勒斯坦人，已经引发中东内外多方的批评和质疑，一直以来对巴勒斯坦非常关切的伊朗伊斯兰共和国对此更是批判有加。可以预见，"世纪协议"完整内容正式推出后必将成为中东又一个焦点问题。在这种情况下，为了成功推出特朗普总统相当看重的"世纪协议"，美国等方面需要创造一个良好的外部环境，用一个更大、更受关注的地区热点来为"世纪协议"遮风挡雨，让潜在的主要反对者无法集中火力反对之。通过极限施压制造伊朗危机刚好就是这样一个有助于"世纪协议"平安落地的选择。

极限施压制造伊朗危机，还可以给特朗普总统和美国带来现实的政治和经济收益。当总统大选临近时，在国外制造一些包括战争在内的危机以提升自己的获胜率是美国政客的惯常操作。目前，美国借极限施压催生了全球瞩目的伊朗危机，几乎已经被逼到绝境的伊朗很可能会软化自己的立场，如果能在伊朗问题上取得进展，特朗普总统显然会增加政治得分，更何况伊朗与中东诸多问题都有关联。此外，特朗普政府对伊朗进行极限施压，还可以巩固美国与以色列和沙特等中东地区盟友的关系，亦可以向中东国家销售美国武器以实现商业目的。比如，2019年5月24日，美国政府绕开国会审议程序，以"紧急情况"为由推动对约旦、阿联酋和沙特阿拉伯的81亿美元的军售。① 而且，随着美国对伊朗极限施压的推进，海湾石油出口受到的影响将日益增大，国际油价也会出现较大波动，这为美国的石油出口和收益提供了更多机会。

此外，自特朗普总统上任以来，美国的对外政策体现出更加鲜明的商业特征，通过制造政治危机实现自己的经济和商业收益已经成为特朗普政府的惯常操作手法，这与特朗普本人的商人特性是密不可分的。

---

① 刘品然、刘晨：《美国政府以"紧急情况"为由推动对中东三国军售》，新华网（http://www.xinhuanet.com/world/2019-05/25/c_1124540579.htm），访问日期：2019年6月3日。

（三）沙特、以色列等第三方的推动

美国的中东盟友以色列和沙特都把伊朗现政权视为头号外敌，都希望看到伊朗现政权的覆灭，两国也一直极力劝说和配合美国遏制打压伊朗。伊朗伊斯兰共和国与沙特在民族、宗教、地区领导权等多方面存在严重冲突，两国近年来更是在叙利亚战场和也门战争上针锋相对，沙特联合几个阿拉伯国家迄今无法在战场上战胜也门胡塞武装，这与伊朗对胡塞武装的大力支持密切相关。① 面对伊朗这个宿敌，沙特一直寻求一切机会反对、打压之。比如，在 2019 年 5 月底于麦加举行的海湾阿拉伯国家合作委员会峰会和阿拉伯国家联盟特别峰会上，沙特带头集体向伊朗施压。② 沙特也一再呼吁美国对伊朗进行更为猛烈的打压，并且推动美国筹划"阿拉伯版北约"以共同对付伊朗，和美国联手打压伊朗石油出口。沙特在诸多事项上的积极配合令美国在制裁伊朗方面减少了很多顾虑。

与沙特相比，以色列更加仇视伊朗现政权。伊朗现政权直到现在都没有承认以色列国家的合法性，伊朗在黎巴嫩真主党、巴勒斯坦哈马斯、叙利亚等问题上均站在以色列的对立面，因此以色列一直把伊朗现政权视为自己最大的外部安全威胁。以色列尤其关注伊朗的核发展，自 2003 年伊朗核问题爆发以来，以色列官方屡次传出轰炸伊朗境内核设施的言论或消息。③ 就在 2015 年 3 月 3 日，即美国签署伊朗核协议 4 个多月前，以色列总理内塔尼亚胡不顾奥巴马总统的反对，专程到美国国会发表演

---

① 关于伊朗和沙特的矛盾与冲突，参见范鸿达《20 世纪阿拉伯人和伊朗人的思想冲突》，《世界民族》2006 年第 6 期，第 19—23 页；Dilip Hiro, *Cold War in the Islamic World：Saudi Arabia, Iran and the Struggle for Supremacy*, Oxford University Press, 2019；Simon Mabon, *Saudi Arabia and Iran：Power and Rivalry in the Middle East*, I. B. Tauris, 2019；Helen Lackner, *Yemen in Crisis：Road to War*, Verso Books, 2019。

② 涂一帆：《海合会和阿盟特别峰会在麦加举行》，新华网（http：//www. xinhuanet. com//2019-05/31/c_1124570085. htm），访问日期：2019 年 6 月 7 日。

③ 参见谭竹洁《以色列放风要炸伊朗核设施》，人民网（http：//www. people. com. cn/GB/paper68/9989/916864. html），访问日期：2019 年 6 月 4 日；《以色列政府一声令下 伊朗核设施前景堪忧》，人民网（http：//world. people. com. cn/GB/9153552. html），访问日期：2019 年 6 月 4 日；《以色列确曾计划攻击伊朗核设施》，新华网（http：//www. xinhuanet. com//world/2015-08/22/c_1116339465. htm），访问日期：2019 年 6 月 2 日。

讲，呼吁奥巴马总统和美国非但不要签署核协议，反而要加大对伊朗的打压力度。尽管以色列早已经发展成为中东的军事大国和该地区唯一的发达国家，但是仍然欠缺独自对抗伊朗的能力，所以推动美国打压甚至军事进攻伊朗从而推翻伊朗现政权，就成为以色列的长期政策之一。此外，维护以色列安全是美国中东战略的核心内容之一，华盛顿的中东政策受以色列及与其关系密切的美国犹太院外集团的影响甚大，面对以色列和国内犹太院外集团的一再游说，美国往往会出台一些遏制打压伊朗的政策。① 在伊朗核危机愈演愈烈之时，为了应对以色列可能轰炸伊朗核设施而引发的德黑兰报复，美国甚至做好了对伊朗开战的计划②，以色列对美国的中东和伊朗政策之影响可见一斑。近年来，随着伊朗地区影响力的上升，以色列对伊朗的忌惮和憎恨不断加剧，双方在叙利亚已经进行了间接交火。③ 特朗普政府的伊朗政策很难摆脱以色列和犹太院外集团的影响。

综上，特朗普政府对伊朗进行极限施压是美伊两国长期交恶、美国内政需要和第三方推动共同作用的结果。美伊长期对抗造成双方互信的极度匮乏和猜疑的极易产生，在很大程度上讲敌视对方已经成为美伊政界的"政治正确"，这给第三方提供了利用美伊冲突达成自身目的的机会，而美国选举政治和经济利益有时也会从美伊冲突中受益，这更加大了美国执行强硬伊朗政策的可能。在美伊关系发展中，伊朗—美国—第三方已经形成一个联系紧密的链条，其中最有可能做出妥协的是目前承受压力最大的伊朗现政权。只要伊朗现政权"反美""反以"及对抗沙特的外交基本原则不变，美国对伊朗的打压就不会停止，而且在特定场景

---

① 关于以色列和犹太院外集团对美国中东政策的影响，参见 Paul Findley, *They Dare to Speak Out: People and Institutions Confront Israel's Lobby*, Chicago Review Press, 2003, 3rd; John J. Mearsheimer and Stephen M. Walt, *The Israel Lobby and U. S. Foreign Policy*, Farrar, Straus and Giroux, 2008; A. Edwards, *"Dual Containment" Policy in the Persian Gulf: The USA, Iran, and Iraq, 1991 – 2000*, Palgrave Macmillan, 2014; Shaul Mitelpunkt, *Israel in the American Mind: The Cultural Politics of US-Israeli Relations, 1958 – 1988*, Cambridge University Press, 2018.

② 参见马骁《美曝光"网攻"伊朗核设施计划》，新华网（http://www.xinhuanet.com//world/2016 – 02/18/c_ 128729649.htm），访问日期：2019 年 6 月 2 日。

③ 杜鹃：《担心以色列与伊朗开战三方给以色列"败火"》，新华网（http://www.xinhuanet.com//world/2018 – 06/04/c_ 129885793.htm），访问日期：2019 年 6 月 2 日。

下，比如特朗普总统执政，美国还会升级对伊朗的打压。

当然，我们需透过现象看本质。美国当下对外战略核心是打击其他世界大国对美国的（潜在）威胁和挑战，从而维护自己世界唯一超级大国地位，伊朗并非当下美国对外战略的核心目标，世界诸大国和伊朗对此心知肚明，受到美国威胁和挑战的其他国家也有与伊朗合作的内在动力。在第二次世界大战结束以来的绝大部分时间里，美国对外战略的核心是遏制、打压对其国际地位有直接冲击力的世界大国，比如与苏联的冷战、与日本的贸易战、冷战结束后对中国的遏制等，这是二战后美国对外战略的主轴，尽管其间美国也在一些地区问题上发力，比如朝鲜战争、越南战争、古巴导弹危机等，但是这些问题均与美苏对抗为主线的激烈冷战息息相关。进入21世纪后，美国的确接连开启了没有打击其他大国明显因素的阿富汗战争和伊拉克战争，不过这两场战争是发生在美国短暂的以反恐为对外战略核心的时期，该战略的出台直接受2001年"9·11"这一偶然事件的催生，而且随着奥巴马总统"亚太再平衡"战略的出炉，美国对外战略核心又回到遏制其他世界大国的惯常轨道，俄罗斯和中国也再次成为美国战略遏制甚至围堵的核心。2017年12月18日，特朗普总统向国会提交首份《国家安全战略报告》，该报告把"保护美国人民与维护其生活方式""促进美国繁荣""以实力维持和平"和"推进美国全球影响力"列为美国安全战略的"四大支柱"，这份报告至少有33次提及中国，一再把中国称为"战略竞争者"[①]；在当天就此份报告的专门讲话中，特朗普总统亦公开声称美国"面临竞争对手——俄罗斯和中国——寻求挑战美国影响力、价值观和财富的威胁"[②]。再考虑到近年来美国对俄罗斯和中国的遏制打压，从政策宣示到外交实践，都证明美国当下的对外战略核心不是作为区域国家且困难重重的伊朗，充其量特朗普政府当下的伊朗政策只是美国推行其世界战略的一个"棋子"。

---

① Whitehouse, "National Security Strategy of the United States of America", https://www.white house.gov/wp-content/uploads/2017/12/NSS-Final-12-18-2017-0905-2.pdf, 2019-05-31.

② Whitehouse, "Remarks by President Trump on the Administration's National Security Strategy", https://www.whitehouse.gov/briefings-statements/remarks-president-trump-administrations-national-security-strategy, 2019-05-31.

三　特朗普政府对伊朗极限施压的影响

美国是当今世界唯一的超级大国，伊朗是中东地区的大国和强国，美伊关系的再度恶化难免会对其他大国和中东地区安全态势造成部分影响，伊朗作为被极限施压的目标国更是承受了沉重压力。但不管是美国还是伊朗，迄今都没有把双边冲突升级为战争的打算，因此这次美伊关系危机难以对中东局势造成根本性冲击，而伊朗政治发展以及大国与伊朗的交往受到的影响会更大。

（一）对伊朗内政外交的影响

因为特朗普政府的极限施压，1979 年成立以来一直遭受美国等国家制裁的伊朗伊斯兰共和国境况更加困难，再加上政府一些政策（如对女性着装等自由的限制）的负面效应越来越大，生活压力骤增的民众对政府的不满情绪越发明显，2017 年底至 2018 年初伊朗多个城市集中爆发的抗议示威就是一大明证。① 目前，伊朗人民的生活困难从货币里亚尔的贬值可见一斑：100 美元在 2018 年 1 月 1 日可兑换 430 万左右的伊朗里亚尔，2018 年 9 月 26 日甚至攀升至 1900 万里亚尔；2019 年伊朗的货币贬值虽有所回落，但仍居高不下，5 月 28 日 100 美元可兑换 1370 万里亚尔。② 而同期伊朗的工资水平并没有显著提升，只增加了 25% 左右③，仅仅因为货币大幅度贬值而催生的物价迅猛上涨就已经让伊朗人的生活水准严重下滑。④ 在这种情况下，不管是领导层内部的保守派和改革派的斗

---

① 关于此次的伊朗民众抗议分析，参见范鸿达《如何认识伊朗当下的抗议活动？》，环球网（http：//opinion. huanqiu. com/opinion_ world/2018 - 01/11491761. html？ agt = 15438），访问日期：2019 年 5 月 31 日。

② "Live Exchange Rates in Iran's Free Market, US Dollar to Rial Chart", https：//bonbast. com/graph/usd/2018 - 01 - 01/2019 - 05 - 31, 2019 - 05 - 31.

③ 这个增幅是笔者与多位伊朗友人的直接交流、问询所得。在伊朗总统鲁哈尼 2018 年底向议会提交的 2019—2020 财年预算法案中，预计下一财年伊朗公务员的工资将增加 20% 。

④ 笔者在 2016—2018 年任教于伊朗高校，切身体验是伊朗 1 公斤牛肉在 2016 年 9 月至 2017 年 1 月是 35 万里亚尔、2017 年 9 月至 2018 年 1 月是 48 万里亚尔，从伊朗朋友处得知，2019 年 5 月的价格已经超过 100 万里亚尔了。

争，还是民间对作为统治阶层代表的阿訇的憎恶，激烈程度都上升到了一个新高度。①

巨大压力下进行改革是应对举措之一。伊朗当下可谓是内忧外患岌岌可危，不管是出于能够继续执政考虑的现政权还是出于摆脱生活困境考虑的民众，都非常排斥必定会给自己带来更大压力的战争。伊朗应对目前危局的最好办法是进行国家迫切需要推进的改革。如前所述，目前伊朗国内形势相当紧张，不仅普通民众对现状的不满情绪日益增长，而且政府里面不满现状的官员和工作人员也不在少数，为了能够继续执政，伊朗现政权是有一定改革动力的。如果伊朗现政权能够顺应民意推出一些改革举措，这必定会大大增强伊朗国内更大多数人的凝聚力，令国家迸发出更大的正面力量。可以断言，当下伊朗进行顺应民意的改革，不仅可以降低政权所面临的内部危险情势，而且还可以增强它应对外部压力的能力。鉴于伊朗164.5万平方公里的国土面积、超过8000万的人口规模、在中东名列前茅的军事力量、一再取得发展辉煌的历史，任何一个外部国家，哪怕是世界大国，都不会对一个内部团结的伊朗轻举妄动。

特朗普政府的极限施压显然把伊朗现政权置于一个危险境地，但伊朗执政者在此情况下不会坐以待毙，在必要时会利用近些年构建起来的军事力量和地区伙伴网络进行回击。当下伊朗拥有在中东诸国中名列前茅的军事力量和地区影响力，面临外部打压时具备一定的反击能力。伊朗最具威胁性的武器是导弹，早在2017年伊朗就展示了射程达2000公里的弹道导弹，可以覆盖包括以色列和美国驻军点在内的中东大部分区域。② 而且，多

---

① 2019年5月28日，时任德黑兰市市长、现总统顾问纳贾菲（Najafi）的第二任妻子被发现被枪杀于家中，29日保守派的报纸《今日祖国》以《改革派的心脏被开了一枪》为题进行了相关报道。警方说是纳贾菲所为，纳贾菲也表情轻松地承认是自己杀的，但是也有伊朗人认为纳贾菲与小他32岁的第二任妻子的婚姻是个圈套，"杀妻案"也是保守派对改革派的政治陷害。29日清晨，伊朗法尔斯省卡日润（Kazrun）市周五礼拜的领拜阿訇被人用刀捅死在家门口，这是一个月来被公开出来的第二个被杀死的高级阿訇了，而从伊朗相关消息下面的评论来看，有对作为个体的阿訇的遇害深表同情的，也有对作为统治阶层象征的阿訇的遇害幸灾乐祸的。当下伊朗内部的权力斗争和民众对政权的不满已经日益明显。

② 杨舒怡：《伊朗展示新型弹道导弹 射程2000公里》，新华网（http://www.xinhuanet.com/world/2017-09/24/c_129711015.htm），访问日期：2019年6月3日。

年来伊朗伊斯兰共和国在中东苦心经营，与伊拉克、叙利亚、黎巴嫩真主党、巴勒斯坦哈马斯、也门胡塞武装等建立了密切关系，伊朗可以借助自己的中东伙伴反击敌人的进攻。尽管就整体军事力量而言伊朗和美国无法相提并论，但是伊朗及其地区支持者对美国在中东的存在、对美国中东盟友的可能进攻还是有操作空间的。

鉴于特朗普政府对伊朗制裁的深度和广度，以及美国相关政策的"长臂管辖"特征，目前美伊关系危机已经给伊朗的对外合作造成较为严重的负面影响。比如，由于缺少石油买家，伊朗的石油出口愈加困难，很多国家已经（暂时）切断与伊朗的银行间合作，伊朗的一些国内急需物品的进口也深受钳制，一些之前合作的欧洲公司亦纷纷撤离伊朗，等等。但面对危局伊朗政府也积极采取了一些行动，力争为自己赢得一定的对外发展与合作的空间，比如2019年5月以来伊朗加大了对欧盟、俄罗斯、印度、日本、中国以及周边阿拉伯国家的外交行动，而且还主动提出与周边国家签署"互不侵犯协议"。美国不顾其他签约方和国际社会主流声音的反对，悍然撕毁其在2015年签署的伊核协议并对伊朗极限施压，从而催生了当下的美伊危局，美国这一行径已经遭到伊朗核协议其他签字国和国际社会的广泛批评。此外，特朗普政府还退出多个国际组织，在国际贸易方面对中国、墨西哥、印度等多国及欧盟频频发起挑战，国际社会对美国的观感已经呈下降之势，美国受国际信任的程度已经今不如昔，而且力推美国对伊朗"极限施压"的以色列、沙特、阿联酋等国也面临一些来自其他国家的压力。值得注意的是，特朗普总统很是看重的解决巴勒斯坦问题的"世纪协议"，目前已经遭到包括巴勒斯坦、阿拉伯国家联盟等多方反对。特朗普政府在国际社会四处树敌，从大国层面看，有对中国的所谓"贸易战"、对俄罗斯的持续遏制；从地区层面讲，有对委内瑞拉合法总统的政变图谋、对以色列不顾其周边国家强烈反对的肆意偏袒。深受特朗普政府肆意妄为之苦的国家是伊朗应对美国"极限施压"的重要争取目标，渡过美国对伊朗"极限施压"的初期冲击后，世界其他相关国家即使是仅仅出于自身利益的需要，也会考虑与伊朗（继续）发展互惠关系。

（二）对中东地区安全的影响

若要准确判断特朗普政府对伊朗极限施压的影响究竟如何，首先需要对其发展趋势有整体把握。也就是说，极限施压持续加剧，是无限度最终走向战争还是保持在可控限度内？

从美国方面看，尽管特朗普总统上任以来美国对伊朗施加的压力逐步升级，美国总统国家安全事务助理博尔顿和国务卿蓬佩奥也是对伊朗政策的强硬派，但是就像特朗普总统本人一再强调的那样，美国并不想与伊朗开战，也不想推翻伊朗现政权，他很期待与伊朗进行直接的谈判。① 事实上，阿富汗战争和伊拉克战争的前车之鉴仍令美国心存忌惮。2001年"9·11"袭击发生后，打击恐怖主义成为美国对外战略的首要目标，在此背景下美国分别于2001年和2003年悍然发动了阿富汗战争和伊拉克战争，美国在这两场战争中，不管是人员伤亡还是军事开支都相当惊人。美国国防部的统计显示，从2001年10月7日阿富汗战争爆发到2014年12月31日，仅在阿富汗的美军事人员就有2216名死亡（其中阵亡1833人、非敌意死亡383人），20057人受伤；从2003年3月19日伊拉克战争爆发到2010年8月31日奥巴马总统宣布战争结束，美军在此次战争中死亡4410人（其中阵亡3481人、非敌意死亡929人），伤员则有31985人。② 至于战争开支，美国布朗大学沃特森国际和公共事务研究所的研究报告显示，2003—2019财年美国在伊拉克战区花费约8220亿美元，2001—2019财年美国在阿富汗战区花费约9750亿美元，该报告还显示"9·11"以来至2019财年美国与战争相关的开支已经高达5.9万亿

---

① 刘品然、刘晨：《中东局势升温 特朗普称不希望与伊朗发生战争》，中新网（http://www.chinanews.com/gj/2019/05-17/8839295.shtml），访问日期：2019年6月22日；"Trump Says He's 'Not Looking for Regime Change' in Iran"，[Israel] *Haaretz*, May 27, 2019, https://www.haaretz.com/whdcMobileSite/us-news/trump-says-he-s-not-looking-for-regime-change-in-iran-1.7288134，2019-06-02；"Trump on Iran: 'If they'd like to talk, we'd like to talk'"，[Israel] *The Times of Israel*, 27 May 2019, http://www.timesofisrael.com/trump-on-iran-if-theyd-like-to-talk-wed-like-to-talk，2019-05-30。

② U. S. Department of Defense, "Casualty Status as of 10 a.m. EDT May 30, 2019", https://dod.defense.gov/News/Casualty-Status，2019-05-31.

美元。① 虽然美国通过发动战争很快就把阿富汗塔利班政权和伊拉克萨达姆政权推翻，但是迄今美国并没有在这两个国家实现自己的战略目标——建立西式民主制度和亲美政权。就整体实力而言，现在的伊朗远超当初的阿富汗和伊拉克，特朗普政府深谙其中要害，已经被阿富汗和伊拉克搞得焦头烂额的美国显然不愿再陷入与伊朗的战争泥潭。美国更希望鼓励伊朗现政权进行主动改变，或者支持伊朗人民从内部改变国家的努力。实际上，对美国来讲，究竟谁来领导伊朗并非十分重要，美国更看重的是伊朗能否执行对自己友好的政策；相比深陷战争境地且对华盛顿态度无法预知的伊朗，利用伊朗目前的困境迎合其人民的变革要求从而获得一个对自己友好的稳定的伊朗显然更有利于美国。

对伊朗而言，军事实力在当下中东诸国中名列前茅，尽管有能力给美国、美军制造一些麻烦，但是考虑到现在伊朗的国内外处境，美伊一旦开战伊朗处于明显劣势。回顾历史，美国曾经在朝鲜战争和越南战争中失利，但当时朝鲜和越南有来自中国、苏联这样世界大国的鼎力支持，但是假定美国与伊朗开战，伊朗基本难以获得如此的国际支持。而且，从对于是否与美国进行战争的意愿来看，深陷内忧外患之中的伊朗现政权和生活本来就已经相当困难的伊朗人民也不希望国家与美国爆发战争，包括领袖哈梅内伊在内的伊朗领导人也明确表示伊朗不会与美国打仗，甚至在美国取消制裁的情况下可以与美国谈判。② 在伊朗人民极度厌恶战争的情况下，在美国总统不希望与伊朗开战而是更希望伊朗现政权改变一些现行政策，甚至伊朗人民都希望如此改变的情况下，伊美如果真的爆发战争伊朗现政权能够获得多少来自人民的支持也有待思考，毕竟现

---

① Neta C. Crawford, "United States Budgetary Costs of the Post – 9/11 Wars Through FY2019: $5.9 Trillion Spent and Obligated", The Watson Institute for International and Public Affairs at Brown University, November 14, 2018, https://watson.brown.edu/files/watson/imce/news/ResearchMatters/Crawford_ Costs%20of%20War%20Estimates%20Through%20FY2019%20.pdf, 2019 – 05 – 31.

② 《哈梅内伊称美伊之间不会爆发战争》，新华网（http://www.xinhuanet.com/2019 – 05/15/c_ 1124499006.htm），访问日期：2019 年 6 月 2 日；《伊朗外长：海湾地区不会发生战争》，环球网（http://m.xinhuanet.com/mil/2019 – 05/19/c_ 1210137799.htm），访问日期：2019 年 6 月 2 日；张振：《同意与美国重启谈判？伊朗总统提了一个条件》，海外网（http://news.haiwainet.cn/n/2019/0529/c3541093 – 31566083.html?agt=15438），访问日期：2019 年 5 月 30 日。

在伊朗人民对待国家卷入战争的态度和两伊战争时期已经有较大差异。再者，目前伊朗还看不出有明显的替代现政权的潜在领导力量，假如现政权因为外部军事打击而垮台，群龙无首的伊朗人必将迎来一个不知会持续多久的国家动荡时期，就像近邻伊拉克、阿富汗那样，伊朗人民显然已经注意到这一点，因此为了避免这一可怕场景的出现，伊朗人民在目前情势下也不支持国家进入对美国几乎没有胜算的战争。

基于上述考虑，目前情况下美国和伊朗的确都没有开战的充分理由，所以美伊关系的再度紧张难以令中东时局产生根本性的恶化，当下美伊两国难以爆发会对中东安全局势造成重大冲击的战争。尽管伊朗和美国都不希望双边关系继续恶化到战争的程度，但是第三方对两国关系的影响是客观存在的。第三方已经推动美国对伊朗进行了极限施压，而且也存在第三方被美伊利用的可能，美伊和第三方已经形成一个可以让当下中东特别是海湾局势趋向复杂的关系网。比如，2019年5月和6月，多艘运输船在霍尔木兹海峡附近遭遇爆炸，尽管没有充分证据，包括美国总统国家安全事务助理博尔顿和国务卿蓬佩奥在内的关键政要均指责伊朗要为此负责，而且据此美国还调高了对伊朗动武的调门。作为对外部步步紧逼的回应，6月17日伊朗原子能组织宣布伊朗将于6月27日前突破低浓度浓缩铀300公斤的存量上限，伊朗总统鲁哈尼也直接批评美国的上述指责是无中生有，抨击包括以色列总理内塔尼亚胡在内的一些人蓄意破坏伊朗的对外友好交往（6月13日阿曼湾水域两艘运输船爆炸之时日本首相正在德黑兰访问）。显然，美国对伊朗的极限施压和第三方推波助澜的交互影响，存在令美伊关系进一步恶化乃至爆发军事冲突的可能。一旦事态发展至此，不仅伊朗将深受其害，而且中东多国多地也会受到冲击，中东地区的安全至少在短期内会受到一些负面影响。

结　语

1979年以来美国和伊朗一直摩擦不断，其间关于美国要军事攻打伊朗的传闻也屡次出现，比如美国德黑兰大使馆人质危机时期、2003年伊拉克萨达姆政权被推翻后、2006—2007年伊朗核危机愈演愈烈之时，等等。在上述危机时刻，有关美国对伊朗进行军事打击的舆论场景甚至比目前尤甚，但是军事打击并没有出现。① 目前看来，特朗普总统并无开启对伊朗战争的本意，伊朗更没有进入与美国战争的打算，双方均为当下紧张态势的降温留有余地。2019年5月下旬美国特朗普总统访问日本之际，明确表示支持即将赴德黑兰访问的日本首相安倍晋三担任美伊关系的调停人，伊朗总统鲁哈尼也表示该国可能就核计划进行全民公投，这被视为美伊对抗降温之举。不可忽视的是，一方面，美国国内在对伊朗政策方面存在激烈纷争，美国总统国家安全事务助理博尔顿等人显然是对伊朗的强硬派，但是他们正面临来自国会领导人和军方在内的美国多方反对。正在经历与中国所谓"贸易战"之苦的美国人民，也不希望国家开启与伊朗的战争。另一方面，尽管目前伊朗国内的确存在强烈的反美势力，但也存在强烈希望改善对外关系的力量。因此，虽然2019年6月日本首相德黑兰调停美伊关系之旅并不顺利，但恰当国家或国际力量的牵线搭桥仍然是化解美伊危局的重要选项。现在美国和伊朗都有意避免双方冲突进一步升级，2019年6月20日伊朗击落美国无人机后，华盛顿并没有立即做出军事回应，而且伊朗没有击落无人机旁的美国载人飞机也突出说明了这一点。归根结底，最终决定美伊关系走向的还是美国国家利益和伊朗现政权的基本利益。但是中东诸国之间、诸多势力之间的矛盾错综复杂，第三方搅局的现象在中东屡见不鲜，美伊都需要约束好自己的中东盟友，避免因为第三方的莽撞行为而把两国关系推到更加危险的境地。

  当下，美国伊朗对抗严重是一个基本事实，不过我们仍需要对此有理性认知：伊朗并非美国对外战略的核心。当下美国对外战略核心是维护自己世界第一的地位，全力打击对美国霸权有挑战能力的世界大国。支撑美国霸权的四大支柱是高科技、强军事、美元霸权和话语权，目前

---

① 2007年初笔者在美国访问，当时打开美国电视，发现涉及伊朗报道时大标题往往直截了当，例如《与伊朗即将到来的战争》（*The Coming War with Iran*）；在纽约一家规模很大的书店，笔者想购买有关伊朗的书，被告知此类图书全都在恐怖主义类别的书架上。同期，伊朗国内也相当担忧美国的可能军事打击，笔者一位伊朗朋友的楼上成年邻居甚至每天都会跑到她家说"美国今天就要打伊朗了"。因为当时阿富汗战争和伊拉克战争的负面效应还没有像今天这样显现，而且当时美国的对外战略核心仍是"反恐"，所以那时美国发动对伊朗战争的羁绊比今天更少，但是这样的战争并没有发生。

伊朗无力对美国发起其中任何一项的严重挑战。在美国已经明确遏制其他世界大国才是其对外战略核心的当下，美国不会贸然陷入与伊朗的战争泥潭。事实上，冷战结束后中国就成为美国的核心遏制目标，2001年"9·11"事件的爆发及其后的所谓"反恐战争"暂时分散了华盛顿遏制中国的集中度，但是从奥巴马总统开始遏制中国就再次成为美国对外战略的核心。从"中兴事件""华为事件"到当下热议的"中美贸易战"等，都是美国极力遏制中国发展和崛起的表现和手段，客观而言伊朗等国与美国的对抗有利于中国对美国打压的反制。

近年来，伊朗在中东的影响力的确有所上升，这也使得一些伊朗人有了关于国家地位的较多想象。伊朗固然是中东大国、强国，但德黑兰也需保持清醒认识：当下中东国家对本地区事务仍然缺乏主导力，中东仍是大国纷争之地，再考虑到中东域内非常复杂的国际关系，德黑兰应以更谨慎的眼光来看待自己、观察中东。事实上，伊朗国内早已存在相当明显的反对政府把过多资源投放到国外的做法，历史上伊朗人也一再证明自己拥有再创辉煌的能力。在国家发展和治国理政方面，伊朗现政权迫切需要倾听民众的声音。伊朗人民对自己国家的热爱毋庸置疑，在国家遭受外力打击之时会坚决捍卫国家主权。伊朗要破解当下的危局，除了以理性应对美国的战略威慑以外，更要以务实的改革推动国内政治、经济与社会发展，解决好民生问题，全方位增强自身实力。

（本文原刊发于《西亚非洲》2019年第5期）

评析俄罗斯在中东的机会主义外交

姜 毅[*]

摘 要：冷战结束后，俄罗斯在中东的地位较为尴尬：活跃却无法主导地区主题。俄罗斯试图通过左右逢源的"中立"姿态巩固在该地区的存在，显示其独特作用。俄罗斯的中东外交政策表现出明显的机会主义特点。这反映了俄罗斯外交一方面缺少构建地区安排、把握地区发展方向的能力，另一方面不甘心被挤出中东、被排斥在地区重建之外。随着叙利亚危机持续发酵，以军事打击极端势力为旗号，俄罗斯中东外交从消极应对局势的机会主义向积极进取的机会主义转变：从"中立"的劝和、调解者变为力图把握事态发展方向的直接参与者；从观察时局、等待机会变为主动营造机会、塑造地区新议题。

关键词：俄罗斯外交 机会主义 中东 叙利亚危机

自20世纪90年代后半期重返中东以来，俄罗斯一直是中东事务的主要参与者之一，其政策基调是强调联合国和多边协调机构的作用，通过形成各方相互制衡机制、利用各种矛盾，以凸显其存在和世界大国的地位。然而，由于俄罗斯外交活动重心不在中东，且在该地区缺少稳固和有关键作用的支点或扎实根基，特别是其所谓世界大国定位仍缺少足够的综合国力支撑，因此，俄罗斯中东外交并没有明确、稳定的战略规

---

[*] 姜毅，中国社会科学院俄罗斯东欧中亚研究所研究员。

划，表现出明显的机会主义色彩，其要点不在"善变"、左右摇摆，而在"机会"，利用局势变化和有利之机为己谋利、造势。俄罗斯一方面想发挥独特作用，另一方面不得不随波逐流，很大程度上还是依循他方设计的框架，为他方规定的蓝图"修修补补"、做些枝节性的调整，或充当"调停者"。2015年秋，在叙利亚危机中，俄罗斯的机会主义外交又走向了另一端，从避免走单边路线转为事实上的选边站队，从防止卷入矛盾旋涡转为直接介入事态中心。俄罗斯政策的转变植根于对国际和地区局势的认知，以及其欲利用乱局塑造议题、把握未来方向的企图。

一 俄罗斯中东外交的历史沿革

20世纪五六十年代，在中东反帝反封建和民族解放运动风起云涌、阿拉伯国家与以色列激烈冲突的背景下，苏联得以成为中东地区主要的政治力量。[①] 中东地区一直是冷战中苏联策应与北约在欧洲对抗、在全球扩大势力范围的重要选择。通过对巴勒斯坦"民族解放运动"武装斗争的支持，通过与埃及、伊拉克、南也门和叙利亚等国达成的友好合作条约，并主要凭借军事援助的方式，[②] 苏联把中东变为与美国激烈争夺的战场，数次中东战争背后都或明或暗地有苏联的影子，苏、美甚至在这里几乎迎头相撞。

然而，自1976年埃及废除苏埃"友好合作条约"起，[③] 苏联在中东地区风生水起的局面遭遇挫折，并逐步式微，其中关键性因素有3个。其一，第四次中东战争后埃及率先在停火、和谈问题上与以色列缓和关系，带动了中东反以国家和力量由军事斗争转为政治、外交博弈，并逐步启动了中东和谈进程。而且，这些阿拉伯国家认为，美国才是掌握了

---

① 自1955年向埃及提供军火后，苏制武器成为中东许多国家的标准装备，苏联在埃及和叙利亚获得了数个海空军基地。其中，在1967年"六五战争"前夕，苏军即获得了著名的叙利亚塔尔图斯和拉塔基亚基地的进驻权。

② 苏埃"友好合作条约"（1971年）、苏伊（伊拉克）"友好合作条约"（1972年）、苏也（也门）"友好合作条约"（1979年）、苏叙"友好合作条约"（1980年），都包含军事合作或援助条款。

③ 关于苏埃关系破裂原因与过程，参见刘竞等《苏联中东关系史》，中国社会科学出版社1987年版。

解决中东冲突的"钥匙"。① 莫斯科基本丧失了利用阿以对立、操纵战与和为己用的机会。其二，尽管苏联从经济领域的基础设施、装备制造到政治领域的政党组织和思想体系等诸方面，给予了包括中东一些国家在内的"以社会主义为方向"国家大力援助，但是到20世纪70年代中期，苏联模式在中东国家"水土不服"的现象开始显现。这些国家基于经济发展和外交灵活等因素，开始与西方国家进行接触，包括引进西方武器装备和开展经贸活动。② 其三，苏联经济在冷战后期发展乏力，不仅不可能再承受巨大的援助负担，而且到20世纪80年代后期已自身难保。苏联解体后，俄罗斯联邦也长期陷入发展困境，无力在中东角逐场上继续曾经的活跃态势。从一个侧面反映莫斯科从中东"撤退"的例子是，1992年，俄罗斯宣布撤销冷战时期建立的地中海分舰队。按照俄罗斯前任外长伊万诺夫的说法，在这个时期，俄罗斯与阿拉伯世界的传统联系急剧下降，俄罗斯在该地区的阵地丧失殆尽。

冷战结束后，中东新老矛盾交织、热点频发。面对新的形势，俄罗斯的中东外交不再以对美关系为主轴——尽管在具体问题上，俄美关系作为外部因素会对俄罗斯政策偏好有所影响，即不再如冷战时期那样植根于"反对谁"的立场，而是力图全面、务实地与地区主要力量发展关系，寻求在中东立足和保持影响的机会，也寻求凸显特殊作用的机会。在地区一系列热点问题上，俄罗斯"重在参与"，并表示出不同于西方的立场都是为了在这个地区确立起自己"独立大国"的形象，恢复其国际影响。一方面，俄罗斯继续在政治和外交上支持巴勒斯坦建国，保持与传统伙伴（利比亚、叙利亚、伊拉克）的经贸和军事技术合作。另一方面，俄罗斯与海湾君主国修补因苏联意识形态和入侵阿富汗长期被"冷冻"的双边关系。2007年，普京访问沙特，这是两国建交近80年来（当时为苏联）首位访问沙特的俄罗斯国家元首，表明了俄罗斯对重塑双边关系的态度。在这次访问中，普京还提出，愿与海湾

---

① 刘竞等：前引书，第236页。
② 以伊拉克为例，1976年，伊拉克与西方国家贸易就已占其对外贸易总额的80%，苏联则从1973年的占伊拉克外贸第一位迅速下降为第九位。伊拉克最早的原子能活动也是此时在法国帮助下开始的。

国家共组类似于欧佩克的天然气输出国组织，以协调彼此行动。尽管与这些国家在国际能源市场存在竞争，俄罗斯还是积极与这些国家开展石油项目的投资合作，且成功开拓了在这些国家的核电市场。其中，沙特成为俄罗斯在中东石油和核能投资的主要对象，占其投资合作项目总额的近一半。当然，打破坚冰并不容易，何况横亘其间的还有瓦哈比因素对中亚和南高加索地区的渗透、俄罗斯对沙特等支持帮助车臣等地反叛势力的指责。叙利亚危机发生后，俄罗斯对巴沙尔政权态度立刻使双方分歧表面化。2011年发生的"外交官机场案"是这种对立态度的开始，但远不是结束。①

与以色列复交（1990年）也使俄罗斯获得了更为灵活的空间。2005年，普京实现了俄罗斯国家元首对以色列首次访问。俄罗斯对俄籍犹太人移民以色列的限制比苏联时期大为宽松，占以色列人口近1/6的俄罗斯犹太移民大多数享有双重国籍，这既为俄罗斯和以色列联系准备了较好的人文桥梁，也使俄罗斯政府不能不更关注以色列的安全。同时，双方在包括军事技术领域进行了较密切的合作。正是因为此，虽然这些年在巴以问题上俄罗斯一直为巴勒斯坦人发声，双方在伊朗核问题、叙利亚巴沙尔政权问题上立场各异，2015年也出现了俄罗斯军机"误入"以色列领空等事件，但俄以双边关系基本没有受到严重冲击。

2006年后，因哈马斯执掌巴勒斯坦临时政府，巴以和平进程受阻。虽然美国和以色列反对，俄罗斯依然通过邀请哈马斯领导人访俄等活动，积极地试图充当和平谈判的调解人，显示其第三方的独特作用。

伊朗成为俄罗斯中东外交重要的支点。从2003年起，在吸引了全世界目光的伊朗核问题上，俄罗斯的机会主义外交彰显无遗。一方面，伊核问题关乎国际核不扩散体系的维持，关乎俄罗斯作为核大国的权益、地位和安全；另一方面，俄罗斯不能容忍美国推翻萨达姆一幕重演，不愿失去自己在伊朗的利益。因而，它既以支持有限制裁和反对武力解决两手牵制美国和以色列等，又以签订大宗军火合同却暂不供应其中某些

---

① 2011年11月29日，俄罗斯驻卡塔尔大使在多哈机场因外交邮袋检查问题与保安人员发生冲突，大使被打伤。俄罗斯确信此事与俄罗斯在叙利亚问题立场有关，因此降低了双边外交关系等级。

敏感武器（如"S-300"导弹）两手牵制伊朗。与此同时，为防备伊核问题解决失去难得的筹码，以及为以后解决类似问题打下基础、提升核原料处理的国际地位，俄罗斯还提出由其为伊朗提供民用核原料、共建国际商用铀浓缩中心。

多年来，俄罗斯在中东这个重要的政治和外交舞台，竭力显示其在国际事务中的大国地位和独特作用。从第一次中东问题莫斯科会议到马德里和会，从伊朗核问题谈判到"也门之友"小组，再到"安南计划"，俄罗斯一直活跃在调停中东各种热点问题的舞台上，努力扮演着一个"不可或缺"的角色。然而，在与中东主要国家缺少战略共识和战略利益契合、自身又缺乏发挥关键影响能力等因素的作用下，俄罗斯已不再有冷战时期苏联的那种影响力。俄罗斯一直在中东地区存在，但在很大程度上对解决实质性问题几乎不具有决定性作用，对地区议程设定也几乎没有掌控权。例如，虽然同为马德里和会的主持者、中东问题四方代表之一，俄罗斯在中东和平进程中实际上处于被边缘化的位势，几乎成为国际和谈的"礼仪"式的角色。有关各方不排斥其的动因，与其说是俄罗斯的能力，不如说是借其在讨价还价中传达自己的声音，以及利用其牵制另一方（美国和以色列）。当然，更重要的是，俄罗斯手中拥有的安理会常任理事国那张票——用俄罗斯自己的话表述就是：若无俄罗斯参与，中东难以最终实现和平。

二 俄罗斯在中东乱局中机会主义外交的表现及其动因

自突尼斯开始的中东变局使该地区波涛汹涌。面对地区新局势，与既推波助澜又试图掌控事态的美国不同，俄罗斯除了反对干涉内政、反对输出"民主"的原则性表态，似乎无处发力，只有静观其变。毕竟，无论何种"民主革命"、经济社会改革议题都不是俄罗斯对外活动的强项。彼时，俄罗斯与西方正踏在奥巴马提出的"重启"双边关系的路上，也无意因中东的"民主"恶化合作气氛。所以，尽管从价值观上俄罗斯并不认同弥散中东街头的抗议运动，但还是表示：中东的变化是"社会经济问题长期积累所致。很多中东国家的领导人长期执政，对本国公民的生活状况和国家现实情况麻木不仁"①。对西方国家在利比亚军事行动的反应也不像后来那般愤慨,而是较慎重的"遗憾"。在2011年的多维尔八国峰会上,时任总统梅德韦杰夫甚至明确地说,卡扎菲政权已失去合法性,"他必须下台"。

在叙利亚危机前期,俄罗斯也试图继续其一贯的中立、调解者的政策。一方面,它在安理会数次否决西方等国支持向巴沙尔政权施压的决议,认为预设推翻某国政权的条件是粗暴干涉他国内政,违背了国际关系基本准则;坚持各方通过谈判和平解决问题,强烈反对外部力量试图以武力或武力威胁干预事态进程。俄罗斯已经越来越不能忍受西方排斥其他国家、滥用联合国授权,动辄以武力强行推销自己的方案。利比亚的例子更令俄罗斯质疑,2005年联合国通过的"保护的责任"(Responsibility to Protect)在很大程度上变成西方强国选择性干预他国事务的借口。另一方面,俄罗斯似乎对中东未来局势发展缺少必要信心,不愿因选边站队而错失在该地区的利益和影响。俄罗斯也一度宣称鉴于叙利亚局势混乱,暂停两国合作项目,并表示自己没有义务在军事上帮助叙利亚政府;同时主张解决叙利亚危机应以阿盟的"阿拉伯倡议"为基础进行改革,包容更多反对派,并邀请反对派代表赴莫斯科商谈。

俄罗斯在不断释放出可做各种解读信号的同时,预判到局势的复杂性和可资利用的机会。它不断强调,所谓"阿拉伯之春"释放出来的可能不是西方期待的"民主",而是持续混乱和极端势力抬头的恶魔,其结果不仅对该地区,而且对世界都将产生严重的后果。②普京曾表示,俄罗斯毗邻中东,中东的局势关系到本国的利益,所以不能袖手旁观。正是为应对不测和显示自己的地位与利益保护,俄罗斯海军自叙利亚危机伊始就活跃在地中海水域和叙利亚塔尔图斯港,并于2013年宣布重组地中

---

① 参见2011年3月拉夫罗夫对记者的讲话,http://www.mid.ru/press_service/minister_speeches/-/calendar/select?_calendar_WAR_mediaportlet_dateFromValue=15.03%202011&_calendar_WAR_mediaportlet_dateToValue=15.03%202011,访问日期:2016年1月29日。

② 2014年6月4日,普京在接受欧洲记者采访时表示,叙利亚局势可能会演变为类似当年的阿富汗,成为难以控制的恐怖主义威胁源,http://kremlin.ru/evevts/president/news/45832,访问日期:2016年1月14日。

海分舰队。

2013年,处理叙利亚的化学武器问题既使美国摆脱了欲打不能、欲和难忍的尴尬,又让巴沙尔避免了遭外部军事打击进而被赶下台的危险,成功显示了俄罗斯的独特影响力和政策独立性。

自2015年9月30日起,俄罗斯空军以反恐的名义直接介入叙利亚局势,标志着它的外交政策从消极的机会主义向积极的机会主义转变:从"中立"的劝和、调解者变为力图把握事态发展方向的直接参与者;从观察时局、等待机会变为主动营造机会、塑造地区新议题。其实,早在2012年,普京在第三任总统的首次年度记者会上就称,俄罗斯从来都不是巴沙尔政府的支持者,而普京2015年在同一场合则说,俄罗斯必须支持叙利亚政府进行反恐斗争。

事实上,俄罗斯中东政策的转变与其对国际格局和地区局势的判断直接相关。

俄罗斯认为,金融危机后,国际格局进入重新建构阶段,西方力量的衰退为新兴国家提供了扩展影响的机会。重构进程中利益交锋和碰撞不可避免,但不会是大规模战争方式,也不会是冷战那般彻底对立方式。俄罗斯要利用这个时机积极拓展外交空间,以争取更多话语权和构建新结构的影响力,并在这个过程中重新确立其世界大国地位。[1] 依据这种积极参与的思想,俄罗斯介入叙利亚危机的目的之一就是要阻止西方和域内一些国家按照自己意愿构建中东新格局的企图,通过参与将俄罗斯的意图和利益诉求嵌入新的解决方案之中。叙利亚危机中各方混战、相互牵制,美国等西方国家首鼠两端,巴沙尔政权危机四伏却一直能坚持、又得到伊朗和真主党武装暗中协助等状况,为俄罗斯的介入提供了一定的空间。而目前叙利亚混战的情况为俄罗斯使用其最得力也几乎是唯一得力的军事手段提供了可能。

突尼斯发生动荡以来,"民主化"成为中东一个重要议题。这既不符合俄罗斯的意愿——对西方主导前景的不满、对极端势力趁机坐大的疑

---

[1] "War and Peace in the 21st Century: A New International Balance as the Guarantee of Stability", http://www.valdaiclub.com, 2015-12-23.

虑,也不符合其意识形态,更不用说对"颜色革命"传染性的担忧。① 而以"伊斯兰国"为代表的极端势力崛起给了俄罗斯在该地区提升地位和影响力的机会,为其改变该地区的中心议题提供了可能。利用反恐国际共识,高举反恐旗帜,俄军在叙利亚的空袭行动不仅具有了法理依据(得到叙利亚政府同意),而且占据了道德制高点,国际社会对中东的关注点迅速从政权更迭转为打击极端势力。

虽然有造势之意,但考虑到俄罗斯对周边极端势力的担忧,打击恐怖势力也确有自身安全利益的考虑。中东距离俄罗斯南部软肋地带——北高加索地区仅数百公里,与中东的伊斯兰世界连接在了一起。苏联解体后,由于移民和人口出生比例等原因,穆斯林人口比例明显上升,据不完全统计,目前生活在俄联邦的穆斯林约2000万人,占总人口的1/7。在这个传统的东正教国家,"伊斯兰因素"逐步成为一个社会问题,众多穆斯林的政治和意识形态倾向,在很大程度上决定着俄罗斯的政治与社会稳定。而且,其南部的车臣等地依然存在着一定数量的极端宗教非法武装,恐怖袭击一直是俄罗斯联邦面临的一个主要安全威胁。俄罗斯安全部门称,自"伊斯兰国"在伊拉克和叙利亚活跃以后,约有2000名俄罗斯公民和相当数量的中亚国家居民参与其中,如车臣反叛武装"迁徙者支持军"。俄罗斯担心,这些参与恐怖组织的人员在叙、伊战场受训和获得实战经验后,会乘势回流到中亚或俄罗斯境内,对那里的安全形成更大压力。特别是其中可能还有西方国家以及沙特、土耳其等或明或暗的帮助与鼓励,有形成已久的格鲁吉亚、土耳其通道。这就是普京所说的与其等这批恐怖人员上门来,不如在境外消灭他们的原因。

乌克兰危机发生后,俄罗斯与西方关系跌至冰点,俄罗斯外部环境急剧恶化,在安全、经济、外交等各方面都形成了较大压力。在继续强硬姿态的同时,2015年俄罗斯还是在一些方面试图寻找转圜之机。这既体现在"冻结"顿巴斯局势、基本维持明斯克停火协定方面,也表现在领导人一系列表态方面——特别是2015年底的总统咨文和记者会,普京

---

① Дмитрий Тренин, Позиция России по Сирии: логика есть, но политическая цена высока, http://russian.carnegieendowment.org/publications/? fa = 47133, 2015 - 12 - 21.

一改前两年猛烈抨击西方之作风，全力强调反恐合作的重要性。[①] 可见，俄罗斯军事介入叙利亚、营造反恐议题也是试图硬激活冰冻状态的俄西关系，通过反恐这个符合双方共同利益的领域，寻找对话合作的可能。俄罗斯的这个意图在某种程度上得到回应，俄罗斯与西方对峙一年多的状况有所松动。俄、美两军首先在叙利亚战场空中协调、航路信息通报等方面达成协议。巴黎恐袭案发生后，俄、法又在共同打击恐怖组织方面达成共识。普京和奥巴马利用联合国峰会、二十国集团（G20）峰会和巴黎气候大会之机举行了3次会晤，普京与卡梅伦也在二十国集团峰会期间商讨了叙利亚问题，并宣称英、俄在叙利亚问题上的分歧正在缩小。2015年12月克里访俄后，普京表示美国在叙利亚问题上的新态度具有建设性。

此外，俄罗斯还有一个不能明说却并非不重要的考虑，这就是在经济发展遇到严重问题的背景下，如何动员民众"咬牙熬冬"，如何转移社会对政权发展路径、治理方式的质疑。无论是"收复失地"反击西方也好还是主动出击极端势力也罢，抑或是出于对土耳其"暴徒行径"的制裁，外部威胁在动员社会、凝聚人心方面确实起到了相当的作用。拉塔基亚起飞的战机、里海发射的导弹显示了俄罗斯强大的力量，激发起民众的认同和激情。应该说，这也是最近两年俄罗斯政权最能显示其正确的成果。

三 俄罗斯机会主义外交的成效及挑战

俄罗斯的机会主义外交抓住了叙利亚危机节点的机会，以政治因素远超军事价值的9000多次空袭塑造了地区新议题，扭转了叙利亚问题的发展方向，强化了其地区存在，取得了明显的成果。

首先，俄罗斯的军事介入部分缓解了巴沙尔政权四面楚歌、被动挨打的状况。自2015年9月30日后的半年时间里，叙利亚政府在大马士革、阿勒颇等地收复了一些村镇，战场被动态势有所改观，在一定程度

[①] 参见2015年普京国情咨文，http://www.kremlin.ru/events/president/news/50864，访问日期：2016年1月29日。

上加强了其在未来政治安排中的分量和与有关各方讨价还价的基础。同时，俄罗斯再次对一些反对派释放善意，表示愿意在共同反恐、打击极端势力的前提下予以支持。

其次，俄罗斯的介入激活了叙利亚问题政治解决的进程。叙利亚危机持续5年，国际社会虽多次试图推动政治解决，但均未成功。俄罗斯军事介入后，叙利亚战场形势和国际环境出现转变，各方开始调整为较现实的态度。从2015年10月维也纳多国外长会议和12月安理会第2254号决议可以看出，在联合国框架下重启政治谈判和由叙利亚人自己决定其前途命运，再次构成各方能够接受的基本共识。正是在这样的背景下，2016年2月27日的日内瓦停火协议才得以达成，3月14日起日内瓦政治过渡谈判开始进入"实质性阶段"。

由于军事介入，解决叙利亚问题已不可能绕开俄罗斯，无论叙利亚未来政治安排是何种结果，俄罗斯有关叙利亚政治进程的意见及其在该国的利益都将成为谈判桌上的一个议题，而不会被忽视。有意思的是，在2015年12月18日的年终记者会上，奥巴马主动表示，各国在商讨叙利亚政治过渡进程时，应该保证"与阿萨德关系密切的俄罗斯与伊朗的正当权益得到尊重"。

最后，俄罗斯营造的反恐议题在一定程度上也成为各方共同关心的重点。无论从反恐的现实需要出发，还是从争夺地区事务主导权的战略规划考虑，美国都不得不在打击"伊斯兰国"上投入更多精力，变相地从原本"倒巴"与反恐两个任务平行，调整为优先处置后者。2015年10月后，美国主导的反恐联军再次加强对"伊斯兰国"军事打击力度；奥巴马政府一改不派遣地面武装的宣示，向叙利亚派出50名特种部队士兵；克里在12月访俄时表示，不再将巴沙尔下台作为解决叙利亚问题先决条件等；应该都是这种调整的反映。

面临复杂的国际因素，在战略上相互疑虑、防范和冲突的同时，在有共识、共同需要的问题上保持对话与合作，对立与对话并行，这已成为冷战后大国关系"新常态"。巴黎恐袭案后，法国、英国、德国等与俄罗斯有关反恐合作的互动说明，在反恐共识之下，以及俄军闯入反恐前线，西方还是不得不考虑至少在某些功能性问题（Function Issues）上与俄罗斯进行"有选择"的协调与合作。虽然双方在乌克兰危机中的矛盾并未因此解套，也不能从根本上改变俄罗斯面临的恶劣外部环境，但还是在某种程度上弱化了相互对立的气氛，"老欧洲"国家中一直坚持的对话与施压双管齐下的主张可能在西方集团中再次抬头。

虽然目前一些细节尚未披露，但两个时间点上的"巧合"也许还是能说明俄、美在处理危机时的互动：2015年9月29日，普京与奥巴马借出席联合国大会之机举行了乌克兰危机后首次会晤，次日，俄罗斯宣布出兵叙利亚；2016年3月13日，普京与奥巴马就叙利亚问题通电话，15日，普京下令撤军。事实上，2月27日的停火就是在俄、美共同敦促下实现的。2月22日，俄、美发表联合声明，宣布就叙利亚各方停火达成协议，并要求从27日开始执行。

正是因为达成了预期中的基本目的，2016年3月15日，俄罗斯宣布从叙利亚撤出主要作战部队。不过，在塔尔图斯和海迈米姆两处俄罗斯海空军基地，依然有部分俄罗斯军事人员和武装，一旦需要，俄罗斯空军也可在短时间内返回。可见，在继续推动政治谈判的同时，俄罗斯仍然保留了施加军事影响的手段。

俄罗斯在中东的机会主义外交在取得上述成效的同时，面临一系列的问题和挑战。

其一，俄罗斯宣称其在叙利亚的军事行动不是为某个人，而是为自身的利益战斗，但实际上很明显，保巴沙尔政权在很大程度上成为保住俄罗斯在叙利亚政治、军事、经济利益的关键。从以往经验看，大国在此复杂地区奉行的将自身利益与某个人挂钩的机会主义政策经常因政局变化而受挫，从纳赛尔到萨达特之埃苏关系、从巴列维到霍梅尼之伊美关系都是先例。而且，目前各方认可的反恐议题还是不能绕开对巴沙尔的态度，在很大程度上，二者是联系在一起的。尽管西方国家在2015年秋天后对巴沙尔政治前途态度有些许灵活表述，但并不意味着原有立场彻底改变。事实上，过去几年西方就多次认可所谓"政治解决""叙利亚人民自己决定"等原则。显然，只是在反恐优先的情势下，各方用这种可做各自解读的含混词语暂时"搁置"，而不是调和，更不是解决了原有矛盾。西方和反对派不将巴沙尔下台当作和谈先决条件，并不意味着在未来政治安排中放弃了排斥巴沙尔这一优先选项。在美欧等国的政治文化和政策主张中，根本就不想在叙利亚把"独裁统治者"与极端恐怖势力当作一个二选一的题目。

国际反恐从来就不只是安全问题，也是政治问题，国际反恐合作中的定义、标准和恐怖主义组织名单等难题同样体现在中东反恐进程中。西方国家就质疑俄罗斯打恐不多、帮巴沙尔为主。俄罗斯则批评西方、地区大国一直在暗中帮助极端势力。撩开各方高举的反恐大旗，我们就可发现：在反恐同时各方都在谋势、谋利。在这样的前提下，反恐各自为政，难以避免相互拆台，很难实现真正的反恐大同盟。俄罗斯与西方之间互不信任、相互对立的情绪浓厚，即使反恐新议题出现，双方在地缘战略、国际秩序和"民主"问题上的矛盾也未被搁置。面对俄罗斯的经济困境，美国正对制裁、遏制手段得意扬扬，缺少与俄罗斯联合反恐的意愿，普京希冀的在反恐大旗下重启双边关系很难实现。①

其二，叙利亚危机诱发了地区各种老问题，所谓巴沙尔去留不仅是西方的"民主"偏好作祟，更有宗教、领土、历史病灶、地区权力安排等因素发酵。俄罗斯面临的对手不止西方，还包括沙特、以色列、土耳其等一些地区大国，2015年的俄土军机事件就是在这种背景下爆发的。

在最近20多年里，尽管俄罗斯对土耳其收容某些车臣极端分子不满，对土耳其以"突厥化""伊斯兰化"为旗号扩大在中亚影响力心存疑虑，但俄土关系发展总体上较为平稳。普京担任国家领导人后曾5次访问土耳其，两国也表示互视为重要的合作伙伴。两国能源运输、贸易、旅游业和文化交流在这种背景下迅速升温，俄罗斯成为土耳其最重要的贸易伙伴，埃尔多安在2013年表示，希望在2020年将双边贸易额增加到1000亿美元。2014年欧盟制裁俄罗斯后，俄罗斯进口土耳其的农副产品数量剧增。2014年12月，两国还决定在已有的"蓝流"之外增加年供应量可达630亿立方米的新天然气管线。

然而，对待叙利亚危机政策的差异导致两国矛盾逐步激化。土耳其参与倒巴沙尔的努力、与某些极端势力勾连都让莫斯科不满。更有甚者，2012年，又发生了土耳其以怀疑运送武器为由拦截从莫斯科飞往大马士

---

① 尽管俄、美在叙利亚问题上进行了合作，美、欧在克里米亚危机两周年之际仍然表示要继续对俄罗斯进行制裁。

革的叙利亚客机事件。而土耳其也对俄罗斯力挺巴沙尔、妨碍其借中东乱局扩大势力范围的企图感到恼火，特别是俄军介入使土耳其在叙利亚北部建立"安全区"的计划落空。2015年11月发生的俄罗斯军机被击落事件，尽管本身可能具有某种偶发因素，但考虑到上述背景则似乎又带有必然因素。军机事件发生后，俄罗斯反应甚为激烈，不仅采取了一系列报复措施，普京在2015年底的两次公开讲话中还对土耳其展开了极为猛烈的抨击。

虽然俄罗斯对土耳其"背后捅刀"恼羞成怒自然有其道理，不把军事手段作为报复选项似乎也未到歇斯底里的地步，但是，俄土关系就此速降到冰点，对俄罗斯在中东战略布局不会没有负面影响。

与普京之俄罗斯相似，埃尔多安之土耳其何尝不是民族主义和意识形态本土化的？试图依靠外部压力使之屈服往往难以成功。即使埃尔多安下台，这种政治土壤深厚的土耳其也未必有意愿迅速寻求对俄关系转圜。俄土关系理不顺，从全球战略层面看，美国无形中又多了一个牵制或者遏制俄罗斯的帮手。俄罗斯在西部面临的压力难见缓解之时，南部又增加了新的麻烦。从地区层面看，俄罗斯以巴沙尔的叙利亚为支点的中东政策实际上选边站的色彩十分浓烈，本就使之失去了一定的回旋余地，如再加上与土耳其从暗斗变为明争——普京国情咨文和记者会的讲话似乎还把土耳其当作了与极端势力同等的敌人，显示其在中东未来格局中的空间未必理想。而在自身安全上，与土耳其反目成仇可能促使土耳其在包容甚至支持车臣高加索地区极端势力方面更加活跃。冷战后，地区性国家对世界性大国形成某种牵制，已成为国际局势中新的现象。这一点在俄土关系中可能再次显现。

如同已经采取的对欧盟国家的反制裁一样，俄罗斯对土耳其的经济制裁效果值得怀疑，而俄土交恶后对俄罗斯能源规划的负面影响倒是值得关注。为巩固对欧洲油气市场的影响，多年来，俄罗斯一直试图使土耳其成为其向南欧输送能源的主要通道，俄土管线还被视为对冲欧美和里海中亚国家绕开俄罗斯进行能源交易的一个砝码。俄罗斯没有选择俄土贸易中最大量的油气交易作为制裁对象（包括2015年开始实行的对土耳其天然气价格优惠），以及普京表示还要继续俄土管线建设也表明，被称为"土耳其流"的管线对俄罗斯多么重要。然而，在国际能源出现新变化、俄土关系趋恶的情况下，土耳其难免不会做其他选择。比如土耳其已经与卡塔尔洽谈，由卡塔尔向土耳其提供天然气，并经土耳其向南欧输送。一旦这个交易达成，在"北溪"管线遭欧盟质疑、"南溪"管线被欧盟否决的情况下，俄罗斯对欧洲能源布局又将面临新变数。

其三，对伊斯兰两大教派之争，俄罗斯虽无明显偏向；不过，在目前的中东乱局中，它事实上选择了伊朗—伊拉克—叙利亚—黎巴嫩真主党组成的什叶派联盟。这种状况压缩了其政策选择空间，对其在中东和伊斯兰世界长期经营未必有利。一些俄罗斯学者也担心，与同样有着地区野心的伊朗走得过近会损害俄罗斯在阿拉伯和伊斯兰世界的形象，也不能完全避免被伊朗绑架、不自觉地为其背书。

此种两难境况也同样表现在俄罗斯与叙利亚的关系之中。莫斯科和大马士革合作的基点是为自己谋利，而俄罗斯显然要掌控合作进程的主导权。俄军进入和撤出都是在已做出决定后告知叙利亚政府的，军事行动的地域、节奏、程度也基本是在俄军空袭指导下进行。更加明显的是，当叙利亚政府试图借俄军支持进一步扩大战果，而俄、美代表在慕尼黑商定停火基本原则之时，2016年2月18日，俄罗斯驻联合国代表丘尔金公开批评巴沙尔"试图夺回整个叙利亚"的态度"与俄罗斯外交努力不符"，他强调只有按照俄罗斯提供的方案，叙利亚政府才有可能化解危机。① 如此看来，俄军"突然"撤出叙利亚也是在向巴沙尔传达某种信号：俄罗斯不会为它不可能完成的企图而耗费精力财力。在未来谈判进程中，双方不合拍的情况也可能再现，特别是涉及巴沙尔地位问题。莫斯科也许有能力迫使大马士革开启谈判，却未必有把握要求巴沙尔接受符合俄罗斯意愿的谈判结果。届时，俄罗斯又将如何选择？

其四，历史上，俄罗斯在很多次战争中一贯醉心战场效果，却对赢取民心关注不够，这一"传统"亦在叙利亚重现。例如，持续半年的军事打击对象未免有些宽泛，遭其轰炸的一些作坊、运输工具虽有与各种势力走私交易之嫌，却是为生计而为的一般民众所有。如此取得的战场热闹未必有利于俄罗斯确立良好的地区形象。比照多国联军过去几年的

---

① 参见维达林·丘尔金接受俄罗斯《生意人报》（Я думаю, что нам верят）的专访, http://www.kommersant.ru/Doc/2919182, 访问日期：2016年3月19日。

投鼠忌器，俄罗斯掀起的"反恐"狂飙似乎缺少在这一地区精心耕种、长期谋划的色彩，其结果很容易是替他人蹚雷，费力不讨好。

结　语

　　延续数年的中东乱局已使卷入各方精疲力竭，无心恋战。极端势力猖獗、难民危机、油价暴跌、制度重建、经济发展等难题都使卷入其中的域内外力量开始寻找脱困之路。从短期来看，在今后一段时间内的政治、外交和反恐活动中，深谙乱中谋利之道的俄罗斯当有发挥其作用和显示传统外交大国能量的机会。然而，以往的经验也证明，俄罗斯在这类地区活动冲劲很足，持续性却不够。"推动地区稳定与和平"虽然一直是俄罗斯中东政策的口号，而一旦该地区转向大体稳定，由乱转治、重构启动，俄罗斯又将面临新的困境，尤其是"木桶效应"中经济因素的短板恐也将再次显现。况且，与苏联鼎盛时期不同的是，俄罗斯不仅发展模式不具吸引力，自身发展也困难重重，它能获得的置喙空间和能力又有多大？

　　叙利亚危机为俄罗斯机会主义外交提供了新机会。俄罗斯抓住的究竟是危机某一个阶段的主动还是整个问题解决过程的主动？在未来中东地区秩序与格局重构中，它能否由以往的域外主要参与者蜕变为新架构的重要塑造者或引领者？上述问题的答案尚不明朗。

（本文原刊发于《西亚非洲》2016 年第 3 期）

当前印度与海湾国家关系及前景

魏 亮[*]

摘 要： 海湾地区是印度的"近邻"，双方文明交流历史久远，绵延不断。近年来，印度经济保持高速发展，全面的"大国外交"日渐成形，海湾地区自然成为其重要组成部分。当前，印度与海湾国家关系仍以双边关系为主轴，涉及经贸、能源、劳工、安全四大领域，同时印度政府希望继续发挥自身优势，进一步拓宽和增进与海湾国家的关系。

关键词： 地区大国 "大周边外交" 海湾国家 国家利益

印度与海湾地区的经贸关系由来已久，两者不仅进行直接经贸往来，还是东亚、东南亚与地中海甚至欧洲转口贸易的中间商，印度海员与阿拉伯的商人一起扬帆印度洋。独立后，在美苏争霸的大背景下，受制于政治因素（印巴冲突和克什米尔问题）、宗教因素（印度教与伊斯兰教的教派冲突）和经济因素（能源供给与海外劳工），印度努力保持与海湾国家的友好关系。20世纪90年代以来，与高调的"东向政策"不同，印度与海湾国家的关系表现得既低调又务实。随着近年来印度经济实力和国际影响力的提升，与海湾地区国家的关系也服务于印度"大国外交"的需要，变得高调和更加积极。

---

[*] 魏亮，中国社会科学院西亚非洲研究所助理研究员。

一 当前印度的地区大国地位与大国传统

印度是世界上最大的发展中国家之一，与中国一起被称为亚洲经济乃至世界经济的新"发动机"。印度拥有天然的资源禀赋和地理优势，自 20 世纪末至今，它在经济发展、军事力量、科技发展以及在国际舞台上的地位等方面取得不小的成就。2005 年，美国国家情报委员会在《勾画全球未来》的报告中将中国和印度确认为正在崛起的国家，"与 19 世纪的德国和 20 世纪的美国一样，中国和印度将崛起成为世界格局中的主要力量，改变全球地缘政治的版图"[1]。同时，印度是世界文明的发源地和"四大文明古国"之一，拥有悠久的历史和灿烂的文化，在南亚次大陆诞生了印度教和佛教这两大世界主要宗教。近代以来，"大国理念"深深植根于印度的战略思维和精英阶层中，是始终贯穿国家战略的指导原则和行动指南，谋求大国地位也是自尼赫鲁时代以来历届政府不变的奋斗目标。今天的印度尚不是世界大国，但它却是印度洋的地区大国和全球范围内受到关注的崛起中的大国。

汉斯·摩根索指出："一国对他国的权力具有重要影响的相对稳定的因素是自然资源。"[2] 印度的战略家们认为："印度作为一个大国出现，它将不像英国、法国、德国和日本，而是类似美国、苏联和中国那样的发展。前者国力的增长伴随着领土的扩张和对殖民地的征服；后者力量的增长却主要依靠其自身的资源、人口和广袤的土地。"[3]

印度位于南亚次大陆，是次大陆上最大的国家。东北部同中国、尼泊尔、不丹接壤，孟加拉国夹在东北国土之间，东部与缅甸为邻，东南部与斯里兰卡隔海相望，西北部与巴基斯坦交界，东临孟加拉湾，西濒阿拉伯海。印度国土面积是世界第七大，有 297.3 万平方公里（不包括中印边境印占区和克什米尔印度实际控制区等），海域面积 31.4 万平方

---

[1] Maping the Global Future: Report of the National Intelligence Council's 2020 Project, the National Intelligence Council, December 2004, http://bookstore.gpo.gov, p. 47.

[2] [美] 汉斯·摩根索：《国家间政治：权力斗争与和平》，徐昕等译，北京大学出版社 2006 年版，第 150 页。

[3] 孙世海主编：《印度的发展及其对外战略》，中国社会科学出版社 2000 年版，第 17 页。

公里，陆地边境线长1.3万公里，海岸线长7000公里。①

印度北靠喜马拉雅山脉，南部国土突入印度洋，整个半岛犹如虎牙般嵌入印度洋1600多公里，印度就好比印度洋中一艘巨大无比又永不沉没的航空母舰。印度的地缘政治位置非常优越，首先，它处于东南亚、西亚和中亚的交会地带；其次，它自身恰好处于印度洋的中心位置。从地缘政治的角度来看，印度是西亚的近邻，也是东亚向西的必经之路，因此它是亚欧大陆东方与西方海路交往的中间站。印度洋②总面积0.69亿平方公里，包括莫桑比克湾、红海、阿曼海、海湾、孟加拉湾、帝汶海等。在印度洋地区的52个国家③中，印度是仅次于澳大利亚的面积第二大国家。

近代以来，科技进步在经济发展和国家强盛中的作用越来越大，但人口规模依旧是决定性指标，庞大的人口规模不仅可以为建立门类齐全的工业体系提供劳动力，而且可以形成庞大的消费市场，促进形成内需型经济。印度是印度洋地区的第一大人口国家，也是全球人口第二大国家。2000年印度人口超过10亿，是继中国之后全球第二个人口超过10亿的国家（见表1）。截至2018年7月，印度人口为12.9亿，仅次于中国，年龄中位数为28.1岁，0—24岁人口占44.77%，25—54岁人口占41.24%。④印度的人口结构依然处于年轻化阶段，在将来较长时间内可以享受到人口红利，在规模上为印度地区乃至世界大国地位起到积极支撑作用。

印度政府尤为注重高等教育的发展，为其在20世纪90年代搭上信息技术高速发展的快车打下良好基础，奠定了印度在软件开发领域的全球

---

① The World Factbook, India, The Central Intelligence Agency, https://www.cia.gov/library/publications/resources/the-world-factbook/geos/in.html.

② 印度洋从地理上界定为：沿非洲东海岸向南延伸至非洲大陆最南端的厄加勒斯角（Cape Agulhas），北部边界为亚洲大陆南部海岸线，自西向东经苏伊士地峡至马来半岛，以新加坡、印尼群岛、澳大利亚、塔斯马尼亚以及东经147度线穿越的东南角（The South East Cape）南段为东部边界，南部以《南极条约》划定的南纬60度线为边界。

③ 这52个国家包括：亚洲国家25个，非洲国家24个，大洋洲国家1个，另外还有两个特例是拥有多个岛屿主权的英国和法国。

④ The World Factbook, India, The Central Intelligence Agency, https://www.cia.gov/library/publications/resources/the-world-factbook/geos/in.html.

优势地位。除了IT产业外，它还积极扩充国内理工科大学的招生规模，大力培育科技人才。印度的人才不仅集中在信息技术和软件工程领域，还包括生物化学、医学、物理学与金融、管理、商贸等诸多领域，像克勒格布尔、孟买、钦内等6所技术学院和艾哈迈达巴德、班加罗尔、加尔各答等6所管理学院在全球享有盛誉。印度人才是西方和海湾地区国家引进或聘用的重点对象，不仅因为他们受过良好的技术教育，更重要的是工资低于发达国家员工，且可以跨时区工作，实现24小时无缝衔接。

表1　　　2019年印度洋地区主要国家面积与人口（前五名）

排名	国名	面积（平方公里）	排名	国名	人口（万人）
1	澳大利亚	769.2	1	印度	132400
2	印度	297.3	2	印度尼西亚	26200
3	沙特	225	3	巴基斯坦	20800
4	苏丹	188	4	孟加拉国	16000
5	伊朗	164.5	5	埃塞俄比亚	10500

数据来源：由中国外交部国家和组织网站整理汇总各国数据，https://www.fmprc.gov.cn/web/gjhdq_676201。

印度虽然国土面积位列全球第7位，但可耕地面积比例很高，居全球第2位，仅次于美国。除了石油和天然气资源外，印度的战略资源储量均列世界前列，已开采矿种达84种，如煤炭储量约800亿吨，仅次于中国和美国；铁矿石储量仅次于巴西和澳大利亚；云母矿储量6亿吨，产量为世界第一等。印度除各种矿产资源丰富，水资源和森林资源也非常充沛，另外它还拥有200多万平方公里专属经济区，储藏有丰富的渔业、矿产和能源资源。

作为曾经的英国殖民地，印度是英国的商品销售市场和原料供应地，经济和社会结构受损严重，大量资源和财富被掠夺出境，国家和民众极度贫困。独立后，印度政府重视发展经济，自尼赫鲁时代开始到90年代初以混合型经济体制为主导，基本实现工业化和粮食自给自足；1991年拉奥政府开始,印度实施"自由化、市场化、全球化、私有化"的新经济政策,成绩显著。

今天的印度已经是金砖五国和十大新兴市场中的代表,2017—2018财年国民生产总值约合 2.58 万亿美元,经济增长率 6.6%,人均 GDP 约 1733 美元,外汇储备 3934 亿美元(2019 年 1 月数据)。① 2017 年货物贸易总额 4472 亿美元,居全球第 11 位,服务贸易进出口总额 3379 亿美元,居全球第 9 位。在 2010 年国际货币基金组织的改革方案中,印度的投票权增加到 2.627%,居第 8 位,超过俄罗斯、沙特和加拿大。自 1991 年开始至 2017 年,它基本保持年经济增长率为 6%—10%,其中 2003 年后大部分年份都超过 8%,印度被视为继中国之后又一个"经济奇迹"。印度在印度洋地区和全球来说都已成长为不可忽视的经济大国,对世界经济影响巨大。特别是 2008 年国际金融危机后,以美国为首的西方国家陷入低迷和低增长阶段,印度和中国共同成为拉动世界经济增长的"发动机"(见表 2)。

表 2　　　　2017 年金砖国家和海湾地区主要国家 GDP 和 PPP

(单位:亿美元)

金砖国家	GDP	PPP	海湾国家	GDP	PPP
中国	122377	233502	沙特	6867	17751
印度	25974	95968	伊朗	4540	16950
俄罗斯	15784	37831	伊拉克	1920	6481
南非	3488	7671	阿联酋	3825	6959
巴西	20555	32551	埃及	2353	11324

数据来源:世界银行数据库。

多年来印度矢志不渝地发展军事力量,庞大的人口和门类齐全的工业体系赋予印度成为军事大国的物质基础,印度相信国家的真正实力和自信在于军事上的优势和技术上的先进。近年来随着经济的崛起,印度

---

① 印度国家概况,中华人民共和国外交部网站(https://www.fmprc.gov.cn/web/gjhdq_676201/gj_676203/yz_676205/1206_677220/1206x0_677222/)。

的战略目标从谋求经济利益向获取战略空间扩展。2001年印度国防部宣称：印度的安全超越陆地地理边界的限定，由于它的规模、位置、贸易和广阔的专属经济区，从波斯湾以西到马六甲以东再到赤道以南，都是印度安全环境之所在。2010年，印度宣布拥有132.5万名现役军人和210万名后备人员，其中现役陆军113万人，海军5.8万人，空军12.7人，海岸警卫队1万人。① 印度不仅建立起常规武器的军工产业，还自行研发阿琼坦克、德星级导弹驱逐舰、各种型号的短程和中程弹道导弹，并在1998年成为"有核国家"。由此，印度的军费开支连年增长（见表3）。为实现军事强国的梦想，购买武器以实现军事现代化也是印度建国以来的基本手段并常年稳居世界第一，购买的尖端武器如"米格-29"、"苏-30"、费尔康预警机、基洛级潜艇、"EL/M-2080"预警雷达（见表4）等。在2013年世界军事实力排名中，印度军事实力仅次于美国、俄罗斯、中国，是世界第四军事大国。②

表3　　　　　　　　世界主要军事大国军费开支　　　　（单位：百万美元）

年份 国家	2008	2012	2015	2018
美国	707151	731086	616483	633565
中国	108187	161441	204202	239223
俄罗斯	48033	63584	77023	64193
英国	54983	51237	46834	46883
法国	54907	53814	56672	59542
日本	43525	44552	45627	45362
印度	43786	52075	54729	66578

资料来源：斯德哥尔摩国际和平研究所，军费开支数据库［https：//www.sipri.org/sites/default/files/Data% 20for% 20all% 20countries% 20from% 201988% E2% 80% 932018% 20in% 20constant% 20（2017）%20USD% 20（pdf）.pdf］。

---

① 任佳、李丽编著：《列国志——印度》，社会科学文献出版社2016年版，第210—211页。
② Counties Ranked by Military Strength (2013)，http：//www.globalfirepower.com/countries-listing.asp.

表4　　　　　　　世界前六位武器进口国　　　（单位：百万美元）

年份 国家	2010	2011	2012	2013	2014	2015	2016	2017	2018	总额
印度	2909	3596	4395	5376	3334	3065	3021	2917	1539	30152
沙特	1083	1222	1033	1615	2741	3334	2923	4060	3810	21822
中国	1034	1022	1675	1372	1137	1169	1041	1190	1566	11287
澳大利亚	1511	1559	868	236	919	1464	1025	1813	1572	10966
阿联酋	607	1200	1119	2275	791	1266	1193	1074	1101	10626
巴基斯坦	2199	1108	993	1075	770	849	864	752	777	9387

资料来源：斯德哥尔摩国际和平研究所，军火转让数据库（http：//armstrade.sipri.org/armstrade/html/export_toplist.php）。

作为世界文明古国，印度的大国骄傲与大国理念深入血脉。"印度文明在众多领域的辉煌成就，以及它独特的价值观念和思想体系，使它在整个世界文明中占有极其重要的地位。同时，印度文明又具有强大的辐射力，数千年来对亚洲乃至世界产生十分深刻的影响，为人类社会的不断进步做出卓越的贡献。"① 印度人对国家未来充满自信和优越感。"只要文明在那里存在，这个国家就从未停滞过，并且是一直在稳步地发展着。印度有4000多年的文明，这部文明史中的每个时期都为今天留下了一份遗产。"②

印度第一代领导人尼赫鲁给国家制定了远大的发展目标：发展经济、增强国力、称霸印度洋和南亚，进而成为世界大国。他在著作《印度的发现》中明确指出："印度以它现在的地位，是不能在世界上扮演二等角色的。要么做一个有声有色的大国，要么销声匿迹，中间地位不能引动我，我也不相信中间地位是可能的。"③ 在他看来，"印度认为自己的国际地位不能和巴基斯坦等南亚国家等量齐观，而应该与美国、苏联和中国相提并论"④。进入21世纪后，"印度正在崛起为一个世界大国，继承英

---

① 刘建、葛维钧等：《印度文明》，福建教育出版社2008年版，第1页。
② [澳大利亚] A. L. 巴沙姆：《印度文化史》，商务印书馆1999年版，第6页。
③ [印度] 贾瓦哈拉尔·尼赫鲁：《印度的发现》，齐文译，世界知识出版社1958年版，第57页。
④ V. M. Hewitt, *The International Politics of South Asia*, Manchester University Press, 1992, p. 195.

国统治时的政策衣钵,越来越积极地卷入东南亚事务,从而控制从新加坡到亚丁湾这一地区"①。2014年莫迪出任总理后延续历代总理的志愿,提出:"遍布世界各地的海外移民拥有实力和金融方面的巨大资源,能够帮助印度将'世界大师'的潜力变为现实。"② 莫迪政府要为印度开拓全新的"大国梦",因而提出"21世纪可能属于印度""印度制造""数字印度"等发展目标,不断展示印度迈向世界大国的信念。

二 当前印度外交中的海湾地区

冷战后,印度迅速调整对外战略,积极改善与美国等西方大国的关系,恢复与俄罗斯的传统友谊,调整与中国的关系,主动发展与东南亚国家的关系。总体来看,"印度对外战略的演变'以我为中心',实行'全方位平衡'战略,以维护与大国关系为重点"③,同时聚焦印度洋和亚洲,具有明确的地缘视野与经济诉求。印度战略家和官员普遍认为,印度必须首先成为亚洲的主要力量,争取获得与日、中相同的地位,才能成为国际社会认可的主要玩家。因此印度的外交和经济政策必须突破狭小和整体落后、困顿的南亚次大陆,融入亚太地区和世界体系。这是印度的未来所在,也是30年来印度对外战略的主要方向。

2014年5月26日,以倡导改革和经济增长为竞选纲领的伦德拉·莫迪代表人民党在第16届大选中胜出并宣誓就任总理,开始了对印度外交的新一轮调整与重塑。2015年2月,莫迪声称要带领印度发展成为"全球领导大国",而不只是一支制衡力量。④ 7月,时任外交秘书贾什卡在新加坡进一步阐述:印度欢迎多极世界的到来……印度的变化赋予其更大的自信,其外交致力于追求领导地位。总之,印度希望承担更大的全

---

① [美] 亨利·基辛格:《美国的全球战略》,胡利平等译,海南出版社2009年版,第95页。

② C. Raja. Mohan, *Modi's World: Expanding India's Sphere of Influence*, Harperhollins Publishers, 2015, p.198.

③ [印度] 桑贾亚·巴鲁:《印度崛起的战略影响》,黄少卿译,中信出版社2008年版,第220页。

④ Ashley J. Tellis, "India as a Leading Power", April 4, 2016, http://carnegieendowment.org/2006/04/04/india-as-leading-power-pub-63185.

球性责任。① 因此，莫迪政府执政以来，在坚持多边主义和利益最大化的原则下，实施既谋求加强与大国关系又确保自身战略自主的平衡外交，积极推动在印度洋和太平洋两大区域的合作与对话，尤其突出经济主题，加强与相关国家的经贸关系。

莫迪政府外交政策的内容主要体现在三个方面。

第一，坚定地塑造印度在南亚的主导地位。莫迪始终坚持"邻国优先"原则，优先提升和加强对南亚周边国家的影响力，不惜以强势外交宣誓自身在南亚次大陆的主导地位。莫迪一改上任之初对巴基斯坦的"怀柔"政策，越境实施"外科手术式打击"，导致两国军事冲突升级；又在2016年的金砖峰会上谴责巴基斯坦是全球恐怖主义的"母体"；印度还联合孟加拉国、阿富汗、不丹等国抵制在伊斯兰堡举行的南盟峰会。同时印度缓和与改善与斯里兰卡、孟加拉国等国关系。2015年6月，印、孟两国互换领土陆地边界协议批准书，彻底解决了持续数十年的陆地边界争端，还在提供贷款、加强反恐和经济合作方面取得了显著成绩。莫迪还是28年来首访斯里兰卡的印度总理，访问期间莫迪提出："我梦想中印度的未来也是我所期待的邻国的未来……世界将印度看作经济发展的最前沿，邻国应当成为首要的受益者。"②

第二，引入"印太"概念，扩大印度在印度洋和太平洋范围内的影响力，以全方位外交打造大国形象，推进经贸合作。"印太"作为地缘概念最早是由德国地缘政治学者卡尔·豪斯霍弗尔提出的，后因希拉里国务卿在《外交政策》杂志的《美国的太平洋世纪》一文中使用使其在政界、学界逐渐流行。2007年印度学者格普利特·S. 库拉纳在《海上通道安全：印度—日本合作的前景》的论文中最先使用该词，此后印度国内政要和学者们在大量采访或学术论著中谈论这一概念，莫迪上任后也在诸多场合与文件中提及"印太"概念。

印度对"印太"概念的接受源于它的印度洋战略和20世纪90年代

---

① S. Jaishankar, "India, the United States and China", *Fullerton Hotel*, Singapore, July 2015. 转引自孙现朴《印度莫迪政府的大国战略评析》，《当代世界与社会主义》2018年第4期，第159页。

② "Narendra Modi: India and Sri Lanka Must Be Good Neighbours", BBC News, March 13, 2015, http://www.bbc.com/news/world-asia-india-31865470.

以来面向东南亚和东亚的经济发展转向。尽管多年来对印度洋的定义未能形成共识,但历届政府都将其视为"门前花园"。"莫迪政府有所不同,它将印度洋国家视为印度直接和延伸的邻国,是印度外交的重要对象。"① 印度外交部甚至还于 2016 年 1 月专门设立印度洋地区司,以显示对该地区的重视。"莫迪的行为向印度洋国家和新德里的行政机构传递出这样一个信息:与印度洋国家接触是印度外交政策的重要方向。"② 对太平洋的关注和重视是政策发展的产物,在莫迪政府提出"东向行动"政策之前,它经历了两个发展阶段,是 1991 年拉奥政府提出的"东向政策"逻辑发展的必然结果。20 世纪 90 年代,印度主要面向东南亚与东盟,想要分享东南亚经济繁荣的红利、缓解国内经济危机,最终于 2002 年确立印度和东盟的年度峰会机制,标志着双方政治关系的机制化。2002 年至莫迪上任前,"东向政策"进入第二阶段,"其'东向'的区域扩大到亚太,南至澳大利亚,北至日本和韩国,合作领域也从以经济为主扩展到航线保护以及反恐合作等"③。莫迪政府执政后的第一年内,总统、副总统、总理等高层领导遍访东盟十国中的九个国家,签署大批合作协议;同时强化与美日关系,参加美印日三边防务对话和演习,在公海航行自由问题上与美国立场一致。

第三,发挥印度"软实力"的优势,积极开展公共外交,改善国际形象,塑造更友善的国际环境。印度公共外交的目的是"在关键问题上引导和影响全球及国内民众的观点,塑造一个与其不断上升的国际地位相匹配的良好形象"④。在"软实力"上,印度的确有自己的优势,如"不结盟"外交思想、西方世界认可的"民主"制度、印度的历史文化遗产等,这也使印度更有自信。在处理大国关系上,印度紧紧抓住民主国

---

① The International Institute for Strategic Studies, "India's New Maritime Strategys", *Strategic Comments*, Vol. 21, No. 37, December 2015, p. 9.

② C. Raja Mohan, "Modi and the Indian Ocean: Restoring India's Sphere of Influence", Insights of Institute of South Asian Studies of National University of Singapore, No. 277, March 20, 2015, p. 3.

③ C. Raja Mohan, "Loook East Policy: Phase Two", *The Hindu*, October 9, 2003, quote from Sunil Kumar, "India's Look East Policy: in its second phase", *An International Multidisciplinary Research Journal*, Vol. 3. No. 9, 2013, p. 2.

④ "India Launches Public Diplomacy Office", *The Times of India*, May 5, 2006.

家的特点,1959年艾森豪威尔就这样描述印美关系:"地球上最大民主国家印度和第二大的民主国家美国之间横亘着10000多英里的海洋和陆地,然而在民主的根本理念与信仰上我们是紧密的邻居。我们应该成为更紧密的邻居。"① 在冷战后印美关系的改善和"拥核"过程中两国关系的"止损"上,民主制度都起到"压舱石"的作用。莫迪上任后在联合国大会宣布将每年的6月21日设立为"国际瑜伽日"得到广泛认可,并在全球加以推广;他还加大对非洲和阿富汗的援助,2014—2015年对两者的援助分别为35亿和67.6亿卢比,比上年增加40%和28.7%。

可以看出,周边外交或者说"圈层外交"始终是印度外交的主要组成部分,或者说是与大国外交并列的"双柱"之一。印度著名学者和战略家莫汉在2006年撰文指出:"印度大战略将世界划分为三个同心圆。第一个同心圆包括'小周边',印度追寻在该区域的主导地位并防止外部大国的干预;第二个同心圆包括所谓的'大周边',横跨亚洲和印度洋沿岸,印度力图平衡其他大国的影响,防止其损害本国的利益;第三个同心圆包括整个国际舞台,印度试图取得大国地位,并在国际和平与安全中扮演关键角色。"② 莫汉的思想是21世纪以来印度周边外交的指导思想和灵魂,莫迪上任后迅速认可、延续和充实了莫汉的外交思想。外交部2014—2015年的年度报告中称,印度周边地区主要由两部分构成:直接邻国/地域(Immediate Neighborhood)和扩展邻国/地域(Extended Neighborhood)。"直接邻国"是指与印度领土、领海直接相邻的国家,包括阿富汗、巴基斯坦、中国、尼泊尔、斯里兰卡、不丹、孟加拉国、缅甸与马尔代夫。"扩展邻国"是指不与印度直接相邻但与印度陆上和海上战略利益密切相关的国家和地区,包括东亚、中亚、东南亚、海湾、西亚等地区。③ 在印度看来,海湾地区是印度洋的

---

① *International Relations and Foreign Policy of India*, edited by Verinder Grover, Deep&Deep Publications, New Delhi, 1992, 第六卷卷首语, 转引自吴永年等《21世纪印度外交新论》, 上海译文出版社2004年版, 第158页。

② C. Raja Mohan, "India and the balance of power", *Foreign Affairs*, Vol. 85, No. 4, 2006, pp. 17–34.

③ 印度外交部:《2014—2015年年度报告》, https://www.mea.gov.in/annual-reports.htm?57/Annual_Reports。

组成部分，属于"大周边外交"的范畴，是外交活动不可忽视的重要地区。

海湾，也叫波斯湾，是印度洋的边缘海域之一。它地处阿拉伯半岛和伊朗高原及两河流域之间，是印度洋西北部半封闭的港湾。海湾呈现西北—东南走向，西北起自阿拉伯河河口，东南到霍尔木兹海峡，东出霍尔木兹海峡后，依次进入阿曼湾和阿拉伯海。海湾全长970公里，宽56—338公里，面积24.1万平方公里，平均深度40米，最大深度104米。由于常年受底格里斯河和幼发拉底河及发源于扎格罗斯山区的河流注入，海湾的盐度较低，河流携带的泥沙不断填积使得海湾北岸缓慢向南推进。

从地理上来看，海湾地区毫无疑问是印度的"近邻"。自古以来，印度和海湾地区就有着密切的经贸和文化交往。今天的印度人是古代雅利安人南迁与当地人融合而成的。南迁的雅利安人分为三支：一支迁往小亚细亚；一支迁往印度；另一支迁往伊朗，与当地土著人融合形成波斯人。"雅利安人在公元前二千纪期间来到印度，奠定吠陀文明的基础……印度人与希腊人之间的接触在波斯居主导地位时期是很密切的，在亚历山大的军事行动后更为密切……印度和罗马保持着友好关系——外交方面是断断续续的，但商业方面是常来常往的。"[①] 印度与海湾地区的商路既有海路，也有陆路。海路是从印度河河口出发沿海岸线航向，穿过海湾再进入幼发拉底河。随着航海技术的提高，印度人与后来的阿拉伯人甚至可以驾船直接穿越今天的阿拉伯海。陆路则是通过印度西北部苏莱曼山脉上的开伯尔山口和古马儿山口，基尔塔山的波兰山口等，向西通过今天的巴基斯坦和阿富汗，与古代丝绸之路连接，再将货物运往西亚与欧洲。

在政治交往中，印度与西亚国家的联系也比较频繁。有籍可查的政治联系是从波斯帝国开始的，据说信德省是帝国的第20个也是最富裕的总督辖区。波斯帝国军队中印度士兵也单独组成分遣队，他们不仅参加了薛西斯大帝远征希腊的军事行动，还在帝国末期参加抵御了亚历山大

---

① [印度] D. P. 辛加尔：《印度与世界文明》（上），庄万友等译，商务印书馆2015年版，第4页。

大帝东征的高加美拉战役。此后，印度的孔雀王朝与塞琉古帝国互为邻居，一直保持外交往来。

近代以来，海湾地区在英国殖民体系下与印度始终保持紧密关系。"19世纪初的海湾被英国视为其主要东方殖民地——印度'防卫'体系的重要一环。"① 公元1763年，以印度为总部的东印度公司将海湾地区办事处分别设在伊拉克的巴士拉和伊朗的布什尔，印度士兵与仆从则成为英国殖民力量驻扎海湾地区的军事主力和劳动力。独立后，海湾地区是印度外交事务中的独立单元，由海湾司负责，其范围包括海合会六国、伊拉克和也门。伊朗虽处于海湾地区内，但与阿富汗、巴基斯坦一起归PAI司（三国英文首字母缩写）负责，这主要是由于在印度看来，自波斯帝国开始这三个国家的政治、经济和文化联系更为紧密，是一个相对独立的区域。由于印巴冲突、克什米尔问题、国内两教冲突和矛盾都涉及伊斯兰认同，印度不得不谨慎和低调地维护与包括海湾国家在内的广大西亚北非国家的关系，坚决支持巴勒斯坦事业，减少和弱化舆论压力，避免国际孤立。1973年中东战争、石油禁运和70年代印度劳工大量涌入海湾又成为印度谨慎处理与地区国家关系的经济动因。

2014年后，针对"小周边"的南亚邻国，莫迪政府提出"邻国优先"（Neighbors First）政策。针对南亚区域外的扩展邻域也就是"大周边"，莫迪政府将其划分为"东、西、南、北"四大板块，依据情况差异提出各自的外交策略，即"东向行动"（Act East）、"西联"（Link West）、"南控"（Control South）与"北连"（Connect North）政策。海湾与西亚和北非一起统属于"西联"政策的范围。2014年9月，莫迪在启动"印度制造"活动的仪式上首次明确提出："在一段时间内，我们始终在讨论'东望'政策，我们也应当讨论'西联'政策。"② 莫迪的表态是印度对海湾、西亚和北非地区政策的定位和宣誓。实际上自5月新政府成立后，印度政要尤其是莫迪本人频繁出访的地区国家，尤其集中在海湾地区，在行动上践行"西联"政策的理念。

---

① 钟志成：《中东国家通史：海湾五国卷》，商务印书馆2007年版，第114页。
② Narendra Modi, "India needs policy to look east, link west", September 25, 2014, http://www.deccanherald.com/content/432698/india-needs-policy-look-east.html.

从政治角度上讲,当前印度在中东关注的三个大国——沙特、伊朗和以色列,有两个地处海湾。近年来,"西方与穆斯林的宗教对抗和阿以之间的民族对抗不再是中东的政治主题,而沙特和伊朗之间的地区主导权之争开始压倒该地区的传统分歧"①。伊拉克战争、伊朗核危机、"伊斯兰国"崛起这些中东热点议题都与海湾密切相关。在当前中东地缘格局重组的过程中,莫迪政府不能忽视海湾的安全稳定与权力再平衡,因此必须采取主动,平衡各方矛盾,避免受波及和遭受损失。从经济角度来看,海湾国家多年来一直是印度主要的能源供给地、商品出口地、劳务输出地、技术服务输出地。20世纪90年代后印度大张旗鼓与东南亚和东亚国家发展经贸关系,但与海湾国家的经贸往来未削弱过。主要受制于海湾没有统一的地区性政治/经济一体化组织,且地区国际斗争与矛盾复杂和激烈,因此,印度与它们的经贸、投资、商务等合作都是在双边层次上悄然进行的。21世纪以来,安全问题,尤其是极端主义和恐怖主义思想与活动也成为印度关注海湾的主要原因,海湾地区有着伊斯兰教"两圣地"护主沙特,也有着世界第一大什叶派国家伊朗,还产生过基地组织与"伊斯兰国"这样的全球性极端和恐怖组织,因此加强与海湾国家的安全合作是印度国家利益和外交的重要内容,也可以是说当前印度安全外交的核心关切之一。

三 当前印度在海湾的利益

首先,印度与海湾国家的经贸关系历史悠久,前景广阔。古代印度与西亚王国和帝国的经济交往涉及木材、象牙、棉织品、金银贵金属、珠宝,还有各种鸟类和珍奇动物。同时印度还在中国、东南亚与西亚乃至欧洲之间进行转口贸易,如茶叶、丝织品、香料、珍珠、麻黄制品等。这些商贸活动都要借米索不达米亚平原和印度发往地中海与欧洲或者东南亚、东亚诸国。

当前印度与海湾地区国家在经济上互补性较强,为拓展双边经济合

---

① C. Raja Mohan,"Raja-Mandala: Returning India to the Gulf", April 5, 2016, http://carnegieindia.org/2016/04/05/raja-mandala-returning-india-to-gulf/iwmx.

作提供了良好的基础和条件。除能源贸易外,印度与海湾国家的经贸合作呈现多元化特点,在交通基础建设、投资、环保、医疗、金融等领域都建立了紧密的合作关系。"2015 年 4 月,莫迪政府提出印度第一个五年外贸政策,计划在 2020 年时将印度在全球外贸中的比例从 2.1% 提高到 3.5%,总额翻倍达到 9000 亿美元。"① 发展与海湾国家的经贸关系成为莫迪的主攻方向。"海合会国家已经成为印度最大的贸易伙伴,2014—2015 财年双边贸易已经达到 1600 亿美元。"② 2016—2017 财年,印度与海合会 6 国的出口额为 417.68 亿美元,占出口总额的 16.4%;进口额为 551.71 亿美元,占进口总额的 20%。③ 印度的出口主要是黄金、珠宝、珍珠、石化产品、纺织品与大米等;进口主要为原油、天然气、石化产品、药品原材料、黄金珠宝、铝、铜等。在印度的外贸中,阿联酋是印度第二大出口对象国,阿联酋和沙特分别是第三和第四大进口来源国,仅次于中国和美国(见表 5)。另外,阿联酋对印度的直接投资稳居阿拉伯世界首位,位列对印度海外直接投资的第 11 位。④ 在投资方面,近年来合作的典范是伊朗的恰巴哈尔港项目。"2016 年 5 月 24 日,总理莫迪和伊朗总统鲁哈尼签署历史性的协议,共同开发具有战略价值的恰巴哈尔港。"⑤ 印度将投资 5 亿美元用于港区建设,并租赁港口 10 年。2017 年 12 月,恰巴哈尔港一期工程完工。2019 年 2 月,阿富汗的第一批 200 吨

---

① "Narendra Modi Govt Unveils its First Trade Policy, Targets Doubling of Exports at $900 Bn", Financial Express, April 1, 2015, https://www.financialexpress.com/economy/narendra-modi-govt-unveils-its-first-trade-policy-targets-900-bn-in-exports/59535/.

② Government of India, Ministry of External Affairs, Annual Report:2015-2016, p. 58, http://www.mea.gov.in/Uploads/PublicationDocs/26525_ 26525_ External_ Affairs_ English_ AR_ 2015-16_ Final_ compressed.pdf.

③ India's Trade:Back on Tack (Annual Report 2017-18), Government of India Ministry of Commerce&Industry, pp.49-57, https://commerce.gov.in/writereaddata/uploadedfile/MOC_ 6366 26711232248483_ Annual%20Report%202017-18%20English.pdf.

④ "UAE has 80% of GCC investment in India", Emirates 24 | 7, February 10, 2016, https://www.emirates247.com/business/uae-has-80-of-gcc-investment-in-india-2016-02-10-1.620 519. and Binsal Abdul Kader, "UAE investments in India rise as trade relations strengthen", *Gulf News*, October 8, 2016, https://gulfnews.com/business/uae-investments-in-india-rise-as-trade-relations-strengthen-1.1908891.

⑤ "India and Iran sign 'historic' Chabahar port deal", BBC News, May 23, 2016, http://www.bbc.com/news/world-asia-india-36356163.

绿豆和370吨滑石运抵恰巴哈尔港①。恰巴哈尔港不仅有港区和自贸区的投资和建设，它本身还是打通俄罗斯、中亚、伊朗的"北南通道"的南部出海口，因此该港成为印伊投资合作的典范项目。

表5　　　　　2015—2018年海湾地区国家与印度的
　　　　　　　　　进出口额　　　　　　（单位：亿美元）

国家	出口额			进口额		
	2015—2016	2016—2017	2017—2018	2015—2016	2016—2017	2017—2018
阿联酋	320.9	311.75	171.65	194.45	215.09	129.27
沙特	63.94	51.1	29.26	203.21	199.72	119.75
阿曼	21.9	27.28	14.97	16.74	12.90	22.38
科威特	12.47	14.97	7.61	49.69	44.62	35.72
卡塔尔	9.02	7.84	6.99	90.22	76.46	44.93
巴林	6.54	4.71	3.12	3.56	2.9	2.08
伊朗	27.81	23.79	16.52	62.78	105.06	56.37
伊拉克	10.04	11.11	8.01	108.37	117.07	87.44

注：2017—2018年数据为半年统计数据，即2017年4月至2017年10月。
数据来源：印度商务部2017—2018年年度报告，https://commerce.gov.in/writereaddata/uploadedfile/MOC_636626711232248483_Annual%20Report%20%202017-18%20English.pdf。

其次，海湾的能源对印度而言具有战略价值。地区沿岸国家共有8个，分别是伊朗、伊拉克、科威特、沙特、巴林、卡塔尔、阿联酋和阿曼。海湾国家最大的特点是除巴林外，其他国家都是能源富集国。依据2018年英国石油公司BP，世界能源统计年鉴，2017年沙特、伊朗、伊拉克、科威特、阿联酋的石油探明储量分别位列世界第二、第三、第四、第六和第七位。1997年、2007年和2017年，中东地区石油储量占全球总储量的58.8%、52.9%和47.6%，中东的石油储量基本集聚在海湾地区。而伊朗和卡塔尔的天然气储量分别为33.2万亿和24.9万亿立方米，位列

---

① Chabahar to change Central, South Asia interactions, Kabul, Feb 24, IRNA, http://www.irna.ir/en/News/83220930.

世界第二和第三，占全球总储量的30%。① 海湾地区作为世界最大的能源生产和供应地区，其能源出口不仅关系到各国自身的经济状况与发展，同时对国际能源市场的稳定具有重要影响。

从地理上看，海湾地区的能源具有地缘优势。印度和海湾地区均在印度洋中，两者之间只有阿拉伯海一海之隔，有利于海上能源战略通道的使用与开发。对印度而言，海湾的石油和天然气具有航程短、储量大、运费低、交通便利的特点。多年来，海运一直是印度能源进口的主要方式，如"印度对沙特的能源依赖在高速增长，从2001—2002年的26.8万桶/天到2013—2014年的77.4万桶/天"②。作为印度的第一大石油来源国，沙特的供油都依靠海运。从陆上能源战略通道看，印度与伊朗之间的地缘位置更为接近，为两国打通陆上能源战略通道提供了可能。"印度讨论加入伊朗—巴基斯坦天然气管道项目，并于1999年2月签署协议将该管道从巴基斯坦延伸到印度。"③ 可惜因印巴关系和安全问题，印度最终放弃了该项目。

2016年，印度超越日本成为全球第三大石油消费国。2015年印度的石油消费量占全球的4.5%，日需求量为415.9万桶，仅次于美国的1939.6万桶和中国的1196.8万桶，高于日本的415万桶。④ 印度还将增大天然气在能源消费中的比例，印度政府计划到2030年将天然气消费份额从目前的6.5%提高到能源消费的15%。如果达到此目标，印度将成为天然气最大进口国。⑤ 实际上，长期以来印度的能源生产并不能满足本国经济和社会的需要，且随着需求量的增加，对外依赖度越来越高。截至2017年底，印度石油探明储量47亿桶，占全球总储量的0.3%；总产量

---

① 《世界能源统计年鉴》，英国石油公司（BP）2018年版，第8、13、24页，https：//www.bp.com/content/dam/bp-country/zh_cn/Publications/2018SRbook.pdf。

② Zakir Hussain, *Saudi Arabia in a Multipolar World*, New York: Routledge, 2016, p.199.

③ *IP gas pipeline A fading opportunity for Pakistan*, March 4, 2018, http://www.iranreview.org/content/Documents/IP-gas-pipeline-A-fading-opportunity-for-Pakistan.htm.

④ 《世界能源统计年鉴》，英国石油公司（BP）2016年版，第9页，https://www.bp.com/content/dam/bp-country/zh_cn/Publications/StatsReview2016/BP%20Stats%20Review_2016%E4%B8%AD%E6%96%87%E7%89%88%88%E6%8A%A5%E5%91%8A.pdf。

⑤ 《能源消费大国：中国VS印度》，搜狐财经（https://www.sohu.com/a/207925171_813870）。

4000万吨，占全球总产量的0.9%；总消耗量为2.22亿吨，占全球总消耗量的4.8%。截至2016年底，印度的天然气探明储量1.2万亿立方米，占全球总储量的0.6%；产量为285亿立方米，占全球总产量的0.8%；总消耗量为542亿立方米，占全球总消耗量的1.5%。① 因此，印度的石油对外依存度高达81%，天然气对外依存度达到47.4%。2017年，印度的原油进口量2.11亿吨，从海湾地区进口1.53亿吨，占进口总量的72%。液化天然气进口量为257亿立方米，其中从海湾地区进口143亿立方米，占进口总量的55%。② 2018年，印度进口原油耗费1145亿美元，居全球第三位，在前十位进口来源国中，伊拉克、沙特、伊朗、阿联酋和科威特分别位列第1、第2、第3、第5、第7位，阿曼和卡塔尔位列第12位和第14位，合计747亿美元，占总进口额的65%。③ 印度对海湾地区能源的稳定供给有非对称依赖，而海湾地区能源对印度来说具有不可替代性，因此战略意义巨大。

再次，海外劳工与侨汇是印度的重要利益。"印度劳工对中东的输出主要起于20世纪70年代……与更早时期印度的移民相比，此后的劳工输出主要有两个特点。首先，大部分移民都在低劳动附加值行业工作且工资低廉……第二，绝大部分移民都是临时移民，他们一般工作两年后就必须回国。"④ 海湾地区是印度劳工的主要输出地，占全球海外劳工的65%，其中阿联酋和沙特两国多年来占据海外劳工第一和第二目的地国。除巴林以外，海湾地区国家均以能源经济作为国民经济支柱，存在产业和经济结构单一⑤、补贴经济与高福利社会并存、服务业需求大和本国供

---

① 《世界能源统计年鉴》，英国石油公司（BP）2018年版，https：//www.bp.com/content/dam/bp-country/zh_cn/Publications/2018SRbook.pdf。

② 同上。

③ Daniel Workman, *Crude Oil Imports by Country*, April 15, 2019, http：//www.worldstopexports.com/crude-oil-imports-by-country。

④ Prithvi Ram Mudian, *India and the Middle East*, British Acadamic Press, London and New York，1994，p.131.

⑤ 在海湾八国中，只有伊朗建立了相对完整的工业体系和均衡的国民经济体系。伊朗对能源经济的依赖在逐渐下降，2019年石油收入占财政收入的比例已经降至30%。数据来源于Only 30% of budget revenues are from oil sales：VP Jahangiri, Islamic Republic News Agency, May 14, 2019，http：//www.irna.ir/en/News/83314476。

给不足等特征，因此，海湾国家尤其是阿拉伯国家对劳工的需求非常大（见表7），劳工遍布三大产业，不仅是产业工人、建筑工人等，医生、教师、金融和管理、法律、IT等行业中印度人的比例也非常高。相比之下，"印度在服务业领域对海合会国家具有相对优势。考虑到近年来海合会国家正在推动石油天然气以外的经济多元化战略，它们的服务业需求还将扩大，这为印度提供利用其低成本熟练劳动力和英语熟练程度的机会"。①

表6　　　　　2017年海湾八国人均GDP　　　　（单位：美元）

国家	人均GDP	国家	人均GDP
伊朗	5250	巴林	25200
伊拉克	4958	卡塔尔	65000
科威特	29400	阿联酋	68000
沙特	21000	阿曼	15000

数据来源：由中国外交部国家和组织网站整理汇总各国数据（https://www.fmprc.gov.cn/web/gjhdq_676201）。

2012年，"印度侨汇的47%，大约330亿美元来自海合会国家"②。到2017年，"（海合会国家）接纳超过900万且仍在增长的印度人社团，每年提供350亿美元左右的侨汇"③。巨额侨汇主要用于劳工家庭偿还债务、买房置地和教育医疗等事务。除了拉动国内经济外，在海湾的劳工群体还成为双方沟通的渠道，向本国人、整个海外劳工团体以及各类企业与政府提供海湾驻在国的需求和信息，推动印度与地区国家之间经贸、文化、金融、科技等领域合作。认识到海外印度人的巨大价值后，

---

① John Calabrese, "Linking West" in "Unsettled Times": India-G. C. C. Trade Relations, April 11, 2017, http://www.mei.edu/content/map/linking-west-unsettled-times-india-gcc-economic-and-trade-relations.

② G. Gurucharan, The Future of Migration from India Policy-Strategy and Modes of Engagement, India Centre for Migration, Ministry of External Affairs, 2013, p. 12, http://www.mea.gov.in/images/attach/I_G_Gurucharan.pdf.

③ Annual Report (2017 – 2018), Ministry of External Affairs, Government of India, p. 57, http://www.mea.gov.in/Uploads/PublicationDocs/29788_MEA – AR – 2017 – 18 – 03 – 02 – 2018.pdf.

印度政府尤其重视海外印度人的组织和管理工作，在外交部下专门设立海外印度人司，负责人口统计、教育培训、救助、海外投票等事务。2008年，印度建立印度移民中心（India Centre for Migration）并作为唯一官方智库，负责"研究分析海外印度人的中长期就业策略、全球和国别劳工市场走势、印度劳工战略、向国内年轻人推介劳工市场、管理海外印度劳工福利等"①。可以预见，海湾地区的劳工和侨汇不仅将继续反哺国内经济和社会，解决就业，还将在海湾国家推动改革的过程中寻找到更大的机遇。

表7　　　　　　海湾八国印度人统计（截至2018年12月）

国家	人数	国家	人数
伊朗	4000	巴林	312918
伊拉克	10000	阿联酋	3100000
科威特	928421	卡塔尔	691539
沙特	2812408	阿曼	688226
海湾总人数	8547332	全球总人数	13113360

数据来源：印度外交部海外印度人事务中心，Population of Overseas Indians, http://mea.gov.in/images/attach/NRIs-and-PIOs_1.pdf。

最后，反恐和维护国家安全也是印度的重要利益。过去，印度的恐怖主义问题主要源于克什米尔争端和伊斯兰教与印度教的矛盾，是印度社会多年积累的矛盾和冲突。但进入21世纪，尤其是2014年后，基地组织的全球网络和"伊斯兰国"的强势崛起，加上网络和信息技术的普及，使得印度遭受的恐怖主义威胁迅速加大。首先，"海湾地区一直被本土组织用作避风港，如印度学生伊斯兰运动和印度圣战者组织，其历史比基地组织与'伊斯兰国'都要长"②。90年代以来，海湾地区庞

---

① India Centre for Migration Annual Report (2016 – 2017), India Centre for Migration, p.4., https://www.mea.gov.in/images/ICM_AR_FINAL_for_21032017.pdf.
② Viswavnathan Balasubraminayan, "Indian Mujahideen: The Face of 'New Terrorism' in India?" Geopolitical Monitor, October 4, 2013, https://www.geopoliticalmonitor.com/indian-mujahideen-the-face-of-new-terrorism-in-india – 4867.

大的印度移民社团和丰沛的商机更便于国内极端和恐怖组织潜藏,也方便展开经济活动筹集资金,或者与其他极端恐怖组织联络与交换信息。其次,"一个重要的进展是'伊斯兰国'和基地组织在印度次大陆的崛起加剧了人们对印度公民在海外活动的担忧"①。当前海外非居民的印度人和印度裔主要集中在海湾地区、美国、欧洲。这些地方或是恐怖主义的主要发源地,或是暴恐袭击和宣传的目标地,海外印度人的人身安全与防极端化问题成为新的挑战与课题。因此,"印度面临的恐怖主义威胁不仅来自与外部影响隔绝的国内因素,而且来自这些因素与在国外活动的个人和团体之间的跨国联系"②。今天印度面临的恐怖主义威胁兼具内源性和外源性,国内外的组织相互学习,相互合作,使得反恐行动变得更为复杂和艰难。

2001年,时任总理瓦杰帕伊在"9·11"事件后发表讲话称,"恐怖分子及其庇护者是全人类的敌人,他们使自己成为全球的敌人,全世界必须联合起来,在军事上战胜他们,使其意识形态毒瘤灰飞烟灭"③。2008年孟买恐袭后,海合会国家公开强烈谴责恐怖活动,并开始加强与印度的反恐合作。2010年利雅得宣言和2015年迪拜宣言使得双方在安全领域的合作达到新的高度。此后,印度与海湾国家在情报分享、嫌犯遣返、人员培训等方面展开合作。例如,在金融管制上,印度与海合会国家在反洗钱金融行动特别工作组的框架下展开合作,同时请求海湾国家对哈瓦拉支付系统加强监管和通报。在跨境流动上,印度与阿联酋、阿曼、巴林等主要中转国加强人员信息采集和嫌犯跟踪;与伊朗合作辨识与跟踪极端组织与成员在阿富汗的流入和流出等。考虑到中东极端和恐怖主义短期内很难消除,印度与海湾各国在反恐方面的合作还有巨大的空间和众多议题。

---

① Arif Rafiq, "The New Al Qaeda Group in South Asia Has Nothing to Do with ISIS", *New Republic*, September 6, 2014, https://newrepublic.com/article/119333/al-qaeda-indian-subcontinent-not-response-islamic-state.

② Mohammed Sinan Siyech, India-Gulf Counterterrorism Cooperation, December 21, 2017, https://www.mei.edu/publications/india-gulf-counterterrorism-cooperation.

③ 印度驻华大使馆:《今日印度》2001年第10期,转引自赵兴刚《印度与中东关系的发展前景展望》,《陕西青年干部管理学院学报》2004年第3期。

结　语

基辛格称:"在任何一种演变进程中,印度都将是21世纪世界秩序的一个支点。"① "2014年印度成为世界第三大经济体(按照购买力平价计算);到2030年,以名义GDP衡量,印度的经济规模也能达到世界第三。印度的国防预算位居世界第八,军队人数则是世界第二。"② 因此,在印度人看来,"印度在世界舞台的再次崛起是其经济和战略能力增强的结果"③。谋求大国地位是印度独立以来不变的奋斗目标,今天的印度比过去更有自信和实力去实现"大国梦"。

多年以来,能源和人力资源一直是推动印度与海湾国家关系发展的主引擎,当下,经贸、投资、安全等方面的相互依赖也在进一步地扩展和加深。不仅如此,印度还瞄准海湾地区的经济改革、医疗服务、数字革命、环保等新机遇和新领域,希望在全球和地区地缘政治经济结构调整中,谋求产业或发展计划的对接,重新定义印度的利益与双边关系。可以看到,海湾地区是印度政府"大周边外交"的重要组成部分,也是"西联"政策的核心。2015—2016年莫迪的高调地区外交和连续出访不仅仅是将海湾视为彰显大国外交的舞台与途径,也是对海湾地区重要性的认可与强调,当前和未来的印度政府会继续探索、深化与海湾地区国家的关系。

(本文原刊发于《中东发展报告(2018~2019)》)

---

① Henry Kissinger, *The World Order*, New York: Penguin Press, 2014, p.208.
② [印]拉贾·莫汉:《莫迪的世界:扩展印度的影响力》,朱翠萍等译,社会科学文献出版社2016年版,第266页。
③ [印]桑贾亚·巴鲁:《印度崛起的战略影响》,黄少卿译,中信出版社2008年版,第7页。

中东国家的对外战略与政策

"同质化联盟"与沙特—卡塔尔交恶的结构性根源

孙德刚　　［埃及］安　然*

摘　要：传统联盟理论一般认为，联盟内部成员相似的文化价值、政治制度、意识形态和历史传统，会增强联盟的凝聚力和向心力。这一假设难以解释为何高度同质的沙特和卡塔尔也会爆发激烈外交冲突，而美国与沙特、俄罗斯和叙利亚等国情差异甚大的盟友之间却形成了相对稳固的联盟。基于"同质化联盟"和"异质化联盟"二分法，战略资源和战略目标互补的国家更易于构建"利益共同体"和"安全共同体"，从而形成相互依存的"共生性关系"——"异质化联盟"；战略资源和战略目标同构的国家缺乏可交换利益，难以形成"利益共同体"和"安全共同体"，最终易陷入恶性竞争的"同质化联盟"。沙特阿拉伯和卡塔尔断交的深层原因在于两国的同质化，即经济结构的相似性、政治诉求的趋同性、威胁认知的错位性和替代联盟的多元性，导致两国在相似国情的表象下，结构性矛盾难以调和。

关键词：联盟理论　沙特—卡塔尔关系　"同质化联盟"　"异质化联盟"　海湾合作委员会

---

* 孙德刚，复旦大学国际问题研究院研究员、博士生导师；安然（Hend Elmahly），上海外国语大学中东研究所"新汉学计划"2017级博士研究生。

2017年6月,沙特阿拉伯以卡塔尔资助恐怖组织、利用半岛电视台干涉他国内政、与伊朗发展关系等违背了2014年双方签订的《利雅得补充协议》为由,宣布与卡塔尔断交。沙特与卡塔尔交恶在阿拉伯—伊斯兰世界迅速产生连锁反应:阿联酋、巴林、埃及、科摩罗、马尔代夫、毛里塔尼亚、也门哈迪政府、利比亚东部托布鲁克政府、塞内加尔和乍得等国相继,宣布与卡塔尔断交;约旦、吉布提和尼日尔降低与卡塔尔外交关系等级;美国特朗普总统和以色列政府也一度站在沙特一边,支持对卡塔尔政治施压、外交孤立、交通封锁和贸易禁运。伊朗和土耳其则力挺卡塔尔,向其提供了重要经济、政治和安全援助。在此事件的后续发展中,为迫使卡塔尔回到"正确轨道",沙特开出复交13项条件。在沙特的胁迫面前,卡塔尔不仅没有屈服,反而指责沙特等国违反国际法、侵犯了其外交主权,并于2017年8月全面恢复与伊朗的外交关系,同时允许土耳其部署永久军事基地。由此,持续数十年的沙特—卡塔尔联盟关系寿终正寝。

沙特和卡塔尔断交引发中东地区权力结构的调整和转型:由静态联盟转向动态联盟;由逊尼派与什叶派对垒转向各种力量分化组合;海湾国家也由转型的主体变成了转型的客体。海合会、阿拉伯联盟和逊尼派阵营因沙、卡断交而陷入分裂,为伊朗、土耳其和以色列趁机"选边站"提供了机会,也推动了美国、俄罗斯和欧洲大国中东联盟战略的调整。探讨沙特与卡塔尔交恶的根源有助于理解中东地区权力转换的背后动因。

一 研究述评

海湾地区是世界上民族、教派冲突较为集中的地区,20世纪80年代以来先后发生了两伊战争、海湾战争、伊拉克战争、2016年沙特与伊朗交恶以及2017年沙特与卡塔尔断交等事件。其中,沙特和卡塔尔断交为联盟理论研究者探索联盟解体的根源提供了鲜活案例。

(一)问题的提出与国内外研究现状

海湾合作委员会(以下简称"海合会")成立于1981年。其内部成员国拥有相似的文化价值、政治制度、意识形态和历史传统,其外部面临伊朗伊斯兰革命和两伊战争的共同威胁，一度形成了中东地区一体化程度最高的政治和安全联盟。然而，自成立之日起，海合会内部矛盾不断，如前所述，出现了2017年6月以来沙特等11国相继与卡塔尔断交的恶性事件。为什么冷战后拥有相似西方文化价值观、政治制度、意识形态的北大西洋公约组织（北约）即便在苏联解体、外部威胁明显减弱后也能够维持长期的稳定性，而面临多重外部挑战的海合会却危机四伏，甚至到了绝交的地步？

沙特率众与卡塔尔断交，目前在经典的联盟理论研究中很难找到令人信服的答案。建构主义联盟理论学派大多将观念、认知等社会心理学概念引入联盟形成和管理的研究上，普遍认为同质化国家选择结盟的可能性更大，结盟后国家间关系也更加稳定，因为具有相似政治制度和经济产业的国家相互结盟，可以增强这些国家政治和经济发展模式的合法性，也有利于形成一致的对外政策，从而使军事共同体变成政治共同体。①

首先，以亚历山大·温特为代表的建构主义学派主张从规范（Norm）、认同（Identity）和文化（Culture）等"软基础"的视角来认识联盟，认为国家的行为不是由"有形结构"（权力分配）所决定，而是被"观念"（相互作用和学习）所左右；相似国情更容易强化共同体意识。除了物质结构以外，国际政治领域还存在社会结构。理解利益的构成有助于揭示理性主义所误解和忽视的许多国际现象。② 温特还认为，社会结构形成的关键是行为体的集体认同，而决定集体认同的因素有意识形态、经济发展水平、文化价值观等因素。③ 正如多伊奇和布莱登（Christopher Bladen）所指出的：具有共同价值观和政治制度的国家会进一步增加它们

---

① Randolph M. Siverson and Juliann Emmons, "Birds of a Feather: Democratic Political Systems and Alliance Choices in the Twentieth Century", *Journal of Conflict Resolution*, Vol. 35, No. 2, 1991, pp. 285 – 306.

② 倪世雄等：《当代西方国际关系理论》，复旦大学出版社2001年版，第227页；Michael N. Barnett, "Identity and Alliances in the Middle East", in Peter J. Katzenstein ed., *The Culture of National Security: Norms and Identity in World Politics*, New York: Columbia University Press, 1996。

③ Alexander Wendt, "Collective Identity Formation and the International State", *American Political Science Review*, Vol. 88, No. 2, 1994, p. 167.

的凝聚力，并向整合的方向发展。各国精英相互交往促进了信息的交流；各国领导人行为的可预见性增强了社会共同体意识。① 这样，联盟成员学会了相互妥协，它们之间价值观的相互兼容性也越来越强。当共同体意识达到一定程度时，成员之间的合作就会超出"权宜之计联盟"的范围，成为一种内在的需要。

其次，托马斯·里斯-卡彭（Tomas Risse-Kappen）借鉴了自由主义和制度主义的主要思想，并吸收了民主和平论的核心论点，认为国情相似的国家形成联盟，有助于增强共同体意识和归属感（A sense of belonging）。他以北约的形成过程为个案，系统考察了文化认同与共同理念等因素在建构主义联盟关系构建中的作用，并提出3个假设：一是国际政治的主要角色不是国家，而是在社会背景下形成的个体，包括政府、国内社会和国际体制；二是政府在分析国家利益时表现出的倾向性既是对外部物质要素的反应，也是国内结构和社会需求的结果；三是在国家利益判断、政策倾向性和政策选择方面，由价值观、规范和知识组成的观念具有十分重要的作用。②

再次，泰德·霍普（Ted Hope）在《冷战后的联盟——单极的幻想》一文中首先提出了兼容理论（Compatibility Theories）③，认为相似的特性，如地缘邻近性、共同的历史和文化记忆、相似的国家规模、经济发展水平和意识形态可以在对外政策方面形成强烈的合作倾向性。这正如卡尔·多伊奇所认为的，相互依赖（Interdependence）、命运共同体（Common Fate）、同质性（Homogeneity）和自我约束（Self-Restraint）能够强化集体认同，使结盟成为一种内在的需要，即由自我思维模式（The Mode of Me Thinking）向我们思维模式（The Mode of We Thinking）的转变。

最后，在中东联盟的案例研究中，学者们也普遍认为，盟友之间的

---

① Julian R. Friedman, Christopher Bladen and Steven Rosen, eds., *Alliance in International Politics*, Boston, Mass.: Allyn and Bacon, Inc., 1970, p. 125.

② George F. Liska, *Nations in Alliance: The Limits of Interdependence*, Baltimore: Johns Hopkins Press, 1968, pp. 364-365.

③ Amos A. Jordan, *American National Security*, Baltimore: The Johns Hopkins Press, 1989, pp. 500-501.

共性有助于联盟的稳定性。麦克尔·贝内特（Michael N. Barnett）在《中东地区的认同与联盟》一文中详细阐述了认同与联盟构建的关系，并从认同政治（The Politics of Identity）出发，认为认同与安全威胁的判断之间存在重要关联。① 贝内特不仅将决策者的意图看作影响联盟构建的一个变量，而且视作首要变量。他提出的理论假设是：认同一致会促使国家选择加入与自己相同的共同体；认同冲突则会促使某些国家选择退出共同体，认同的变化常常是由领土边界、政治经济和人口构成变化造成的。于是，贝内特以泛阿拉伯主义为例，论证了阿拉伯国家之间合作关系的建立与解体是阿拉伯集体认同变化的结果。此外，贝内特以冷战时期的美国和以色列关系为个案，通过研究后认为：美以特殊关系不是战略合作需要或两国国内政治发展的产物，而是美、以两国身份认同的结果，这种认同是由三方面因素决定的：宗教（Religion）、民族主义（Nationalism）和历史上犹太人遭受的大屠杀（Holocaust）。②

如果按照上述联盟理论，沙特和卡塔尔因为共同的文化传统、历史记忆、逊尼派宗教信仰、海湾阿拉伯民族特性和地缘邻近性，应该形成更加牢固的联盟关系，至少比缺少共同的文化传统、历史记忆、宗教信仰、民族共性和地缘邻近性的沙特和美国、卡塔尔和美国的联盟关系牢固，但事实并非如此。

沙特率众与卡塔尔断交的根源，目前在政策研究中也很难找到令人信服的答案。以政策研究和媒体评论为例，学界大体有以下几种不同解读。一是以朱威烈、唐志超和印度前驻沙特大使艾哈迈德（Talmiz Ahmad）等为代表的学者认为，美国特朗普政府2017年访问沙特，并向沙特提供1150亿美元的军火，试图构建"阿拉伯版北约"导致沙特和卡塔尔交恶。特朗普本人对事态发展起了推波助澜的作用。特朗普2017年5月访问沙特以及与沙特等国在反恐、反对伊朗两大议题上达成共识，是

---

① Michael N. Barnett, "Identity and Alliances in the Middle East", in Peter J. Katzenstein ed., *The Culture of National Security: Norms and Identity in World Politics*, New York: Columbia University Press, 1996, pp. 403–408.

② Ibid., pp. 413–436.

沙特毅然决定对卡塔尔"痛下杀手"的重要推动力量。这些学者认为，美国的中东政策调整打破了海湾地区的联盟体系，造成了海合会成员国在伊朗政策上的分歧，对沙特和卡塔尔的关系造成了影响。① 二是以丁隆为代表的学者认为，沙特和卡塔尔外交危机，阿联酋是始作俑者，尤其是阿布扎比酋长本·扎耶德认为，卡塔尔复制阿联酋迪拜和阿布扎比的发展模式，成为新的经济、贸易和航运中心，引起阿联酋的嫉恨，故阿联酋"公报私仇"，借助沙特打压卡塔尔，成为海湾搅局的"小斯巴达"。② 三是以殷罡、刘中民、李伟建、余国庆、王建等为代表的学者认为，卡塔尔支持穆兄会，利用"半岛电视台"鼓动埃及和海湾阿拉伯国家的反对派对抗政府，在沙特和伊朗之间奉行"骑墙政策"，威胁到了沙特等国的政权安全。③

上述研究各有侧重，本文则试图从联盟类型出发，考察不同类型的联盟在管理过程中出现的绩效差异，以探索沙特与卡塔尔交恶的制度根源。

（二）理论基础与概念阐释

17世纪以来，外交家和学者常用联盟（Alliance）、联合（Association、Coalition、Alignment、Federation）、协约（Entente）、阵营（Pact）、集团（Bloc）等模糊词语来描述国家间结盟关系，因为联盟的界定是个非常复杂的问题。联盟分为狭义和广义上的联盟。狭义联盟强调盟约是载体；广义上的联盟强调联盟不需要载体。目前，持狭义联盟概念的学者占多数，如奈杜（M. V. Naidu）从传统现实主义角度界定联盟，认为联盟就是"两个或两个以上国家临时聚集在一起，在保护国家利益的名义下，通过签署协定来取得有限的军事目标，如赢得战争、抵御现实或

---

① 张全：《卡塔尔被"拉黑"，美国扮演啥角色》，《解放日报》2017年6月8日；唐志超：《美国的中东伙伴危机持续加深》，《世界知识》2017年第15期，第47页；Talmiz Ahmad, "Trump Doctrine's First Casualty", *Indian Express*, June 7, 2017.

② 丁隆：《阿联酋：搅动海湾的"小斯巴达"》，《世界知识》2017年第16期，第60—62页。

③ 姜浩峰：《从诸国与卡塔尔断交，看美国把中东带向何方？》，《新民周刊》2017年第24期，第56—60页；刘中民、孙德刚：《八国"拉黑"卡塔尔，中东地区进一步走向碎片化》，《新京报》2017年6月7日。

潜在的威胁"①。按照狭义的定义，海合会既是政治联盟，又是军事联盟。

根据不同划分标准，联盟可分为不同类型。例如，从攻防态势来看，联盟可分为进攻型和防御型联盟②；从持续时间来看，联盟可分为永久性（Permanent）与临时性（ad hoc）联盟；从安全机制来看，联盟可分为机制化（Institutionalized）与非机制化（Non-institutionalized）联盟；从盟约适用范围来看，联盟可分为有限联盟（缔约国承诺在特定条件下向盟友提供军事援助）与无限联盟（缔约国无条件向盟友提供援助）；从缔约国权力分布来看，联盟可分为磋商型（成员之间关系较为平等）和威权型（成员之间存在金字塔式的不平等关系）联盟等。③

本文从联盟成员之间的相互依赖程度出发，将联盟分为"异质化联盟"（Heterogeneous Alliance）和"同质化联盟"（Homogeneous Alliance）两类。前者系指联盟内部成员在文化价值、政治制度、意识形态和历史传统等方面差异较大，成员国在权力大小、军事实力、地缘位置和资源禀赋等方面具有不对称性，在对外战略目标的追求上具有互补性，且面临共同的安全威胁。由于盟友之间形成了密切的相互依赖关系，盟友突破联盟的限制转而选择其他联盟的难度较大。"异质化联盟"的例子如美国与土耳其、美国与沙特、美国与卡塔尔、俄罗斯与叙利亚、土耳其与阿塞拜疆等。正如查尔斯·马歇尔（Charles B. Marshall）撰文指出的，联盟是"聚合到一起的政治实体，它们可能视联盟为资产，在战略上具有互补性"。④ "异质化联盟"具有经济结构的差异性、政治诉求的互补性、安全利益的一致性和替代联盟的有限性等特点，其中"互补性"是异质化联盟的最鲜明特征。

"同质化联盟"系指联盟内部成员在文化价值、政治制度、意识形态

---

① M. V. Naidu, *Alliances and Balance of Power: A Search for Conceptual Clarity*, London: Macmilian, 1974, p. 20.

② 罗伯特·罗斯坦研究发现：1815—1859 年，联盟主要是防御型的；1859—1871 年，联盟主要是进攻型的；1871 年之后，联盟主要是防御型的。Robert L. Rothstein, *Alliances and Small Powers*, New York: Columbia University Press, 1968, p. 46。

③ Arthur A. Stein, *Why Nations Cooperate: Circumstance and Choice in International Relations*, Ithaca and London: Cornell University Press, 1990, p. 151.

④ Charles Burton Marshall, "Alliance with Fledging States", in Arnold Wolfers ed., *Alliance Policy in the Cold War*, Baltimore, MD: The Johns Hopkins Press, 1959, p. 216.

和历史传统等方面具有相似性，盟国在权力大小、军事实力、地缘位置和资源禀赋等方面较为接近，在对外战略目标的追求上具有趋同性，虽面对共同的安全威胁，但对威胁的感受程度不同。由于盟友之间形成了松散的动态合作关系，盟友突破联盟的限制转而选择其他联盟的余地较大。"同质化联盟"的例子如海合会框架下的沙特与卡塔尔、马格里布联盟框架下的摩洛哥与阿尔及利亚、萨达姆时期同为复兴社会党执政的伊拉克和叙利亚、冷战时期社会主义阵营中的中国和苏联等。"同质化联盟"具有经济结构的相似性、政治诉求的趋同性、威胁认知的错位性和替代联盟的多元性等特征，其中"同构性"是"同质化联盟"最鲜明的特征（见表1）。

表1　　　　　"异质化联盟"与"同质化联盟"对比分析

	"异质化联盟"	"同质化联盟"
基本国情	差异性	相似性
政治诉求	互补性	趋同性
安全利益	一致性	竞争性
替代联盟	有限性	多元性
合作意愿	强	弱
联盟结构	稳定性	易变性
联盟关系	共生性	博弈性

说明：基本国情包括经济结构、文化价值、政治制度、意识形态和历史传统等基本要素。
资料来源：笔者根据"异质化联盟"和"同质化联盟"内涵自制。

从表1可以看出，"盟友"不等于"朋友"，前者建立在共同的安全和利益诉求之上，后者建立在共同的价值观和情感之上。联盟存在的基础是可交换的互补利益，而不是价值观或情感因素。"异质化联盟"成员内部具有天然互补性，故合作的动力更强；"同质化联盟"成员内部具有天然趋同性，故彼此竞争的动力更强。例如，在美国、沙特、卡塔尔三角关系中，美沙、美卡属于"异质化联盟"，更容易合作，而沙特和卡塔尔构成了"同质化联盟"，彼此竞争更激烈。经济结构的相似性、政治诉求的趋同性、威胁认知的错位性和替代联盟的多元性是"同质化联盟"

最为突出的几个特征。以下从沙特和卡塔尔"同质化联盟"理论假设出发，考察双方出现外交危机的结构性根源。

二 沙特—卡塔尔经济结构的相似性与"利益共同体"的弱化

联盟存在的主要基础，一是成员国面临共同的安全威胁或安全关切，二是成员国拥有可交换的资源。经济基础决定上层建筑，盟国之间经济结构差异性越大，互补性利益就越强，就越有可能形成利益共同体，其开展合作的动力就越强。相反，成员国拥有相似的经济结构，可供交换的利益就越少，联盟的密切程度就越低。

沙特和卡塔尔在经济结构方面具有高度相似性，不仅难以形成利益共同体，反而在经济层面形成竞争关系。① 首先，双方都拥有丰富的油气资源，油气出口是各自国民收入的主要来源。沙特是世界上第二大原油生产国，原油探明储量2670亿桶，占世界总储量的25%，40%的国民生产总值来源于石油贸易。卡塔尔天然气储量居世界第三位，和伊朗共有南帕尔斯油气田，两国天然气储量占世界总储量的近一半。南帕尔斯天然气储量占世界总储量的15.5%，成为卡塔尔和伊朗形成利益共同体的重要纽带。由于沙特、卡塔尔等海湾国家均是油气出口大国，在贸易、投资、能源生产和定价等各方面合作程度相当有限。② 受此影响，海合会内部成员国相互间贸易额非常小，仅占六国进口总额的18.34%和出口总额的20.1%，而沙特仅3.8%的贸易额是在海合会成员国内部发生的。③ 同样，卡塔尔最大的商品进口国是中国（11.9%），其次是美国（11.3%）、阿联酋（9.0%）④、德国（7.7%）和日本（6.7%），最大的

---

① Steffen Hertog, "The GCC and Arab Economic Integration: A New Paradigm", *Middle East Policy*, Vol. 14, No. 1, 2007, pp. 60 – 62.

② Mohammed Nuruzzaman, "Conflicts between Iran and the Gulf Arab States: An Economic Evaluation", *Strategic Analysis*, Vol. 36, No. 4, 2012, pp. 548 – 551.

③ Mohammed Nuruzzaman, "Politics, Economics and Saudi Military Intervention in Bahrain", *Journal of Contemporary Asia*, Vol. 43, No. 2, 2012, p. 368.

④ 主要是转口贸易，卡塔尔进出口商品经阿联酋来自或前往中东、非洲、欧洲、东亚或南亚等地。

商品出口国则为日本（25.4%），其次为印度（14.6%）、中国（8.4%）、阿联酋（6.8%）和新加坡（5.6%）。沙特与卡塔尔外交危机后，卡塔尔能够被断的只是路，而非货源。① 沙特和卡塔尔贸易额极为有限，主要为日用品，卡塔尔基本可以找到进口替代国。

其次，沙特和卡塔尔都在实现经济转型，都提出了发展实体经济、再工业化、科技创新、优先发展港口、建立科技城等，两国发展战略也具有同构性。冷战结束后，阿联酋率先实现经济转型，摆脱对能源产业的依赖，大力发展非石油经济，成为地区航运、贸易和金融中心，尤其是阿联酋航空、迪拜港务成为世界级龙头产业。卡塔尔近年来也开始复制"迪拜模式"，重点发展的也是航空和港口。卡塔尔航空、多哈哈马德机场等对阿联酋区域地位造成了有力冲击，成为阿联酋的重要竞争对手，两国经济结构日益出现"同构性"。② 2011年，卡塔尔政府制定了国家首个五年发展计划（2011—2016年），拟将卡塔尔建设成海湾地区的教育和医疗中心，以及比肩迪拜的金融中心和商业中心。

如果说卡塔尔发展战略复制了"迪拜模式"，沙特未来发展则在某种程度上是复制了"卡塔尔模式"。2014年，国际油价低迷和沙特石油出口收入大幅下跌，倒逼沙特推动经济体制改革。时任沙特副王储穆罕默德·萨勒曼讲话指出："我们沙特已经对石油产生了严重依赖。未来我们不允许自己成为国际大宗商品价格波动和国外市场变化的受害者。"③ 2016年，时任沙特副王储、现任沙特王储穆罕默德·萨勒曼力排众议，推出《沙特2030愿景》（Vision 2030），试图通过科技创新摆脱对传统石油化工产业的依赖，发展多元经济，成为亚、欧、非枢纽。沙、卡两国未来经济发展战略的高度相似性对当前卡塔尔区位优势也将产生重大冲击，两国"利益共同体"受到弱化，从而对两国联盟关系产生消极影响。

与卡塔尔和沙特经济结构高度同构化不同，巴林和沙特形成了互补性"利益共同体"，因而联盟关系更加牢固。巴林是贫油国，2016年公共

---

① 陶短房：《卡塔尔外交危机：做得下去和做不下去的生意》，《南方都市报》2017年6月23日。
② 丁隆：前引文，第60—62页。
③ Sean Foley, "When Oil Is Not Enough: Sino-Saudi Relations and Vision 2030", *Asian Journal of Middle Eastern and Islamic Studies*, Vol. 11, No. 1, 2017, p. 118.

债务占国内生产总值的比例从上一年的60.3%上升到72%，财政遇到了较为严重的困难。沙特成为巴林最重要的外援大国，外援使巴林不仅维持了经济的正常运转，而且预防了政治危机的爆发。① 由于巴林油气资源储量有限，沙特慷慨地从阿布·萨法（Abu Saafa）油田向巴林输送了大量原油，以满足后者的消费需要。② 在沙特的大力支持下，巴林建成了世界上最大的炼油厂——巴林石油公司锡特拉（BAPCO Sitrah），日消耗原油26.7万桶，其中仅1/6来自巴林本国，其余5/6全部来自沙特。沙特成为巴林最大的贸易伙伴，巴林26.7%的进口商品来自沙特，而巴林和伊朗的贸易额仅占1%。③ 沙特和巴林的利益共同体强化两国相互依存的军事联盟关系，与沙、卡交恶形成鲜明对比。

三 沙特—卡塔尔政治诉求的趋同性与"政治共同体"的退化

除经济结构的相似性外，沙特和卡塔尔的政治诉求也具有趋同性，使两国形成"政治共同体"的难度增大。两国同为逊尼派海湾阿拉伯国家，拥有丰厚的主权财富基金，都有拓展政治影响力、培养代理人的雄心与抱负。此外，两国同为美国在中东地区的重要盟友，都试图利用此优势提高在阿拉伯—伊斯兰世界的影响力，也都希望成为美国在海湾地区的枢纽、沟通伊斯兰世界和美国的桥梁和纽带。数十年来，在"以石油换安全"的基本逻辑下，沙特和美国形成了重要的政治相互依存关系；沙特获得大量美式武器，一度成为美国中央司令部前沿总部所在地，并获得美国在中东桥头堡的地位；沙特也巩固了自己在阿拉伯—伊斯兰—逊尼派国家中的地位，这种地位因沙特是麦加和麦地那两座圣城的守卫者角色而进一步得以强化。④ "9·11"事件后，美国将中央司令部的前沿

---

① EIU, *Country Report: Qatar*, 2017, p. 30.
② Eman Ragab, "Beyond Money and Diplomacy: Regional Policies of Saudi Arabia and UAE after the Arab Spring," *The International Spectator*, Vol. 2, No. 2, 2017, p. 42.
③ Mohammed Nuruzzaman, op. cit., pp. 368–369.
④ Kylie Baxter & Kumuda Simpson, "The United States and Saudi Arabia Through the Arab Uprisings," *Global Change, Peace & Security*, Vol. 27, No. 2, 2015, p. 142.

总部从沙特迁往卡塔尔,关闭了美国在沙特的军事基地,而卡塔尔成为美国在中东最重要的军事基地东道国。沙特和卡塔尔在美国军事战略中的地位一升一降,加剧了沙、卡两国的地缘政治竞争。

卡塔尔人口仅为 260 万,从体量上来看是中东地区的小国,但近年来经济增长强劲,2013—2016 年经济增长率分别为 4.4%、4%、3.6% 和 2.7%,2017 年估计为 3.5%,国内生产总值估计达 1678 亿美元,人均国内生产总值达 68184 美元,不仅远远超过沙特,而且在海湾乃至世界上也遥遥领先。① 尽管卡塔尔从宗教影响力、经济总量等方面无法与沙特相提并论,但是 1995 年卡塔尔王储哈马德通过不流血政变上台后,试图把卡塔尔打造成海湾地区的"瑞士";利用对外援助积极干预地区事务,试图成为继沙特和伊朗之后的"第三种力量",与沙特形成了激烈竞争关系。

在政治方面,卡塔尔实施"小国大外交",积极调解巴以冲突、黎巴嫩内战、达尔富尔问题,与哈马斯、穆兄会、伊朗甚至黎巴嫩真主党保持密切往来,开展"零敌人"外交,发挥"四两拨千斤"的作用,在沙特、伊朗、土耳其、以色列和埃及之间玩平衡。② 2008 年 5 月,在卡塔尔政府的大力斡旋下,黎巴嫩冲突各方达成《多哈协议》,为建立联合政府、恢复黎巴嫩和平与稳定铺平了道路。2010 年底阿拉伯剧变发生后,卡塔尔以援助为筹码,积极介入利比亚、叙利亚、也门和埃及内政,在中东转型国家培养代理人。③ 2013 年,叙利亚反对派推出的首位美籍"总理"实际上是由卡塔尔内定的。2017 年,在卡塔尔和伊朗的调停下,叙利亚北部实施了部分什叶派和逊尼派穆斯林的对等迁移。沙特对此显然不满,对卡塔尔和伊朗的合作早已生厌。④

在文化方面,卡塔尔修建伊斯兰艺术博物馆,提升在伊斯兰世界的

---

① "Qatar-Economic Outlook", *Middle East Monitor*, Vol. 54, No. 9, 2017, p. 10.
② Birol Başkan, *Turkey and Qatar in the Tangled Geopolitics of the Middle East*, New York: Palgrave Macmillan, 2016, pp. 33 – 35.
③ Benedetta Berti &Yoel Guzansky, "Saudi Arabia's Foreign Policy on Iran and the Proxy War in Syria: Toward a New Chapter?", *Israel Journal of Foreign Affairs*, Vol. 8, No. 3, 2014, pp. 27 – 28.
④ 唐见端:《沙特掌控下的阿盟宣布开除卡塔尔:卡塔尔究竟做了什么?》,《文汇报》2017 年 6 月 7 日。

文化软实力，试图改变沙特一家独大的局面。在体育赛事方面，卡塔尔成功举办亚运会，并获得2022年世界杯主办权。卡塔尔还多次承办国际和地区组织大会，包括召开每年一度的多哈论坛。在媒体层面，卡塔尔积极支持半岛电视台，提升卡塔尔的国际话语权，为阿拉伯世界各国的反对派颠覆现政权发挥了推波助澜的作用。① 半岛电视台每年获得卡塔尔政府超过4亿美元的拨款，驻全球各地的记者站增至60个，充当阿拉伯各国反对派和政治伊斯兰力量对外发声的最大集散地和高频解码器，报道力度与效果远超西方主流媒体。② 卡塔尔软实力的综合提升，加上以援助为杠杆，提升了与沙特全面竞争的资本。

卡塔尔还积极培养穆兄会、哈马斯等政治伊斯兰力量，与沙特支持的传统伊斯兰力量相抗争。③ 2012年8—12月，卡塔尔向埃及穆尔西政府提供50亿美元援助（含10亿美元无偿援助），同时向加沙的哈马斯提供4亿美元援助。④ 叙利亚内战爆发后，沙特和卡塔尔均支持叙利亚反对派。由于反对派鱼龙混杂，沙、卡两国逐渐选择了各自的代理人。卡塔尔扶植叙利亚全国委员会中穆兄会力量——不仅提供重要经济援助，而且提供了必要的武器装备；而沙特则支持全国委员会中萨拉菲力量，如"伊斯兰军"（Jaysh al-Islam）。⑤

沙特在政治上也毫不示弱，2016年和2017年分别与伊朗和卡塔尔断交。为积极拉拢伊斯兰合作组织成员国，沙特向苏丹、索马里、吉布提、埃及、利比亚东部政府、巴林、马尔代夫和塔吉克斯坦等国提供了大量援助。⑥ 由于卷入地区纷争，长期以丰厚的石油美元著称的"土豪"沙特

---

① 马晓霖：《断交风暴：沙特聚众群殴卡塔尔的台前幕后》，《华夏时报》2017年6月12日第6版。
② 王猛：《卡塔尔 VS 沙特：谁才是阿拉伯新时代的领头羊？》，《世界知识》2013年第23期，第41页。
③ [巴勒斯坦] 马哈茂德加纳：《分析：海湾危机的影响以及哈马斯和卡塔尔关系对巴勒斯坦问题的影响》（阿拉伯文），巴勒斯坦新闻社，2017年第6期。
④ 王猛：前引文。
⑤ Kim Sengupta, "Saudi Arabia will be Infuriated by Qatar's Decision to Resume Ties with Iran", *Independence*, August 24, 2017.
⑥ [索马里] 卡迈勒·阿丁谢赫·穆罕默德·阿拉伯：《海湾危机对非洲的影响解读国家立场》（阿拉伯文），半岛电视研究中心研究报告，2017年第6期。

在财政上日渐捉襟见肘，外汇储备持续下降。截至 2017 年年中，其外汇储备仅剩 4900 亿美元，为 2011 年 5 月以来最低水平。①

2017 年 6 月，沙特宣布与卡塔尔断交后，利用自己的影响力，对卡塔尔采取经济封锁、政治孤立、外交打压的"组合拳"，并联合毛里塔尼亚、科摩罗、乍得、埃及、阿联酋、也门、巴林、利比亚、毛里求斯和马尔代夫 10 个国家与卡塔尔断交。此外，沙特还利用与埃及的特殊关系，终止卡塔尔在阿盟的成员资格，并将卡塔尔逐出干涉也门内战的伊斯兰多国联军。随着沙特和卡塔尔矛盾的进一步激化，不排除今后沙特将卡塔尔从海合会逐出，相似的政治诉求导致两国离政治共同体渐行渐远。

四 沙特—卡塔尔威胁认知的错位性与"安全共同体"的淡化

1979 年伊朗伊斯兰革命和 1980 年两伊战争的爆发，使沙特和卡塔尔意识到：海湾阿拉伯国家唯有抱团取暖、形成阿拉伯君主制国家的"神圣同盟"，才能维护政权安全。② 海合会一度在地区安全一体化中表现出强大的凝聚力，然而，阿拉伯剧变发生后，沙特和卡塔尔对各自国家面临的主要威胁存在不同认知，甚至视对方为实现本国安全的威胁和潜在挑战，两国难以形成心心相印的"安全共同体"。

阿拉伯剧变从北非蔓延到西亚，沙特、阿联酋和巴林形成了共同安全观，并认为新时期君主制国家主要面临三类威胁。一是伊朗利用地区什叶派力量干涉阿拉伯国家内政，包括 2011 年策动巴林街头政治，军事介入叙利亚内战、支持巴沙尔政府，2014 年指使也门胡塞武装推翻逊尼派哈迪政府，并长期"非法占据"阿联酋的大小通布岛和阿布穆萨岛。1783 年以前，巴林曾是波斯统治下的领土，故巴林现政府视伊朗为头号威胁。阿拉伯剧变发生以来，中东地区沙特和伊朗军备竞赛升级，有学

---

① 孙德刚：《沙特国王访俄 中东外交"天平摇摆"》，《新民晚报》2017 年 10 月 13 日。
② ［伊拉克］艾哈迈德：《在变化的安全环境下的新战略平衡》（阿拉伯文），巴格达：学术界出版社 2015 年版，第 98—148 页。

者称海湾将迎来战争的4.0版。① 尤其是2017年特朗普访问沙特、两国签订1150亿美元军火大单后，美国和俄罗斯分别宣布将向沙特出售"萨德"系统和"S-400"系统，伊朗加紧研发射程为2000公里的"霍拉姆沙赫尔"弹道导弹，海湾地区军备竞赛进一步升级。沙特外交大臣朱拜尔（Adel bin Ahmed Al Jubeir）指出："伊朗是本地区最好战的国家，谋求地区霸权，并把其他国家的缓和姿态视为软弱可欺"；巴林驻英国大使法瓦兹（Fawaz bin Mohammed Al Khalifa）也认为："伊朗支持下的什叶派武装是巴林、黎巴嫩、科威特和也门局势动荡的根源，这些武装也是伊朗扩张主义者的工具。"② 为共同应对也门胡塞武装，2015年阿联酋在厄立特里亚部署了军事基地，2017年2月在索马里兰部署了军事基地。2016年沙特与吉布提达成协议，宣布也将在后者部署军事基地，以从红海对岸打击胡塞武装。

相比之下，卡塔尔奉行"第三条道路"，乐见沙特和伊朗相互制衡。卡塔尔埃米尔塔米姆、沙特王储穆罕默德、阿布扎比酋长本·扎耶德虽都为"80后"和年青一代王室成员，但危险认知却迥异。卡塔尔并不认为伊朗对其构成了现实威胁。沙特东部省属于以什叶派为主的地区，是沙特重要产油区；巴林70%的人口属于什叶派；阿联酋与伊朗有岛屿争端，而卡塔尔什叶派人口较少，并不担心伊朗构成的威胁。2017年5月19日，鲁哈尼再次当选伊朗总统，卡塔尔埃米尔塔米姆与其通话，表示希望与伊朗建立"超越以往"的密切合作关系。鲁哈尼对此给予积极回应。此后不久，卡塔尔新闻社援引埃米尔塔米姆在一次军方庆典上的讲话，表示伊朗是"不容忽视的伊斯兰强国"，并且"对伊朗怀有敌意是不明智的"，一度引起沙特政界一片哗然。尽管卡塔尔政府称其受到了黑客攻击，但消息传出后，沙特等国立即宣布与卡塔尔断交。③

二是穆兄会。沙特和阿联酋认为穆兄会的威胁与伊朗的威胁同样严

---

① Ben Rich, "Gulf War 4.0: Iran, Saudi Arabia and the Complexification of the Persian Gulf Equation", *Islam and Christian-Muslim Relations*, Vol. 23, No. 4, 2012, p. 471.

② Simon Mabon, "Muting the Trumpets of Sabotage: Saudi Arabia, the US and the Quest to Securitize Iran", *British Journal of Middle Eastern Studies*, 2017, p. 17.

③ 王水平、于杰飞：《中东局势再起波澜，沙特等国集体与卡塔尔断交》，《光明日报》2017年6月6日。

重,包括穆兄会在巴勒斯坦的分支机构哈马斯以及在也门的分支机构革新党(al-Islah),后者多次要求沙特、阿联酋和其他海湾君主制国家推动政治变革。① 穆兄会和哈马斯被沙特列为恐怖组织,因为前者否定沙特的君主制,但受到卡塔尔的资助。卡塔尔和土耳其一道积极扶植各国穆兄会力量,不仅未将穆兄会视为威胁,反而为穆兄会上层人物提供庇护所,在半岛电视台开辟专栏,为穆兄会宣传政治思想提供平台。②

三是沙特、阿联酋和也门均发生了不同程度的街头政治,对外部力量尤其是卡塔尔半岛电视台鼓动反对派上街游行示威、颠覆政权保持高度警惕。自 2011 年巴林发生骚乱以来,上述三国形成了安全共同体,在叙利亚、也门、打击"伊斯兰国"组织等方面,形成了一致政策。③ 阿拉伯剧变爆发后,上述三国均发生街头政治,但是卡塔尔并未发生,不能感受到反对派对现政权的冲击和威胁,甚至对半岛电视台鼓动反对派上街游行持默许态度。沙特和卡塔尔对威胁的错位认知,导致双方"安全共同体"的淡化。

五 沙特—卡塔尔替代联盟的多元性与"命运共同体"的虚化

在联盟的管理中,成员国之间往往存在支配与从属、牵连与抛弃、依附与自主、控制与反制的矛盾,从而使成员国之间存在"退出联盟"的机会主义风险。如果成员国在结盟问题上无替代选择,其维持联盟稳定性的可能性就较大;如果成员国有其他的结盟选择,且能够获得更多的收益,其退出联盟的可能性则会大大增加。21 世纪以来,中东地区多极化趋势日益明显,"忽敌忽友、亦敌亦友"的动态联盟不断出现,美国、俄罗斯、伊朗、土耳其、以色列等试图将海合会成员国纳入自己的

---

① Eman Ragab, "Beyond Money and Diplomacy: Regional Policies of Saudi Arabia and UAE after the Arab Spring", *The International Spectator*, Vol. 52, No. 2, 2017, p. 41.

② Eric Trager, "The Muslim Brotherhood Is the Root of the Qatar Crisis", Washington's Near East Policy Institute, 2017, http://www.washingtoninstitute.org, 2017-11-25.

③ Eman Ragab, "Beyond Money and Diplomacy: Regional Policies of Saudi Arabia and UAE after the Arab Spring", *The International Spectator*, Vol. 52, No. 2, 2017, p. 45.

战略轨道，对沙特和卡塔尔关系造成了巨大冲击，两国难以形成"命运共同体"。

2017年6月沙、卡断交后，沙特等国开出了复交条件，称根据卡塔尔与海合会其他成员国签订的2013年《利雅得协议》和2014年的《利雅得补充协议》，卡塔尔承诺不对周边海湾国家以及埃及和也门境内的反对党和敌对政府的组织提供支持。沙特等国敦促卡塔尔停止支持恐怖组织如哈马斯和穆兄会，关闭涉嫌煽动阿拉伯国家反对派的"半岛电视台"，停止与伊朗的关系等，但是沙特等国的最后通牒并不能形成有效的胁迫力量。相反，卡塔尔积极改善与土耳其、伊朗、阿曼和摩洛哥的关系，接受土耳其和伊朗提供的重要生活日用品，感谢伊朗对卡塔尔开放领空，宣布阿曼成为卡塔尔新的航运中转站等，使沙特等国对卡塔尔的立体封锁难以迫使其放弃"外交主权"。① 如2017年8月，卡塔尔与阿曼签订合作备忘录，卡塔尔航运公司（Qatar Navigation）宣布将自己的运营枢纽从阿联酋的杰布阿里港迁移到阿曼的苏哈港（Port Sohar）。② 多元化的替代联盟，使卡塔尔对沙特的制裁有恃无恐，甚至加剧了其离心离德行为。

美国是卡塔尔替代联盟的首选。如前所述，"9·11"事件后，美国中央司令部从沙特转移到卡塔尔，乌代德空军基地驻有美军1.1万人，是美国在中东最大也是最重要的军事基地。③ 沙、卡外交危机爆发后，尽管特朗普总统力挺沙特，但是国务卿蒂勒森和国防部长马蒂斯均宣布支持卡塔尔，美卡联盟关系进一步升温。④ 2017年7月和10月，蒂勒森两度访问卡塔尔，两国不仅达成了《打击恐怖主义融资协议》，而且签订了卡塔尔从美国购买10架"F-15"战机的军事协议，协议额达120亿美元，这增强了卡塔尔与沙特斗争的决心。

土耳其是卡塔尔替代联盟的第二选项。沙特率众与卡塔尔断交，并

---

① ［巴勒斯坦］易卜拉欣·弗里哈特：《海湾危机是否重塑了中东地区的政治地图？》（阿拉伯文），半岛研究中心，2017年第10期。
② EIU, op. cit., p. 22.
③ Ibid., p. 2.
④ Kim Sengupta, "Saudi Arabia will be Infuriated by Qatar's Decision to Resume Ties with Iran", *Independence*, August 24, 2017.

从海、陆、空全方位封锁卡塔尔,导致中东逊尼派阵营的分化。埃尔多安领导下的土耳其政府未像埃及那样与卡塔尔断交,反而抱怨沙特等国封锁卡塔尔的政策是不明智的。① 土耳其和卡塔尔一道支持穆兄会,与穆兄会在巴勒斯坦的分支机构——哈马斯交往甚密。在卡塔尔受到沙特全面封锁后,土耳其伸出援助之手,不仅向卡塔尔提供了重要食品等生活物资,而且保证在卡塔尔军事基地完工后将驻卡塔尔军事力量增加至3000人,使卡塔尔增强了与沙特讨价还价的筹码。②

伊朗是卡塔尔替代联盟的第三选项。尽管沙特警告卡塔尔不要与伊朗关系走近,但在2017年8月25日,卡塔尔以捍卫"外交主权"为由,在沙特等国与伊朗断交一年半后,向伊朗重新派出了大使阿里(Ali bin Hamad al-Sulaiti),卡塔尔与伊朗关系全面改善,伊朗对卡塔尔出口贸易额增加了60%。③ 卡塔尔主动改善与伊朗的关系,拓展了自己的生存空间,也加剧了与沙特的矛盾。2017年9月,沙特王储穆罕默德·萨勒曼宣布:鉴于卡塔尔的不合作态度并向伊朗重派大使,沙特将终止与卡塔尔的一切对话。④

俄罗斯是卡塔尔的第四选项。目前,卡塔尔是海合会成员国中唯一对俄罗斯进行大规模投资的国家。2016年1月,卡塔尔埃米尔塔米姆访问俄罗斯,就能源合作和天然气定价问题展开磋商。根据俄、卡两国元首达成的协议,2017年1月卡塔尔投资局(Qatar Investment Authority)与英国伙伴公司合作,联合投资俄罗斯能源产业的上游项目,总投资额达113亿美元。⑤

同样,沙特的结盟外交选项也具有多元性,包括与美国的军事联盟、与亚洲大国的经济联盟和与俄罗斯和以色列的政治联盟。首先,中、日、

---

① [埃及] 穆罕默德·阿卜杜勒卡德尔·哈立勒:《错误的偏见——土耳其对海湾危机的态度》(阿拉伯文),《埃及金字塔报政治和战略研究中心报告》,2017年。
② 孙德刚:《土强化军事存在加剧海湾动荡》,《中国国防报》2017年6月23日。
③ EIU, op. cit., p. 21.
④ "Saudi Arabia Suspends Any Dialogue With Qatar: SPA", September 8, 2017, https://www.usnews.com/news/world/articles/2017-09-08/saudi-crown-prince-talks-with-qatari-emir-on-gulf-crisis, 2017-11-25.
⑤ Alexander Shumilin & Inna Shumilina, "Russia as a Gravity Pole of the GCC's New Foreign Policy Pragmatism", The International Spectator, Vol. 52, No. 2, 2017, p. 126.

印、韩等亚洲经济体成为沙特重要的能源合作伙伴，东亚与西亚的经贸联系日益密切。随着美国原油产量增加，其对沙特石油进口依赖度下降，沙特对东方国家比对西方国家更重要。2017年3月，沙特国王萨勒曼率领1500人的豪华代表团访问了东南亚的印度尼西亚、马来西亚、文莱和东亚的中国、日本等。沙特的"向东看"战略旨在拓展与亚洲经济体的经贸和能源合作关系，实施"远交近攻"。

其次，沙特积极巩固与美国的联盟关系。2017年5月，美国总统特朗普上任后首次出访选择了沙特，对美沙特殊关系进行"再确认"和"再保证"。两国元首进行了高规格对话，并签署了"共同战略愿景协议"，总价值超过3800亿美元。访问沙特期间，特朗普还集体会见了阿拉伯—伊斯兰国家的领导人，也巩固了沙特作为伊斯兰世界领头羊的地位。

再次，沙特加强与俄罗斯的政治协调。多年来，俄罗斯支持中东地区大规模杀伤性武器扩散，这一原则立场符合沙特利益。[①] 2017年10月，沙特国王萨勒曼首次访俄，加强同俄罗斯的关系。基于"求同存异"的原则，沙特以能源和防务合作为两大推动力，期望在同伊朗的地区安全竞争中，"中立"俄罗斯，阻止俄罗斯与伊朗的战略和防务合作持续升级，包括停止向伊朗出售"S-300"防空系统。[②] 沙特希望以投资和经贸为诱饵，说服俄罗斯放弃对伊朗的支持，并敦促伊朗在"后伊斯兰国"时代从叙利亚和伊拉克撤出所有武装力量，停止伊朗干涉黎巴嫩、科威特、也门和巴林等阿拉伯国家的内政。

最后，面对共同威胁，沙特还与以色列建立了心照不宣的"准联盟关系"。2017年8月，以色列通信部以卡塔尔半岛电视台支持恐怖主义、宣扬宗教极端主义和煽动暴力活动为由，宣布将关闭设在以境内的半岛台办公室，在战略上配合沙特打压卡塔尔。[③] 卡塔尔断交事件后，以色列公开支持沙特等国反对卡塔尔，并以实际行动证明以色列与沙特、埃及、约旦、阿联酋和巴林等拥有共同安全利益，属于所谓"温和阵营"，指责

[①] Alexander Shumilin & Inna Shumilina, "Russia as a Gravity Pole of the GCC's New Foreign Policy Pragmatism", *The International Spectator*, Vol. 52, No. 2, 2017, p. 124.
[②] 孙德刚：《沙特国王访俄 中东外交"天平摇摆"》，《新民晚报》2017年10月13日。
[③] ［巴勒斯坦］阿德南·哈萨尼：《海湾危机是以色列报复卡塔尔的切入口》（阿拉伯文），阿拉伯研究与政策研究中心报告，2017年第6期。

伊朗、卡塔尔、叙利亚巴沙尔政府属于"支持恐怖主义阵营"①，进一步恶化了沙特和卡塔尔的纷争。

结　论

联盟形成后，接下来面临的重要问题是如何根据国际和地区形势的发展需要管理联盟，尽可能满足盟友之间的安全和利益诉求。"堡垒最容易从内部攻破。"本文通过沙特和卡塔尔交恶的个案研究发现，对于广大发展中国家来说，文化价值、政治制度、意识形态和历史传统的相似性不一定能够增强联盟的凝聚力，联盟的类型差异是向心力强弱的关键要素。这一理论假设是否适用于西方发达国家的联盟政治，如北约、美日、美韩、美澳联盟等，有待进一步的学术探讨。

"同质化联盟"的国家尽管在文化价值、政治制度、意识形态和历史传统等方面拥有相似国情，但是受经济结构的相似性、政治诉求的趋同性、威胁认知的错位性和替代联盟的多元性的共同影响，联盟往往出现"空心化"，结构性矛盾突出。从冷战时期到今天，同为复兴社会党执政的伊拉克和叙利亚、同为阿拉伯君主制国家的沙特和卡塔尔、同为马格里布组织的摩洛哥和阿尔及利亚不仅爆发冲突，而且最终分道扬镳，乃至相互敌对。甚至在非国家行为体层面，如在埃及穆兄会和沙特瓦哈比主义之间，以及在土耳其正义与发展党与居伦运动之间，意识形态的同质化和追求目标的相似性都导致了竞争而不是合作。这些案例无不说明：在缺乏充足的可交换利益、并行不悖的政治诉求、共同的安全认知，同时又面临多种结盟选择的背景下，"同质化联盟"的脆弱性与不稳定性迟早会暴露出来。

"异质化联盟"的互补性有助于盟友之间扬长避短、各取所需，从而有助于联盟关系的维系和强化。美国与沙特、美国与卡塔尔、土耳其与阿塞拜疆、俄罗斯与叙利亚、印度与阿富汗之间，尽管文化价值、政治制度、意识形态和历史传统等方面差异甚大，甚至爆发过阶段性危机，

---

① 孙德刚：《以色列关闭半岛台引发中东地缘政治重组》，《中国国防报》2017年8月11日。

但能够形成可预期的相互依存结构，最终在可交换的利益驱动下，又能够回到合作的原点。① 当然，强调联盟类型对联盟绩效的影响，并不否认其他因素，如领导人个性特征、国际体系结构的张力等也会对联盟的兴衰产生影响，"同质性联盟"或"异质性联盟"只是增大了国家之间的交好或者交恶的可能性。

未来，沙特和卡塔尔关系的改善，需从经济、政治、安全和制度4个层面入手，多管齐下，充分认识到"同质化联盟"对双边关系产生的负面影响。尽管在短期内沙、卡"同质化联盟"的基本属性不会发生改变，但是两国可以通过错位发展尽力避免过早落入"修昔底德陷阱"。在经济层面，双方应避免经济结构和经济发展战略的同构性，在产业规划层面形成错位竞争和优势互补，构筑相互依存的"利益共同体"；在政治层面，双方应在叙利亚、伊拉克、也门、埃及、利比亚、索马里等国放弃寻找代理人的做法，避免恶性竞争和内耗，应求同存异，相向而行，形成"政治共同体"；在安全层面，双方应避免大众传媒卷入国家间政治，避免媒体的"工具化"和"政治化"，相互理解各自的安全关切，形成"安全共同体"；在海合会制度化建设层面，沙、卡需将海合会放在对外关系的优先位置，而不是放在与大国关系之后，通过机制化建设，形成统一的政治、经济、金融和安全政策，从而将海合会打造成沙特和卡塔尔相互依存的"命运共同体"。如果沙特和卡塔尔不能从以上4个层面下功夫，历史上因"同质化联盟"而导致的兄弟国家自相残杀、萁豆相煎的悲剧或许将在海湾地区再次上演。

（本文原刊发于《西亚非洲》2018年第1期）

---

① Kylie Baxter & Kumuda Simpson, "The United States and Saudi Arabia through the Arab Uprisings", *Global Change, Peace & Security*, Vol. 27, No. 2, p. 141.

"萨勒曼新政"与沙特内政外交走向

马晓霖*

摘　要： 自 2015 年 1 月起沙特阿拉伯进入"萨勒曼新政"时期。在此期间，萨勒曼建立了父子联合的超级权力体系，同时开始进行大刀阔斧的内政外交政策调整，展示振兴国家的勃勃雄心。在"萨勒曼新政"框架下，沙特对内尝试进行全面的政治、经济、社会、文化、宗教和女权改革，旨在给传统而保守的王国带来全新变化，以便更好地适应国家现代化和可持续发展目标；对外强化现实主义指导下的攻势外交，全方位强势介入地区热点问题并调适、平衡与大国关系，展示确立地区大国地位并维护国家核心利益的鲜明意图。"萨勒曼新政"势大力沉且呈现强烈的张力和变革性，颇为引人注目；而且由于内外并举、多管齐下，体现一定程度的探索性和试验性；还因多种现实因素的困扰，而充满不确定性和风险性。"萨勒曼新政"承接前王政策框架，因此也体现出一定程度的连续性，代表了 21 世纪以来沙特王室的集体意志和共识。"萨勒曼新政"不是一场颠覆国家政权根本性的革命，而仅仅是确保绝对君主制和威权主义治下的全面改良，面临的问题和挑战诸多，前景艰难。

关键词： 中东政治　沙特阿拉伯　"萨勒曼新政"　穆罕默德

---

* 马晓霖，浙江外国语学院环地中海研究院院长教授。

沙特虽为政教合一的君主制国家，国王一直是教俗领袖、政府首脑和武装力量统帅，但是，国家核心权力传统上呈现为国王为统帅、庞大王室为基础、众多权贵和部落首领为依托而形成庞大利益集团分享权力的统治共同体，特别是开国君主沙特及庞大二代子嗣构成集体分权制衡的稳定模式。萨勒曼执政后，一改家族内部分权传统，快速集权于父子二人之手，形成超越传统君权的绝对威权体系。萨勒曼不仅打破传统的王权"横向传承"模式，通过"废弟立侄"和"废侄立子"两大步骤完成"纵向传承"，还将行政大权充分交于儿子掌摄，自己退居幕后保驾护航，呈现父子联合执政的过渡性二元权力结构，并全力推行内政外交变革。

2018 年，沙特阿拉伯国王萨勒曼执政进入第四个年头，内政外交措施正在按计划向前推进。笔者将萨勒曼及儿子穆罕默德王储共同实施的内政外交方略定义为"萨勒曼新政"，基于两个考虑：其一，父子二人在政治、经济、社会和外交等领域采取了较为显著的改革或引人注目的做法；其二，这些改革和做法处于其施政的初级阶段。关于萨勒曼父子执政以来对国家治理的表现，学界不乏各种梳理与评价，但均局限于某个方面，尚无全面、系统和综合考察和评析的学术文章。鉴于此，本文以萨勒曼父子执政三年为时间框架，尝试分析"萨勒曼新政"的内政外交变化，并对其总体特点、效果和前景略作评估，以期弥补学界对沙特当下内政外交研究系统性和全面性不足的缺憾。

一 "萨勒曼新政"的主要内容

从 2015 年 1 月萨勒曼出任沙特国王起短短三年，萨勒曼父子开启力度超前的改革开放和更为强劲的外交攻势，在外界引起较大反响，表明这个立国近 70 年的封闭王国正在酝酿着较为深刻的全面变革。

（一）实施绝对威权保障的改革开放

萨勒曼父子当政期间，全面发力，推动对内改革和对外开放，除弊立新，主要体现在以下几个方面。

1. 实现"父权子承"，高度集中权力

"萨勒曼新政"的内部改革最突出表现在调整王权继承制度，其意义在于：其一，它不仅终结了自开国国王沙特之后长期延续的"兄终弟及"模式而开启"父权子承"新时代，还为国王年轻化、执政长期化奠定基础；其二，父子通过一系列行政和法律手段，将军权、财权和重要人事权纳入囊中，打破家族分权制衡成规，为确保政令畅通和政策的稳定性、连续性提供了顶层保障。

快速将王权向第三代转移，是"萨勒曼新政"深刻变革的特点所在。整个过程精心设计，迅速有序，步步为营，旨在解决王权长期在高龄二代间"击鼓传花"式轮转，破解该国频繁面临的继承危机，起用第三代领导人并实现长期执政，使君主制和世袭制与时俱进并保持富有创造和开拓性的执政能力，确保沙特家族牢牢掌控国家并主导国家持续发展。

2015年1月23日，开国之君沙特第十五子、91岁的第七任国王阿卜杜拉寿终正寝，79岁的王储萨勒曼·本·阿卜杜勒·阿齐兹继承大统登基。萨勒曼君临沙特之日，将弟弟、副王储穆克林册封为储，立侄子纳伊夫为副王储，任命自己29岁、三房所生第六子穆罕默德为国防大臣，使之成为全球最年轻的国防阁员，为其上位铺垫第一步。[①] 两个月后，萨勒曼罢黜年龄偏大且血统不纯的穆克林（其母为也门人），擢升57岁的侄子纳伊夫为王储，让穆罕默德替补副王储并保留国防大臣职位。[②] 穆罕默德还被委任为宫廷大臣并担纲新成立的经济与发展委员会主席，经发委由22名主要大臣组成，堪称大半个内阁。至此，萨勒曼将王权向第三代传递已成定局，而穆罕默德也向国家最高权力进一步迈进，王权改革第二步得以完成。2017年6月，萨勒曼再次出人意料地罢黜老成持重、经验丰富且年富力强的纳伊夫，扶正穆罕默德为王储并担任大臣会议副主席（副首相）兼国防大臣，迫使纳伊夫依规当面向穆罕默德宣誓效忠，

[①]《穆罕默德为国防大臣》（http://english.alarabiya.net/en/News/middle-east/2015/01/23/Saudi-Prince-Mohammad-bin-Salman-appointed-defense-minister-head-of-Royal-Court.html），访问日期：2017年12月2日。

[②]《穆罕默德被立为副王储》（https://www.independent.co.uk/news/world/middle-east/saudi-arabia-king-salman-the-man-behind-the-most-dangerous-man-in-the-world-a6827716.html），访问日期：2017年10月10日。

"父权子继"的革命性变革基本到位。①

尽管外界舆论惊呼沙特"政变",但萨勒曼"废侄立子"合理合法,也未引起国内舆论太大波澜。萨勒曼颁布的敕令显示,根据2006年出台的《王位继承效忠法》,决定君主和王储命运的王室效忠委员会34位家族成员中有31人投票赞成穆罕默德担任储君,并集体对穆罕默德履行了效忠仪式。②过去87年中,除沙特国王执政19年,其他六任国王均由其儿子继任,由于他们都年事已高,平均在位不过10年,继承危机频现。经过这番调整,萨勒曼一旦提前退位或殁于其职,穆罕默德不仅将成为沙特史上最年轻的国王,还有望执政超过50年,足以确保其执政的长期性和稳定性。而且,萨勒曼没有为已育有二子二女的穆罕默德指定王储,这就为其以后谁来接班预留巨大想象空间,甚至有学者认为,这无异于已开辟"萨勒曼王朝"。③理论上,穆罕默德可以将权力传递给儿子,沙特"兄终弟及"的百年传统基本成为历史。

然而,"萨勒曼新政"权力改革并未止步于开辟新的代际转换,打破家族分权规制,通过调整职务和发动反贪风暴等措施削藩平山头,将重要权力集中形成具有超级威权色彩的君权统治,也是一大特点。这轮洗牌后,沙特已形成萨勒曼父子为中心的权力架构,他们不仅掌控国防军大权,还把阿卜杜拉创建并控制近半个世纪的国民卫队降格纳归国防部辖制,要求其任何调度请求必须通过宫廷大臣逐级向穆罕默德请示。国民卫队满编10万人,与国防军同等规模,由沙特王室最忠实的四大部落成员组成,负责保卫圣地麦加、麦地那和主要的石油设施。④萨勒曼还安排穆罕默德的同父异母胞弟哈立德担任驻美大使,调任穆罕默德堂弟艾哈迈德担任盛产石油的东方省副省长,制约纳伊夫派系的财权。尽管萨勒曼也对王室其他派系做了一些安抚性职务调整,但总体上已将核心权

---

① 《萨勒曼立穆罕默德为王储》(http://www.aljazeera.net/news/arabic),访问日期:2017年9月16日。
② 马晓霖:《沙特换储,保守王国呈现双重改革势头》,《华夏时报》2017年6月24日。
③ 丁隆:《接连换储后沙特迎来"萨勒曼王朝"》,《世界知识》2017年第14期,第43—45页。
④ Stig Stenglie, "Salman's Succession: Challenges to Stability in Saudi Arabia", *The Washington Quarterly*, Summer 2016, http://vision2030.gov.sa/ar/media-center, 2017-11-03.

力悉数掌控。

2017年11月4日，沙特宣布成立由穆罕默德挂帅的反腐委员会，并一夜查封1700个银行账户，拘留包括世界级富豪瓦利德亲王在内的208名权贵，计有11名王子、24名现任和前任大臣。① 沙特政府称，这次行动是经过两年多秘密调查并掌握充分证据后发起的反贪反腐风暴，旨在清理不法不义之财，杜绝传统权钱交易方式并还财于民。相关报道表明，落网皇亲国戚或达官贵人必须交出70%的财产才能赎回自由。非正式估计称，通过此举萨勒曼父子将收缴高达数千亿美元资金以充国库。这些反腐对象中，除瓦利德这样颇有舆论号召力的资深亲王，也有前王阿卜杜拉的两个实力派儿子——刚被解职的国民卫队司令米特阿卜和利雅得省长图尔基。瓦利德和米特阿卜等被视为萨勒曼之后沙特国王的有力竞争者，萨勒曼父子此举旨在进一步剪除潜在最高权力觊觎者，树立绝对权威，并赢得草根阶层支持，为后续推进内外新政铺平道路。

2. 出台《沙特2030愿景》，力推经济多元化改革

"萨勒曼新政"另一个大亮点是进行大刀阔斧的经济改革，尤其是推动以《沙特2030愿景》为主轴的经济多元化，以维护国家长治久安。经济与发展委员会主席穆罕默德王储既是这项宏大工程的总设计师，也是实施进程的总推动者。

沙特自然环境恶劣，自然资源相对贫乏，但石油储量巨大。这种资源禀赋导致石油时代的沙特长期严重依赖石油工业，国内生产总值的50%、财政收入的70%和外贸收入的90%源于石油②，产业结构明显畸形，经济发展过于依赖外部市场和高油价，长期孕育着巨大风险。近年来，随着新能源革命蓬勃发展和碳氢能源减排呼声日高，"石油诅咒"及"荷兰病"缠身的沙特危机感日益加剧，依靠高油价、高收入和高福利维持的食利经济难以为继，而福利主义时代一旦终结，必然引发巨大社会问题并最终演化为政治危机和政权危机，严重威胁沙特家族君权统治。

摆脱长期单纯依赖石油及相关产业，实现经济和产业结构根本性调

---

① Http://www.arabnews.com/node/1204266/saudi-arabia, 2017-12-10.
② 参见《对外投资合作国别（区域）指南：沙特阿拉伯》，中国商务部网站（http://fec.mofcom.gov.cn/article/gbdqzn/index.shtml），访问日期：2018年2月10日。

整，聚焦于"后石油时代"的可持续发展，为国计民生打下长远和扎实的经济基础，是沙特数任国王的共识，但经济多元化进程始终推进乏力。自 2015 年穆罕默德担任副王储并实际掌管行政大权后，他和智囊班子很快就制定了未来 15 年发展的《2030 愿景——国家转型计划》，并作为国家经济改革和社会发展的总路线于当年 4 月正式公布。根据这个方案，沙特将通过推行一整套改革和复苏中期计划，实现"经济多元繁荣、社会充满活力、国家充满希望"三大目标，并量化为以下数字指标：政府效率指数排名由世界排名第 80 位提升至前第 20 位；电子政务排名由第 36 名上升到第 5 名；全球竞争力指数排名由第 25 位提升至第 10 位；经济总量全球排名由第 19 位提升至第 15 位；油气行业本地化水平由 40% 提升至 75%；公共投资水平由 1600 亿美元提升至 1866 亿美元；国外直接投资在国内生产总值中占比由 3.8% 提升至 5.7%；私营经济国内生产总值贡献率由 40% 提升至 65%；中小企业对国内生产总值的贡献率由 20% 增加到 35%；非石油外贸出口占比从 16% 提升至 50%；非石油财政收入由不足 500 亿美元提升至近 3000 亿美元；出售沙美石油公司 5% 的股权，将主权财富基金由 6000 亿美元扩充为 7 万亿美元；创造 550 万个本国人就业新岗位，将失业率从 11.7% 减少到 6%；女性劳动力占比由 22% 增加到 30%；国民人均寿命由 74 岁增加到 80 岁，体育锻炼者比例由总人口的 13% 增加到 40%；家庭国内文化和娱乐消费在国内生产总值中占比由 2.9% 增加到 6%；接纳朝觐人数由 800 万增加到 3000 万；建立各种特别园区，包括物流、旅游、工业、金融、女性就业特区，完善数字化基础；等等。①

萨勒曼对《沙特 2030 愿景》的寄语是："我的首要目标是使国家在各方面成为世界的成功典范和先驱，我将与大家共襄盛举。"穆罕默德本人则在《沙特 2030 愿景》开篇中强调，这是一幅"为明天而奋斗且有待实现的蓝图，表达了全体国民的理想，反映全体国人的能力"。他充满诗意和哲理地宣称，"任何成功故事都始于愿景，最成功的愿景却基于实力"，并指出《沙特 2030 愿景》能梦想成真的三大保障：在阿拉伯伊斯兰文明和数十亿世界穆斯林心目中的独特地位，强大并堪称经济发动机

---

① Http：//vision 2030. gov. sa/ar/media-center, 2017 - 11 - 03.

的投资能力,作为阿拉伯世界门户并连接三大洲的战略和海陆枢纽优势。

《沙特2030愿景》由三大支柱构成:一是通过发扬阿拉伯民族和伊斯兰宗教认同,保护与传承阿拉伯和伊斯兰文化遗产,提升朝觐和伊斯兰文化研究相关服务产业,确立沙特在阿拉伯和伊斯兰世界的中心地位;二是使公共投资基金成为世界最大的主权财富基金,鼓励大型企业向海外扩张,使王国发展为全球投资强国;三是通过大规模基础设施建设和升级,重点发展现代贸易和电子商务,成为区域性甚至全球性的物流枢纽和金融枢纽,进而成为连接亚洲、欧洲和非洲的国际枢纽、贸易中心和世界门户。①

3. 突破禁锢传统,倡导宗教温和化改革

沙特是伊斯兰文明发祥地,是伊斯兰先知穆罕默德的故乡,且拥有麦加和麦地那两大宗教圣地,历来是伊斯兰世界的宗教中心,沙特国王也以"两圣地仆人"自居,在伊斯兰世界拥有独一无二的特殊地位和巨大影响力。但是,由于奉行保守的罕百里教法学派,特别是成为现代沙特建国立国和固国之本的瓦哈比思想(或称瓦哈比主义、瓦哈比教派),沙特长期被外界视为封闭、保守和拒绝现代化的大本营。沙特裔富商奥萨马·本·拉登建立"基地"组织并成为当代伊斯兰极端思潮与恐怖主义旗帜性人物后,沙特不仅自身沦为恐怖袭击重灾区,其君主制成为极端主义煽动颠覆的主要目标,沙特政教合一特别是教法治国的传统也进一步遭受世界舆论特别是西方舆论的诟病和抨击。

萨勒曼父子充分认识到瓦哈比主义的保守性和封闭性,及其被极端和恐怖势力工具化后畸变的对内、对外颠覆性威胁,试图借助新政重构宗教话语、重塑意识形态来促使国家获得更强的现代性,并引领伊斯兰文明复兴。过去三年即穆罕默德担任王储以来,沙特采取了一系列措施,在宗教领域进行"外科手术",改良宗教土壤和氛围,限制宗教机构和力量发展,约束宗教对世俗生活的干预,强化打击极端和恐怖主义。具体措施包括:控制新建圣训解读中心的数量;设立权威机构审查并清除伪造极端内容,筛选圣训为伊斯兰正名;限制宗教警察职能,压缩其活动空间,取消其直接执法权力;限期要求参加境外极端组织的公民脱离关

---

① 吴彦:《沙特改革进入攻坚期》,《21世纪经济报道》2017年1月8日。

系回国"从良";强化反恐机制,扩大反恐联盟。2017年10月24日,穆罕默德在利雅得"未来投资倡议(FII)"论坛上致辞,宣布立即对"毁灭性"的极端主义开战,誓言很快"终结极端主义思想",推动王国"回归对所有宗教持开放态度的温和伊斯兰道路"。这番豪言壮语被外界视为"萨勒曼新政"吹响的宗教改革号角。①

4. 提倡多元文化,推动社会世俗化

严格地说,沙特并非一切以宗教为行为指南的教会式国家,但政教合一的政体及瓦哈比教义的压倒性地位,使整个国家世俗化和包容性程度远低于周边君主制国家,宗教管束力量无处不在,教法高于世俗法甚至以教代法情势普遍存在,从而在一定程度上约束着社会、经济和文化生活及公民个人自由,构成国家保守与落后的内在因素之一,也恶化了沙特的国际形象。

"萨勒曼新政"致力于打造符合现代通行标准的活力型、创新型和开放型社会,对内促进宽松、和谐和多元生活方式并存的新氛围,对外改善国家刻板、枯燥和死气沉沉的固化印象,吸引更多人才和资金进入,推动社会与经济繁荣发展。首先,沙特正视现实并尊重历史,将前伊斯兰时期历史遗存和出土文物视为共同财富,举办沙特出土文物展,展现对多元文化的尊重。其次,沙特正视社会缺乏娱乐,民众特别是青年人文化生活单调枯燥的缺陷,设立国家娱乐总局,允许电影院、剧场和音乐厅营业并对公众开放,在咖啡厅、音乐厅引入大屏播放娱乐内容,并决定将国家三大体育场于2018年起对家庭开放,结束过去只有男性享受和参与文化、体育等娱乐活动的历史,推动社会告别清教徒式和板结式时代。最后,沙特尝试设立经济特区,提供全新的法律、制度和人文环境,引进现代管理模式;开放旅游、商务、朝觐和探亲签证,接纳外国游客及其渐入文化和生活方式,以期把沙特最终打造成一个旅游大国。2017年12月,尘封35年的电影院重获新生,沙特政府宣布2018年起允许沙特人开办电影院,播放影片接受审查,内容只要不违反沙特的宗教

---

① Http://saudigazette.com.sa/article/520191/SAUDI-ARABIA/Kingdom-a-country-of-moderate-Islam,2017 - 12 - 28.

和传统伦理即可。①

穆罕默德曾公开抨击保守主义大行其道,称过去30年的极端保守状态既不正常也不可持续,倡导建设开放和包容式新国家。②

5. 消除性别歧视与隔阂,推动女权正常化

"萨勒曼新政"引人注目的一个方面是女性平权、赋权改革。沙特被公认为女性权利缺乏保障最严重的国家,经过前几任国王的有限改革,女性虽然已获得地方议会的选举权和被选举权,但是,女性人身自由依然乏善可陈,性别隔离与歧视相当严重:女性不能单独出门,不能单独驾驶汽车,不能与男性在同一空间工作和娱乐……这些严重滞后于时代进步的性别限制和隔离,不仅造成女性社会角色的整体缺位和下沉,而且成为沙特社会保守封闭的国家标签。从经济发展角度看,压制女性平等、自由地走向现代社会,既严重抑制消费经济的发展,还闲置大量青壮年劳力和智力资源,靠引入数以百万计外籍人口弥补劳动力不足,浪费大量国家资金,也摊薄了国民的社会福利。加快女权改革,补上女权不足短板,解放女性被禁锢的消费力和生产力,为经济注入新活力,是沙特经济供给侧改革的重要突破口,也是"萨勒曼新政"实现《沙特2030愿景》的重要发力点。

穆罕默德掌握实权后,陆续破除对女权的压抑和限制。2016年12月6日,在利雅得法赫德国王文化中心,黎巴嫩歌手希巴·塔娃吉穿着时尚、长发披肩,举办了沙特建国后首场"女性演唱会";2017年1月,分别在利雅得、吉达和曼达举行的3场足球赛,首次允许妇女进入体育场观看。当年10月,沙特政府宣布,从2018年6月起将允许沙特女性单独驾车;允许女性参与公众活动(2017年沙特已首次允许女性观看体育比赛、听音乐会)。此外,萨勒曼在《沙特2030愿景》里为女性规划特别工作园区,并宣布正在筹建的红海"未来城"不做性别隔离制度安排。③毫无疑问,"萨勒曼新政"正在开启女性解放的早春。

---

① 王波:《沙特35年来首次解禁电影院》,新华网(http://www.xinhuanet.com/2017-12/11/c_1122093971.htm),访问日期:2018年2月10日。

② Http://saudigazette.com.sa/article/520191/SAUDI-ARABIA/Kingdom-a-country-of-moderate-Islam,2012-12-28.

③ 马晓霖:《沙特逐步纠偏回归温和道路》,《北京青年报》2017年10月28日。

(二) 推行现实主义驱动下的强势外交

沙特长期奉行低调、温和的外交政策，具有闷声发大财的总体特点。2011年阿拉伯剧变街头运动导致多个阿拉伯国家政局失稳和政权解体，并引发中东力量大分化、大洗牌和大重组，沙特也面临地缘环境空前恶化的现实：美国战略收缩和新能源革命导致沙特战略价值贬值地位下降，伊朗影响力不断扩大并通过伊核协议签署而获得更大国际空间，"什叶派新月地带"快速隆起并对沙特形成战略合围，恐怖主义和极端主义对王国和君主制政体构成国土安全和制度安全的双重挑战。为了摆脱困境，"萨勒曼新政"强化进攻性现实主义理念，展开地区与大国外交新攻势。

1. 在地区外交层面，重塑力量格局，确保地区大国地位

"萨勒曼新政"三年来，地区外交是沙特对外关系的重中之重，也是强势外交集中发力方向，沙特主动出击，全面开花，四处树敌，表达了强烈的重塑地区格局并担当领导角色的急迫与渴望。沙特地区外交主要矛头和优先斗争方向指向伊朗及其地区盟友，并呈现鲜明的教派斗争色彩，也可以视为沙特对伊朗伊斯兰革命以来空前扩张西进的战略反击，沙伊矛盾与争夺由此也成为阿拉伯剧变以来最主要的地区阵营博弈。

过去三年，沙特在地区事务中合纵连横，文武并重，又拉又打，多种手段并用，多个方向并进。但总体体现为过分倚重硬实力外交，即威胁、制裁、断交、封锁和军事手段，忽视软实力外交，即金融杠杆、宗教输出、能源供应和外交斡旋等，呈现明显的"外交军事化"特征，并被称为"萨勒曼主义"。①

第一，频繁使用武力，开展军事外交。沙特军事外交尤其体现在对也门内战的武装干涉。2015年3月25日，沙特扶植的也门总统哈迪遭到胡塞武装及反叛安全部队追剿，从南部城市亚丁逃往利雅得避难并呼吁阿拉伯国家紧急干预。次日，由沙特组织的8个阿拉伯及伊斯兰国家宣布发起"果断风暴"行动，派出空军轰炸胡塞武装目标，正式拉开军事干涉也门内战序幕，这是萨勒曼执政后第一个重大外交行动，总指挥是

---

① Mohammed Nuruzzaman, "The Myth of Saudi Power", *The National Interest*, April 11, 2016.

毫无军旅经验的穆罕默德。一年后，由于单纯空袭无济于事，沙特又敦促部分参战国出动地面部队进入也门，形成陆、空联合作战态势。也门战争是沙特自海湾战争结束后首次大规模参与局部冲突，也是沙特首次组建和领导军事联盟对外发动战争，引起国际舆论广泛重视。

当然，2011 年巴林出现大规模骚乱局势接近失控后，沙特就牵头以"半岛之盾"名义出兵巴林帮助维稳并驻扎至今。利比亚危机爆发后，沙特通过阿拉伯国家联盟策动安理会授权对卡扎菲政权动武，随后派空军参加北约主导的武装干涉，直至推翻卡扎菲政权，后续还与埃及、阿联酋联合空袭利比亚目标，延续到"萨勒曼新政"阶段。在叙利亚和伊拉克，沙特除派空军参与美国主导的反恐联盟外，更多通过提供军费和装备，扶植自己的代理人，尤其是多股力量组成"伊斯兰军""叙利亚自由军"和"沙姆自由者"等武装。2015 年 12 月，沙特宣布组建以利雅得为协调中心的 34 个伊斯兰国家反恐联盟，协调在西亚和中亚的反恐行动，打击"伊斯兰国"武装及"任何恐怖组织"，尽管这是一个排斥伊朗等什叶派政权的多边组织，也没有实际发挥任何作用，但沙特充当伊斯兰世界军事盟主的意图已不言而喻。2017 年 11 月 26 日，该组织在利雅得举行国防部长和外交代表峰会，成员国也扩大到 41 个，几乎囊括什叶派国家以外的所有伊斯兰会议组织成员国。

综上所述，"萨勒曼新政"外交明显呈现军事化和集团化特点，实现了强悍的进攻性现实主义理念。

第二，聚焦宗派外交，与宿敌伊朗全面交恶，并将派系博弈扩大到阿拉伯阵营。沙特是伊斯兰大国，尊奉"认主独一"为核心的瓦哈比主义，实行君主制，长期推行亲美亲西方政策，并在中东和平进程中坚持温和的"以土地换和平"主张，因此与"霍梅尼主义"指导的伊朗存在诸多根源性分歧与对立。萨勒曼执政后，沙特与伊朗国家利益之争和山头博弈空前加剧和扩大，且前所未有地凸显宗派主义色彩。沙特与伊朗博弈既是后者长期进行战略施压和结构性矛盾等传统因素的延续发酵，也有围绕伊核危机、争夺西亚腹地和也门内战等全新矛盾的直接刺激，更有"萨勒曼新政"强势风格的直接作用。沙特十分迫切试图打破伊朗组建的海湾—地中海"什叶派走廊"，摧毁德黑兰—巴格达—大马士革—贝鲁特—萨那（胡塞武装）什叶派权力轴心，破解伊朗近年构建的北南夹击战线。①

叙利亚危机爆发后，沙特笼络和斡旋大马士革政府未果，迅疾改变立场并充当政权变更主推手，旨在通过终结叙利亚阿拉维派执政历史并扶持逊尼派穆斯林上台，进而向西改变黎巴嫩内政外交走向，向东寻求逊尼派穆斯林重新控制伊拉克，瓦解伊朗组建的"什叶派之弧"，将伊朗势力推回至海湾东岸，但是，2013年9月，奥巴马拒绝军事干涉叙利亚危机，随后又邀请伊朗加入叙利亚危机谈判，无异于承认上述地区为伊朗势力范围，这让沙特极其失望并深感背叛，激发了单独或联合地区国家对付伊朗的愿望。时任国王阿卜杜拉重病在身，萨勒曼成为实际掌权者，也自然是强硬对伊朗外交的设计师和主导者。

萨勒曼执政后，公开不满美国等六国与伊朗于2015年7月签署的伊核全面协议②，发誓将采取单独的对伊朗政策，并采取一系列激化双边关系的措施。2016年1月，沙特不顾美国公开劝解和私下警告，执意处决什叶派教士奈米尔，引发伊朗官方和民间反弹。沙特随后以其驻伊朗马什哈德领馆受到冲击为由宣布与伊朗断交，切断两国交通和商贸联系，还威胁利诱部分阿拉伯国家跟进，并指责伊朗入侵阿拉伯国家，干涉阿拉伯国家内政。也门内战爆发后，沙特频繁抨击伊朗及真主党支持胡塞武装，而伊朗也在道义上对胡塞武装表示支持，谴责沙特后来发动的武装干涉，沙特与伊朗的派系冲突扩大到阿拉伯世界的南方。

第三，实施清理门户外交，打压阿拉伯内部异己力量或摇摆政权，削弱伊朗地区统一战线。众所周知，黎巴嫩真主党是伊朗伊斯兰革命卫队组建和长期支持的民兵组织，巴勒斯坦的哈马斯虽曾长期获得沙特资助，但日益尾大不掉且与伊朗保持密切联系。萨勒曼执政后很快宣布这两个组织为"恐怖组织"，并推动阿拉伯海湾合作委员会（以下简称"海合会"）和阿盟形成相关决议。观察家一致认为，这是沙特打压伊朗外围盟友的连环举措，旨在斩断伊朗介入阿拉伯事务的代理人之手。

---

① 德黑兰—巴格达—大马士革—贝鲁特—萨那轴心，系笔者所提，因为也门首都萨那近三年来已在胡塞什叶派武装控制之下，形成事实上的掌控。
② 具体内容参见李绍先《伊核全面协议的影响评估》，《西亚非洲》2015年第5期，第4—18页。

更为严峻的是，2017年6月，沙特以卡塔尔元首发表亲伊朗言论为由，联合埃及、巴林和阿联酋与卡塔尔断交并对其实施海、陆、空全面封锁，引发震荡各方的第二场"断交风波"，对卡塔尔提出危害其国家主权和独立的所谓"复交十三条"，并要求卡塔尔在沙特与伊朗的博弈中明确选边站队。① 2017年11月4日，刚刚在黎巴嫩贝鲁特会见伊朗高级代表并发表黎伊友好关系讲话的黎巴嫩总理哈里里，突然在利雅得指责伊朗干涉内政并宣布辞职，随后又滞留沙特数周，直到辗转归国后才收回辞呈。诸多迹象表明，哈里里因为无力牵制真主党而承受沙特重压才被迫辞职。这两个事件在当代阿拉伯关系史上颇为罕见，体现了"萨勒曼新政"在外交领域的强势风格，并被个别学者攻讦为"霸权外交"，甚至称为"萨勒曼主义"。

第四，借助金元外交，确立在阿拉伯世界的领导权。沙特并非阿拉伯世界传统领头羊。但是，随着埃及因内乱且国力迅速下降而无暇无力充当阿拉伯世界领导者，沙特依托丰厚石油美元，借助赎买政策获取在阿拉伯世界的阶段性领导地位和影响。萨勒曼以持续资金输血和支持塞西政府执政等手段，使埃及屈服并追随沙特的地区政策，包括出兵也门、打压哈马斯和真主党、孤立和围剿卡塔尔、疏远伊朗。沙特通过资金利诱，不仅组建干涉也门的伊斯兰联盟、孤立伊朗及其他什叶派政权的41国伊斯兰反恐联盟，还迫使也门、苏丹、毛里塔尼亚、约旦等国与伊朗断交或降级外交关系，而且左右阿盟决策并事实上瘫痪这一区域组织，金元外交在这个过程中发挥了关键作用。

第五，涉险功利主义外交，与以色列"不结而盟"。沙特与以色列长期无任何级别的外交关系，双方自伊核危机爆发后开始秘密接近，以图联合对付共敌伊朗。伊核全面协议签署后，沙、以公开彼此呼应，反对美国和国际社会放松对伊朗制裁。萨勒曼执政后，随着"什叶派轴心"势力不断扩大，沙以关系日益密切，美国总统特朗普的犹太裔女婿库什纳在萨勒曼父子与以色列总理内塔尼亚胡之间穿针引线，推动沙特和以色列越走越近。

---

① 马晓霖：《卡塔尔困境：屈就城下之盟还是选择分道扬镳?》，《华夏时报》2017年6月30日。

2016年7月22日,沙特高级将领安瓦尔·以斯奇将军公开访问以色列,并与以色列议会和外交部高级官员举行会谈,他向以方表示,沙特愿与以色列建立多领域合作,甚至包括重要情报交换和技术交流。此后,沙特媒体开始减少和弱化反犹报道,试图重塑犹太人和以色列在中东及其他地区的角色和影响。① 8月6日,以色列以"传播恐怖主义新闻"为由,宣布关闭长期运行的半岛电视台驻耶路撒冷记者站,标志着以色列开始配合沙特对卡塔尔的围猎行动。② 11月16日,以色列参谋长埃森科特首次接受沙特官方媒体的专访,大谈以、沙交换情报并筹建新联盟对抗伊朗的可能性与可行性。③ 12月6日,特朗普宣布接受东耶路撒冷为以色列首都,在世界上引起轩然大波,虽然沙特公开表示谴责,但美国、以色列和阿拉伯媒体均认为,这一明显亲以政策的出台,事先得到了沙特的认可和支持。《以色列时报》曾报道,巴勒斯坦领导人阿巴斯访沙期间,穆罕默德交其一份"沙特版"巴以和平倡议书草案,敦促其必须接受特朗普提出的和平计划,否则就下台走人。④ 路透社称,穆罕默德、库什纳参与讨论的这个和平计划拟于2018年上半年公布。卡塔尔《新阿拉伯人》报道,沙特王室要求媒体减少对特朗普耶路撒冷新政策的宣传,并要求在约旦和巴林的沙特人不得参加当地相关示威活动。⑤ 由此可见,沙特为了对付伊朗采取务实而功利的地区外交,公开接近以色列,以敌制敌,形成超越民族冲突的准联盟,突破传统的"泛阿拉伯主义"和"泛伊斯兰主义"双重红线。

第六,加强代理人外交,争夺对叙利亚重建主导权。叙利亚危机成为沙特战略反击伊朗并扩大本国影响力的重要平台,虽然总体已遭遇败绩处于下风,但萨勒曼父子继续施加影响,通过代理人左右叙利亚重建进程和走向。围绕叙利亚政治和安全重建,一直存在联合国主导的日内

---

① 魏凯丽:《以色列与沙特关系的转变对中以关系的影响》(http://cnblogs.timesofisrael.com),访问日期:2017年9月13日。

② Https://www.timesofisrael.com/netanyahu-demands-al-jazeera-offices-in-israel-be-shut-down, 2017-08-01.

③ Http://www.aljazeera.net/news/arabic, 2017-12-03.

④ Https://www.timesofisrael.com/saudis-told-abbas-to-accept-trump-peace-plan-or-resign-report, 2017-12-16.

⑤ Http://mil.news.sina.com.cn/2017-12-18/doc-ifyptfcn1627546.shtml, 2017-11-21.

瓦（维也纳）和谈机制以及俄罗斯主导的阿斯塔纳机制，沙特更多倚重前者而抵制后者。但是，无论哪个平台，实力有限的沙特都不甘心败绩，除继续向反对派提供武器装备，还努力撮合反对派形成合力，并坚持巴沙尔必须下台为和解前提条件。2013年10月，沙特曾因不满奥巴马放弃对叙利亚政府军目标的打击，以及安理会对叙利亚的所谓消极立场，拒绝接受首次当选非常任理事国的殊荣。但是，这并不意味着沙特轻易退出叙利亚棋局博弈。2015年12月，沙特举行叙利亚反对派大会，这是叙利亚危机爆发以来，各反对派首次共聚一堂，100多名各路代表参加了秘密会议。① 2017年11月22日，沙特外交大臣朱拜尔和联合国秘书长特使德米斯图拉共同在叙利亚主持叙利亚反对派大会，推动其形成统一立场。2018年1月30日，索契叙利亚对话大会顺利举行，但沙特支持的反对派公开予以抵制。

2. 在大国外交层面，维持大国平衡，确保国家战略安全

沙特虽为中东地区大国，但是在大国和地区强国交叉竞技的多重舞台上，它又是军事实力和综合国力明显不足的"肌无力"玩家，因此，强化大国外交并获得大国支持和配合就成为其现实选择。阿卜杜拉执政期间，受一系列地区问题影响，沙特与美国、俄罗斯和中国的关系都出现不同程度的麻烦和困难，使得沙特陷入孤立与被动。萨勒曼执政后，迅速调整策略和方向，重拾大国外交策略，并调整"唯美主义"和多边平衡，并寄望亚洲主要国家，既维持石油输出大国市场份额，也以借力打力的方式来实现战略目标，减缓自身外交压力。

第一，加固沙美同盟关系，修复创伤和漏洞。萨勒曼执政后，不仅任命儿子哈立德出任驻美大使，迅速建立与密切特朗普家人与政府的关系，而且派王储穆罕默德访美，修补奥巴马时期严重受损的沙特战略互信和同盟。萨勒曼充分利用特朗普重商主义和"美国优先"的主张，成功说服美国抛弃纳伊夫而支持立穆罕默德为储，还推动特朗普将首次出访沙特。特朗普访问沙特受到超高规格接待，萨勒曼本人亲自到机场迎接，沙特与美国签署总计4000多亿美元的军火大单，还承诺将对美国投

---

① 王波：《首次叙利亚反对派会议在沙特举行》，新华网（http://www.xinhuanet.com/2015-12/09/c_1117410775.htm），访问日期：2018年2月10日。

资400多亿美元，为美国创造6万个就业机会，帮助特朗普兑现竞选诺言。① 特朗普访沙期间，双方成功地举行了美国—阿拉伯—伊斯兰峰会，凸显美沙盟交和沙特的特殊地位，进一步孤立伊朗，而且密谋了孤立和围剿卡塔尔的外交攻势。至此，沙特作为美国中东政策基石国家的角色得到确认，渡过了此前困扰双边关系的一系列危机。

第二，加强对俄外交，寻求更多合作。沙特与俄罗斯的关系因叙利亚危机受到强烈冲击，双方陷入代理人战争并处于斗而不破的"非敌非友"状态。随着俄罗斯军事强势介入并扭转叙利亚战局，也基于中东"美退俄进"这一大格局变化，萨勒曼执政后迅速调整策略，于2017年10月访问莫斯科，成为沙特建国后首位做客克里姆林宫的国王。其间，双方签署能源、交通、通信、投资和农业等15份合作文件，被俄罗斯总统普京称为"标志性事件"，开启了"非常伙伴关系"。② 通过购买俄罗斯"S-400"防空导弹这一突破性的杠杆，沙特还迫使美国同意出售此前不愿提供的"萨德"反导系统及其配件，整体提升本国防空能力。尽管有人将沙特接近俄罗斯的行为称为"摇摆外交"，但事实上它彰显了"萨勒曼新政"外交现实主义原则指导下的大国平衡战略。

第三，加温沙中战略关系，扩大"向东看"阵营，确保石油出口。沙特与中国建交后关系快速稳定发展，沙特长期扮演中国最大石油出口国角色，沙中贸易几乎占阿拉伯国家对华贸易总额的1/3（见图1）。

但是，由于中国在安理会多次否决涉及叙利亚问题的决议草案而引发沙特不满，阿卜杜拉曾罕见地公开批评中国的政策"不值得恭维"，沙特舆论也对中国中东政策啧有烦言。2014年，已实际掌权的萨勒曼作为王储在其亚洲之行临时增加中国之行，预示沙特重新为沙中关系升温。推动沙特对华政策回暖的因素在于，中国实力日益强大而不容忽视，中国涉叙政策得到越来越多阿拉伯国家认可，中国大量进口石油对于低油价压力下的沙特而言形成"甲方地位"和话语主动权。2017年3月，萨

---

① 马晓霖：《特朗普中东外交"向钱看"》，《北京青年报》2017年6月17日。
② 吴大辉、阿扎马特：《非敌非友：俄罗斯与沙特的"非常伙伴关系"》，《世界知识》2017年第22期，第43—45页。

(单位：亿美元)

```
图表数据：
2007: 中阿 869.8, 中沙 183.4
2008: 中阿 1333.7, 中沙 418.5
2009: 中阿 1082.1, 中沙 325.5
2010: 中阿 1454.5, 中沙 432.0
2011: 中阿 1958.5, 中沙 643.2
2012: 中阿 2186.5, 中沙 733.1
2013: 中阿 2389.0, 中沙 721.9
2014: 中阿 2510.6, 中沙 690.8
2015: 中阿 2053.5, 中沙 516.6
2016: 中阿 1711.0, 中沙 422.6
```

■ 中阿进出口贸易总额　■ 中沙进出口贸易总额

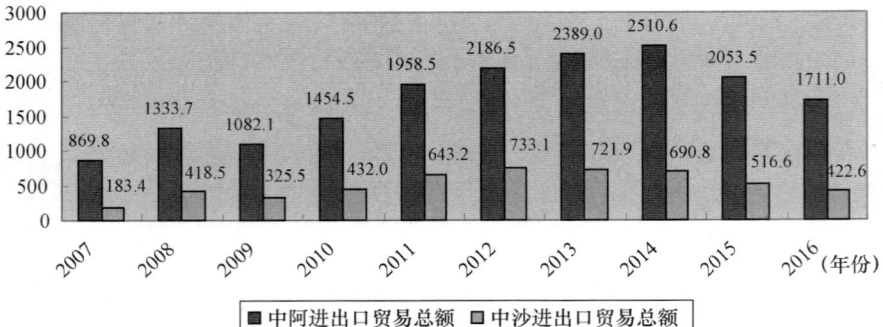

图1　2007—2016年中阿及中沙进出口贸易总额

资料来源：笔者根据中国商务部网上数据（http://www.mofcom.gov.cn）制作。

勒曼作为国王首次访问中国并签署650亿美元的合作备忘录和意向书。这次访问既是对2016年习近平主席访问沙特的回访，更是沙中全面战略伙伴关系的体现，萨勒曼高度赞赏中国的外交政策和维护国际和平与安全的重要作用，希望中国在中东事务中发挥更大作用。① 从沙特外交角度看，"萨勒曼新政"不仅寄望于将"2030愿景"与中国的"一带一路"倡议全面对接，更是着眼于在美、俄、中"大三角"之间需求平衡的战略选择。

萨勒曼执政前后一直延续"向东看"政策，重视中国、日本、印度和韩国等东方大国，核心诉求是保持和扩大沙特石油出口，维持国家发展与稳定的基本财政收入。2014年，中、日、印三国国内生产总值总量达到17.04万亿美元，几乎追平美国的17.41万亿美元。② 作为主要石油消费和进口国，中、日、印三国2013年吸纳沙特近39%的石油产量，大约是美国进口沙特石油（19%）的两倍。而整个亚洲对于沙特石油安全战略更是意义非凡，以2013年为例，沙特日产770万桶石油中的68%销

---

① 李忠发、郝亚琳：《习近平同沙特国王萨勒曼会谈》，新华网（http://www.xinhuanet.com/photo/2017-03/16/c_129511237.htm），访问日期：2018年2月10日。

② IMF, "World Economic Outlook Database", April 2015, http://www.imf.org/en/Publications/WEO/Issues/2016/12/31/Uneven-Growth-Short-and-Long-Term-Factors，2017-10-11.

往亚洲，欧洲的份额却下降到只有10%左右。① 此外，沙特也有远交近攻，在大国间采取多元平衡的战略考量，特别是在美国从中东战略收缩而中、日、印等东方大国日益重视中东的变局背景下，"移轴亚洲"成为"萨勒曼新政"的重要特色之一，聚焦于能源合作、新能源开发、沙特经济多元化以及防务合作等四大领域。

综上所述，"萨勒曼新政"对内努力在5个方向进行改革探索：权力集中化、经济多元化、宗教温和化、社会世俗化和女权正常化。沙特对外则多方介入和干涉阿拉伯国家内政，展现强势的"肌肉外交"与零和思维，沙特外交更具扩张性、进攻性和冒险性，并突出地体现在地区外交事务中，尤其是武装干涉也门内战，强力反制伊朗扩张并建立逊尼派伊斯兰联盟，严厉打压黎巴嫩真主党和巴勒斯坦哈马斯，刻意遏制和孤立卡塔尔，公开介入黎巴嫩内政，尝试与以色列结成"不结而盟"特殊关系。在大国关系方面，沙特外交则有较大调整，既努力修复被奥巴马政府伤害的沙美同盟关系，也大力加强与俄罗斯、中国交往，突出"向东看"战略，呈现以美国为中心、平衡大国关系、维持石油大国地位的战略诉求。

二 "萨勒曼新政"的总体特点与初步效果

至2018年初，"萨勒曼新政"实施已有三年多，其特点初露端倪，并取得初步效果。

（一）内政与外交改革目标明确，路径清晰

"萨勒曼新政"改革开放有清晰的诉求和实现路径，具体表现为：王权体制改革削兵权，抓财权，确君权，目标是高度集权；经济改革推出宏大规划，确定15年中期任务，目标是实现经济多元化；宗教改革"放气球"，造舆论，限教权，尊人权，目标是遏制激进思潮，营造包容宽松环境；社会改革破封闭，促开放，激活力，促创造，目标是建设开放、

---

① U. S. Energy Information Administration, "Country Analysis Brief: Saudi Arabia", September 10, 2014.

创新和生产型并世俗化的新社会;女权改革逐步放权、平权、赋权,从女性和外界普遍责难较多的方面开始,最终要实现符合伊斯兰教义的男女平等。

"萨勒曼新政"作为自上而下的改革尝试,也体现出鲜明的策略和特点,以求避免国家因变动太大、太剧烈而出现不可收拾的局面:王权体制改革短平快且手段强硬;经济改革高举高打,定位清晰,不同领域有具体的任务和目标分解;宗教改革雷声大、雨点小,"外科手术"有所启动而"内科手术"未见系统方案;社会改革仅有空泛主张,具体举措有限;女权改革小步慢行,摸着石头过河。

与此同时,维护沙特利益是"萨勒曼新政"外交的核心动因与战略诉求。"萨勒曼新政"指导的外交是典型的"地区大国外交",从体量和综合实力看,沙特是不折不扣的地区大国,但是,其外交风格与投入却超越地区大国,具有"地区超级大国"的做派。其动机和诉求主要包括以下几个方面。

第一,捍卫伊斯兰大国特别是中东地区逊尼派领头羊地位,用单边主义方式追求"超级霸权",使自己成为阿拉伯事务的唯一仲裁者和世界大国进入中东地区的主要通道[①],并确保在伊斯兰世界独一无二的影响力。

第二,确保地区格局变化和力量对比有利于本国核心利益维护。进入 21 世纪以来,随着阿富汗战争、伊拉克战争、阿拉伯剧变以及美国战略收缩和军事重心东移亚太,面对中东出现大国力量失衡、地区力量重组、安全真空扩大等新挑战,沙特希望确保在新一轮的地缘政治变化中立于不败之地,甚至确立其在阿拉伯世界的中流砥柱作用。

第三,遏制伊朗输出伊斯兰革命且针对沙特的战略围堵,防止伊朗拥有核武器。沙特长期承受着伊朗"霍梅尼主义"的直接或间接威胁,不得不依托美国提供安全保障,并借助建立海合会联合同质化阿拉伯君主国抱团取暖,同时利用伊拉克等国奉行的阿拉伯民族主义遏制伊朗的扩张。阿拉伯剧变发生后,沙特长期面临的东部压力在其北方沙姆地区

---

① Madawi Al-Rasheed, "King Salman and His Son, Winning the US Losing the Rest", *LSE Middle East Centre Report*, September 2017, p. 5.

等阿拉伯传统腹地扩散。同时,亲伊朗的胡塞什叶派武装在沙特南方后院也门逐步做强做大并构成战略威胁,沙特试图通过一系列带有战略反攻性质的外交努力,确保国家与家族政权的长治久安。

第四,维持对美国战略价值的保鲜保值。沙特是石油时代美国长期战略盟友,随着伊斯兰激进思潮的泛滥和新能源革命崛起,沙特对于美国的战略资产价值出现不断贬值风险,"萨勒曼新政"试图利用地区力量洗牌的时机,抓住美国、以色列与伊朗战略对峙加剧的有利条件,配合以主动发起的油价战,维持传统能源出口国独特地位,确保美国继续重视沙特的战略作用,进而遏制和削弱伊朗,维持国家安全、社会稳定和王权统治的永固。

第五,传播沙特主导的伊斯兰教义、教法和生活方式。沙特是典型的依靠宗教意识形态建立和完成国家建构的社会,但是,作为"国教"的"瓦哈比主义"本身具有双刃剑效应,反王权体制的穆斯林兄弟会思潮在中东的扩散以及"霍梅尼主义"的长期渗透,都对沙特所推行的教义、教法和生活方式构成多重威胁,迫使其四面出击,趋利避害,巩固瓦哈比教义的地区影响力,维持其指导下的社会制度、文化形态和生活方式免于被其他宗教"异端"所侵蚀。

第六,推动中东和平进程尽快和持久解决。沙特并不反对以色列作为国家存在,也长期体现为阿以冲突中的温和力量,还扮演着巴勒斯坦独立事业的最大地区金主。但是,由于伊朗泛伊斯兰主义的催化作用,导致泛阿拉伯民族主义退潮后巴勒斯坦激进力量依然拒绝调整立场,迟迟不能与以色列取得和解,进而阻碍沙特等大多数阿拉伯国家与以色列关系的正常化,也使沙特亲美外交及温和的对以立场承受巨大舆论压力和道义逼迫。"萨勒曼新政"试图借助大范围外交行动削弱伊朗影响,打掉其手中的巴勒斯坦牌和黎巴嫩牌,为推动巴以和平进程创造条件,进而使自身摆脱深陷其中、深受其苦的道德困境。

基于此,萨勒曼执政以来的沙特对外关系特点,堪称大国外交是长期重点,对美外交明显优先,辅助以对华对俄对欧平衡外交,力避公开摩擦。地区外交是沙特阶段性着力点,海合会、阿盟和反恐联盟成为其多边外交主要抓手和平台。而也门内战、叙利亚内战、巴以冲突和部分国家转型又是沙特外交的切入点。"萨勒曼新政"外交当务之急和阶段性诉求是破解伊朗主导的什叶派联盟，遏制新能源革命并维持碳氢能源出口这条基本生命线。

（二）内政与外交改革具有较强的互动性

内政与外交是国家政治运行的有机组成部分，是彼此呼应、联系密切且不可分割的两个板块。"萨勒曼新政"由于王权继承、代际更替、经济改革迫切、地缘环境恶化和域外大国力量升降等多重因素同时叠加，进而使得过去三年成为王国建立百年来罕见的内部改革和外部应对交叉出现的复杂时期，也使这个阶段的内政外交呈现更加鲜明的进取性和积极性，具体体现为强烈的互动性和共振性、具有试验性质的探索性和冒险性、单打独斗的脆弱性和风险性、虎头蛇尾的阶段性和局限性，以及一定程度的代际延续性和继承性。

第一，在互动性和共振性方面，"萨勒曼新政"的国内改革旨在打造沙特的地区超级强国地位，巩固和延续以王权统治为核心的政权合法性和制度优势，并顺应外部现代化、全球化和民主化发展大潮。而其咄咄逼人的攻势外交依托于其丰厚的石油财富储备和强大金元话语权，既用来维护国家利益，更要应对来自泛阿拉伯民族主义、泛伊斯兰主义乃至草根街头革命的多重挑战。攻势色彩明显的外交体现了强人时代铁腕治国、铁腕护国的决心和勇气，进而有助于对内巩固执政权威和家族统治合法性。强势外交也被萨勒曼用以历练毫无资历的王储，为其提供建功立业、树立权威并借机清除异己消除内部威胁的平台。据悉，纳伊夫被罢免即与其反对过于扩张和强势地区外交立场有关。此外，利用国际舆论强大压力打击宗教势力，进一步削弱代表瓦哈比正统地位的谢赫家族及乌莱玛集团，强化王权对教权的绝对控制。

第二，在探索性和冒险性方面，"萨勒曼新政"内政外交都具有试验性质的阶段特征，是通过各种尝试寻求国家发展方向和国际、地区格局的国家定位和国家利益，必然缺乏系统性和周密性，因而具有明显的探索性和冒险性。内政外交同时发力，超越自身综合实力，必然造成眼前利益和长远利益顾此失彼，短期目标和长期目标混乱冲突的后果，进而缺乏稳定性和可持续性并具有明确的不确定性和脆弱性。

萨勒曼三年的权力运行实践被诸多观察家形容为"百年未见之变

局",涉及王权结构、经济、宗教、社会与文化等多个领域,无论力度和广度都前所未见。外交博弈不仅全方位发力,多种手段交替,而且活动半径覆盖整个中东地区,涉及传统与当下矛盾多个层面,沙特高调的身影无处不在,过去曾经低调含蓄的沙特不仅十分活跃,而且咄咄逼人,成为数一数二的区域地缘角色。内政外交同时发力和多场景表演,充分体现"萨勒曼新政"为国家谋取永续安全与发展的探索,也因为准备不足或客观条件所限而充满了冒险性,而其外交领域的收益率显示,超越国力的全方位投入已带来四面树敌、有心无力的恶果,并严重损害沙特国际形象,而且反过来有可能危及"萨勒曼新政"的合理性乃至"萨勒曼王朝"统治的合法性,进而给这场改革埋下危险的种子。

第三,在脆弱性和风险性方面,"萨勒曼新政"体现这对父子引领王国发展繁荣和强大而不惜壮士断腕,但是,无论内政还是外交,新政都体现了单打独斗的尴尬处境,因此不免隐藏着相当的脆弱性和风险性。从改革的引导主体而言,萨勒曼父子连续变更权力延续传统并将属于大家族的权力集中掌握,"萨勒曼王朝"轮廓清晰可见,这无疑将使自己站在众多王权合法继承人的对立面;实施宽松和温和的社会、宗教和女权改革,无疑将使自己站在力量强大、观念僵化且以正统自居的宗教利益集团和保守势力的对立面;大规模经济改革方案以及以反腐之名进行的浮财剥夺行动,不仅让世代习惯于福利主义和消费主义的国民承受痛苦,也使大量作为利益共同体长期通过权力与王室瓜分石油收入的权贵们噤若寒蝉。这些力量一旦形成反对改革的命运和利益共同体,国内改革前途堪忧。"萨勒曼新政"国内改革如果取得成功,将对广大的伊斯兰世界形成正面引领作用。反之,将导致伊斯兰世界特别是阿拉伯海湾君主国改革势头受挫,甚至危及政权延续,形成可怕的多米诺骨牌效应。

"萨勒曼新政"奉行的攻势外交超越传统的幕后操盘风格,进而使沙特前突为博弈主角,在阿拉伯世界的风头已远远盖过埃及等传统领袖,成为中东博弈的关键一极。而实际上,沙特自身地缘撬动能力有限,靠收买政策凑齐的联盟往往徒有其名,导致整体外交收获寥寥,陷入各种泥潭,并成为透支国力的危险伤口。

第四,在阶段性和局限性方面,"萨勒曼新政"之所以引人注目,在于它国内改革的大动干戈和对外交往的四面出击。然而,受制于多种复杂因素，这一新政无论对内还是对外都难以摆脱虎头蛇尾的命运，进而呈现阶段性和局限性特征。从内部改革而言，"萨勒曼新政"并没有从根本上改变国家政教合一、王权专制的政体本质。即便是建立宪政指导下的君主立宪制，而国家依然是绝对垄断的超级威权君主体制，权力不仅没有向社会各阶层下放、分解进而形成分享、共有和制衡，反而从庞大家族手中进一步集中于萨勒曼派系，为建立"萨勒曼王朝"奠基。经济改革规模宏大但实施难度极大，社会、宗教、女权改革也只是舆论先行，局部有所触动，并没有通过立法形式全面展开和深刻变革。从外交实践看，三年强势外交已在不同方向做成"夹生饭"，资源调度接近枯竭，影响力扩张基本见底，势力外扩达到极限，已被迫由战略进攻转入战略僵持或战略防守，充分暴露出沙特综合国力局限、无力充当地区霸主的诸多先天不足。

第五，在代际延续性和继承性方面，尽管"萨勒曼新政"个人色彩鲜明，尤其是穆罕默德的形象被舆论过分放大，但是，这一新政并不完全是萨勒曼父子二人的创举，而是体现沙特家族特别是阿卜杜拉国王执政后的家族和国家意志，因此，"萨勒曼新政"具有一定的继承性和延续性，只是萨勒曼父子"新官上任三把火"，外化为更鲜明、更强猛的阶段性深化和拓展。阿卜杜拉生前已安排权力移交的顺序和人选，但据悉，阿卜杜拉对仅有大学本科学历且无海外留学经历的穆罕默德格外欣赏，尚在位时就叮嘱他专心思考和规划国家百年发展大计，这也是穆罕默德能在父亲继位后快速推出《沙特2030愿景》的原因。阿卜杜拉将王权移交给萨勒曼，本身就考虑到穆罕默德最终走上权力塔尖的可能性，因此，我们不妨判断，萨勒曼开启"父权子继"并实现王权向第三代转移，有阿卜杜拉国王的铺垫和默许。经济多元化改革，不仅为历代国王所重视，而且被认为倒逼经济改革的2014年油价战，也是阿卜杜拉在位时正式打响的。社会、宗教和女权改革方面，阿卜杜拉掌握权力后已有所尝试或加以鼓励，比如他本人带头穿T恤打球并允许媒体报道，打破禁忌与青年女性集体合影登报，开启宗教课堂教材审查，并要求伊玛目在清真寺依据政府审定的文本讲解宗教。

"萨勒曼新政"的强势外交和多面出击则始于阿卜杜拉国王时期：2011年出兵干涉巴林街头运动，推动阿盟要求安理会出兵利比亚，威胁利诱也门前总统萨利赫和平交出权力，布局变更叙利亚政权进而拉开与伊朗等什叶派力量进行历史对决，主张尽快实现巴以和平并借助以色列力量遏制伊朗获得核武器，乃至采取大国平衡政策，率先于2005年提出"向东看"战略，等等。因此，"萨勒曼新政"是阿卜杜拉国王内政外交的延续和升级版，是沙特王室核心层的主流意志和集体利益诉求。

（三）内政与外交改革初步成果多寡不一

"萨勒曼新政"三年实践，由于优先排序和难易程度不等，改革开放成果多寡不一：王权制度结构改革显著，核心权力"垂直移交"架构初成，王储掌舵已成事实，并为长期执政打下基础；经济改革刚刚起步，诸多项目有待落实，目前只细化为红海"未来城市"等大型项目，其他规划仍停留于纸面；宗教改革决心已定，忌惮较多，后续乏力；社会改革小试牛刀，言多行少；女权改革稳步推进，有待全面铺开和深化。

这是一场大幕乍启的百年变局尝试，是萨勒曼父子发动的改良运动，也是沙特家族内生性的求变图存努力，有着非常强烈的顶层设计和精英主义特点，因此，也必然是头重脚轻式的变革。萨勒曼父子作为改革发起者、组织者和领导者登高一呼，并在权力中心大力洗牌，集权立威割除羁绊，同时推出庞大经济发展计划，但是，宫廷之外的经济、宗教、社会改革乃至具有风向标意义的女权改革，显得步履艰难，呼应不足，尤其是沙特限制政党存在与发展，非政府组织也明显力量不足，改革缺乏强大统一的中间力量进行呼应和支撑，新政寄望并赖以支持的庞大中青年人群实际上处于一盘散沙状态。

"萨勒曼新政"推动的沙特外交多元化效果也不一而足，各有特点。大国外交效果明显而突出，巩固了基本盘，维持了与美、俄"大三角"的总体平衡。地区外交则总体失败，大都流于"烂尾"，大量投入但得不偿失，导致军费开支激增，开支水平与其国际地位和综合实力极不匹配（见表1）。

表1 2015年和2016年世界军费支出前十位国家

（单位：百万美元）

年份\国家	2015	2016	年份\国家	2015	2016
美国	596010	606233	印度	51295	55631
中国	214093	225713	英国	53682	54217
俄罗斯	66419	70345	日本	41103	41569
沙特阿拉伯	87186	61358	德国	39813	40985
法国	55342	55681	韩国	36433	37265

资料来源：斯德哥尔摩国际和平研究所网站（https：//www.sipri.org/sites/default/files/Milex-constant–2015–USD.pdf），访问日期：2018年2月10日。

无论是发动战争，武装敌对政权反对派，还是用资金笼络地区盟友，都使沙特实力严重透支，导致财政赤字严重。从图2可以看出，2015—2017年，除2017年沙特政府实现了经常项目的紧张性平衡以外，2015年和2016年该国经常项目赤字分别高达567.24亿美元和275.51亿美元，沙特的国际形象受到折损，原有的地区影响力也面临挑战。

（单位：百万美元）

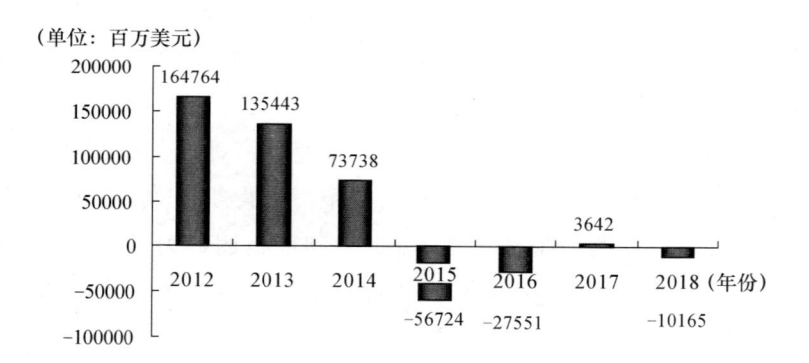

年份	数值
2012	164764
2013	135443
2014	73738
2015	-56724
2016	-27551
2017	3642
2018	-10165

图2 2012—2018年沙特经常项目收支

资料来源：EIU, *Country Report*: *Saudi Arabia*, October 18th 2017, p.9。

"萨勒曼新政"的地区外交特点概括起来大致表现为：恐惧情绪推动的愤怒外交、唯我独尊的地区强权外交、不计后果的冒险外交、四面树敌的麻烦外交，以及石油美元支撑的实力外交，其结果是沙特几乎与所有地区大国交恶，实际影响力大幅度下降。

一位西方学者就此评论说，"沙特得到了美国，但失去了其他"。① 具体而言，沙特多边外交虚实相间，虚多实少，特别是宗派外交一败涂地，得不偿失；武装干涉也门久攻不克，不仅使之处于骑虎难下的尴尬境地，而且耗费了该国大量的军事开支，仅2015年就付出53亿美元的战争开支②；积极推动叙利亚政权变更，反而成就了俄罗斯和伊朗，沙特自己则被边缘化；与伊朗断交并围殴卡塔尔，不仅使卡塔尔渐行渐远并倚重伊朗和土耳其等战略对手，还促使科威特和阿曼保持中立，加剧海合会解体的风险，而且在土耳其在叙利亚倒向俄罗斯—伊朗联盟后，又派兵进驻卡塔尔，凸显了沙特的地区孤立态势和战略威胁。由于沙特某种程度上已成为近年中东地区动乱乃至战争的策源地之一，特别是在也门的持续军事行动造成大量伤亡，引发人道主义灾难，不仅受到国际人权组织的谴责，也恶化了沙特在阿拉伯和伊斯兰民众心目中的温和形象。不仅如此，沙特与胡塞武装交恶还导致后者多次发动反攻，给沙特边境地区造成罕见的人员伤亡和经济损失。沙特民防部队发言人称，仅胡塞武装的跨境火箭袭击就摧毁或损坏了1074幢房屋和108处商店，420辆民用汽车被烧毁。③ 此外，胡塞武装3次向首都利雅得等大城市或机场目标发射弹道导弹进行袭击，引发沙特民众罕见的安全恐慌。至于沙特对以色列的功利外交，堪称"饮鸩止渴"，因为脱离实际势必引发本国和阿拉伯、伊斯兰世界舆论普遍不满，属于典型的顾及眼前利益而忽视长远利益、计较一域所得而忽略整体考量的短视外交。

三 "萨勒曼新政"的施政前景

"萨勒曼新政"刚刚起步，尽管它远不是一场颠覆国家政权根本的革命，而仅仅是确保绝对君主制和威权主义治下的全面改良，但面临的问

---

① Madawai Al-Rasheed, op. cit.

② Http://foreignpolicynews.org/2016/12/11/saudi-intervention-yemen-impact-saudis-economy, 2017 – 12 – 11.

③ Eman Ragab, "Beond Money and Diplomacy: Regional Policies of Saudi Arabia and UAE after the Arab Spring", *The International Spectator*, Vol. 52, No. 2, 2017, pp. 37 – 53.

题和挑战依然多如牛毛，前景艰难，不可乐观以待。

第一，在王权改革层面，"横向继承"改为"垂直继承"的权力移交只是完成了基本架构，历练明显不足且势单力孤的穆罕默德继位后，能否摆平家族两代近5000位王子构成的权力挑战一直令人质疑，特别是依据继承法有合法继承资格的二代和三代竞争者——"二代13子"和"三代200子"。① 萨勒曼依靠自身权威确立的权力体系和力量重组能否在穆罕默德羽翼丰满前得以彻底消化？这些都是有待时间检验的关键问题，一旦"萨勒曼王朝"不能名正言顺地形成并延续，"萨勒曼新政"就很可能夭折。

第二，在经济改革层面，尽管有评论家认为，《2030愿景》若能实现七成目标，沙特都将面貌一新。但是，这个目标依然过于理想化而显得脱离实际。沙特政治生活不确定性很强，多元化努力长期低效，经济发展的"油瘾"短时间恐难戒除，本国人就业惯性积重难返，新增劳动力过快而吸收消化机会有限，社会福利能否大规模削减等问题一直被外界质疑。长期形成的消费型、福利型、依赖型国民观念恐怕也难以短时间内向生产型、劳动型和自主型新观念转变。2017年11月6日，11名王室成员因聚集在利雅得省政府门前，要求萨勒曼国王取消停止为王室成员支付水电费的命令而被捕，这表明既得利益者不一定接受削减习以为常的福利补贴。② 此外，沙特本国劳动力素质和技能未必能匹配"自力更生"的较高要求，外资进入环境的门槛依然很高，官僚、低效、腐败等痼疾和法制诸多弊端也非短时间就能得到明显改观。

第三，在社会改革层面，沙特存在着根深蒂固的部落主义、保守主义和复古主义传统，甚至渗透在社会的各个阶层和角落，当前的民族国家认同和凝聚力主要仰仗于石油暴利带来的安居乐业和相对富裕。"萨勒曼新政"利用巨额国家资本驱动经济改革也许相对容易，但是，推动定型已久且保守意识已成为文化基因的社会革新开放绝非易事，世俗主义

---

① Stig Stenglie, "Salman's Succession: Challenges to Stability in Saudi Arabia", *The Washington Quarterly*, Summer 2016, pp. 117 – 138.

② Https://www.washingtonpost.com/world/saudi-arabia-arrests – 11 – princes-who-protested-suspension-of-government-payments/2018/01/06/5ddca558 – f327 – 11e7 – b390 – a36dc3fa2842_story.html, 2018 – 01 – 10.

取代保守意识和观念而成为社会思潮主流，其阻挠力量不止来自宗教阶层和部落势力，社会底层特别是受教育程度不高的草根民众恐怕也难以认同国家的大幅度开放，以免纲常崩溃，秩序紊乱。

第四，在宗教改革层面，前景更加不容乐观，特别是已长期固化为"国教"的瓦哈比意识形态，一直为沙特王室和内政外交政策推行提供合法性外衣，与沙特王朝制度形成互为表里和唇齿相依的密切关系。"萨勒曼新政"不可能放弃甚至边缘化这个作为"沙特之魂"的精神力量及国家软实力输出主要内容的立国和执政工具，萨勒曼父子不仅对内要直面以瓦哈比家族（谢赫家族）为核心的庞大宗教既得利益集团，还要依托瓦哈比思想对外确立逊尼派伊斯兰大国地位，并制衡以伊朗"霍梅尼主义"为代表的什叶派意识形态挑战，对冲主张伊斯兰共和制并反对君主立宪制度的穆兄会思想。因此，可以想象，"萨勒曼新政"的宗教改革难以触及灵魂而走得更远、更深。

第五，在世俗化改革层面，问题同样严重。世俗化社会的核心标准是政教分离，教俗分离，宗教全面退出社会生活居于相对独立并受政权与法律制约的精神领域，宗教信仰完全属于个人自由选择的范畴。沙特作为政教合一、教俗合一的国家，如果宗教改革没有实质性变化，世俗化改革就无从谈起，从某种角度看，世俗化改革是检验"萨勒曼新政"宗教改革的试金石。

第六，在女权改革层面，沙特作为伊斯兰世界最保守、最封闭的国家之一，不仅有丰厚的封建主义、部落主义和保守主义土壤，还有着强大的男权、夫权和教权思想环境，歧视女性并排斥其平等、全面参与社会各领域生活，有着深厚的民众基础。因此，沙特女性的选举权和被选举权迟滞于世界大多数国家，女性婚姻自主权、男女同工同酬权、男女相处免予隔离和歧视的权利，和大多数国家相比也叨陪末座。因此，女性的平权、赋权和确权未必已形成沙特社会上下集体共识，这也决定了"萨勒曼新政"必须小步慢行地推进这个领域的改革。

第七，在外交层面，目前尚看不出"萨勒曼新政"方向重大调整的迹象，阶段性重点依然在 5 个方向：致力于破解什叶派联盟围堵，遏制伊朗势力西进；尽快从也门战争抽身止损；介入叙利亚和平进程维持长久影响力；致力于获得国际广泛支持，服务国内改革开放；努力抬升油价,缓解资金紧张。

国际舆论普遍乐见"萨勒曼新政"取得成功,尤其是西方媒体不乏溢美之词,以色列反对党工党前主席赫尔佐克甚至对沙特媒体称赞穆罕默德王储是"中东地区最伟大的革命家之一"。① 但是,同时国际舆论产生的疑问似乎更多,预示着萨勒曼父子的改革开放注定困难重重,尤其是穆罕默德接替王位并失去父亲的支持和庇护后,这种自上而下、一柱擎天式的改革,究竟能走多远,给世人留下巨大疑问。

进入 2018 年,"萨勒曼新政"正在继续推进,国内改革不断传来好消息,比如政府如期宣布燃油和水电价格上涨并开征增值税,而且似乎被国民平静地接受。此举被认为对沙特迈向"后石油经济时代"具有重大意义。② 同时,穿着现代而时尚的沙特女性出现在 1 月 17 日的汽车展并竞相试驾,为 6 月起单独驾车上路做准备。同时,由利雅得省长之妻努拉牵头的女性赋权试验项目之一——16 家餐厅首次对女性就业开放。1 月 27 日,因反腐风暴而失去自由的亿万富翁瓦利德亲王接受路透社专访,澄清此前媒体散播的种种"谣言",并表示坚决支持国王和王储为"打造一个全新沙特而所做的一切",表明"萨勒曼新政"得到家族的理解与配合。③ 此外,作为收缴大量赃款成果分享及弥补油价上涨和征税的反哺,沙特政府为占该国人口半数以上的 370 万个家庭开通"公民账户",每月向账户内发放现金补贴开销。"萨勒曼新政"国内改革正在推进,但是,多数外交难题没有得到解决或出现缓解迹象,而且围绕也门内战,沙特与长期配合密切的阿联酋也产生龃龉和摩擦,并出现公开指责。

特别需要指出的是,石油价格几经波动后依然没有大幅度回升④,这意味着未来沙特还将为此承担巨大的财政压力。告别食利主义和戒除

---

① Http://chinese.aljazeera.net/news/2018/1/10/israels-opposition-leader-ben-salman-is-a-great-revolutionary, 2018 – 02 – 03.

② 钮松:《新年新政,沙特迈向"后石油经济时代"》,《新民晚报》2018 年 1 月 25 日。

③ Https://www.reuters.com/article/us-saudi-arrests-princealwaleed/saudi-billionaire-prince-al-waleed-bin-talal-released-family-sources-idUSKBN1FG0DT, 2018 – 02 – 03.

④ 据英国石油公司首席执行官估计,2018 年国际原油价格徘徊于每桶 45—55 美元,参见交易时间网(http://www.imfointime.net),访问日期:2018 年 3 月 10 日。

"油瘾"的经济多元化改革势必伤筋动骨,王权、宗教、社会和女权改革也多管齐下,国内改革可谓头绪繁多,充满各种风险和阻碍,而全面开花的地区强势外交势必分心又破财,而且暂时看不到大幅度和全面回卷的迹象。因此,"萨勒曼新政"的内外交困是显而易见的,究竟能走多远,难以令人乐观。中东力量不乏各种改革运动,更不乏强人政治,终究败多功少,而"萨勒曼新政"尤其复杂艰难,最终能否摆脱前人的挫折与厄运,只能等待时间的检验。

(本文原刊发于《西亚非洲》2018年第2期)

埃尔多安时代土耳其外交的转型及其限度

李秉忠　涂　斌[*]

摘　要：以 2002 年、2011 年和 2015 年为界，土耳其外交上演了拾级而上式转型，力度很大，影响深远。当下的土耳其将中东视为战略资产而非负担，加速了外交向中东回归的步伐。与此同时，土耳其与西方国家关系尤其是土美关系在某种意义上已进入质变期，即由先前土耳其对美国的依从关系转变为真正独立的外交，土美关系由此遭遇的挫折短期内难以修复。国内军政关系和阶级基础的变化、经济境况的改善、土耳其与美国等西方国家利益的直接冲撞，以及中东变局引致的持续地区动荡，共同促成了土耳其的外交转型。当下，土耳其外交转型的机遇与风险同在。土耳其国内政局的两极分化及土耳其传统外交的惯性，决定了其转型的有限性和长期性。土耳其外交的转型将是一个长期和不断反复的过程，而 2017—2018 年则成为土耳其外交史上转型的关键性时间段。

关键词：土耳其外交　埃尔多安　回归中东　土美关系

进入 21 世纪以来，土耳其外交经历了深刻变化，这种变化由于中东变局的发生而得以提速，其力度之大和影响之深在土耳其外交史上甚为

---

[*] 李秉忠，陕西师范大学历史文化学院副院长、教授；涂斌，陕西师范大学历史文化学院硕士研究生。

罕见，由于突破了其固有的外交模式，故可将其称为土耳其外交拾级而上式的转型。土耳其外交在21世纪初期谨慎地维持着西向外交和东向外交的平衡，中东变局之后转向强化在中东地区的大国角色，并损害到与西方尤其是与美国的外交关系。一些学者认为，2017年会被历史记载为土耳其与西方关系分水岭性质的一年。① 2017年的确是土耳其外交史上重要的界标性节点，但其外交的转型则是一个长期过程。

学术界对于土耳其外交的基本判断是，土耳其长期以来奉行亲西方外交，自身并无独立的外交，因而不为学术界所关注。土耳其共和国立国90多年来，一直呈现亲西方的外交取向。作为一个以逊尼派穆斯林民众为主体的世俗国家，土耳其致力于成为现代、自由和世俗国家中的一员。根据凯末尔主义的历史学家观点，中东地区冲突不断、难以管理。他们认为，中东其他国家和民众是摧垮奥斯曼帝国的重要力量，因而土耳其应尽力避免卷入区域冲突。作为这一政策取向的延续，土耳其与以色列发展了较为密切的关系。② 但进入21世纪以来，尤其是埃尔多安当政的十几年来，学界开始聚焦土耳其外交的发展变化。

正义与发展党（以下简称"正发党"）时代土耳其外交最大的特征就是转型，这一判断大体上成为学术界的共识。乌富克·乌鲁塔什（Ufuk Ulutaş）强调，21世纪的土耳其外交政策经历了一个根本性转型。③ 马克·帕里斯（Mark R. Parris）就美国与土耳其关系有这样的评论："未来历史学家将会发现：1997—2002年现代土耳其与美国双边亲密关系达到了历史最高点，这段时间内双方合作所达到的广度和深度都是空前绝后的。"④ 这间接表露出，土耳其在国际政治中寻求新的主体性可能会对土

---

① Steven A. Cook, "Why Turkey Feels Burned By Trump", *The Global Politico*, https://www.politico.com/magazine/story/2017/11/23/how-trump-burned-turkey-215859, 2017-11-23.

② Eric S. Edelman, Svante E. Cornell and Michael Makovsky, "The Roots of Turkish Conduct: Understanding the evolution of Turkish Policy in the Middle East", *Bipartian Policy Center: National Security Project, Foreign Policy Project*, Dec 2013; Turkish Foreign Policy 1774-2000, Frank Cass, 2002.

③ Ufuk Ulutaş, "Turkish Foreign Policy in 2009: A Year of Pro-activity", *Insight Turkey*, Vol. 12, No. 1, 2010, pp. 1-9.

④ Mark R. Parris, "On the future of US-Turkish Relations", in Michael Lake eds, *The EU & Turkey: A Glittering Prize or A Millstone*? Company Limited by Guarantee, 2005, pp. 141-142, 150.

美关系产生伤害。福尔克尔·佩尔特斯（Volker Perthes）特别指出，2003年以来土耳其在中东的政策和作用发生了巨大的变化。① 齐亚·奥尼斯（Ziya Öniş）和叙赫纳兹·伊尔曼兹（Şuhnaz Yilmaz）认为，后冷战时期土耳其的外交政策可以分为3个不同发展阶段：冷战结束初期的外交波动是其外交变化的第一个阶段；正发党当政初期对欧洲化的强调可以视为其外交变化的第二阶段；第三阶段就是最近日益凸显的欧洲化与欧—亚取向之间的紧张。正发党当政时期在土耳其外交政策的积极性和多样性方面保持了相当的延续性，然而从该党执政中期开始，断裂和非延续性的征兆已经出现。② 关于土耳其外交转型的原因，学者更多强调宗教的因素。如吉拉伊·萨迪克（Giray Sadik）指出，2002年以来土耳其外交经历了明显的转型，宗教是这一转型重要的驱动力。③ 埃里克·埃德曼（Eric S. Edelman）等强调，土耳其外交的转型固然有多重原因，但正发党的宗教意识形态是其根本性的因素，这一宗教因素也决定了土耳其与美国共同的利益实际上是稀有物品。④ 关于外交转型的性质，一些学者从土耳其新民族主义和新土耳其的高度来加以分析，认为正发党治下十多年的土耳其外交实践，是土耳其新民族主义思潮的现实表现；正发党重构了民族、民族史、国家和民族利益等概念，并展示了外交在这一重构过程中的作用。⑤ 但学术界尚未对2002—2017年土耳其外交的转型开展整体性的考察。

本文认为，以2002年、2011年和2015年为界，土耳其外交上演了

---

① Volker Perthes, "Turkey's role in the Middle East: An Outside's Perspective", *Insight Turkey*, Vol. 12, No. 4, 2010, pp. 1–8.

② Ziya Öniş & Şuhnaz Yilmaz, "Between Europeanization and Euro-Asianism: Foreign Policy Activism in Turkey during the AKP Era", *Turkish Studies*, Vol. 10, No. 1, 2009, pp. 7–24.

③ Giray Sadik, "Magic Blend or Dangerous Mix? Exploring the Role of Religion in Transforming Turkish Foreign Policy from a Theoretical Perspective", *Turkish Studies*, Vol. 13, No. 3, 2012, pp. 293–317.

④ Eric S. Edelman, Svante E. Cornell and Michael Makovsky, "The Roots of Turkish Conduct: Understanding the Evolution of Turkish Policy in the Middle East", *Bipartian Policy Center: National Security Project*, Foreign Policy Project, Dec. 2013.

⑤ Cenk Saraçolu, Özhan Demirkol, "Nationalism and Foreign Policy Discourse in Turkey under the AKP Rule: Geography, History and National identity", *British Journal of Middle Eastern Studies*, Vol. 42, Issue 3, 2015, pp. 301–319.

拾级而上式转型,典型表现就是向中东的回归和与西方关系的正常化。土耳其外交向中东回归的节奏在加快,积极且大胆地介入中东事务,其中不乏鲁莽之举。土耳其与西方国家关系尤其是土美关系在某种意义上已进入质变期,即由先前土耳其对美国的依从关系转变为真正独立的外交,土耳其外交的主体性得以彰显。国内阶级基础的变化和经济境况的改善,国际上与美国及西方利益的直接冲撞以及中东局势的风云动荡,土耳其政治家以此为基础所做的战略选择,共同促成了土耳其外交的转型。

一 土耳其外交转型的方向

土耳其外交专家牛津大学教授菲利普·罗宾斯在2003年前后对土耳其的外交有这样的判断:后冷战时代土耳其外交的基本形象仍然是谨慎、持续和维持现状,土耳其仍将沿着既有时间表行动,不会顾及周边变化的节奏。[①] 事实却证明,正发党执政开启了土耳其外交的主动转型,集中表现为加快回归中东并调整与西方关系,外交决策的主体性得以凸显。土耳其外交的转型最初较为稳健,中东变局以来开始提速。

(一) 土耳其外交转型的发展阶段

正发党治下的土耳其,其外交不只是简单的调整,而是方向性的转型,显性表现为回归中东,隐藏其后的则是对土耳其同西方关系的影响。这一转型过程可以2002年、2011年和2015年为界,分为3个渐进的阶段。20世纪90年代,土耳其无法摆脱"后冷战时代的勇士"的冰冷形象,奉行面向西方世界的"西向战略"。2002年以来,土耳其逐步改变了西方"冷战卫士"的形象,尤其是"零问题睦邻"外交政策的推行从整体上改善了与区域国家的关系。2003年,土耳其由于拒绝了美国借道土耳其进攻伊拉克的请求而获得了阿拉伯世界的好评,土耳其的外交取向也开始发生变化。2007年之后,土耳其加入欧盟的热情开始减退,回归

---

① Philip Robins, *Suits and Uniforms: Turkish Foreign Policy since the Cold War*, Hurst & Company, 2003, pp. 385-387.

中东的步伐开始提速，逐渐凸显争当区域领袖的特点。在这一阶段，土耳其回归中东主要是以充当中东热点问题的调停者和展示土耳其软实力为特点，节奏也较为平缓，而西方对于土耳其外交的调整虽然不乏异议，但整体上持赞同态度。2007年，土耳其出台"零问题睦邻"政策，其外交东转节奏明显提速，标志性成果就是改善了与区域国家甚至是非国家行为体的关系（指与伊拉克库尔德自治政府的关系），在中东地区获得较好的口碑。土耳其以调停者的身份出现，既符合中东国家的需求，也与土耳其的实力相匹配，而且有助于西方稳定中东地缘政治格局，因而回归中东的外交取向与土耳其同西方特殊关系之间的矛盾并未过多显现。当然，其中也有批评的声音，如一些西方学者在日后的反思中认为，西方低估了土耳其外交在这个阶段的转型可能产生的影响。该阶段土耳其外交的特征是：其一，鼓吹泛伊斯兰主义的团结，并以此来损害西方的利益；其二，土耳其对以色列日渐敌视。[1] 从2002年土耳其外交谨慎地回归中东到2007年加大力度，土耳其回归中东的外交转向埋下了与西方关系紧张的种子。

2011年中东变局发生后，土耳其开始强势回归中东。一方面，在中东地区推广"土耳其模式"；另一方面，以"蓝色马尔马拉号"救援船队为由主动损害了土以关系，并前所未有地干涉埃及、叙利亚等国内政，导致其外交陷入孤立局面。在此期间，土耳其与西方利益最初有相互一致之处，但随着时间的推移相互冲撞的频率持续增加。土耳其高调介入中东事务，前期做法是与西方国家合作，尤其是在利比亚和埃及政治动荡的前一个阶段，大力推介"土耳其模式"。之后，以叙利亚内战为界标，尤其是"伊斯兰国"兴风作浪后，土耳其与西方国家的立场和诉求之间的分歧迅速扩大，西方也加大了对土耳其的批评。2011年9月，土耳其与以色列关系恶化，土耳其拿以色列开刀，服务于自己回归中东的战略，放弃了先前的在阿拉伯世界和以色列之间开展等距离外交的政策。同月，土耳其在叙利亚问题上转向推翻巴沙尔政权的立场，在埃及则支持穆斯林兄弟会，共同点在于支持逊尼派力量。土耳其外交就此被认为出现了教派主义的倾向，具有从泛伊斯兰主义向亲逊尼派宗教力量转变

---

[1] Eric S. Edelman, Svante E. Cornell and Michael Makovsky, op. cit.

的明显痕迹。即使在 2013 年 7 月 3 日埃及军人再次掌权、穆斯林兄弟会遭受重挫后，土耳其也未从根本上调整其外交取向。西方对于土耳其教派主义的外交多有诟病，认为这将导致区域局势沿着族裔和教派分裂的趋势加大，损害了西方的中东战略。土耳其外交在此阶段的主要特征是教派特点突出，不再是先前的泛伊斯兰主义外交。① 土耳其外交由"零问题睦邻"外交逆转为"零朋友"的尴尬境地，土耳其外交回归中东遇冷。面对这一困局，一些学者认为，土耳其与西方关系有可能在 2014 年前后得到改善，事实却是土耳其既有的外交政策并未改弦更张。

  2015 年以来，土耳其外交"独树一帜"的味道甚浓，非但土耳其与西方关系未能得到修复，中东外交也在高调介入的路上全速前进，不惜向美国叫板。2015 年的土耳其可谓内忧外患，土耳其在科巴尼保卫战中所作的决策导致土耳其东南部陷入 20 多年来最大的骚乱。在 2015 年 6 月举行的大选中，以库尔德人为主体的人民民主党获得 12.5% 的选票，一定意义上结束了正发党的选举霸权。2016 年土耳其国内上演了未遂军事政变，区域内伊拉克库尔德地区政府则从讨论独立公投的可能性，发展到 2017 年 9 月举行独立公投。面对国内外的严峻挑战，土耳其干涉中东事务的政策未有改变。土耳其在叙利亚发动了"幼发拉底河行动"，并与伊朗联手摧垮了伊拉克库尔德地区政府的独立公投，这两次行动成为埃尔多安政府介入中东事务引以为傲的成功案例。土耳其与西方在叙利亚问题上的分歧持续加大，与俄罗斯的关系则不断升温。土耳其为了深度介入中东事务，不惜与西方国家发生冲撞，就此获得了存在感。在沙特与卡塔尔的冲突中，土耳其对于卡塔尔的力挺，在强化了中东分裂局面的同时，损害到土美关系。土耳其与西方的利益冲突日趋尖锐，土耳其对中东事务介入越深，与西方关系似乎就越为紧张。

  西方国家甚至考虑将土耳其驱逐出北约，并终止其加入欧盟的谈判进程，凸显了双方冲突的激烈程度。土耳其从北约退盟的可能性呈现上升趋势。② 特

---

 ① Eric S. Edelman, Svante E. Cornell and Michael Makovsky, op. cit.
 ② Adem Altan, "Turkey-NATO Row: Turkish Exit Will Lead to Complete Unravelling of Alliance", Sputnik International, https://sputniknews.com/analysis/201711221059330074-possible-turkish-nato-withdrawal-consequences, 2017-11-22.

朗普前战略高参史蒂夫·班农（Steve Bannon）认为，土耳其对美国的威胁程度甚至超过伊朗。土耳其方面也有类似看法，与政府关系密切的土耳其智库"土耳其政治、经济和社会研究基金会"（SETA）指出，土美关系或许朝着某种不归路在前行。① 土耳其与西方关系的修复近期内可能性不大，斯蒂文·库克甚至创造出一个由"朋友"和"敌人"合成的新词"朋友敌人"（Frenemy）来形容土美关系。② 种种迹象表明，持续不断的矛盾和冲突或许将成为土耳其与西方关系的常态。2017年底，美国发布的《国家战略安全报告》没有提及美土战略伙伴关系，这一现象在正发党执政以来甚为罕见。③ 显然，土耳其与美国关系遭遇了某种持久性的衰退危机，土耳其与西方关系短期内难以恢复如初。

（二）土耳其外交转型的表现和实质

土耳其中东外交非但突破了被动介入的特点，而且经历了从推介土耳其软实力到包括军事干涉在内的广泛使用硬实力的转变。土耳其外交素来谨慎地回避介入中东事务，将其视为自身外交的负担。正发党当政以来，土耳其开始将中东视为战略资产，这一判断并未因中东变局而调整，表明其外交调整的程度之深。土耳其对中东变局的基本判断是，"新中东"正处于诞生的前夜，土耳其需要"反转'旧中东'，塑造'新中东'，改变中东的历史走向"。④ 土耳其政治家对于掌控中东发展的风向信心满满，将中东和伊斯兰文明视为可资利用的战略资产和历史遗产，希望借此重塑土耳其在中东的存在感。在突尼斯、利比亚和埃及局势出现政治动荡后，土耳其都较早发声并强调与各国人民站在一起。在叙利亚内战问题上，土耳其更是动用了军事手段，只是前期更多地强调塑造

---

① Semih Idiz, "Can US-Turkey Relations Be Salvaged?", Al-Monitor, https://www.al-monitor.com/pulse/originals/2017/11/turkey-united-states-ties-are-problems-insolvable.html, 2017 – 11 – 14.

② Steven A. Cook, "Turkey: Friend or Frenemy? A Tangled Relationship Keeps Getting Worse", *Council on Foreign Relations*, https://www.cfr.org/blog/turkey-friend-or-frenemy-tangled-relationship-keeps-getting-worse, 2017 – 11 – 13.

③ Semih Idiz, op. cit.

④ Joshua W. Walker, "Turkey's Bold About-Face on Syria", *GMF News & Analysis Archives*, November 3, 2011.

"新中东"，后期则是增加维护中东既有秩序的色彩。这一点尤其表现在土耳其对于叙利亚和伊拉克领土完整的坚持，为此不惜牺牲与伊拉克库尔德地区政府培育多年的良好感情，在叙利亚和伊拉克都出动军队来维系原来秩序的稳定，防止由库尔德人自治或者建国引发中东地区秩序的重大重组。无论是对现有秩序的改变还是维持，土耳其都当仁不让地希望成为其中的主角，不再满足于先前旁观者的角色。

土耳其与西方关系正在发生着某种质变，冷战时代土耳其依附于西方的仆从式关系正为国家间正常的平等关系所取代，土耳其不再是美国战略利益的简单配合国。这一点在叙利亚内战问题和2017年底的耶路撒冷问题[1]上表现得尤为突出，土耳其根据自身的国家利益和事情本身的是非曲直来表达自身立场，多少有些让美国颜面扫地。美国宣布驻以色列大使馆将迁往耶路撒冷，土耳其则不仅倡导伊斯兰世界对此加以反对，而且宣布拟在东耶路撒冷设立土耳其驻巴勒斯坦使馆，颇有与美国针锋相对的姿态。2018年1月，土耳其在叙利亚北部阿夫林地区开展的"橄榄枝行动"，导致土耳其与美国直接冲撞的风险迅速增加。西方在考虑土耳其的北约成员资格和欧盟成员资格的合法性问题，土耳其在跨大西洋伙伴关系中的位置也受到了严重质疑。土耳其则在权衡北约成员身份是否会对国家利益造成损害，以及考虑退出北约的可能性。土耳其与西方的矛盾和冲突不断加剧的同时，与西方传统敌手俄罗斯的关系却在不断升温。土耳其开始解构传统的将自身固化于西方同盟中的外交，埃尔多安总统正转向俄罗斯，以获得相对于美国的政治杠杆，以此摆脱由于与传统西方盟友的疏远所带来的外交孤立。[2] 亲俄疏美的外交取向，预示着土耳其外交转型陷入难以兼顾二者利益的困境。

---

[1] 伊斯兰世界关于美国承认耶路撒冷是以色列首都问题的立场和表态，参见 Wilson Center, "Muslim World Reacts to Trump's Announcement", https：//www.wilsoncenter.org/article/muslim-world-reacts-to-trumps-announcement, 2017 - 12 - 05。

[2] Aaron Stein, "Ankara's Look East: How Turkey's Warming Ties with Russia Threaten Its Place in the Transatlantic Community", *War on the Rocks*, https：//warontherocks.com/2017/12/ankaras-look-east-how-turkeys-warming-ties-with-russia-threaten-its-place-in-the-transatlantic-community, 2017 - 12 - 27。

与上述外交转型相关，土耳其强化了与俄罗斯和伊朗的关系，三方在诸多场合协调立场。这也印证了全球局势正在发生的深刻变化：美国为首的西方霸主地位发生动摇，俄罗斯的影响力则呈现出某种扩大的趋势。最为根本的是，土耳其意识到发展与俄罗斯和伊朗的关系符合自身利益，正是基于这种判断，埃尔多安一反咄咄逼人的态度，就击落俄罗斯战机一事向俄罗斯总统普京道歉。2017 年，埃尔多安与普京先后 9 次会晤，土、美首脑的会晤则为诸多不和谐所笼罩。事实上，土耳其与俄罗斯关系的改善已有时日，自 2001 年 4 月以来两国关系就进入了蜜月期。2002 年 1 月，土耳其与俄罗斯签订了军事合作的框架协定，双边关系实现了事实上的和解。[1] 这也证明土耳其的外交变化已有时日。美国在 2017 年 12 月 18 日公布的《国家战略安全报告》中，再次将伊朗设定为"流氓国家"，将俄罗斯认定为美国主要的敌手。[2] 作为美国重要战略盟友的土耳其却高度重视发展与俄罗斯和伊朗的关系，既表明在多极化的世界中，土耳其需要开展多元化的外交，为此必须付出主动疏远与西方关系的代价，也证明了国际格局的变革程度和土耳其外交转型的力度。

总之，土耳其外交的主体性正在得到彰显。土耳其在美国宣布承认耶路撒冷为以色列首都而引发的国际论辩中，迅速为巴勒斯坦人发声，并召集了伊斯兰会议组织会议，以此获得阿拉伯人的民心和在中东的存在感；土耳其在伊朗2018年初发生的国内骚乱中明确表态支持伊朗政府。种种迹象表明，土耳其在政治上认同西方的时代正趋于结束。对于一个全新的土耳其，西方甚感不适。毕竟，西方所熟悉的土耳其是政治上认同西方，认为土耳其仅仅出于实际利益的考虑才发展同伊斯兰国家的关系。[3] 目前，土耳其内政和外交都处于转型期，旨在从根本上修正自身"不东不西"或"亦东亦西"的文明归属不确定性的困境，摆脱卑微入盟和西方跟班的角色，成为主体性凸显、具有高度独立性的独树一帜的土耳其。正是由于土耳其外交的转型和西方的不适，导致土耳其与西方关

---

[1] William Hale, *Turkish Foreign Policy 1774-2000*, Frank Cass, 2002, pp. 346-347.
[2] The White House, *National Security Strategy of the United States of America*, Dec. 2017.
[3] William Hale, op. cit., p. 333.

系短期内难以恢复如初。

二 土耳其外交转型的背景及其影响

土耳其外交转型是土耳其政治家对自身发展道路的修正,以此适应新的国际和区域环境,是多种因素综合作用的产物。土耳其外交转型产生的影响正在显现,但其理论和实践的真正意义尚需较长时段的观察。

(一) 土耳其外交转型的国内外环境

第一,在军方和文官政府的角力中,后者取得外交独断权与决策权。土耳其外交的决策之前是文官政府和军方角力的场域,双方在角逐中达到某种平衡。事实上,埃尔多安当政期间,在军方与正发党的多次较量与冲突中,文官政府逐渐取得外交决策权的优势,这有利于外交政策出台的及时性和连续性,并体现以埃尔多安为代表的正发党的外交政策价值取向。例如,在2003年伊拉克战争期间,土耳其军方采取消极态度,试图将责任推给正发党;而正发党却通过议会否决了美国借道的议案,在一定程度上拆散了军方与美国五角大楼之间的友谊。[1] 在2016年7月15日土耳其未遂政变中,埃尔多安政府更是实行军队大整肃,对军方将领大规模调整,文官政府确立了对于军方的优势地位,完全掌控了外交的决策权。当下,军方在土耳其外交决策中的作用已经归于沉寂。埃尔多安、达武特奥卢等政治家以奥斯曼和伊斯兰文明来界定土耳其的国家属性,并推出新奥斯曼主义来指导土耳其的外交。新奥斯曼主义具有3个政治特征:在原有奥斯曼帝国领土上输出土耳其软实力;重新确立土耳其作为区域重要权力的信心;继续与西方合作,但否认其全球范围内控制土耳其利益的权力。[2] 正发党的一党独大,有利于这些理念和政策付

---

[1] M. Hakan Yavus, *Secularism and Muslim Democracy in Turkey*, Cambridge University Press, 2009, pp. 202 – 203.

[2] Rasym Özgür Dönmez, "Nationalism in Turkey under Justice and Development Party Rule: The Logic of Masculinist Protection", *Turkish Studies*, Vol. 16, No. 4, 2015, pp. 554 – 571.

诸实施。埃尔多安自2016年军事政变后已经在叙利亚发动了两次军事行动，证明了其对于军队毫无挑战的控制。

第二，土耳其外交的国内阶级基础正在悄然发生变化，土耳其正发党政府的伊斯兰特征呈现强化趋势，伊斯兰力量的上升导致其外交的西方化取向从根子上受到挑战。一些学者甚至认为，土耳其国家政权的性质正在转向伊斯兰主义。① 这一判断固然有些武断，但正发党的民众基础确系保守的穆斯林资产阶级，主要包括"安纳托利亚之虎"、土耳其东南部库尔德人中的宗教虔诚者和大城市郊区的工薪阶层。② 土耳其外交中的伊斯兰特征正在强化，从深层次上决定了土耳其外交的发展方向。土耳其"经济和社会发展基金"公布的相关资料显示，土耳其新中产阶级以伊斯兰人群城市化为标志，象征着新土耳其的兴起。土耳其新中产阶级的伊斯兰性质毋庸置疑，但其对于宗教的理解正在迅速变化。③ 土耳其国内中产阶级的构成悄然发生变化，保守的资产阶级在正发党的培育下已然壮大，而且正发党的合作伙伴是极端民族主义政党祖国党，这成为土耳其政治、经济和外交回归中东的根本性动力。最近的土耳其民调显示，将美国视为国家威胁的受访者比例从2013年的44%上升到2017年的72%。④ 这除了可以佐证土耳其疏远美国的外交选择具有某种必然性之外，也从另一个角度证明了亲西方的世俗主义力量在土耳其的衰微。

第三，进入21世纪以来土耳其国家实力已然取得了某些飞跃，催生了土耳其新的政治抱负。土耳其自2002年以来表现出良好的经济增长势头，并成为对国际货币基金组织贡献超过50亿美元的重要成员国。⑤

---

① Bruce Thornton, "Erdogan moves closer to making Turkey an Islamic State", *Frontpage MAG*, https://www.frontpagemag.com/fpm/266442/erdogan-moves-closer-making-turkey-islamic-state-bruce-thornton, 2017-04-19.

② 李秉忠、[英]菲利普·罗宾斯：《土耳其埃尔多安政权的强势治理及其脆弱性》，《现代国际关系》2016年第11期，第31—39页。

③ TESEV, "Reflections on Turkey: Islamic Middle Classes at A Glance", Dec. 2014.

④ Jakob Lindgaard, "Walking a Thin Rope: The U.S.-Turkey Balancing Act Is Becoming Increasing Untenable", *Wars on the Rocks*, https://warontherocks.com/2017/10/walking-a-thin-rope-the-u-s-turkey-balancing-act-is-becoming-increasingly-untenable, 2017-10-30.

⑤ 黄维民：《正义与发展党执政以来土耳其现代化转型评析》，《阿拉伯世界研究》2016年第5期，第83页。

2017年第三季度，土耳其经济增长达到令人震惊的11%。① 居世界第18位。作为经合组织成员，经济的持续发展刺激了土耳其国际政治参与的热情。而且，土耳其经济的主力军为新生的中产阶级，他们正是通过与伊斯兰世界发展贸易关系而获得利润，这反过来也会刺激土耳其外交更为进取或扩张，包括向外大力推介土耳其发展模式。土耳其外交中的经济因素，尤其是经济对于政治和外交的外溢作用以及土耳其经济在中东的比较优势不应被低估。

第四，土耳其与西方的利益冲突达到了某种临界点，促使土耳其必须从根本上再次审视其外交的定位和方向。中东变局发生之初，土耳其与西方在中东的基本利益大致还能保持某种协调，因而未见有明显冲突。叙利亚内战则导致土耳其与西方，尤其是与美国的利益冲突显性化。土耳其将库尔德人武装力量视为头号敌人，其后的基本逻辑是叙利亚库尔德武装力量是库尔德工人党的分支，因而也属于"恐怖主义组织"。就此，土耳其不惜武装"伊斯兰国"来打压库尔德人力量。美国与西方则视"伊斯兰国"为首要敌人，库尔德人武装力量是打击"伊斯兰国"最重要的地面力量，因此不断对其给予支持。这样，土耳其与美国关于"敌人"的认知发生了直接冲撞。土耳其从自身国家利益角度强调其选择的合理性，美国则从"道义"的高度强调合作打击"伊斯兰国"的迫切性，结果导致双方的叙利亚战略直接发生冲突。这种根本利益的冲突是土耳其与西方关系恶化的根本原因。土耳其与欧盟关系也处于某种临界点，短期内难以修复。在2017年8月的一次电视辩论中，德国总理默克尔声称"欧盟不应该接纳土耳其为成员国"。土耳其也宣称不再需要欧盟，加入欧盟的努力只是在浪费时间。② 显然，这些矛盾都具有长期性。而且特朗普政府"美国优先"的国家安全战略也使其战略盟友渐生异心，

---

① Osman Orsal, "Al-Monitor's 2018 Middle East Forecast", *Al-Monitor*, https://www.al-monitor.com/pulse/galleries/al-monitors-2018-middle-east-forecast.html, 2018-02-09. 2017年，土耳其经济总量为7614.4亿美元，http://www.zhicheng.com/n/20171102/179302.html, 2018-02-09。

② Umut Uras, "Turkey-Europe Tensions High as EU Summit Opens", *FEATURES*, http://www.aljazeera.com/indepth/features/2017/10/turkey-europe-locked-war-words-eu-summit-opens-171017100837409.html, 2017-10-18。

影响了土耳其的外交抉择。土耳其一直以来习惯于面对美国主导下的世界，拥抱美国在中东的领袖地位。① 美国政策当下的不确定性、其中东政策的踌躇不定，以及对于战略盟友的冷淡，也是土耳其外交转向的重要原因。

第五，中东变局之后持续的地区动荡导致土耳其的外交调整得以提速，以此来应对危机并试图将危机转化为机遇。土耳其外交调整自21世纪初期已经开启，但中东变局无疑加速了这一调整进程，2015年后则加快了这一提速进程。换言之，正是叙利亚内战问题从深层次上反映了土耳其外交面临的困境，促使当政者思忖国家外交的新走向。一些专家认为，土耳其在叙利亚问题上的判断出现了根本性错误，导致问题叠加。"若埃尔多安在最初未割断与巴沙尔政权的联系纽带，优先考虑自己的安全利益，土耳其在叙利亚问题上就不会如此被动。"② 这一判断过于理想化，而且即便如此，也无法否认土耳其的外交转型与叙利亚内战问题的密切关联。与叙利亚内战问题叠加在一起的是库尔德问题，伊拉克库尔德人追求独立建国，叙利亚库尔德人执着于民主自治，二者都是高悬于土耳其头顶的"达摩克利斯之剑"，迫使土耳其外交加速转型。实际上，正是叙利亚危机和库尔德问题为土耳其外交进行新的尝试提供了实践场域，赋予其外交调整乃至转型的信心。

（二）土耳其外交转型的影响

土耳其的外交转型不仅会对自身发展产生深远影响，而且还具有一定的世界意义。长期以来，土耳其的亲西方外交被认为是不同文明相互融合的典范，是伊斯兰国家学习西方的"优等生"。作为一个范例，土耳其突然要放弃近百年的西方化价值目标，这对于西方所推崇备至的价值理念无疑是沉重一击。土耳其的西向发展有两大目标：首先是使土耳其民众相信土耳其是欧洲的一部分，其次是说服西方舆论认同西方人和土

---

① William Hale, op. cit., p. 342.
② Semih Idiz, "Turkey's Problem with Syrian Kurds Far from Over", *Al-Monitor*, http://www.al-monitor.com/pulse/originals/2017/12/turkey-syria-kurds-problem-seems-far-from-over.html#ixzz51qwJv9to, 2017-12-19.

耳其人享有同样文化。① 进入21世纪，土耳其面临的现实则是，虽然众多土耳其人具有西方的世界观，但西方难以认同土耳其是与自身享有共同价值观和文化的社会。土耳其作为欧洲"他者"的地位并未改变。埃尔多安治理下的土耳其证明，西方认为土耳其彻底的文化和社会变革（符合西方标准的）无法完成，土耳其则确认了欧盟成员资格无法实现，无法平等地成为西方社会的一员。正是在此背景下，埃尔多安某种程度上正式开启了去西方化的历程。在外交方面则表现为，致力于平衡西方的影响，长时间以来这成为埃尔多安时代土耳其外交的重要动力。② 而且，特朗普政府的"美国优先"战略和土耳其无法最终加入欧盟的情势，亦成为土耳其与西方阵营渐行渐远的作用力。这样，土耳其与西方关系的遮羞布在埃尔多安时代得以正式揭开，也就具有了分水岭意义。

土耳其从北约退出的可能性在增加。土耳其通过1950年出兵朝鲜，最终于1952年获得了北约成员国资格，60多年无可置疑的忠诚正在发生动摇。北约对于土耳其的意义是获得某种心理上的安全感，北约则将土耳其作为围堵苏联的棋子。在苏联解体和土耳其与俄罗斯关系日益热络的当下，土耳其和北约的关系就显得有些怪诞和多余。在2017年北约军演中，土耳其阴差阳错成了假设的敌人。土耳其倘若从北约退出，则是其去西方化的重要举措，有利于维护土耳其的国家利益及完善外交理念和实践，有利于国际关系的多极化和民主化趋势，也有利于建设新型的国际关系准则。早在2011年就有学者指出，美国政府应该意识到土耳其已不再是美国冷战期间的"卫星国"，美国应该拥抱土耳其多元化、富有野心的外交政策。③

土耳其回归中东，为中东变局增添了很多变数和不可预测性。当下的中东正进入伊朗、埃及、沙特、土耳其和以色列五雄相争的时代，土

---

① ［土耳其］M. 许克吕·哈尼奥卢：《凯末尔传》，时娜娜译，商务印书馆2011年版，第206页。

② Mustafa Gurbuz, "Is the Turkey-Iran Rapprochement Durable in Iraq and Syria?", *Arab Center Washington DC*, http://arabcenterdc.org/policy_analyses/turkey-iran-rapprochement, 2017-08-24.

③ Ian Lesser & Beyond Suspicion, "Rethinking US-Turkish Relations", *Woodrow Wilson International Center for Scholars*, https://www.wilsoncenter.org/sites/default/files/beyondsuspicion.pdf, 2018-01-03.

耳其如何明智地在这场争夺中成为赢家,不仅仅对土耳其意义深远,也将从根本上影响着近期中东地区形势的走向。土耳其一方面加强与伊朗和俄罗斯的关系,另一方面加强与穆斯林兄弟会和卡塔尔的关系,这显然增加了中东地缘政治的变数。土耳其外交对中东的强势回归,其行为影响重大。土耳其外交转型的挑战在于,在多大程度上能够巩固与伊斯兰国家关系并实现外交转型的制度化。① 在土耳其回归中东的同时,还有俄罗斯和西方国家在中东地区事务的介入,增加了大国博弈的维度和地区形势未来发展的不确定性。土耳其在叙利亚北部遭受的挫败和与此相关的土耳其国内政治的变化,促进了土耳其选择与俄罗斯合作,并疏远美国。这两种刺激的互动进一步加剧了西方对于土耳其威权政府的不满,进而加剧了北约内部的紧张,这一切都对俄罗斯有利。② 土耳其能否摆脱改善同俄罗斯关系就必然损害土美关系的怪圈和陷阱,既取决于土耳其的选择,更取决于国际关系的变化。

三　土耳其外交转型的前景

土耳其外交转型的风险与机遇同在,短期内前景并不乐观。关于2018年土耳其外交的预测,学界将叙利亚的政治进程、库尔德问题和土美关系列为重要的观察点,强调土耳其外交仍将波动不断且充满风险。如乌米特·贝克塔司(Umit Bektas)认为,土耳其外交充满不确定性和不可预期性,土耳其与美国关系和叙利亚问题的政治解决进程是2018年土耳其外交的软肋。③ 穆拉德·塞泽尔(Murad Sezer)也认为,2018年对于土耳其而言将是极为艰难的一年,土耳其与美国关系仍将紧张。叙

---

① Giray Sadik, "Magic Blend or Dangerous Mix? Exploring the Role of Religion in Transforming Turkish Foreign Policy from a Theoretical Perspective", *Turkish Studies*, Vol. 13, No. 3, 2012, pp. 293–317.

② Aaron Stein, "Ankara's Look East: How Turkey's Warming Ties With Russia Threaten its place in the Transatlantic Community", *Wars on the Rocks*, https://warontherocks.com/2017/12/ankaras-look-east-how-turkeys-warming-ties-with-russia-threaten-its-place-in-the-transatlantic-community, 2017–12–27.

③ Umit Bektas, "Al-Monitor's 2018 Middle East Forecast", https://www.al-monitor.com/pulse/galleries/al-monitors–2018–middle-east-forecast.html, 2018–01–06.

利亚问题和库尔德问题是困扰土耳其的两件大事,沙特和伊朗的竞争也导致土耳其面临两难选择困境。①

(一) 土耳其外交转型的风险

土耳其国家的脆弱状态并未得到根本改善,内政的脆弱性增加了外交转型中蕴藏的风险。土耳其面临诸多挑战,尤其是该国 2016 年未遂政变后国内清洗造成的潜在紧张仍在持续。②《全球恐怖主义扩散指数 (GTI)》显示,2016 年土耳其首度进入全球受恐怖主义威胁最严重的十个国家之列,位居第九位,遭受恐袭案件数量占全球恐怖袭击案件总量的 3.3%。③ 2017 年"伊斯兰国"在伊拉克、叙利亚相继溃败后,该组织残余人员仍会给土耳其安全形势带来威胁。另外,埃尔多安的选举霸权也正遭受考验。前内政部长梅拉尔·阿克谢内尔(Meral Aksener)组建的"善党"对埃尔多安构成了挑战,当前民调其支持率在 16% 左右,正发党的支持率降至 38%。④ 前总统居尔也可能对其连任总统构成挑战。显然,无论是埃尔多安本人,还是正发党的政治生命,都显示出某种脆弱性。因此,国内秩序的稳定有助于当下土耳其外交的顺利转型,反之则增添了外交转型的风险。

土耳其外交进行根本性调整的重要举措之一,在于加大对库尔德工人党的打击力度,包括投入更多的精力来应对区域库尔德问题,其中存在的风险也是显而易见的。叙利亚的库尔德民主联盟党一直谋求库尔德人在叙利亚境内"自治"。由于库尔德民主联盟党得到了外部支持,而巴沙尔政权无力应对,使之获得发展空间。⑤ 伊拉克库尔德地区政府的独立

---

① Umit Bektas, "Al-Monitor's 2018 Middle East Forecast", https://www.al-monitor.com/pulse/galleries/al-monitors-2018-middle-east-forecast.html, 2018-01-06.

② Emrah Gurel, "Erdogan Slams Assad as 'Terrorist', Damascus Reminds Him of Own 'Crimes'", *Sputnik International*, https://sputniknews.com/middleeast/201712271060350897-erdogan-assad-terrorist, 2017-12-27.

③ The Institute for Economics and Peaces, *Global Terrorism Index 2017*, 2017, p. 21.

④ Conn Hallinan, "A Looming Crisis for Turkey's President", *Foreign Policy in Focus*, http://fpif.org/looming-crisis-turkeys-president, 2017-12-20.

⑤ Henry Storey, "The future for Rojava and the Syrian Kurds after ISIS", *Foreign Brief*, https://www.foreignbrief.com/middle-east/future-rojava-syrian-kurds, 2017-11-30.

公投和叙利亚库尔德人对于民主自治的追求,都令土耳其感到极度紧张,土耳其势必在较长时间强化与伊朗的合作,以期从根本上打压库尔德人在区域范围内的存在。然而,土耳其要解决库尔德问题,很大程度上也受制于西方国家和俄罗斯。历史上,土耳其一直是沙俄库尔德人政策的受害者。① 西方亦习惯于用打库尔德牌来迫使相关国家就范,这种局面在新时代可能持续上演。对于库尔德问题,任何短期内毕其功于一役的想法,都极不现实。2018年1月20日土耳其在叙利亚开展的"橄榄枝行动"将美国、俄罗斯、伊朗和叙利亚以及区域库尔德人都卷入其中,其复杂性远远超出了土耳其的应对能力。库尔德问题仍然是土耳其内政外交的软肋,这一局面短期内难以改变。

土耳其内政外交调整的社会基础并不牢靠,导致外交巨大调整的阻力相应增大。2010年土耳其"经济和社会发展基金"发布的民调显示:土耳其合适的角色是在巴以冲突、伊朗核问题等方面充当"调停者"和"媒介"。在一些学者看来,土耳其作为一个中等强国,其外交目标及其承担的国际角色应该与其定位相符。然而,土耳其却很少用中等强国的定位在区域事务中充当居间国的角色。② 正发党执政初期,土耳其外交确系致力于"居间国"角色,后期则日渐强硬,强行干涉区域国家内政,由此产生了诸多不利影响。从"经济和社会发展基金"公布的民调中我们可看到,埃及民众对土耳其在区域事务中持正面评价的比例从2012年的84%下降至2013年的38%;③ 对于土耳其参与地区教派纷争问题,土耳其认同上述问题的受访者比例由2012年的28%上升至2013年的39%;④ 2017年,70%的土耳其受访者认为,土耳其首先应该处理内政问题,20%的人则认为土耳其应该在中东扮演更为积极的角色。上述诸多数据表明,土耳其民众对于国家在外交上的过多投入持有怀疑态度,民众能够接受土耳其依然是中东地区事务的"中介者"角色。地缘政治现

---

① Gönül Tol, "Why is Turkey Silent on Russia's Cooperation with the Syrian Kurds?", *Wars on the Rocks*, https://warontherocks.com/2017/12/why-is-turkey-silent-on-russias-cooperation-with-the-syrian-kurds, 2017-12-19.

② William Hale, *Turkish Foreign Policy 1774-2000*, Frank Cass, 2002, pp. 1, 337.

③ TESEV, "The Perception of Turkey in the Middle East", 2014.

④ Ibid..

实将土耳其推到了舞台的中央,对于以区域大国自居的土耳其,无论是其国内还是整个中东都未做好充分准备。正如一些学者所指出的,土耳其迫在眉睫的任务是重新密切与中东其他国家的关系,防止来自叙利亚和伊拉克冲突区和战略真空区的问题外溢至土耳其。与此同时,土耳其需抓住机遇,解决自身内部日趋恶化的诸多问题。① 然而,周边国家的冲突和动荡使得土耳其实际上很难独善其身,还需直面这些问题,只是应对的方式应该更为审慎。

事实上,土耳其回归中东的方式也正在发生着深刻变化,变得日益咄咄逼人。土耳其对于中东事务的介入,之前主要是经济领域,继而发展到政治领域,当下则具有了军事维度。土耳其在叙利亚、卡塔尔和伊拉克都有军事介入的成分,近期土耳其在卡塔尔的军事存在正在扩大,在叙利亚更是展开了新的军事行动,这表明土耳其对于区域事务的介入正在深化,潜藏的风险也不言而喻。中东素来是大国折戟沉沙之地,土耳其使用包括军事手段在内的介入方式,其中隐含的风险指数极高。而且,土耳其如若在中东的军事存在威胁到美国及其传统盟友的利益,则很可能招致来自西方的反对和制裁。军事介入素来是高危的外交手段,即使是世界性大国也要多方考量。

(二) 土耳其外交转型的机遇及有限性

国际格局正在发生冷战结束以来最为深刻的变化,由于特殊的地缘政治环境,土耳其对于这一变化的感知更为敏捷,就此而言,土耳其外交转型的时机选择有合理性,2018 年将是观察土耳其内政外交的关键一年。经济问题是埃尔多安政府在 2018 年面临的首要问题,此外有反恐和处理好对外关系问题,尤其是土耳其与美国关系。② 土耳其社会中一直存在反美情绪。2018 年伊始,土耳其与美国在叙利亚上演的冲突,将土美

---

① Joost Hiltermann and Dimitar Bechev, "Turkey's Foray into the Middle East", *International Crisis Group*, https://www.crisisgroup.org/europe-central-asia/western-europemediterranean/turkey/turkeys-forays-middle-east, 2017 - 12 - 14.

② Nuray Babacan, "AKP's Poll Indicates Economy as Turkey's Forefront Problem", *Hurriyet Daily News*, http://www.hurriyetdailynews.com/akps-poll-indicates-economy-as-turkeys-forefront-problem - 124668, 2017 - 12 - 24.

关系推到前所未有的脆弱境地,却也聚拢了国内民众对政府的支持。土美关系一个持久性挑战还在于,土耳其精英们对于西方针对土耳其的"阴谋论"深信不疑,认为美国政府意图推翻埃尔多安政权。① 这些因素都可以服务于土耳其推动外交的转型。

当下,中东地区秩序仍处于深刻的调整期,为土耳其政治家在地区秩序重塑过程中打上自身的烙印提供了机会,土耳其亦希望在这一轮地缘政治博弈中拔得头筹。因此,在2017年底的耶路撒冷问题上,土耳其迅速以伊斯兰世界领导者的身份出现,与美国分庭抗礼,针锋相对地提出将土耳其驻巴勒斯坦使馆迁往东耶路撒冷。耶路撒冷问题是埃尔多安获得阿拉伯世界民心的新时机,正是阿拉伯世界的混乱和特朗普政府中东政策的一系列错误使埃尔多安的地区形象得以增彩。② 从目前情势看,土耳其仍将大力介入中东事务。埃尔多安在2017年年终讲话中指出,土耳其如果不积极介入区域冲突的解决,其自身的安全也难以保障。土耳其在2018继续实行积极和大胆的外交政策,甚至不惜冒险,以此来应对可能出现的麻烦。③ 土耳其国内政治治理虽然面临诸多挑战,但正发党对于权力的掌控尚属稳定。正发党一党长期执政且较为稳定,在土耳其国家治理史上虽属罕见,但有利于土耳其内政和外交的有效互动。哈坎·亚武兹强调,土耳其国内存在"双重主权",即亲伊斯兰传统的正发党与奉行凯末尔主义的军方势力。而土耳其目前正在朝着结束"双重主权"的目标不断前进,这一变化对土耳其的意义犹如奥斯曼帝国终结与土耳其共和国的成立。④ 相较于中东地区部分国家的政治动荡,土耳其的相对稳定更显得难能可贵。如果土耳其能够妥善解决经济问题、恐怖主义问

---

① Aaron Stein, "Ankara's Look East: How Turkey's Warming Ties With Russia Threaten its place in the Transatlantic Community", *Wars on the Rocks*, https://warontherocks.com/2017/12/ankaras-look-east-how-turkeys-warming-ties-with-russia-threaten-its-place-in-the-transatlantic-community, 2017 – 12 – 27.

② Abdennour Toumi, "How President Trump and Arab Leaders Are Making Turkey Great Again", *The Arab Daily New*, http://thearabdailynews.com/2017/12/25/president-trump-arab-leaders-making-turkey-great, 2017 – 12 – 25.

③ "Turkey Will Continue 'Active and Bold' Foreign Policy in 2018: Erdogan", *Hurriyet Daily News*, Dec. 31, 2017.

④ M. Hakan Yavus, op. cit., pp. 202 – 203.

题，并在库尔德问题上开出良方，埃尔多安政权就可能获得更大的支持。

不过，土耳其的外交转型只有十多年，相较于奉行近百年的亲西方世界的"西向战略"，时间差距较大。一方面，土耳其国内政治的两极化趋势明显，影响了政治共识的达成，一旦国内政权发生更迭，就可能影响到既有政策的执行。另一方面，土耳其回归中东和发展与俄罗斯关系并没有坚实的历史基础。历史上，土耳其与俄罗斯的关系更多的是彼此的疏远和敌对。① 此外，土耳其对于中东地区事务远非了然于胸，其应对也是捉襟见肘，中东国家对土耳其仍充满疑虑。这一切决定了土耳其外交转型的艰难性和长期性。一些学者提出土耳其外交的五项施行原则：其一，确定一个可靠且可预期的邻国政策；其二，重新界定和确认与传统盟友的关系；其三，需要继续依赖北约和欧盟保障其安全与稳定；其四，需要与俄罗斯发展平等、公平和透明的双边关系；其五，外交政策要与其谋求的国际利益相吻合。② 土耳其的外交转型中需要平衡多组关系，从侧面反映出土耳其外交转型的限度。

此外，西方对于土耳其外交的转型也不会放任自流。土耳其与西方关系正向着质变方向行进，从深层次上反映了发展中国家的集体崛起和世界多极化的趋势，这也令西方感到不适。西方在与土耳其相处过程中一直坚持某种标准或者说维持某种底线原则，典型的就是布热津斯基的论断："只要土耳其国内政治不出现大幅度转向伊斯兰化，美国就应利用自己在欧洲的影响促使土耳其最终加入欧盟，并坚持把土耳其当作一个欧洲国家来对待。"③ 2003 年伊拉克战争中土耳其的不合作，导致了美国对其的羞辱和部分经济惩罚。2012 年下半年，美国拒绝了土耳其在叙利亚建立"安全区"和"人道主义走廊"的建议。2014 年，美国学界和政界一些人联名写信给奥巴马，要求美国政府对土耳其施加压力，防止其进一步损害美土战略关系。2017 年，又有一些美国学界和政界人士提出

---

① 唐志超：《俄罗斯与土耳其关系的内在逻辑与发展趋势》，《西亚非洲》2017 年第 2 期，第 4—11 页。

② Ünal Çevköz, "Five Principles for A Visionary Foreign Policy for Turkey", *Hurriyetdailynews*, January 3rd, 2018.

③ [美] 兹比格纽·布热津斯基：《大棋局：美国的首要地位及其地缘战略》，中国国际问题研究所译，上海世纪出版集团 2007 年版，第 166 页。

对土耳其加以遏制的建议。① 近期，针对与美国渐行渐远的土耳其，一些西方资政人士提出以库尔德工人党来牵制土耳其外交政策中不利西方的变化。上述多种因素掣肘了土耳其外交的转型及其限度。

结　语

埃尔多安时代土耳其外交主体性日益凸显已经是不争的事实，土耳其将中东看作其战略资产和践行其外交新理念的舞台，而将与西方国家关系更多地看作某种负面的资产。土耳其外交的这一巨大变化，因其与之前的外交价值取向存在巨大差异且可能产生重大影响，甚至可以称为"外交革命"。美国等西方国家与土耳其利益的诸多冲突、土耳其国内世俗主义力量的式微和穆斯林资产阶级的上升趋势、埃尔多安的领导风格，等等，成为影响土耳其外交调整的原因与基础条件。

恰逢世界和地区局势的深刻变化，土耳其外交转型的机遇和风险同在。中东变局及其之后的地区动荡，为土耳其推进外交转型提供了试验场，通过多次的试错，正发党政府应对中东局势变化的能力不断提高。一些学者由此预测，对于埃尔多安而言，2018年会是极具挑战性的一年，为了应对总统选举和议会选举所需的准备工作，国内已有的政治紧张气氛或会加剧。② 而且，埃尔多安有可能将2019年大选提前至2018年，由此可能导致土耳其经济发展不平衡性更甚，而不仅仅是政治方面的问题。③ 近期，土耳其外交转型确实面临诸多挑战，但这种转型具有必然性，符合土耳其的国家利益。埃尔多安塑造"新中东"的抱负未有丝毫改变。与此同时，土耳其中等强国的实力决定了土耳其需要统筹好内政和外交两个方面，在外交抱负和实力之间达成平衡，在东方取向和西方

---

① Marc Pierini, "Turkey's Downward Spiral", GMF, Aug. 28, 2017.

② Nick Ross, Henry Storey and Alex Anczewski, "2018 Geopolitical Forecast: Middle East and North Africa", *Foreign Brief*, https://www.foreignbrief.com/middle-east/2018-geopolitical-forecast-middle-east, 2017-12-21.

③ Mustafa Sonmez, "2018 Fraught with Uncertainties for Turkish Economy", *Al-Monitor*, https://www.almonitor.com/pulse/originals/2017/12/turkey-2018-is-fraught-with-uncertainties-for-economy.html, 2017-12-29.

取向之间找到平衡点，从而更好地服务于土耳其国家利益。无论结果如何，未来的历史学家有可能将 2017—2018 年记载为土耳其内政外交转型的界标性时间段。

（本文原刊发于《西亚非洲》2018 年第 2 期）

埃及塞西政府的平衡外交政策述评

李 意[*]

摘 要：在全球化时代，大国利益边界出现交叉，给一些中小国家的平衡外交提供了较大的空间。对于中小国家而言，平衡外交政策可以减少对某一个大国的绝对依赖，有助于摆脱大国的影响和制约。其根本目的是最大限度地维护国家利益，为中小国家提供更自由的发展空间。自2014年塞西总统上任以来，埃及在外交方面积极实施"在大国关系中寻求平衡"的政策，努力寻求外交多元化，以国家利益最大化为目标，在美、俄、中等大国之间保持战略平衡。塞西政府平衡外交政策的核心是实用主义平衡战略，它是维护国家军事安全、拓展国家生存空间、推动国家经济发展的产物。目前，塞西政府的外交政策取得了一定成效：与美国的关系不断调整并走出低谷，双方关系逐步回暖；与俄罗斯的关系实现了历史性突破，有助于降低埃及对美国的依赖度；与中国的关系主要围绕"一带一路"倡议展开，为埃及带来了诸多经济红利，并切实缓解了埃及的民生问题。

关键词：埃及外交 塞西总统 平衡外交 国家利益

平衡外交是国际关系中一种常见的外交政策，它是一个国家在保持国家独立自主的前提下，以实现国家利益最大化为目标，均衡发展与世

---

[*] 李意，上海外国语大学中东研究所副研究员。

界大国、强国的关系,从而维护国家在政治、经济、安全各方面利益的一种外交政策。在平衡外交的语境中,随着一个国家对大国平衡外交的深入开展,外交主体会自然保持中间立场(或曰"骑墙",fence-straddling),形成在大国、强国之间的"等距离"(equal-distance)外交态势;相反,在非平衡外交语境中,随着外交主体对某个大国、强国外交的不平衡性逐渐加剧,就会出现不同程度的"选边站"(sides-taking)倾向,最终形成向某一大国"一边倒"(one-side)的情形。[①] 从构成要素的角度看,平衡外交一般是发生在一个中小国家和两个或两个以上大国之间的,而大国通常分为世界性大国和地区性大国。

在国际体系中,国家身份决定国家利益的界定,国家利益决定国家的对外行为。对埃及而言,从国土面积、人口规模、经济体量、政治和军事实力[②]、宗教文化辐射力、国际或地区组织话语权等方面的国家综合实力和国际影响力来看,埃及是中东地区的大国。但从国际视野来考察,埃及则是国际体系中的中等强国(或地区性大国)[③]。中等强国虽然在国家实力上不能与世界性大国相比,但它们拥有令一般中小国家无法比拟的禀赋,从而在国际社会中发挥着避开大国锋芒、凝聚中小国家利益关切、专攻擅长议题领域的独特作用。[④] 进入21世纪以来,中等强国的实力不断增强,在国际和地区事务中的号召力和话语权不断攀升,逐渐成为决定国际体系走势的重要力量和全球游戏规则的推动者。

就埃及对外关系而言,其外交伙伴既包括美国、俄罗斯、中国等世界性大国,也包括以色列、伊朗、沙特等地区大国。限于篇幅,本文主要以埃及塞西政府对世界性大国的平衡外交为研究对象。自2014年执政以来,埃及塞西总统吸取了之前当政者较亲美的教训,把促进外交多元化作为对外政策中的主要战略,在外交战略上更多地拉入第三方力量,

---

[①] 孙西辉、金灿荣:《小国的"大国平衡外交"机理与马来西亚的中美"平衡外交"》,《当代亚太》2017年第2期,第20页。

[②] 埃及国土面积为100.1449万平方公里;2017年埃及人口为9755.32万人;2017年埃及国内生产总值为2353.69亿美元;2015年埃及国防军费开支为56.1亿美元。

[③] 埃及除了国内生产总值指数略低以外,其余指数均符合大型中等国家的标准。参见孙西辉、金灿荣:前引文。

[④] 丁工:《中等强国与中国周边外交》,《世界经济与政治》2014年第7期,第24页。

通过平衡外交的方式重塑埃及的外交格局。其中，美国作为全球唯一的超级大国具有超强实力，在该地区有着深刻的影响力，与埃及的关系经历了从疏远到接近的过程；俄罗斯一改之前全面观察、谨慎参与的姿态，同埃及加强军事领域和经济合作关系，在埃及外交中的重要性与日俱增；中国以"一带一路"倡议为抓手，本着与中东国家构建新型合作共赢的外交关系及共建人类命运共同体的原则，日益成为埃及国家经济发展不可忽视的倚重力量。本文在分析埃及平衡外交运行机理的基础上，梳理塞西政府平衡外交政策的实践，评估其成效与外交风险。

一 塞西政府平衡外交的运行机理

真正意义上的平衡外交是在20世纪60年代以后出现的。对发展中国家而言，1961年不结盟运动的成立，奠定了包括埃及在内的广大中小国家的外交基础。虽然这一时期全世界仍处于美、苏两极争霸中，但国家间求同存异的合作模式开始显现，平衡外交也顺势而为出现在国际政治舞台上。进入21世纪以来，不结盟运动更加强调维护世界和平与安全，推行平等、互不侵犯和多边主义等理念，为埃及推行平衡外交提供了基本原则。中小国家为了应对先天脆弱性（vulnerability）而实施的对大国、强国的平衡外交，不但体现了大国与中小国家之间较为稳定的关系互动，而且为中小国家赢得了生存空间与发展能力。[①]

（一）埃及平衡外交的历史基础

国家的外交政策总是在特定的历史基础上产生的，离不开其外交文化基因和历史惯性。分析埃及共和国建立以来的外交重点，有助于理解埃及塞西总统奉行平衡外交理念的基础条件。长期以来，独立自主和中立原则是埃及外交政策中的重要内容。与此同时，埃及重要的地缘位置和显著的政治地位使得埃及一直是大国争夺的目标。冷战时期的埃及外交更是在很大程度上受到两极格局的影响。从共和国建立至塞西执掌埃

---

① Andrew F. Cooper & Timothy M. Shaweds, *The Diplomacies of Small States: Between Vulnerability and Resilience*, London: Palgrave Macmillan, 1998, p. 203.

及政权，埃及的对外关系大体可以分为以下 4 个阶段。

纳赛尔时期（1956—1970 年），埃及的外交围绕着"积极中立"政策展开，主要体现为在美、苏两个超级大国之间的较量。美国极力将埃及拉拢到西方阵营中，而苏联也通过对埃及进行经济和军事上的援助，力图扩大在埃及的影响。中立与不结盟成为埃及外交的最佳选择。"积极中立"意味着不回避世界矛盾，通过参与国际事务，谋求实现国际进步和世界正义等目标，同时不与任何国家集团结盟。① 纳赛尔总统实行的"积极中立"政策使埃及成为阿拉伯国家的中心、非洲民族解放运动的基地和不结盟运动的中坚力量，巧妙地应对了美、苏争霸的复杂局面，为埃及带来独立的同时，也带来国家经济的快速发展和国际地位的迅速提高。

萨达特时期（1970—1981 年），埃及与苏联的关系从开始的相互猜疑到保持友好发展并签订《埃苏友好合作条约》。与此同时，埃及与美国也在试探中低调接触。十月战争后，埃苏关系陷入僵局，埃及废除了《埃苏友好合作条约》，埃美关系则大有改善。埃及逐步实现了从苏联到美国的外交转向，埃美关系全面发展。埃苏、埃美关系的大换位是多种因素共同作用的结果。其中，美国的积极斡旋、苏联的日益疏远以及萨达特总统本人的意识形态与重实际、求实效的性格起到了决定性作用。埃及在美国提供的经济和军事援助的支持下，引进了西方先进的理念和技术，此举不仅有利于埃及推进经济开放政策，而且营造了国内发展建设的和平环境。

穆巴拉克时期（1981—2011 年），埃及政府推行全方位外交，将国家的经济发展和政治稳定作为埃及外交政策的首要目标，除了维护和巩固其在传统范围内的领导作用外，还特别注重加强与大国尤其是欧美国家之间的关系。埃及加入了现有的国际政治经济体系，积极推进阿以和谈，逐步奠定了埃及在中东地区的大国地位。这一时期，埃美战略盟友关系全面发展，美国为埃及提供了大量经济援助，但也因此限制了埃及在外交上的独立自主。对美国援助的严重依赖使埃及经济背上了沉重的债务负担，而美国援助对埃及经济的干预，在一定程度上损害了埃及的经济

---

① 雷钰、苏瑞林：《中东国家通史·埃及卷》，商务印书馆 2003 年版，第 309 页。

主权；对美国反恐政策的支持，更使埃及在伊斯兰世界处于尴尬的境地。①特别是埃、美双方在"大中东民主计划"、伊拉克战争、苏丹达尔富尔问题、伊朗核问题、黎以冲突等许多地区重大问题上产生分歧与不合，阻碍了埃及作为一个地区性大国应该发挥的作用。

穆尔西时期（2012年6月—2013年7月），埃及刚刚经历过"1·25"革命，国家政局与经济正处于缓慢恢复阶段。穆尔西在完成军方大换血并稳住政局后，先后出访沙特阿拉伯、中国、伊朗和美国。立足国家利益，着重当务之急，穆尔西在外交政策中尽量淡化宗教色彩，采取了务实、平衡的外交方针，为凋敝的埃及经济和动荡的政治局势寻求良方。

从历史上看，埃及制定外交战略的出发点是顺应国内外时局变化并最终服务于国家利益。作为不结盟运动的创始人之一，纳赛尔的"积极中立"政策是埃及外交政策的基石，也是埃及平衡外交的起源。在那一时期，对于刚刚获得独立的埃及来讲，无论是美国的讨好还是苏联的拉拢，只要投靠任何一方，埃及都将会再次走上殖民地附属国的老路，埃及势必为了生存选择一条不偏向任何一方的道路。萨达特时期的国家政策围绕"和平、民主和经济"展开，通过实施"多元主义"的政治改革，其外交战略伙伴从苏联转向美国，与以色列实现和平，为穆巴拉克时期埃及的外交战略奠定了基本格局。穆巴拉克总统一方面与美国构建战略盟友关系，另一方面同包括阿拉伯国家在内的世界各国发展友好合作关系。埃及政府支持国际关系多极化趋势，通过不断加强和世界各大国之间的联系开展全方位的外交活动，为塞西政府的平衡外交奠定了坚实的基础。

（二）埃及平衡外交的政策目标

对大国实施平衡外交政策的目的在于维护中等强国的国家利益，其中包括政治、经济、安全和文化诉求。国家发展阶段不同，国家利益的优先顺序不同，中等强国的外交战略选择也会有所不同。与世界性大国相比，中等强国在地理位置、国土规模、经济能力和国内资源等方面具

---

① 陈天社：《当代埃及与大国关系》，世界知识出版社2010年版，第126—132页。

有先天脆弱性，意味着它们无力承受或抵御随时有可能面临的各种风险和冲击。①其脆弱性主要体现在安全脆弱性和经济脆弱性两个方面，为了优化生存环境，中等强国选择与世界性大国进行合作，通过维持不"选边站"的相对平衡策略，从而化解国家的脆弱性并使安全利益得到保障。

埃及塞西政府对大国的平衡外交政策也不例外，其根本目标是最大限度地维护埃及的国家利益。自2011年"1·25"革命以来，埃及政坛长期动荡造成了国内资本的大量流失，民众生活水平严重下降，埃及社会承受着物资匮乏、通货膨胀的巨大压力，各阶层民众普遍渴望实现经济发展。②塞西总统执政后，将埃及国家利益的优先考量定位在稳固国家政权、维护国家稳定、解决民生问题等方面。在外交政策领域，埃及前外长法赫米明确指出埃及政府的诉求："埃及的外交政策目标就是让埃及有更多的选择，它不会以谁来替换谁，它要的是增加。"③当然，此处的"增加"主要包括外交圈的扩大。被誉为"埃及雄狮"的纳赛尔总统早在半个多世纪前就强调了埃及的外交范围之广、之重要，他指出："从世界地图上看，谁也不能漠视我们在世界上所占据的这个空间，以及它赋予我们这个空间的任务。"④他所指的空间是埃及历届政府采用的"圈子外交"，即学术界普遍认可的对阿拉伯国家、非洲国家、伊斯兰世界的"三个圈子"外交。这是埃及能够发挥重要作用的三个主要舞台，也是埃及容易获取支持和协调行动的重要外交资源。⑤"三个圈子"无论是并列圆，还是同心圆，抑或是交叉圆，都主要围绕国家、中东地区和伊斯兰世界而展开。对塞西政府而言，由于经历了翻天覆地的变革，其"三个圈子"外交增添了新内容，特别是政府根据需要逐步实施了大国平衡外交政策。此举有助于塞西政府完成多项迫在眉睫的任务，其政策目

---

① 韦民：《规模、体系与小国脆弱性》，《国际政治研究》2013年第1期，第70页。
② 戴晓琦：《塞西执政以来的埃及经济改革及其成效》，《阿拉伯世界研究》2017年第6期，第46—47页。
③ 《俄罗斯重返中东 美埃同盟面临威胁》，新华网（https://news.163.com/13/1116/10/9DPV PJG800014JB5_ 2.html），访问日期：2019年5月6日。
④ ［埃］加麦尔·阿卜杜拉·纳赛尔：《革命哲学》，张一民译，世界知识出版社1957年版，第58页。
⑤ 王京烈：《埃及外交政策分析》，《西亚非洲》2006年第4期，第27页。

标包括：在国家层面，改善国家经济状况，积极解决民生问题，夯实塞西政权的合法性；在中东地区层面，提升地区影响力，维护地区大国的地位；在伊斯兰世界层面，"重回历史使命"，维护伊斯兰世界和阿拉伯国家的稳定；① 在全球层面，埃及希望加强在国际事务中的作用和影响力，真正发挥地区性大国的作用。为实现上述目标，埃及需要借助世界大国的多方支援和配合，在进一步稳定国家秩序的同时，维护国家独立自主，促进经济社会发展。因此，塞西政府关于大国平衡外交的决策有其必然性。

（三）埃及平衡外交的战略环境

战略环境是指特定时期内世界各主要国家（或集团）在矛盾、斗争或合作、共处中的全局状况及其总体趋势，这是实施大国平衡外交的重要外部原因。在全球层面，整个国际格局对中等强国的生存乃至对外战略选择具有重要影响。在单极独霸格局、两极对峙格局或者多极格局等不同的情境下，中等强国的对外战略也会出现不同的选择。近年来，世界多极化趋势已不可逆转，随之而来的是世界性大国间的竞争与合作并存交织，势必为各国的外交政策增加新的变数。不仅如此，维护多边主义、加强协作的呼声逐步成为国际社会的共识，为充满不确定性的世界注入稳定性和正能量。② 与此同时，美国改变了在中东事务上全面介入的策略，特朗普政府更是作为"离岸平衡手"在中东政策上实行"减负"，只在大的权力失衡事件上进行有限干预，尽显战略收缩的态势。在区域层面，中等强国对周边国家的认识和战略理念十分重要，如何看待周边国家并妥善处理与周边国家的关系，构成中等强国对外战略的主要内容。由于历史、宗教、文化、种族等问题，中东因错综复杂的矛盾和各种各样的冲突而成为牵动世界安全的热点地区。特别是自特朗普上台以来，中东地缘政治格局变化加剧，处理与周边国家关系更需要技巧和智慧。在国内层面，外交是内政的延伸，中等强国的政府能不能很好地维持国

---

① 李国富：《展望大选后埃及内外政策的走向》，《当代世界》2014 年第 8 期，第 29 页。
② 冯雪珺：《慕尼黑安全会议多国代表呼吁：加强协作，维护多边主义》，《人民日报》2019 年 2 月 18 日。

内经济发展和政治稳定,是影响其国际地位和对外战略的重要因素。对国家实力相对较小、国家局势处于动荡的中等强国而言,国家领导人对外交战略的选择尤其重要。

从全球层面来看,不论是两极对峙格局还是如今的多极格局,埃及因其在中东独特的地缘战略位置和深厚的历史底蕴,一直是世界性大国争取和拉拢的对象。塞西总统执政以来,埃及将安全作为外交政策中的首要诉求。埃及的主要安全任务包括:一是在新的国际格局中迅速自我定位并更深地融入国际社会;二是在不稳定的局势中维护国家安全。与此同时,多极格局的形成为中等强国的崛起创造了条件,新的国际格局给埃及营造了较为宽松的外交空间。为此,埃及积极寻求与美国、俄罗斯、中国利益的最大公约数,平衡外交成为最佳选择。在对美关系方面,由于穆巴拉克时期对美国援助的严重依赖损害了埃及的经济主权,与美国在军事方面的合作使埃及的国防现代化受制于美国,[①] 因此,塞西总统执政后,首先面临着树立总统威信及实现去"穆巴拉克"的任务,有意淡化与美国的关系,但也不会完全与美国决裂。在对俄关系方面,塞西政府受到欧美冷遇使其逐步向俄靠拢,而俄罗斯为应对制裁,也在世界各地广泛发展盟友,埃及即是其在中东地区的重点发展对象。不仅如此,俄罗斯于2018年10月17日与埃及签署《最高级别的全面伙伴关系和战略合作协议》,标志着双方的合作关系迈上了新的台阶。在对中国关系方面,埃及十分重视与中国"一带一路"的合作,把共建"一带一路"当作实现互利互惠的致富之路。而非洲地区作为"一带一路"的自然和历史延伸,也是中国"一带一路"建设的重要方向。

从区域层面来看,2011年中东剧变带来的一系列冲突与动荡令埃及国家元气大伤,埃及作为地区性大国的地位受到挑战,围绕"三个圈子"展开的外交更是因动乱和政变而显得乏力。为了追求在政治、经济、文化方面的地区主导权,恢复和巩固昔日地区大国的地位,埃及需要借助大国的力量。对地区国家而言,以沙特为首的海湾国家是埃及平衡外交的主要对象。巩固与海湾国家的关系,不仅有助于埃及通过争取经济援

[①] Bessma Momani, "Promoting Economic in Egypt: From U. S. Foreign Aid to Trade and Investment", *Middle East Review of International Affairs*, No. 3, 2003, p. 34.

助摆脱财政困境,尽快恢复经济和社会发展,而且将增强埃及在反恐、维护地区安全等方面的影响力。事实上,2017年卡塔尔断交风波以来,埃及已经成为海湾国家竞争和拓展影响力的主战场。由于在利比亚和红海事务上更加倚重埃及的协助,沙特和阿联酋的资金在2018年开始向埃及回流。不仅如此,埃及也十分重视改善与伊朗的关系。作为中东地区的重要国家,伊朗在叙利亚问题上拥有举足轻重的影响力,埃伊关系的改善不但有助于埃及应对中东政治格局的突变,而且能影响美国和以色列在该地区的战略调整,从而改善埃及的周边安全环境。

从国家层面来看,埃及的主要目标是增强综合实力,维护独立自主。塞西总统上任后即面临一系列艰巨任务,包括重振陷入停顿的经济、打击伊斯兰极端分子、巩固自身统治地位等。而营造地区和平与稳定的政治局面、维护国家安全并捍卫国家主权则成为首要工作。在政治方面,埃及坚持不结盟思想,维护国家的独立性;在经济领域,埃及面临严峻的发展经济任务,因而需要与大国保持密切的经贸联系;在文化领域,埃及依托其丰富的旅游资源与灿烂的古代文化展开文化外交,在思想、教育、文化等领域,与他国开展持续性的人员交流、文化传播和思想沟通,从而获得更多的国际生存资源。塞西政府通过拓展和大国间的外交战略空间来深化与大国间各方面的合作,从而有效地提升了埃及在国际事务中的影响力和话语权。

(四)埃及平衡外交的资源禀赋

从资源禀赋来看,中等强国一定程度上具备"制衡"或吸引世界性大国的特点,包括独特的地缘优势、突出的战略地位、深厚的文化与历史积淀、地区影响力和国际地位等。其中,地理位置、文化因素及国家领导人的素养是实施平衡外交的基础条件。

首先,地理位置和地缘因素是影响中等强国同其他国家之间关系的重要条件。埃及占据得天独厚的地缘战略要塞,在资源禀赋方面无疑对大国极具吸引力。它不但是亚非欧三洲之间的陆地交通要道,而且是沟通大西洋与印度洋的海上捷径,战略位置十分重要。由于它掌控着著名的国际通航运河苏伊士运河和重要的石油输送通道苏迈德石油管道,因此在世界能源贸易中的地位也不容小觑。不仅如此,埃及开罗还是阿盟总部及其秘书处所在地,使得埃及能够以东道主的身份组织、协调和参与大多数阿拉伯事务,长期发挥着地区大国的作用。

其次,中等强国在外交战略的选择和制定中,传统文化会对其外交目标、手段、方式和风格等要素产生直接影响。可以说,一个国家的外交活动自始至终是在特定的文化背景下展开的,而特有的民族文化往往会影响该国对外政策的倾向。无论是在对交往对象的全面认识上还是在外交政策的制定过程中,文化的作用始终不容忽视。可以说,平衡外交作为一种"传统性"的外交策略,具有深层次的文化渊源。如前文所述,埃及的政治文化传统中不乏"积极中立""多元主义"和不结盟运动等色彩。在外交政策制定的过程中,这些文化特点成为埃及获得国际社会承认、协调多方关系和采取重大行动的影响因素之一。

最后,国家领导人在外交战略上的综合分析能力和决断作用十分重要。由于国家领导人具有不同的综合分析能力、道德感召力、团队凝聚力、外交素养和决策能力,因此他们采取的外交决策也不尽相同。这同时要求领导人必须具备敏锐的洞察力、有效的执行力、缜密的分析力和果断的决策力,通过正确判断和评估国家面临的主要威胁,有理性地选择和实施相应的外交战略。埃及总统塞西精明、谦恭,在外交手段方面显得灵活务实,他能够较好地把握强硬与妥协的程度和时机,同时避免与大国的关系彻底恶化或过于亲近。为了快速有效地促进埃及经济的恢复与发展,保持埃及的国际和地区地位,塞西总统的外交政策以优先解决国内问题为目标和导向,遵循"与世界及地区大国、经济强国加强交往,谋求合作"的总体方针,[①] 对世界性大国采取了平衡外交政策。

综上,无论从历史基础和政策目标还是从战略环境和资源禀赋来看,埃及塞西政府在实施平衡外交方面都具备了充分的条件和基础。加之2011年"1·25"革命带来的不利影响,埃及在政治经济方面举步维艰,内政外交陷入多重困境,国内政局剧烈动荡,国际上又受到排挤与孤立。如何消除穆巴拉克时代遗留的诸多政治、经济顽疾,如何在动荡局势下维护国家安全并满足民生需求,都成为塞西政府亟待解决的难题。因此,

---

① 王金岩:《塞西政府的内外政策走向及中埃合作前景》,《当代世界》2018年第5期,第77页。

努力摆脱孤立困境，巩固老盟友、发展新伙伴就构成塞西政府实施平衡外交的主要内容。

二 塞西政府平衡外交的具体实践

作为一个中等强国，埃及一直在国际舞台上发挥着积极作用。尽管埃及外交经历了发展变化，但围绕不同时期国家利益需要是其主要出发点。对塞西政府而言，经过多年的政局动荡，政治重建与提振经济成为施政的重中之重，① 国内的经济利益成为埃及外交政策的首要目标。如何吸取前任总统的经验教训，满足社会各阶层需求，维护埃及民众的正当利益，成为塞西政权能否维持稳定的关键所在。

（一）塞西政府的平衡外交战略布局

塞西总统上任之初，就推出"复兴计划"（The Revitalization Plan），表示将恢复埃及在阿拉伯—伊斯兰世界的领头羊地位。为此，埃及的内政外交围绕以下内容展开：一是稳定政治局势，巩固统治根基；二是大力恢复经济，多方寻求援助；三是调整对外关系，推行平衡外交政策。在对外关系方面，塞西总统力图借助一切可以借助的力量，遵循发展经济、争取和平安宁外部环境的思路，以平衡外交为抓手，积极推动外交多元化战略。正如埃及外交问题专家塔里克·斯努提出的那样："随着俄罗斯、中国等国国际地位的上升，国际关系体系趋于平衡，埃及将有更大空间开展多元外交。"② 基于此，塞西总统在各大国之间实施战略布局，从而为发展国民经济和提升区域影响力创造机会。

首先，埃及加强与欧美国家的外交关系，谋求它们对塞西政府的支持和对埃及经济发展的资金援助。中东剧变以来，欧盟国家支持埃及变革，十分关注埃及国内的政治发展前景。塞西总统访问欧洲时，双方在加强反恐合作方面进行了深入交流。从埃及与美国的关系看，埃及长期

---

① 戴晓琦：前引文，第36页。
② 郑一晗：《塞西有望重塑埃及外交格局》，网易新闻（http://news.163.com/14/0606/12/9U2CL SHU000 14JB5.html）。

获得美国在经济和军事上的援助,是美国在中东地区的重要战略伙伴之一,后由于埃及国内政治动荡,导致美埃关系紧张,美国暂停了部分对埃及的援助。特朗普执政后,在双方元首的努力下,两国关系逐步升温。

其次,塞西把外交重点转向俄罗斯,埃俄关系明显恢复和发展,双方在各个领域的合作都有大幅度提升。其中,军事安全与反恐合作是塞西政府与俄罗斯关系发展中的核心内容,也是双边合作中起效最快、影响最大的领域。埃俄关系的向好改善了埃及国家发展所需的外部环境,一定程度上减轻了因对美国的依赖而产生的负面影响。

最后,塞西总统与中国加强联系并谋求合作,有力推动了埃及经济的恢复与社会发展,缓解了国内的民生问题和就业压力。塞西政府积极响应中国的"一带一路"倡议,并将"一带一路"倡议视为埃及发展的历史性机遇,竭力推动相关部门同中国进行具体项目的对接。2014年12月,中埃关系提升为全面战略伙伴关系;2016年1月,中埃签署《中埃关于加强两国全面战略伙伴关系的五年实施纲要》,双方表示在基础设施建设方面进一步加强合作。[1]

(二) 塞西政府的平衡外交策略

从基本类型来看,平衡外交主要从是否为交叉领域、平衡的软硬手段、平衡的发展方向等角度来判断。交叉领域是指外交主体主动选择与对象国家在不同领域保持关系,通过取长补短来维持大国平衡外交。平衡的软硬手段是相对而言的,硬平衡多指使用正式的结盟或军事集结来建立权力均势,软平衡则是"通过和平的方式来挑战强国,这些方式包括外交谈判、贸易合作或出于某一立场而表明态度等"[2]。软平衡一般用于中等强国应对大国的策略中,它虽然不可能直接挑衅大国、强国的军事优势,但能够通过使用非军事手段来消磨、挫败甚至破坏大国的单边

---

[1] 《中华人民共和国和阿拉伯埃及共和国关于加强两国全面战略伙伴关系的五年实施纲要》,新华网(http://www.xinhuanet.com/world/2016-01/22/c_1117855474.htm),访问日期:2019年5月6日。

[2] Beth Elise Whitaker, "Soft Balancing among Weak States? Evidence from Africa", *International Affairs*, Vol. 86, No. 5, 2010, p. 25.

主义政策。① 平衡的发展方向通常包括"正向平衡"和"逆向平衡",前者指的是国家间关系由不平衡向平衡或者由之前程度较低的平衡向后期程度较高的方向转变,后者则相反。发展方向的选择并不固定,它主要是国际大环境和国内现实需求等多方面综合因素促成的结果。

为了应对国内局势动荡和经济低迷等问题,塞西政府在外交政策上采用了交叉性平衡外交方式。如埃及与俄罗斯在加强军事合作的同时,经济合作也不断向纵深方向发展;与中国主要围绕经贸合作和人文交流展开;与美国的合作主要在政治方面,其目标在于帮助埃及在地区格局变化发展中争取到更多的主动权和发言权。在平衡的软硬程度方面,塞西政府多采用以软平衡为主、硬平衡为辅的外交策略,通过主动合作或明确拒绝等方式维持与不同大国的关系。以埃美关系为例,埃及除了纳赛尔时期以外历届政府都十分看重与美国的关系。随着穆巴拉克的倒台和穆尔西总统职务的被解除,美国暂停了部分对埃及的援助,埃美关系步入低谷。特朗普执政以来,美埃关系尽管重修旧好,但塞西政府更多的是表现出自己的立场,而非一味亲美。2019年4月15日,美国为应对"伊朗威胁",试图在中东地区建立"中东战略联盟"。埃及明确表示不参加"中东战略联盟"。因为一旦加入美国主导的"中东战略联盟",那么埃及将会受美国比较大的影响,还可能制造埃及同伊朗之间的紧张关系,破坏此前两国经过长期努力建立起来的信任和友好关系。在平衡的发展方向上,塞西政府的外交政策基本上属于正向平衡,它以推行全方位的现实主义对外政策为出发点,注重发展多元的双边关系。除了加强在非洲的参与外,还不断深化与欧洲国家的政治经济合作,扩大与美国、俄罗斯、中国等大国、强国的交往,从而赢得国家利益的最大化。

(三) 塞西政府的平衡外交实施路径

在现实中,中等强国大多是通过注重实际效果的实用主义外交行为来谋取国家安全和根本利益的。由于国家实力和国内外环境的限制,中等强国的对外政策总是根据国际体系或国际格局的变迁而调整或改变。

---

① Robert Pape, "Soft Balancing against United States", *International Security*, Vol. 30, No. 1, 2005, p. 10.

总体来看，中等强国的大国平衡外交主要分为联盟（alliance）、均势（balance of power）及对冲（hedging，或译为"两面下注"）等手段。其一，联盟又包括制衡（balancing）与追随（bandwagoning，或译为"搭便车"），制衡指双方国家形成的相互制约但保持相对平衡的状态，而追随则是指中等国家为了应对无政府状态带来的安全困境而跟随大国以寻求帮助。① 其二，随着冷战结束以来国际体系的快速发展，绝大多数国家在对外战略的选择中放弃了以联盟为基础的对抗，转而追求均势状态。"balance"一词在英文中有"平衡"和"余额"两种基本含义，均势表明的是前者，追求的是后者。对于中等强国而言，实施大国平衡外交政策有助于在整体上减轻对外部的依赖，减轻某一个传统大国的制约和影响。它们秉持以获取实际效益为先的政策或观念，在寻找更多经济援助支持和发展机会的同时，适时地利用大国间彼此竞争的时机调动大国投入并从中获利。② 可以说，不同国家之间的利益张力会形成动态的均势，从而实质上有助于地区和平。其三，对冲战略主要用于解释中等强国平衡大国关系的行为，特指国家在不确定性较高的情况下采取的一种战略行为。它通过采取一系列相反或相抵的手段来化解风险，以便在瞬息万变的国际环境中保障自身的长远利益。一些学者认为："这是在面对可能存在的强迫或威胁时，事先采取的保护自身利益的一种战略手段。"③ 这一战略意味着国家行为的主要逻辑包含"收益最大化"和"损失最小化"，它以达到自身安全与国家利益最大化为目的，通过既合作又对抗的外交政策，对大国、强国采取的"两面下注"的策略。通过营造出一幅不选边站的图景，从而有助于中等强国趋利避害，维持在国际社会中更为有利的地位。

对于埃及而言，采取大国平衡外交政策不但可以使本地区的大国权力相互抵消，而且可以通过延展自身优势，减少对传统世界性大国的依赖，从而维护国家各方面的利益。在埃及对美、俄、中的大国平衡外交

---

① Stephen M. Walt, *The Origins of Alliance*, Ithaca: Cornell University Press, 1987, p. 17.

② 李捷、王露：《联盟或平衡：斯里兰卡对大国外交政策评析》，《南亚研究》2016年第3期，第75页。

③ Brock F. Tessman, "System Structure and State Strategy: Adding Hedging to the Menu", *Security Studies*, Vol. 21, No. 2, 2012, p. 197.

中，埃及、美国、俄罗斯和中国显然是四个基本要素，由于各自的利益诉求不完全相同，使得埃及可以有针对性地选择制衡世界性大国的手段。塞西政府一改穆巴拉克政权后期一味追随欧美国家的政策，着重采取两面（或多面）下注的方式，争取国家利益的最大化。

在对俄罗斯关系方面，塞西政府一改之前两国关系近40年的冰冻状态。2014年8月12日，塞西总统上任后不久便访问俄罗斯，在俄埃关系上采取有助于换取安全保障的主动追随策略。此举不仅拉近了埃俄两国的关系，而且在军事技术、能源开发等领域的合作达成共识，有效填补了美方军火供应中断而留下的武器缺口。此外，埃及持续不断的动荡局势给国内能源工业的生产秩序带来很大影响，直接造成天然气供不应求的局面，因此需要从俄罗斯进口天然气以缓解燃眉之急。在对中国关系方面，塞西政府十分重视与中国的交流与合作，特别关注中国"一带一路"倡议下的发展融资新机制。中国在与世界各国分享发展经验和发展能力的同时，与包括埃及在内的广大发展中国家形成发展能力共享的共同体。在这种形势下，塞西总统也不会错过与中国的合作机遇，特别是在"一带一路"倡议下的多领域合作。在对美国关系方面，埃美关系的改善取决于埃及与美国之间新的战略互动以及埃及国内形势是否朝着稳定和积极的方向转变，双方一定程度的紧张关系为俄罗斯和中国创造了新的机会。

埃及能够在多大程度上推动与维护全球的重量级国家——美、俄、中之间的平衡外交，在一定程度上决定着其未来外交政策的成败。与此同时，由于体系压力处于紧张—缓和的持续转变中，中等强国的追随行为呈现出相对动态性，其工作重点并非一成不变。在保持埃美联盟主轴的同时，搭乘中国发展的"快车"和"便车"，充分利用中国提供的全球公共产品；塞西政府拓宽与俄罗斯的军事合作，防止在国际社会上的孤立无援，由此产生的动态均势无疑有助于改善埃及的国内外环境。可以说，埃及的国家安全和社会发展离不开美、俄、中等大国的支持，其实施的针对美、俄、中的对冲战略在实质上是通过获得"收益最大化"或"损失最小化"，对这些世界大国采用的"多向追随"战略。

三 塞西政府平衡外交的总体评估

自塞西总统2014年执政以来，埃及政府在外交方面坚持务实的平衡外交政策，积极破解外交困局，力图重塑外交格局。埃及的平衡外交游走于大国之间，通过维持大国相互制衡的均势局面来求得稳定的生存环境与发展机遇。在地区层面，埃及适当介入阿拉伯地区事务，不但于2015年以来争取到海湾阿拉伯国家的财政援助，而且在2019年担任非盟主席国，进一步改善了与周边国家的政治关系；在国际层面，埃及抛弃一味追随美国的战略，表现出更多的自主性、灵活性，主动经营与美、俄、中等大国关系，从而获得在政治、军事、安全、经济等方面的收益。从政策预期方面来看，塞西政府在一定程度上完成了上任之初的目标，稳固了政权合法性，保障了国家安全，提升了区域影响力，恢复了社会经济。埃美关系从僵持到逐渐回暖，埃俄关系日益密切，埃中关系前景看好。不过，单从政策成本方面来看，塞西政府的大国平衡外交也存在一定的风险和挑战。

（一）塞西政府平衡外交取得的成效

在对美国关系方面，埃美关系逐步走出低谷，双方签署了合作协议并设立了对话机制，不断促进双方关系在磨合中优化。自2013年7月埃及军方解除穆尔西的职务后，美国以埃及人权状况不佳为借口暂停了对埃及的部分援助，导致美埃关系紧张。特朗普上任后，双方虽然存在一些分歧，但在大多数问题上保持一致的立场，特别是在携手打击恐怖主义方面。据美国多家媒体报道，美国政府考虑将埃及穆斯林兄弟会列为恐怖组织，此举不排除美国意欲拉拢埃及的用心。① 2017年4月3日，埃及总统塞西访美，这是塞西当选总统以来首次应邀访美并重新恢复埃美关系。这次会晤被视为一次具有里程碑意义的历史性访问，不仅标志着双方关系发生了质的变化，而且有助于吸引美国对埃及的投资，

---

① 朱东阳、刘晨：《美国为何要给埃及穆斯林兄弟会贴恐怖标签》，中国新闻网（http://www.chinanews.com/gj/2019/05-01/8825774.shtml），访问日期：2019年5月6日。

帮助埃及实现经济振兴。2018年1月，埃及和美国签署了军事协议，即《通信互操作性和安全备忘录协议》（CISMOA），为埃及军方领导人与美国在和平与战争中的同行之间顺畅交流打开了方便之门。2018年9月，埃及和美国在亚历山大的穆罕默德·纳吉布军事基地举行"光明星"联合军演，美国方面不但高度评价美埃两国军事关系，而且赞赏埃及在反恐问题上做出的努力和在地区安全与稳定中发挥的作用。2019年1月，美国国务卿蓬佩奥在访问中东时与埃及领导人会晤，双方就加强双边关系达成了共识，同意深化两国战略合作。① 双方决定在以往埃美战略对话的基础上，建立埃美"2+2"对话磋商机制，即埃美外长对话机制和国防部长对话机制。该机制有助于双方增加互信协作，在共同关心的战略问题上进行协调，从而帮助埃及积极应对区域挑战和困难。

在对俄罗斯关系方面，随着双方领导人的多次互访，埃俄关系迅速升温，有效减轻了美国对埃及削减援助后的压力。2013年11月，俄罗斯国防部长和外长访问埃及并最终确立了两国外长加防长的"2+2"关系模式，标志着埃及塞西政府的对外战略开始转移，埃俄关系实现了历史性突破。② 首先，埃俄的军事安全合作成为起效最快、影响最大的领域。如埃及签署了购买俄罗斯战斗机、直升机和其他武器的一系列新订单。双方还于2017年12月签订协议，允许两国战斗机互相使用对方空军基地等。2018年10月17日，埃及总统塞西访问俄罗斯，并签署了两国关于全面伙伴关系和战略合作的双边协议，进一步加强了各方面合作。2019年1月7日，俄罗斯乌拉尔车辆制造股份有限公司（Ural Vagon Zavod）与埃及商议建立一条"T-90S"坦克生产线。该生产线计划年产坦克50辆，总共生产400辆坦克。③ 2019年2月21日，俄罗斯为埃及

---

① 赵妍：《美国务卿蓬佩奥在埃及演讲宣扬特朗普的中东"新思维"》，中央广电总台国际在线（http://news.cri.cn/20190111/2158490b-3c6f-4ce9-6dba-3bde44f438f0.html），访问日期：2019年1月17日。

② Nicola Nasser, "Historic Breakthrough in Egypt-Russia Relations", *Global Research*, February 21, 2014.

③ 《俄罗斯与埃及谈判建立T-90S生产线年产50辆》，凤凰网（http://news.ifeng.com/a/20190107/60227627_0.shtml），访问日期：2019年1月17日。

成功研制并发射了一颗地球遥感卫星（EgyptSat-A），该卫星主要服务于埃及政府，用于拍摄高空间分辨率遥感影像。① 其次，随着埃、俄经贸活动的增加，埃及从俄罗斯进口商品名录逐步扩大。2017年12月11日，双方签署了多项经济合作协定，其中包括埃及—俄罗斯工业园区协议，深化了两国在工业技术领域和经济方面的合作。两国还就俄罗斯参与建立埃及国际粮食仓储物流中心的项目达成共识，一致同意埃及与欧亚经济联盟建立自贸区。再次，埃、俄在反恐合作方面达成共识。2016年10月15日，埃、俄两国的空降兵举行了代号为"友谊卫士－2016"的联合反恐演习，围绕联合空降和消灭恐怖分子而展开，有效警告和震慑了北非国家的恐怖组织。② 最后，两国开辟了在能源开发领域的合作。2017年12月，俄罗斯根据双方协议，开始实施在埃及投资建设塔巴（Dabaa）核电站的工程。据悉，这是埃及首个核电项目，它将由4个功率各为1200兆瓦的机组组成，所需资金总额约为300亿美元，预计在13年内（2016—2029年）完成。其中，俄罗斯承担8个反应堆中4个核反应堆的建设，预计能为埃及提供上万个工作岗位。③ 该项目使埃及成为中东地区的技术领先者，同时是该地区唯一拥有第三代核电站的国家。总之，埃俄关系的不断升温改善了埃及所处的外部环境，由此产生的对冲机制，有效缓解了美国对中东国家战略收缩后的不利影响。

在对中国关系方面，中、埃两国曾于1999年签署建立战略合作关系的联合公报。自2014年建立全面战略伙伴关系以来，双方关系从以经济贸易为导向转变为经济、政治、安全和文化全面发展的合作模式。④ 两国发展战略高度契合，除了不断加深经济合作以外，双方的合作领域不断扩展，合作形式更加多元化。2016年1月20—21日，习近

---

① 《俄航天集团：联盟火箭已将埃及卫星送入预定轨道》，中国新闻网（http://news.xmnn.cn/xmnn/2019/02/22/100495105.shtml），访问日期：2019年2月23日。
② 崔岩：《俄罗斯埃及借联合演习震慑北非恐怖组织》，《中国青年报》2016年11月7日。
③ 王晓易：《埃及和俄罗斯两国签署塔巴核电站建设协议》，《能源研究与利用》2018年第1期，第21页。
④ 门洪华、刘笑阳：《中国伙伴关系战略评估与展望》，《世界经济与政治》2015年第2期，第78页。

平主席对埃及进行国事访问期间，双方签署了《关于共同推进丝绸之路经济带和 21 世纪海上丝绸之路建设的谅解备忘录》和《关于加强两国全面战略伙伴关系的五年实施纲要》，为两国在"一带一路"框架下加强伙伴关系确定了发展方向。首先，双方经贸合作进入快车道。2018 年中埃贸易额为 139 亿美元，比 2017 年增长 27.63%。其中，中国对埃及出口额为 120.34 亿美元，增长 26.2%；中国自埃及进口额为 18.34 亿美元，增长 37.84%。① 值得一提的是，中埃泰达苏伊士经贸合作区（China-Egypt TEDA Suez）经过十余年的建设，不仅成为中国和埃及两国企业投资合作的重要平台，而且为埃及人民带来了切实的好处，塞西政府面临的财政压力有所缓解。其次，双方人文交流进入最佳时期。自中国提出"一带一路"倡议以来，埃及政府始终高度重视与中国"一带一路"倡议的战略对接。双方借助文化合作协定及其具体执行计划，开展了高层次、宽领域的文化交流，主要范围涉及文学翻译、教育学术、旅游民俗、出版传媒、广播影视与科技合作等各个领域。2018 年 11 月 17 日，由中国人民大学与埃及艾因·夏姆斯大学共同承建的"一带一路"合作研究中心举行揭牌仪式，标志着埃及"一带一路"合作研究中心正式成立。该中心的建立有助于中埃双方在学术交流领域开展全新合作，成为中埃关系不断向前发展的又一个重要里程碑。最后，双方高新技术领域合作取得重要进展。2019 年 1 月 21 日，中、埃举行二号卫星实施协议的签约仪式，这是继中国—埃及联合卫星总装集成测试中心项目后，中埃在航天领域开展的又一重大合作项目。② 作为中国航天地面设施出口非洲地区的第一个项目，该项目的实施成为中埃加强全面战略伙伴关系的重要内容，为双方进一步深化科技合作奠定了坚实的基础。截至目前，埃及与中国关系的发展模式已经为非洲和世界其他地区国家间关系树立了互利共赢的良好典范，成为埃及大国平衡外交天平上的重要砝码，有助于埃及更快、更好地寻求突围之路，在稳定国家政局的同时，使经济重回良性发展轨道。

---

① 《2018 年 12 月中国对埃及出口增长 15.89% 进口增长 51.52%》，中国商务部网站（https://www.yidaiyilu.gov.cn/xwzx/hwxw/80543.htm），访问日期：2019 年 5 月 6 日。

② 吴丹妮：《中埃签署埃及二号卫星实施协议》，《人民日报》2019 年 1 月 23 日。

(二) 塞西政府平衡外交面临的风险

随着塞西政府大国平衡外交政策的顺利实施，埃及与众多大国保持友好关系，避免"选边站"，有效维护了国家的独立自主。但与此同时，埃及外交也面临着一些风险和挑战。

其一，可能引发美国制裁。中等强国在推行大国平衡外交政策时，无法确保自身对大国有持续的吸引力，加之受限于自身的国家实力等原因，也无法保证在与大国周旋过程中一旦产生危机就能从容应对并明哲保身，特别是当大国之间出现矛盾或对抗时，更无法妥善顾及国家利益。若有这种情况发生，大国平衡战略就有可能事与愿违，甚至导致中等强国成为大国角逐的牺牲品，从而无形中恶化了这些国家的安全问题。因此，中等强国选择大国平衡外交的时机非常重要。以埃及与俄罗斯的军事合作为例，此举已经引起了美国的关注和不悦。2019年3月中旬，俄罗斯和埃及签署了20亿美元的合同，欲购买20多架俄罗斯"苏-35"战斗机和空射武器。消息传出后，美国一位高级官员表示，美国鼓励埃及向西方亲近，远离俄罗斯。该官员敦促埃及和其他希望与美国保持军事关系的国家不要购买俄罗斯武器，因为他们有可能根据《美国敌对国家制裁法案》对其进行制裁。[①] 在美国发出制裁威胁后，埃及不得已放弃了购买俄罗斯"苏-35"战机的交易。

其二，可能引发大国之间更为激烈的角逐。其中包括争夺势力范围、争夺战略资源、争夺贸易市场等。中等强国在谋求地区势力均衡的同时，也需要密切关注大国势力的扩张状态和走向，避免因大国势力日益膨胀而影响到国家安全和政局稳定。大国平衡战略确实在某种程度上能够优化中等强国的生存环境，甚至一定程度上能够促进中等强国实力和权力的增长，但运用不当则有可能使中等强国面临更加严峻的安全形势。美国在中东地区的战略收缩导致美国与盟国的关系从领导与被领导变成一种交易型的互惠关系，中东国际关系将变得更脆弱和易变，进一步影响

---

① 《美国拿制裁威胁后，埃及将放弃购买俄罗斯苏-35战机》，《环球时报》2019年4月10日。

地区秩序的稳定。① 埃及采取大国平衡外交政策，致使大国为了自身利益拼命排挤他国，有可能激化该地区的固有矛盾，从而导致地区局势更加复杂。如美国新近出台的非洲战略及对俄罗斯的批评言论均表明，在特朗普任期内，美国很有可能出台一些更具体的措施来打压俄罗斯和非洲国家关系。② 这表明，不同利益集团的博弈与较量无疑给地区安全造成隐患，进而影响埃及的国家安全与社会发展。

结　语

在全球化时代，任何大国的力量和权威都在信息化和碎片化时代被削弱了，这是大国遭遇的共同现实。世界性大国利益边界的交叉，加之大国间的影响力此消彼长，使得一些中小国家拥有了实施大国平衡外交的外部条件。中小国家实施大国平衡外交的内部因素是国家面临巨大的发展任务；制约中小国家经济发展的问题主要包括资金不足、基础设施落后、恐怖活动频发或国家腐败严重等。当实施大国平衡外交的中小国家周旋于两个或者多个国家之间时，只要这些大国表现出积极友好的姿态并适当满足中小国家的要求，那么，对中小国家而言，平衡战略的实施不仅能够维护国家主权的独立，还可以避免背负过多的责任且能获得较大收益。

埃及作为"阿拉伯世界的心脏"和"一带一路"倡议中重要的战略支点，无疑是对世界性大国具有深刻而持久吸引力的中等强国。塞西总统自上任以来，国家因多年的局势动荡而面临着艰巨的发展任务。为了谋求国际社会支持，发展国内经济，塞西政府在外交政策的选择上极具"中立"的平衡色彩，巧妙地实施大国平衡外交政策，有效缓解了国家经济的压力，提升了国家实力与影响力，一定程度上实现了国家利益的最大化。埃及实施大国平衡外交的主要目的在于维护国家安全，拓展国家生存空间，促进国家发展。目前来看，埃及政府

---

① 牛新春：《美国的中东政策：延续与变化》，《当代世界》2018年第3期，第29页。
② 刘中伟：《美非关系中俄罗斯因素的历史嬗变》，《西亚非洲》2019年第2期，第42页。

已取得了不小的综合收益。埃及与区域内外大国之间的关系发展势头良好，形成了在政治上的多边参与、安全上的多边合作、经济上的多方卷入的繁荣局面，为未来多极世界秩序中的中小国家与大国关系提供了良好的范例。埃及依托与中、俄两国的关系发展，牵制了美国对地区势力的扩张；同时极力修补与美国的关系，以此来平衡俄罗斯在该地区的势力膨胀；通过对俄、美两国的借重，减少对中国的过度依赖，稀释中国在中东地区的影响力，从而消除了该地区因某个大国做大、做强而雄霸埃及的政治隐患。不过，对于塞西政府而言，平衡外交战略才刚刚起步，如何能进一步提升自身的博弈地位并扩展国家的战略利益还有很长的路要走。

对中国而言，"一带一路"倡议能否顺利推进与沿线国家的国内政局和社会发展密切相关。由于"一带一路"沿线有不少国家不仅深陷大国博弈的战场，而且面临领导人快速更迭、国民经济不振、民生缺乏保障、宗教极端主义盛行、民族冲突不断等多重矛盾，致使这些国家的政治风险已经成为推进"一带一路"倡议与中国企业"走出去"的最大障碍。因此，中国应密切跟踪中东国家的发展趋势，理性研判中东国家诸多事务的轻重缓急，根据需要合理设定中长期目标、谨慎选择路径和具体战术，做好、做深对象国家的摸排工作。提纲挈领、以点带面，积极把目光转向国家间的具体事务合作。① 在制定针对沿线国家的对外战略中，充分利用敏锐的"洞察力"和积极的"影响力"，规避政治风险。首先，中国应加倍关注中小国家的社会发展及外交动向，落实"大国是关键，周边是首要，发展中国家是基础，多边是重要舞台"的外交工作布局，充分认识到一些中等强国因具有优越的地理位置或独特的历史文化，在特定条件下也可以发挥重要影响力的现实；其次，中国需要深入了解这些国家的集体诉求与外交政策，做到有的放矢、注重效果；再次，中国应当注重在社会关键权力节点上发挥影响力，投资流向沿线中小国家与人民利益切实相关的领域。中国在推进"一带一路"倡议的过程中，刚柔相济地运筹大国关系，特别要妥善处理好与中等强国的关系，主动扮演

---

① 王猛：《"一带一路"视域下的中国中东外交：传承与担当》，《西亚非洲》2018 年第 4 期，第 38 页。

世界和平的建设者、全球发展的贡献者、多边主义的引领者、国际秩序的维护者角色。面对复杂的国际形势积极应变，努力营造良好的国际政治生态环境，以"一带一路"为契机推进务实合作，兼顾他国合理关切并全力推动人类命运共同体的构建。

（本文原刊发于《西亚非洲》2019 年第 5 期）

国际关系视角下的中东移民问题

穆斯林移民在欧洲：身份认同及其冲突

宋全成[*]

摘　要：来自西亚和非洲的穆斯林是欧洲穆斯林族群的主体组成部分。欧洲国家的穆斯林族群在个人身份认同、族群身份认同和国家公民身份认同三方面产生了内在的紧张和冲突。具体表现在：在个人身份认同上，穆斯林族群虽然获得了欧洲国家的国籍，并成为政治和法律意义上的英国人、法国人和德国人，但他们在文化和社会意义上依然是外国人；在族群身份认同上，尽管欧洲国家的穆斯林族群已成为所在国的少数族群，如英国穆斯林、法国穆斯林和德国穆斯林，但由于受到主流社会排斥、自身认同障碍等因素的影响，极容易认同母国的穆斯林和更广泛的伊斯兰世界，甚至是伊斯兰极端势力；在国家公民身份认同上，他们已成为欧洲国家的政治公民和法律公民，但穆斯林的宗教认同要比国家认同更加强烈。虽然欧洲国家的移民融合政策在一定程度上促进了包括穆斯林少数族裔在内的社会融合，穆斯林族群也在欧洲国家经济与社会的恢复、发展中做出了突出的贡献，但欧洲国家的穆斯林族群的合理身份建构依然任重而道远，欧洲穆斯林族群的社会、文化、宗教和政治融合之路依然漫长而艰巨。

---

[*] 宋全成，山东大学犹太教与跨宗教研究中心研究员、山东大学移民研究所所长、山东大学哲学与社会发展学院社会学系教授。

关键词： 穆斯林移民　欧洲国家　身份认同　伊斯兰教　多元文化

2015年11月13日，由"伊斯兰国"发动、法国个别极端穆斯林移民参与、造成100余人遇难的"巴黎暴恐案"，吸引了全世界的目光，也使欧洲国家的穆斯林族群及其融合问题再次成为人们关注的焦点。

事实上，欧洲国家的穆斯林主要来自西亚和非洲地区。在德国，穆斯林移民主要来自招募客籍工人时期的土耳其；在法国，主要来自前殖民地的马格里布国家及撒哈拉以南非洲；在英国，主要来自英联邦国家的印度、巴基斯坦和非洲；在西班牙，主要来自摩洛哥。因此，来自西亚和非洲的穆斯林成为欧洲国家穆斯林族群的主体组成部分。在欧洲国家的外来族群中，因穆斯林移民持续不断的迁移和出生率居高不下，穆斯林移民族群已成为第一大外来族群。但由于族群、宗教、文化价值观和国家认同等方面的巨大差异，穆斯林族群并没有很好地融入欧洲国家的主流社会，成为与欧洲国家主流社会相隔离的"平行社会"和"边缘社会"。尤其是欧洲国家的二代和三代穆斯林，自小生活于上述国家，并且获得了欧洲国家的国籍，是法律和政治意义上的国家公民。但21世纪以来的英国伦敦地铁爆炸案、西班牙马德里火车站爆炸案、法国《查理周刊》枪杀案等系列恐怖主义事件，实施者多为在欧洲出生、具有欧洲国家国籍的穆斯林移民，可见，欧洲穆斯林移民在个人身份、族群身份和国家公民身份3个领域，存在着严重的认同紧张与冲突。当2014年"伊斯兰国"恐怖主义组织在中东崛起和发展壮大时，欧洲国家不少穆斯林参加到反西方基督教文明的恐怖主义"圣战"中。2015年11月，法国的个别穆斯林也响应"伊斯兰国"的召唤，直接参与了"巴黎枪击爆炸案"。对此，人们自然会产生疑问，他们为何没有融入欧洲国家的主流社会？为何背弃自己的国家而实施危害自己同胞和国家安全的恐怖主义行为？为何参加极端恐怖主义组织的所谓"圣战"？这实质上涉及西亚北非裔欧洲穆斯林移民的身份认同与身份建构出现冲突这一核心问题，也是观察当下欧洲国家应对中东难民潮问题及西亚非洲社会问题研究的重要视点。中国学界对此问题的研究刚刚起步，只有数篇论文从历史学、法学和政治学的视角论及。本文拟从移民社会学的视角，从个人身份、族群身份和国家公民身份 3 个层面,论述欧洲国家穆斯林移民的身份认同及其冲突。

一 穆斯林移民在欧洲的个人身份认同及其冲突

身处欧洲国家基督教文明主流社会中的穆斯林,无论是出生在伊斯兰国家、后来移民到欧洲国家并最终没有加入欧洲国家国籍的第一代穆斯林,还是出生在欧洲国家、从小就生活在欧洲国家,甚至获得欧洲国家的国籍而成为欧洲国家公民的第二代或第三代穆斯林移民,他们都能够感受到:在个人身份上,他们与欧洲国家本土社会成员存在着较大的差异和冲突。"我究竟是谁?"这是困扰欧洲穆斯林的首要问题。

欧洲国家的第一代穆斯林移民,早期成长和生活在伊斯兰国家,即使后来移民到欧洲国家,并一直生活在那里,依然改变不了其对祖籍国的深厚情感,而且多数第一代穆斯林移民没有加入所在国家的国籍。因此,尽管第一代穆斯林移民已经成为欧洲国家不可或缺的组成部分,并在社会层面的意义上被视为欧洲国家的人,如法国人、英国人、德国人等,但在教育、就业、工作和生活的微观层面上,第一代穆斯林一直是以外国人的身份被主流社会标注的,在上述领域备受歧视与排斥。在穆斯林移民的个人心理上,他们也是以自己是外国人的身份进行定位的。与第一代穆斯林移民不同,第二代、第三代穆斯林移民从小就接受西方国家的教育、生活在欧洲国家,他们绝大多数已经获得所在国的国籍,因而是地地道道的法国人、英国人或德国人。在法律和政治意义上,他们就是所在欧洲国家的公民,但不是文化和社会意义上的公民。[①] 正如亨廷顿所说,欧洲穆斯林与欧洲原住民有着不同的文化与生活方式,他们"对上帝与人、个体与群体、公民与国家、父母与子女、丈夫与妻子的种种关系有不同的观点,而对权利与责任、自由与权威、平等与阶级的相

---

① 胡雨:《欧洲穆斯林问题研究:边缘化还是整合》,《宁夏社会科学》2008 年第 4 期,第 90—95 页。

对重要性亦有迥异的看法"①。这就决定了欧洲穆斯林在文化意义上和社会意义上与欧洲原居民有着根本不同。

在文化意义上，穆斯林移民并没有真正融合到欧洲国家主流的基督教文化和西方主流文化之中，而是依然生活在伊斯兰文化的氛围中。对于穆斯林移民而言，伊斯兰文化不仅仅"是一种宗教信仰或是一整套信念和崇拜方式，而是一个包括僧俗的、总体一元化的生活方式，它涵盖了从婚丧嫁娶到法律和经济等一系列的文明，而且已经被当地民众认同为民族文明"②。正因为如此，多数的穆斯林移民在婚姻上仍选择在穆斯林族群中通婚。如果当地的穆斯林男性没有合适的穆斯林女性，他们就会选择原祖籍国的穆斯林姑娘通过家庭团聚的方式移民欧洲国家。"这些新娘基本上来自落后、偏远的农村，对西方社会一无所知。据《国际论坛报》的报道，荷兰70%、丹麦90%的穆斯林从'过去祖国'娶妻生子，有7万多名生活在法国的穆斯林妇女被迫接受强迫性或父母包办的婚姻关系。"③ 这在一定程度上加剧了穆斯林移民与欧洲国家主流文化融合的难度，也进一步造成穆斯林移民与欧洲国家主流文化的隔离。亨廷顿曾著书提到："穆斯林社区，不论是德国的土耳其人还是法国的阿尔及利亚人，都没有融入所在国的文化，而且几乎没有迹象表明将来会如此。"④

在社会层面上，他们处处感受到欧洲国家主流社会在教育、就业、职业升迁等方面的排斥，由此成为与外来移民一样的外国人。基于伊斯兰文化以及欧洲国家对穆斯林移民在教育方面的排斥等原因，穆斯林移民即使第二代、第三代的受教育程度也远低于欧洲国家的本土居民。受过高等教育的穆斯林极少，多数拥有中学或中学以下学历。仅以德国为例，德国穆斯林70%仅有中学或中学以下的学历，取得高等学历的仅有

---

① Samuel P. Huntington, "The Clash of Civilizations?", *Foreign Affairs*, Summer 1993, p. 22 - 49.

② 储殷等：《欧洲穆斯林问题的三个维度：阶级、身份与宗教》，《欧洲研究》2015年第1期，第1—20页。

③ 胡雨：前引文，第90—95页。

④ [美] 塞缪尔·亨廷顿：《文明的冲突与世界秩序的重建》，周琪译，新华出版社2002年版，第100页。

5%，而在德国受高等教育的穆斯林平均比例为19%。① 在就业方面，第二代、第三代穆斯林的就业状况与其受教育程度较低紧密相连，多是从事较为低端、艰苦，待遇较差、收入较低的行业。在职位的升迁上，尽管第二代、第三代的穆斯林已经获得欧洲国家的国籍，在公民身份上就是英国人、法国人或德国人，但在实际的职业生涯中，他们的肤色、种族、服饰以及文化象征等因素，都决定了他们不可能像欧洲国家的原居民一样享有同等待遇。正因为如此，一些第二代、第三代欧洲穆斯林对欧洲国家主流社会有着排斥与反叛情绪。

与第一代穆斯林移民相比，第二代、第三代存在着更为严重的个人身份认同危机，他们更渴望融入欧洲国家的主流社会，因为他们从小就生活在这个欧洲国家、接受这个国家的主流教育，而且在政治意义上就是这个欧洲国家的公民。但社会现实中，主流社会给予他们的排斥和歧视让他们倍感屈辱，这与其属于这个国家的公民身份是互相冲突的。同属国家公民，仅仅因为是一名穆斯林，就成为二等或三等公民，而不能充分享受这个国家的文明发展成果，在这种背景下，他们内心的个人身份困惑日益增加。"我究竟是谁"的疑问，充斥欧洲穆斯林心中。正如祖籍国是阿尔及利亚的法国穆斯林阿玛尔·迪布所说："在我很小的时候，父母经常对我说我是穆斯林。可是他们不告诉我穆斯林是什么意思，因为他们是乡下人，没有上过学，自己也不清楚穆斯林的含义。长大之后，我成了我们那个地方唯一的北非人。只要问我姓甚名谁，就能知道我是阿拉伯人，是穆斯林，尽管我并不觉得有人搞种族主义，歧视我。我是谁？我是什么人？诸如此类的问题，经常在我的脑海里浮现。我感到，我应当有自己的根源，有自己的传统；然而，无论在家里还是在外头，我都找不到。在学校里，历史教科书上有一页讲到阿尔及利亚独立战争，但仅此而已；至于阿尔及利亚历史、文化等等，书上一字未提。"② 实际上，这并不是一个无解的问题。答案就是，一方面，穆斯林属于欧洲国

---

① Jocelyne Cesari, "Securitization and Religious Divides in Europe", Submission to the Changing Landscape of Citizenship and Security 6th PCRD of European Commission, 2006.

② [法]阿玛尔·迪布：《我是穆斯林，我还是法国公民》，《科技潮》2000年第7期，第92—93页。

家的公民;另一方面,他们又不同于本土的英国人、法国人或德国人,是平行于欧洲国家主流社会之外的属于穆斯林群体的"外国人"。这就是欧洲穆斯林在个人身份认同时遭遇的悖论与冲突。

二 穆斯林移民在欧洲的族群身份认同及其冲突

在社会学、民族学研究领域,族群认同是十分重要的基础概念。在当今世界,无论在西方发达国家还是发展中国家,族群的认同、冲突和对立,已经成为一个涉及国家与国际政治秩序的重要问题。从历史上看,尽管在欧洲国家特别是西欧国家,早在近代就出现了最早意义上的传统民族国家,如法兰西、德意志等,但进入20世纪以后,尤其是第二次世界大战结束以后,伴随着世界殖民体系的瓦解,大量来自前殖民地的穆斯林进入欧洲国家,逐渐改变了欧洲国家特别是西欧国家相对单一的民族结构而成为多族群国家。至20世纪末21世纪初,穆斯林族群已成为欧洲国家特别是西欧国家最大的外来族群。

"群体的身份认同来自其集体记忆和共有知识,而穆斯林群体由于在一定程度上脱离了其原来的社会环境,就比一般人更为迫切地面临重新确认身份认同的问题。"[1] 对于欧洲国家的穆斯林族群进行族群识别,我们可以从少数族裔和宗教信仰两个基本方面作为切入点。

从少数族裔的视角来看,尽管穆斯林族群已成为欧洲国家第二大族群,但仍属于外来族群,而且与欧洲国家的主流族群相比,依然属于少数族群,我们可以将其视为整个穆斯林族群中的跨越国界的族群。跨界族群一般有两种结果:一种是"历史上同一族群由于跨境而居,将可能走向分化,最终将发展成不同的族群"[2]。正如马戎所说:"在非洲,由西方殖民主义统治者划定的国界把一些原属于同一族群的人口分别划归到不同的国家。处在不同政府的统治之下,国界两边的族群社区会按照不

---

[1] 储殷等:前引文,第1—20页。
[2] 梁茂春:《"跨界民族"的族群认同与国家认同:以中越边境的壮族为例》,《西北民族研究》2012年第2期,第40—53页。

同的社会制度、族群政策和文化导向而朝着不同的方向发展,经过一段时间之后,这些被国境分开的两部分也就逐步演变成为两个不同的族群。"① 另一种结果是,由于该族群有着自己长期信仰的宗教,而且缺乏更深刻的国家认同,因而他们依然在宗教、文化和心理上属于同一族群。正如弗雷德里克·巴斯在分析巴基斯坦和阿富汗的穆斯林族群时所说:尽管他们有国界分割,但由于"他们遵循该族群作为正统穆斯林的礼教习俗而一直自视为同一族群"②。欧洲国家的穆斯林族群,正属于跨境族群的第二种结果。从族群的视角来看,欧洲国家的穆斯林将自己视为广大穆斯林族群的一部分。

从宗教信仰的视角来看,宗教在形成和巩固欧洲国家穆斯林族群的族群识别中,具有举足轻重的作用。"在现代社会的政治格局中,'族群'与'国家'这两个层次是最核心和最重要的认同层面,前者偏重于种族上的亲族认同(民族—文化),后者偏重于与国家相联系的政治认同(民族—国家)。"③ 就欧洲国家的穆斯林族群而言,共同信奉的伊斯兰教发挥了族群识别的重要作用。在欧洲国家,不管你来自什么民族,也不管你来自哪一国家,只要信奉伊斯兰教,那么,你就是属于穆斯林族群的基本成员。尽管在穆斯林族群的认同体系中,血统、语言、地域政治共同体(国家)、宗教等共同参与了穆斯林族群的认同,但决定性的因素,无疑是其共同信奉的伊斯兰教。正是在伊斯兰教的宗教旗帜下,不管你是来自阿尔及利亚、摩洛哥、土耳其、伊拉克、叙利亚的穆斯林,还是来自印度、巴基斯坦、马来西亚、印度尼西亚的穆斯林,这些人在欧洲国家获得了一个共同的族群身份——穆斯林族群。其中有所不同的是,他们是跨境的非伊斯兰国家的欧洲国家的穆斯林族群,如法国穆斯林、德国穆斯林、英国穆斯林等。正如马戎所说,"一旦一个族群、一个部落信仰了某个宗教,当这个族群或部落的成员与其他宗教的族群或部落交往时,宗教就成为群体认同的重要组成部分和标志。在族群的发展过程中,

---

① 马戎:《民族社会学——社会学的族群关系研究》,北京大学出版社 2004 年版,第 89 页。
② Fredrik Barth, "Pathan Identity and its Maintenance", in Fredrik Barth edited, *Ethnic Groups and Boundaries: The Social Organization of Culture Difference*, Little Brown and Company, 1969.
③ 马戎:前引书,第 73 页。

宗教也会成为引发和加强其成员族群意识的媒介，成为族群传统文化的一部分，并逐步注入本族民众的感情因素，成为族群政治动员的工具，成为族群的社会与精神生活的有机组成部分"。① 欧洲国家对其境内的常住穆斯林的标识，正是以伊斯兰教作为重要标识因素的。

对欧洲国家的穆斯林而言，欧洲国家的穆斯林这一族群身份与伊斯兰教宗主国的穆斯林身份，甚至是宗教激进主义的极端穆斯林身份有时是相互冲突和转化的。它集中体现在如下两个方面。

一是他们是欧洲国家穆斯林还是祖籍国穆斯林的身份冲突。就国家归属和社会联系而言，第一代穆斯林移民对母国怀有深深的归属情感，并在家庭中对自己的子女进行母国传统文化的教育，在社会联系中，第二代、第三代穆斯林则在清真寺中，受到与欧洲国家主流宗教基督教截然不同的伊斯兰教教义的熏陶，尽管他们在欧洲国家出生和长大，但在他们内心深刻感到自己与其他欧洲原居民的不同，他们是这个国家的少数族群，因此，他们对自己的母国也有强烈的归属意识。但当他们真正来到父辈的祖籍国、自己所向往的母国时，他们却找不到母国的归属感，因为在母国看来，他们已经不是本国的穆斯林，而是真正的法国人、英国人或德国人了。正如英国伯明翰大学教授乔治·尼尔逊所说："在政治意识和社会联系而言，前两批移民对自己的母国怀有深厚的感情。他们的子女在具有强烈归属意识的家庭中长大。比如归属于印度、归属于摩洛哥等等。因此，当这些年轻人来到父辈的国家时，他们深感自己成了陌生人，也深感自己在多么大的程度上成了英国人或荷兰人。"②

二是他们是欧洲国家穆斯林族群身份与极端宗教教徒身份的紧张与冲突。毫无疑问，穆斯林作为最大的外来少数族裔，他们在欧洲国家不同于其他少数族群，其最重要的特征就在于伊斯兰教对他们的价值观、人生观和行为、生活方式的深刻影响，特别是在美国"9·11"恐怖袭击、伦敦地铁爆炸、马德里地铁爆炸等恐怖事件发生以后，尽管是极少数穆斯林所为，但对整个欧洲穆斯林产生了深刻的消极影响。在欧洲国

---

① 马戎：前引书，第628页。
② ［英］乔治·尼尔逊：《欧洲穆斯林要求承认》，《科技潮》2000年第7期，第91—92页。

家,上自政治精英,下至社会民众,普遍对欧洲穆斯林保持警觉,并持有更大的排斥心理。欧洲国家的穆斯林能否真正成为法国人、英国人或德国人,成为欧洲国家极大的政治疑问和社会疑问。正如乔治·尼尔逊所说:"穆斯林能不能成为英国人?一个人能否既是穆斯林又是欧洲人?海湾战争爆发的时候,一些欧洲国家的伊斯兰团体带头起来反对多国部队对伊拉克采取的行动,这就再次引发了辩论。有人提出'既然他们是英国人,就应当支持英国军队。他们对国家忠诚可靠吗?'"① 正因为如此,欧洲国家的穆斯林日益成为隔离在欧洲国家主流社会之外的"平行社会"和二等公民。对于欧洲国家的穆斯林而言,他们同样是欧洲国家的公民,同样"拥有社会权利,同时对社会怀有期盼"。但现实是,一方面,在自己所在的欧洲国家无法得到应有的权利,无法实现自己的期盼和承认;另一方面,"从父母那里获得文化认同与自己所处的现实生活环境不是一回事"。于是,"他们便设法寻求新的东西,许多人由此转向伊斯兰教,转向更广大的伊斯兰世界"。有些年轻人甚至转向了极端伊斯兰组织。② 正是在伊斯兰世界和极端伊斯兰组织中,他们的穆斯林身份得到了全面的确认。由此,当伊斯兰极端恐怖组织号召他们向西方世界发动"圣战"时,这些欧洲国家的少数穆斯林,便毫不犹豫地放弃了自己的政治意识和从属于国家的族群身份——法国穆斯林、英国穆斯林或德国穆斯林的欧洲国家族群身份,而认同极端宗教和极端伊斯兰恐怖组织的身份。他们要么在自己的祖国——欧洲国家,制造恐怖主义袭击;要么离开欧洲国家,奔向阿富汗、叙利亚战场,参加与西方基督教文明的所谓"圣战"。显然,他们在欧洲穆斯林的族群身份与极端宗教的教徒身份认同之间,产生了严重的内部紧张与冲突。尽管参与极端伊斯兰教和极端伊斯兰恐怖主义组织的欧洲穆斯林只有数千人,这与上千万欧洲穆斯林相比,只是沧海一粟,但由于其源源不断地产生,并前赴后继地投入与西方文明的"圣战",因此,对欧洲国家对整个穆斯林族群的政治情感认同与信仰认同,从整体上产生了极大的消极影响。

---

① [英]乔治·尼尔逊:《欧洲穆斯林要求承认》,《科技潮》2000 年第 7 期,第 91—92 页。
② 同上。

三 穆斯林移民在欧洲的国家公民身份认同及其冲突

种族或族群的认同往往受到国家、权力和政治因素的深刻影响。因此，族群认同与国家认同通常是紧密联系的。一般情况下，"脱离政府行为以及国家组成之意识形态所发挥作用的政治过程，则不能得以领悟"族群认同的真谛。因为"族群的产生和族群的认同鲜明地与国家和国家建设的政治进程相关联"[①]。"对于多民族国家民族整合而言，必须确立国家作为民族成员归属层次中的最高单位，这是民族认同与国家认同统一所必须坚持的价值共识。因为民族认同具有相对于国家的依附性，而国家作为满足个体需要秩序的基本感情的自在自为的存在，具有逻辑和理性上的至高性；在政治实践中，当今世界没有任何族群或族群成员能够离开国家而独立生存，无论是在政治安全和经济依赖的意义上，还是在地理学的意义上，概不例外。"[②] 对于今天的欧洲国家来说，已经不再是相对意义上单一族群或民族国家，而是多族群、多民族的国家。在多族群的欧洲国家中，一个相对是主体的原住族群，其他是非主体的族群。在非主体的族群中，既有原居民的少数族群，也有从境外迁移而来的外来族群。但无论哪一种族群，都存在着族群认同和国家认同的关系问题。尤其是欧洲国家的穆斯林族群，由于其所信仰伊斯兰教的关系，因而保持着更多的族群认同和宗教认同，面临着更严重的国家认同的紧张与冲突问题。

欧洲国家的政府深知，对于有伊斯兰宗教信仰支撑的穆斯林族群，最终目标是应实现其政治认同和国家认同。不同的欧洲国家对于穆斯林族群采取了不同的移民融入模式，英国采取了多元文化的模式，法国采取了共和同化模式，德国采取了拒斥与融合模式，以实现穆斯林族群在

[①] 陈志明：《族群认同与国家认同——以马来西亚为例（下）》，《广西民族学院学报》2002年第6期，第23—32页。

[②] 王建娥、陈建樾等：《族际政治与现代民族国家》，社会科学文献出版社2004年版，第62页。

欧洲国家的国家认同。限于篇幅，仅以法国为例。法国采取了共和同化模式，该"模式根植于法兰西文明对于普遍主义哲学的推崇，是法国在少数人政治的问题上所采取的融入政策模式。这一模式的要点：一是在于个体的公民身份而不是群体的、社群的；二是在于公域内对不同于国族的语言、文化、历史等的不承认"①。另外，法国宪法也明确规定，"一个不可分割的、世俗的、民主的共和国，保证所有共和国公民在法律面前一律平等，不论出身、种族、宗教信仰"。正因为如此，生活在法国的第二代、第三代穆斯林移民，天然地获得了法国的公民权，并被赋予政治认同的义务。法国研究共和同化模式的专家多米尼克·什纳贝认为，公民和外国人有权在私域内保持他们自己的独特性，如民族特性、文化、宗教，但这不能成为政治认同和国家认同的基础。② 正因为如此，法国穆斯林可以轻松地摆脱血缘、种族、族群、祖籍国和宗教因素的影响而获得法国的国籍，从而在政治上和法律上成为法兰西共和国的公民。从这个意义上看，法国的穆斯林要比其他欧洲国家的穆斯林族群更容易得到国家政治与法律层面的认可。也是这个原因，"在欧洲范围来看，相较于其他国家，法国移民（尤其是北非穆斯林移民）对国家认同度、融合程度最高，对基督教和犹太教最为温和，对伊斯兰极端教最少同情，认为伊斯兰与现代社会并无冲突，穆斯林精英群体也存在共识：伊斯兰与现代西方国家的价值观是兼容的"③。

但问题是，欧洲穆斯林移民获得了欧洲国家的公民权，而成为欧洲国家的公民，是否得到了与欧洲国家主流族群一样的平等的公民权利与社会承认？是否就意味着在族群、宗教、祖国的认同上，与欧洲国家原居住的公民有着同样的认同呢？答案显然是否定的。以法国的穆斯林族群特别是那些穆斯林移民的第二代和第三代为例，尽管在政治和法律意义上，由于实施的多元文化主义政策，使这些法国穆斯林轻松成为法国的公民，享有与其他法兰西公民同样平等的权利，但实际上，这种多元

---

① 刘力达：《高认同与高冲突：反思共和模式下法国的移民问题及其政策》，载《民族研究》2013 年第 5 期，第 11—22 页。

② Dominique Schnapper, *La Communaute des citoyens*, Paris？Gallimard, 1994, p. 100.

③ German Marschall Fund of the United States, *Transatlantic Trends, Imimgration*, Washington, D. C., 2011, p. 29. 转引自刘力达前引书。

文化主义只是西方国家的政治家们所设计的,为保护他们被认为或自认为"国民"的人不受少数民族(其中大多数是外国人或外来族群)的影响的制度性障碍。"在他们看来,那些移民所要求的公民权是基于现代性所具有的同样的自由原则基础之上的,但这些原则只是使统治精英(白人)的权利合法化。从这个角度看,多元文化主义似乎给那些为消除阶级、种族、性别和文化上的不平等而战并希望享受与统治集团同等权利所谓少数民族提供了一个机会,不过这种想法似乎太幼稚了。"① "欧盟基本权利署在 2010 年出版的一份报告中指出:穆斯林群体通常在人口拥挤的贫民区居住,高失业率、贫困与恶劣的居住环境成为穆斯林生活最主要的特征。"②

只要我们看看包括穆斯林族群在内的少数族群最关心的受教育、就业、居住、社会参与、社会生活的糟糕状况,就会清晰地发现:法国的穆斯林族群完全不同于生活于法国的原居住公民。他们处于社会的最底层,没有接受很好的教育,没有正式的工作,或即使有一份工作,也是临时的,或是较为艰苦的,是法国白人所不愿意从事的工作,他们获得的收入也远低于法国白人。有些年轻人甚至根本就没有工作,他们无法参与社区管理和城市管理、进入法国主流的社会生活,而是生活在伊斯兰教文化氛围极为浓厚的伊斯兰世界——法国主流社会的"平行社会"和"边缘社会"。不仅如此,他们还要遭受法国主流社会的排斥和歧视。"他们没有被围墙隔离,可以自由地行动,可以说流利的法语、英语或者德语,但是他们仍然被周围的人所拒绝,从而使他们变成了失去社会和文化根基的孤独个体,忍受着'去疆域化'的痛苦。"③ "在个人的基本权利无法通过正当途径来实现的时候,在备受压迫中长大的孩子,反而可能会展现出高度侵略性、颠覆性的性格特征。"④ 法国的穆斯林青少年正是如此,他们作为法国的公民,却无法享受到与白人公民同样的社会

---

① [西班牙]亚历山大·科埃略·德拉罗萨:《多元文化主义的困境》,《国外理论动态》2015 年第 5 期,第 37—44 页。
② 储殷等:前引文,第 1—20 页。
③ 方长明:《欧洲多元文化主义的危机与反思》,《中南民族大学学报》2012 年第 4 期,第 15—20 页。
④ 储殷等:前引文,第 1—20 页。

权利，于是，他们通过焚烧汽车、打砸抢公共设施，来反抗主流社会的歧视和压迫，来表达对法国政府和社会的不满，以此追求自己作为公民的尊严和平等。正如有的学者所说：边缘化的社会群体往往是社会中沉默的少数，他们在主流社会的视若无睹中承受苦难，却很少能够通过文明、和平的途径来主张权利。在这种时候，暴力成为一种对话的方式，它能够以最极端的方式，强迫多数人正视现实中被忽视或被默认的不公正。① 但由此造成的结果是，法国主流社会和民众将穆斯林族群进一步视为法国的"内部敌人"和"破坏性的力量"，这更加深了法国政府和民众对法国穆斯林族群的成见和排斥。特别是"9·11"事件和欧洲国家发生的系列打着穆斯林旗号的恐怖主义袭击以后，包括法国在内的西方国家明显地存在着将穆斯林族群"敌人化"的倾向，突出表现在将穆斯林族群犯罪化和伊斯兰教信仰犯罪化。正是基于这样的依据，法国的穆斯林经常遭到法国警察毫无根据的搜查、被当作恐怖主义的嫌疑犯遭到未经指控的拘押。② 对法国穆斯林来说，在自己的祖国，在政治、社会、经济、宗教等方面无法体验到国家公民的荣耀和尊严。于是，一些法国穆斯林便转向伊斯兰教甚至是伊斯兰极端势力，希冀通过"重新伊斯兰化"，找回自己的族群归属和尊严。由此，少数穆斯林听从伊斯兰极端组织的召唤，成为恐怖组织的成员。

解释欧洲国家的少数穆斯林是如何从欧洲国家的公民转变为欧洲国家的敌人这个问题，我们依然需要从社会成员的认同体系中寻找根源，其中伊斯兰教的宗教认同发挥了关键性的作用。从民族社会学的视角来看，根据人们各自生长的社会与文化环境的不同熏陶，"人们头脑中居于不同层面上的群组认同意识会表现得十分不同，某一层面上的认同意识会强化，而其他层面上的则会弱化。各个层面所包含的政治、地域、文化、血缘等等构成认同意识的内涵的组合情况会各有不同"③。正如罗森斯（Roosens）等所说："每个人都有一个认同层面等级体系……这个等

---

① ［美］道格·麦克亚当、西德尼·塔罗、查尔斯·蒂利：《斗争的动力》，屈平、李义中译，译林出版社2006年版，第一章。
② 参见李瑞生《评西方反恐实践中的"敌人化"穆斯林》，《法制与社会》2014年第4期（下），第243—249页。
③ 马戎：前引书，第73页。

级体系可能随着时间而转换或变化,在一定的场景下,某个层面的社会认同会比其他层面更加显著。"① 对法国穆斯林后裔而言,尽管法国的共和主义的移民政策模式,自然赋予了他们以法国的国籍,从而解决了穆斯林的政治公民身份问题,但由于其不分种族、地域,宗教信仰和文化不同,因此,这种穆斯林政治公民身份的解决,掩盖了宗教文化的巨大差异。法国的穆斯林并没有实现与法国的基督教文化的宗教认同,而依然保持了相对封闭的伊斯兰教文化认同,甚至在祖国的记忆中,依然是那个遥远的伊斯兰国家。没有建立在共同的族群意识、历史记忆、族群身份和宗教文化认同基础之上的法国穆斯林,他们的国家认同就缺乏坚实的根基。在宗教和国家两大认同要素中,法国穆斯林往往以宗教而非国家因素认同自己的集体身份。美国皮尤研究中心的调查报告也验证了这一点。"比起基督教徒,穆斯林更习惯于首先以宗教而非国家来界定其集体身份。在英国、西班牙、德国和法国四国的穆斯林中,将公民作为首要集体身份的比例远低于本国的基督徒,而将宗教当作首要集体身份的,在差距最小的德国,穆斯林是基督徒的两倍(占比分别是 66% 和 33%),差距最大的西班牙居然接近 5 倍。"② 对法国穆斯林来说,他们有两个主要的身份,一个是宗教信徒身份,一个是国家公民身份。显然,就重要性而言,宗教教徒身份要远远重要于国家公民身份。所以,当以美国为首的西方国家发动伊拉克战争、阿富汗战争和叙利亚战争的时候,法国的穆斯林更愿意将其视为宗教战争,而每当发生宗教危机和宗教战争的时候,宗教认同要比民族认同、国家认同强烈得多。正因为这个原因,一些法国穆斯林移民反对西方国家对伊拉克、阿富汗、叙利亚的战争,甚至个别人直接响应伊斯兰极端宗教和伊斯兰恐怖组织的号召,在自己的祖国发动恐怖袭击,或者奔赴伊斯兰国家参加对西方文明的所谓"圣战",从而实现了由欧洲国家的公民到欧洲国家的敌人的根本性转变。英国、德国、西班牙、荷兰等欧洲国家的穆斯林宗教认同与国家认同状况也大致相似。

---

① Roosens & Eugeen E., *Creating Ethnicity: The Process of Ethnogenesis*, Newbury Park: Sage Publications, 1989, p. 16.

② 储殷等:前引文,第 1—20 页。

结 语

来自伊斯兰国家的信奉伊斯兰教的大量穆斯林移民欧洲国家，只有不足一个世纪的历史，主要发生在第二次世界大战结束以后的招募外国劳工进行经济与社会重建的 20 世纪五六十年代、殖民地体系瓦解的六七十年代和战后局部战争诱发的大量穆斯林难民涌入欧洲的后冷战时代。尽管欧洲国家特别是穆斯林相对集中的西欧国家，如法国、英国和德国，在保留其宗教文化的前提下，采取了促进其社会融合的政策，但由于主观上欧洲穆斯林所信奉的伊斯兰教文化的封闭性和客观上欧洲国家主流社会的排斥，欧洲穆斯林并没有实现与欧洲国家主流社会的真正融合，而是成为与欧洲国家主流社会并行并被割裂在外的"平行社会"。因此，欧洲穆斯林在身份认同方面，产生了极大的内在冲突。在个人身份的认同上，欧洲穆斯林及其后裔尽管因取得英国、法国或德国的国籍而完成了政治上和法律上的英国人、法国人或德国人的国家认同，但实际上他们并没有完成文化和社会意义上的认同，被排斥在主流社会之外，因而依然自视和被视为外国人；在族群身份认同上，欧洲穆斯林族群已经成为欧洲国家的族群组成部分，但属于外来少数族群，由于宗教认同在族群身份认同上的重要作用，欧洲国家的穆斯林移民将自己视为广大的穆斯林族群的一部分，少数穆斯林甚至认同伊斯兰极端势力。在国家公民身份认同上，由于欧洲穆斯林的后裔多数已获得欧洲国家的国籍，因此，获得了欧洲国家的公民权和国家公民政治身份，但欧洲穆斯林更愿意以伊斯兰教信奉者作为首要集体身份，而非国家公民身份。少数认同伊斯兰极端势力的穆斯林，在伊斯兰极端恐怖组织号召他们参加对西方基督教国家的"圣战"的时候，放弃了欧洲国家的公民身份，成为欧洲国家的敌人。由此看来，一方面，欧洲穆斯林的个人身份认同、族群认同和国家公民认同及其冲突表明，当代欧洲国家的穆斯林比第一代穆斯林移民，在个人身份、族群身份和国家公民身份认同上，存在着强烈的不确定、迷茫和疏离感，因此，他们更迫切地需要明确的身份建构。另一方面，欧洲国家需要重新审视多元文化政策，因为从实施效果看，多元文化政策并没有实现包括穆斯林族群在内的外国移民的社会融合、文化融合和政治融合。正因为如此，欧洲国家如德国、英国、法国、荷兰等国的领导人直言不讳地相继宣布本国多元文化主义政策的失败。①

进入 2014 年特别是 2015 年以来，受中东变局溢出效应的影响，数以百万计的来自叙利亚、伊拉克、阿富汗及北非国家的穆斯林难民，其中也有来自"伊斯兰国"的叙利亚籍、埃及籍等国家的恐怖分子，纷纷冲破欧洲国家统一的边防线而进入欧洲国家，尤其是西欧国家。欧洲国家尤其是西欧国家面临着穆斯林移民更为艰巨的融合任务和恐怖主义袭击的严峻形势，由此，形成了欧洲的难民危机。② 欧洲国家的少数穆斯林不断参与伊斯兰极端恐怖组织，发动针对自己所在的欧洲国家的恐怖主义行为或参与"伊斯兰国"所谓与西方基督教世界的"圣战"。这充分表明，欧洲国家的穆斯林族群的合理身份建构依然任重而道远，欧洲穆斯林族群的社会、文化、宗教和政治融合之路依然漫长而艰巨。

从欧洲国家的移民融合政策层面来看，欧洲国家也需要进一步反思其实施半个世纪的多元文化模式的局限性。多元文化模式在一定的历史时期，曾经促进了包括穆斯林少数族裔在内的社会融合，穆斯林族群也在欧洲国家经济与社会的恢复、发展中做出了突出的贡献，但它也默许了少数族群与主流族群的不平等状态的合法存在。实际上，作为少数族裔的穆斯林族群，从一开始就因为民族、语言、宗教、文化等因素的影响而没有实现与欧洲国家本土主流族群的平等。也就是说，穆斯林"移民少数族裔有外在于自身的、源于社会结构和历史话语的劣势，这种不平等应通过以分配性正义或者补偿性正义为理念的制度性手段进行纠正"③。正如罗尔斯所说："为了平等地对待所有人，提供真正的同等的机会，社会必须注意那些天赋较低或出生于较不利的社会地位的人。"④ 正

---

① 张娟：《恐怖主义在欧洲》，世界知识出版社 2012 年版，第 135—136 页。
② 宋全成：《欧洲难民危机：结构、成因及其影响分析》，《德国研究》2015 年第 3 期，第 41—53 页；方华：《难民保护与欧洲治理中东难民潮的困境》，《西亚非洲》2015 年第 6 期，第 4—19 页。
③ 刘力达：引前文，第 11—22 页。
④ ［美］约翰·罗尔斯：《正义论》，何怀宏等译，中国社会科学出版社 2001 年版，第 101 页。

因为如此,创新多元文化模式已成为欧洲国家政府的必然选择。[①] 针对信奉宗教、融入主流社会困难重重的少数族裔,欧洲国家的政府需要制定出更加有效的移民融合政策,实施更有利于促进少数族群融入主流社会的措施。只有实现了穆斯林族群在欧洲国家身份认同的合理建构,穆斯林族群才能更好地融入欧洲国家的主流社会,欧洲国家才能真正实现经济与社会发展的和谐与繁荣。

(本文原刊发于《西亚非洲》2016 年第 1 期)

[①] 宋全成:《族群分裂与宗教冲突:欧洲多元文化面临严峻挑战》,《求是学刊》2014 年第 6 期,第 185—191 页。

当代穆斯林移民与法国社会：
融入还是分离

彭姝祎*

摘　要：法国是欧洲国家中穆斯林移民在数量和占比上均位居前列的国家。从该国穆斯林的构成看，北非马格里布诸国是法国穆斯林最主要的来源地。由于多种因素，穆斯林移民对法国社会的融入程度很低，与主流社会疏离严重，大多沦为社会底层，在就业、福利、治安、文化等领域对法国社会造成了压力并引发了与当地社会的紧张关系。张力积聚到一定程度并在合适的诱因下，移民问题便以极端的方式爆发。法国政府采取了对外加强移民管控、对内放松同化政策、改造移民聚居区等措施来应对移民问题。但是鉴于该问题由来已久，且受到国内外多重因素的影响，解决起来绝非易事。促进移民全面融入社会从而从根本上铲除恐怖主义的根源，仍需要法国长期的政策探索和穆斯林移民的共同努力。

关键词：移民问题　穆斯林移民　难民　北非　法国

2015 年 1 月，法国首都巴黎爆发了震惊世界的"查理周刊血案"。该刊主创人员因用漫画形式讽刺穆斯林先知而遭到枪击，12 人遇难。11

---

* 彭姝祎，中国社会科学院欧洲研究所研究员。

月，巴黎再度发生暴恐性质的"枪击爆炸案"，近百名平民遇难。上述两次袭击事件都与北非籍穆斯林移民青年有关①，并因此使穆斯林移民这个在法国高度敏感的议题呈现在世人面前。目前，法国的穆斯林移民是该国最大的移民群体和人口最多的少数族裔。然而，该群体对法国社会的融入状况很不乐观，长期位于社会底层，与主流社会彼此疏离，摩擦不断，引发了一系列的棘手问题。最初，移民问题主要体现在给法国带来了就业和福利压力，以及严重的治安隐患等方面，后又上升至对法国的价值观和文化特性构成威胁的"高度"，并随着法国经济的持续萧条和极右势力的持续膨胀而不断发酵。法国本土恐怖主义的出现和升级就是移民问题积累到一定程度后的集中爆发和体现。"冰冻三尺非一日之寒"，本文从梳理法国穆斯林移民的来源和构成着手，尝试分析穆斯林移民在法国社会的融入现状、现存问题以及法国政府的应对措施，在此基础上简析解决法国穆斯林移民问题所面临的挑战。

一 法国穆斯林移民的来源

法国是欧洲国家中接纳穆斯林移民较多和较早的国家之一，目前，在法国共生活着约 500 万穆斯林人口②，占据移民人口的大多数，占法国总人口的大约 1/10，其中近一半取得了法国国籍。由于庞大穆斯林群体的存在，伊斯兰教已成为有着源远流长的天主教传统、被称为"天主教长女"的法国的第二大宗教。穆斯林人口大量聚集的巴黎地区甚至被戏称为"巴黎斯坦"。从历史角度看，穆斯林人口大规模移民法国始于第二次世界大战之后，即近现代法国出于经济和人口目的的第三次移民大潮③，这次移民浪潮发生于二战结束后到 70 年代中期，即法国经济高速

---

① 据调查，"查理周刊血案"的凶手和巴黎"枪击爆炸案"的主犯都是北非籍穆斯林移民。
② 由于法国公民不必登记自己的宗教信仰，故无法得知穆斯林移民的确切数目。
③ 从 18 世纪末期启动工业革命起，法国就饱受出生率低、人口增长慢、劳动力匮乏的困扰。该问题随着工业化和城市化进程的加速而加剧。为补充人口特别是劳动力的不足，从 19 世纪下半期起，法国共出现了 3 次移民浪潮。第一次始于 19 世纪末期，移民主要来自意大利、西班牙、葡萄牙等南欧地区以及周边国家。第二次发生于第一次世界大战前后（1914—1939 年），移民除继续来自南欧和周边国家外，还来自中东欧地区。

发展的"辉煌30年"（1945—1974年）。① 正是这次移民大潮开启了穆斯林移民大规模进入法国的大门，其进入主要有以下途径。

（一）劳务输入

劳务输入是穆斯林移民进入法国的首要途径。二战后，法国亟须重振经济，为补充巨大的劳动力缺口而启动了大规模的外籍劳工引进计划。最初，南欧各国（如意大利、西班牙和葡萄牙）是劳工的主要输入地，但受西欧国家普遍进入经济恢复和发展期、为南欧劳工提供了更多选择余地和南欧自身的经济发展吸引着在法劳工回流等因素的影响，西班牙、意大利等国无法继续满足法国的劳动力需求。于是法国扩大了移民来源，把目光投向了前非洲殖民地，特别是在语言和文化上和法国有着纽带关系、以法语为官方语言的马格里布地区，即阿尔及利亚、突尼斯和摩洛哥这3个伊斯兰国家；中东的土耳其等国以及法国在西非的前殖民地、以伊斯兰教为主要宗教的塞内加尔、马里和毛里塔尼亚也逐渐成为法国劳工来源地，但人数远逊于马格里布地区。此后，法国的穆斯林人口便直线上升，在1962—1968年，马格里布三国移民年均增加约3.5万人；1968—1975年，进入法国的穆斯林移民为年均7万人。② 概言之，二战后法国的移民来源地发生了显著变化，来自北非、西非和西亚等地的穆斯林人口逐步取代东、南欧地区的移民，成为法国外国移民的主体。

（二）家庭团聚

从20世纪70年代起，受石油危机使法国经济由盛转衰以及战后"婴儿潮"时期出生的人口进入就业年龄两方面因素的影响，法国的劳动力供需由不足转为过剩，法国遂于1974年颁布法令，叫停了持续近30年的劳工引入，不久后又出台遣返政策，出资鼓励移民返乡，但收效甚微。70年代后期，在民权运动兴起、要求法国政府充分考虑移民劳工享有正

---

① "辉煌30年"指1945—1974年，当时法国经济实现了史无前例的高速增长、就业充分、国泰民安，是法国历史上发展最快最好的一段时期。

② Letitita Cremean, "Membership of Foreigners: Algerians in France", *Arab Studies Quarterly*, Vol. 18, Issue 1, Winter 1996, pp. 49–68, 转引自魏秀春、谢济光《当代法国政府的穆斯林移民政策——以法国政府与伊斯兰教的关系为例》，《广西社会科学》2007年第3期，第90页。

常家庭生活权利的呼声渐高的背景下，同时为了结束大批移民家属通过各种合法或非法途径进入并滞留法国的无序状态，法国政府于1976年出台法令，准许移民配偶和未成年子女赴法团聚。"家庭团聚"政策的出台使法国已经关闭的移民大门再次敞开并改变了法国移民的结构，使之从以青壮年劳工为主转变为以妇孺等家属为主。统计表明，在1976—1978年入境法国的非欧洲籍移民中，家庭团聚类移民占到95%。① 随着家属的到来，移民逐步从客居转为定居。这段历史决定了法国移民的两大特点：第一，从20世纪80年代起，以北非阿拉伯人为主体的穆斯林移民逐步成为法国数量最大的移民群体；第二，移民后代，即出生、成长在法国的移民子女在数量上超过了第一代移民。截至2013年，法国共有580万移民，占总人口的8.8%，43%来自非洲大陆，其后代约占法国总人口的11%。法国由此成为欧盟内部第二、第三代移民在比重和数量上均占首位的国家。移民后代的最大特点是高度年轻化：逾40%的移民不足35岁，大大高于非移民人口（25%）。②

（三）避难和偷渡

"劳工"移民叫停后，"避难"成为移民法国的另一大主要途径。1974年之前，以难民身份进入法国的移民人数较少。此后，在动荡的国际环境下，向法国寻求避难的人数大幅度增加。法国号称"人权的祖国"，有着深厚的"人道主义"传统，加之出于地缘政治利益、意识形态对立、历史上和法国的纽带关系等因素的考虑，对"难民"的接纳一向慷慨。20世纪70年代，法国接纳了来自越南等原殖民地国家的大量难民。东欧剧变后，法国又接纳了来自原东欧社会主义国家的大批难民——无论真伪。90年代以后，随着地区冲突的爆发和升级，法国和其他西欧国家持续受到来自西亚、北非地区的战争难民的冲击。最近的一次便是近年正严重困扰欧洲地区的中东难民危机。在这次危机中，法国

---

① Richard L. Derderian, *North Africans in Contemporary France: Becoming Visible*, New York: Palgrave Macmillan, 2004, p. 14.

② 数据根据法国国家统计局（INSEE）发布的两项调查结果得出。INSEE, *Les immigrés, les descendants d'immigrés et leurs enfants*, 2009; *Les immigrés récemment arrivés en France, Une immigration de plus en plus européenne*, N°1524, Novembre 2014.

计划接收2万—3万叙利亚难民。在最近的中东难民危机中，一些伊斯兰极端分子混在难民中入境并伺机发动恐怖袭击严重威胁到法国的社会治安。尽管这种性质截然不同的"伪难民"只是极个别现象，但防不胜防，十分危险。

偷渡在劳务输入的大门关闭后亦成为进入法国的一种途径。一些专家推断，法国境内共有大约50万名非法移民，占移民总人口的6%—10%，占法国总人口的比重约1%。[①] 非法移民是个十分隐蔽的群体，其来源难以统计，但包含有相当数量的穆斯林移民。

概言之，自1974年取消招募劳工移民政策以来，法国的移民构成就发生了显著变化，出现了一个庞大的、占据移民多数的穆斯林群体，他们中的绝大多数来自马格里布地区，其次是土耳其，再次是撒哈拉以南非洲的西非地区。其中，大部分是劳工移民及其家属，一小部分为难民和非法移民。

二 法国穆斯林移民引发的问题

穆斯林移民为二战后法国经济的迅速恢复和发展发挥了重要作用，其功劳不能被抹杀。在"辉煌30年"，移民以客居的劳工为主，是可见性很差的边缘群体。但是"辉煌30年"过后，伴随着移民结构（由以劳工为主变为以家属为主）和居住性质（由客居变为定居）的改变，穆斯林移民逐渐成为法国人口最多和占比最大的少数族裔，可见性渐增。然而，这个约占法国人口1/10的群体并未成功融入法国社会，相反，他们和法国社会渐行渐远，引发了一系列使法国本土居民不安和不满的"问题"，穆斯林移民也由原先的默默无闻变成辩论乃至非议的焦点。

（一）经济和社会层面

在经济和社会层面，穆斯林移民给主流社会造成了两大饱受诟病的

[①] 法国政府估计有20万人，但学界认为该数据太过保守。François Héran, "L'immigration en France: Des chiffres en débat", *L'immigration en France* (*Cahier français* n° 385), la Documentation française, Mars-avril 2015, pp. 5 – 6。

问题：其一是"搭福利便车"，其二是"抢本地人饭碗"。二战后，法国建立了保障完备的家庭津贴制度，津贴数额随子女数量的递增而递增。第一代穆斯林移民受生育率高且允许"一夫多妻"等因素的影响，普遍子女众多，家庭津贴的领取额（以家庭为单位计）远在法国本土家庭之上，受到本土居民"搭福利便车"的指责。特别是随着法国经济的持续萧条，国家财政捉襟见肘，政府被迫削减福利并于最近两年取消了家庭津贴的普惠性，将其覆盖范围由全体国民缩小至中低收入者，引起中上阶层人士的强烈不满。人们指责穆斯林移民凭借其家庭规模抢占了原本属于法国人的福利资源。至于极右势力所鼓吹的"抢本地人饭碗"实则是伪命题，穆斯林移民以蓝领为主，主要就业于本土居民所不屑从事的行业，有些行业即便是在失业率持续高企的今天，仍然存在一定程度的"用工荒"，并持续依赖外来移民，因此穆斯林移民对本土就业构不成实质性威胁。反之，移民的失业率远在本土居民之上，因此移民对就业的负面影响应主要体现在给法国政府带来的巨大的就业压力。

（二）文化层面

从20世纪80年代起，穆斯林移民问题始现于文化层面。在此之前，法国政府政教分离的执行并不严格，只针对"工作场合"或"执行公务"的"公职人员"，戴穆斯林头巾的女性基本上未引起特别关注。1981年，法国左翼社会党执政后，放松了此前右翼政府对移民的限制，允许穆斯林移民组建社团并修建清真寺，法国社会随之出现了各类穆斯林社团；清真寺的数量也从20世纪60年代的5所骤增至1985年的900所。[①] 加之，20世纪80年代，极右势力在法国政坛崭露头角，并发表了众多反对移民的煽动性言论，伊斯兰世界由于海湾局势的演变而成为全球焦点，一时间穆斯林移民的可见性大增：似乎满大街都是穆斯林头巾和清真寺的尖顶，法国社会开始出现"伊斯兰恐惧症"，这是80年代末"穆斯林头巾"引发轩然大波的原因。1989年，巴黎郊区3名女生因戴穆斯林头巾到校（公立学校）上课而遭到校方驱逐，理由是根据1905年的政教分

---

① Philippe Portier, "L'Islam dans la république laïque", *L'immigration en France* (*Cahier français n° 385*), p. 54.

离法，宗教应远离公共生活。此事在法国引起激烈辩论：反对者主张宽容对待异文化；支持者则认为过度宽容会导致思想混乱、对主流价值构成威胁。最终，"头巾事件"以法国行政法院下令撤销校方的规定而告终，但事情并未就此完结，而是持续发酵，最终法国政府于 2004 年出台法律，明令禁止学生在公立学校穿戴"具有明显宗教标志的服饰"。2010 年，法国政府进一步立法，禁止穆斯林在公共场所穿戴遮盖全身的穆斯林罩袍"布卡"，所谓的公共场合不仅指公务场合，还包括道路、剧场甚至商场。2012 年，法国教育部把"头巾禁令"从学生延伸到了到校接送孩子的保姆和家长。其间，政府还围绕"伊斯兰教与政教分离""移民与国家认同"等问题发起全国性辩论，极右势力则鼓吹法兰西的文化和民族纯洁性受到伊斯兰教的威胁。凡此种种均使穆斯林移民问题在文化层面一步步发酵，并加剧了穆斯林移民和主流社会的对立与疏离。

（三）治安层面

穆斯林移民问题还突出表现在治安领域。从 20 世纪七八十年代起，由于社会融入的失败，在穆斯林移民聚居的"郊区"开始出现以青少年移民为主要肇事者的、以报复主流社会为主要目的的打砸公共设施、放火烧车等违法行为，其导火索往往是移民青少年受到代表国家暴力机关的警察的盘查（有时是无端盘查），进而发生冲突与对抗。从 80 年代中期起，不法行为发生的频率和严重性都有所升级，特别是进入 2000 年之后，以警察盘查可疑青少年并造成后者伤亡为导火索，不法行为逐步演变成为群体性骚乱，如规模较大的"巴黎郊区骚乱"（2005 年）[1] 规模较小的格勒诺布尔骚乱（2010 年）、亚眠骚乱（2012 年）等，致使"郊区危机""郊区暴力""郊区游击战"[2] 等词汇频频现诸媒体，严重破坏了法国的社会治安。统计表明，在法国政府划定的"城市敏感区""治安优

---

[1] 2005 年 10 月，两名居住在巴黎东北郊的北非裔少年为躲避警察的追捕而意外触电身亡，当地移民青年因不满警察当局对此事的解释走上街头，焚烧汽车，进行抗议。后事态不断扩大，波及法国 200 多个市镇甚至邻近的德国和比利时，逐步发展成为自 1968 年"五月风暴"以来法国最大的一起骚乱。

[2] Michel Kokoreff, "Chronique des émeutes de cités", *L'immigration en France* (*Cahier français* n° 385), p. 35.

先区"等需重点整治的地区，穆斯林移民聚居区占了近一半。马赛等靠近北非的边境城市和东北部移民大量聚居的老工业基地是暴力事件频发的重灾区。2015 年以来，"郊区暴力"又升级为血腥的暴恐袭击，严重威胁到国民和国家安全并撕裂了法国社会——尽管发动恐怖袭击的是极个别伊斯兰极端分子，但其影响不可能不波及整个穆斯林移民群体！

三 法国穆斯林移民社会融入失败的根源

究竟是什么原因使穆斯林移民难以融入法国社会，成为困扰法国社会的一大难题？

（一）经济和社会层面的歧视与排斥

穆斯林移民之所以难以融入法国社会，首先在于他们从整体上沦为法国经济和社会结构的底层，和主流社会之间存在难以逾越的鸿沟。造成这种状况的主要原因是：法国社会安置移民的方式欠妥，对移民的消化吸收能力日渐不足和结构性歧视普遍存在。

"辉煌 30 年"后，法国经济陷入萧条，增长率由 1960 年的 5.9% 持续跌至 21 世纪以来 1% 左右的低水平。失业率则由 1.5% 飙升至近两位数，法国对外来移民的消化吸收能力大不如前，移民遂从抢手变为过剩，在随之而来的产业结构转型中沦为失业的主力。从 20 世纪七八十年代起，法国开始升级产业结构，传统工业产业逐步萎缩，在 1975—1990 年，冶金、纺织和制衣、制革、机械制造等行业用工量分别减少了 60%、45%、44% 和 25%；采煤业彻底退出历史舞台。整个工业和建筑业就业人口由 1970 年的 28.5% 和 9.5% 减至 2006 年的 15.4% 和 6.6%。[①] 绝大多数穆斯林移民就业于这些劳动密集型行业，他们被抛出劳动力市场后，又得不到培训和再教育，难以再就业，沦为结构性失业的主力。法国国家统计局的近期数据表明，来自欧盟外移民的失业率为 20%，远高于欧盟内部移民（8%）和本土居民（9%），[②] 结构性失业大多是长期失业，

---

① INSEE, *Rapport économique social et financier*, 2008, Tome II.
② 参见法国国家统计局（INSEE）网站（http://www.insee.fr），访问日期：2015 年 12 月 20 日。

由于长期缺乏稳定的收入，许多人陷入赤贫。结构性歧视是移民失业率高的另一原因：尽管法国明令禁止任何形式的就业歧视，实则隐性歧视普遍存在。调查表明，若求职者写在履历表上的姓名带有明显的阿拉伯色彩，则其获得面试的机会比写法国人名的求职者少两倍；在同等教育背景下，非洲或土耳其裔青年的失业率是本土青年的两倍；在同等资质下，移民青年更容易进入实习生、临时工等不稳定就业市场，或被降级使用。概言之，"籍贯"成了移民青年通往劳动力市场的一道无形障碍。

二战后入境的穆斯林劳工被集中安置在城市郊区的工棚等临时性住地；移民家属到来后，则定居在面向低收入群体而修建的郊区廉租房，致使移民群体长期与主流社会相隔离，形成了高度集中和封闭的移民街区，法语中"郊区"（banlieue）一词在特定语境下特指这些移民聚居区。调查显示，近一半移民及1/3的移民后代居住在"郊区"，其中穆斯林移民的占比最高（非洲籍54%，土耳其籍62%）[1]，远超南欧籍移民（20%）[2]。穆斯林移民青年"我们是'郊区人'不是'法国人'"的说法正是对这种状况的无奈表达。"聚居"直接影响着移民子女的教育，作为经济弱势群体，穆斯林移民普遍负担不起拥有优质教育资源的主流街区的昂贵房租，其子女只能就读于师资力量弱的"郊区"学校；加之，穆斯林移民自身教育程度普遍偏低，对教育缺乏重视，因此和本土居民相比，其子女的辍学率高，升学率低。统计表明，移民的文盲率为4%（本土为零）。只有小学教育水平的移民比例为男性9%、女性17%，远高于本土居民（男性2%、女性7%）；没有文凭的移民，男性比例为27%，女性为31%，远高于本土居民（男性12%、女性9%）[3]；土耳其、西非国家和马格里布三国移民子女中途辍学或拿不到毕业文凭的比例最高，

---

[1] Patrick Simon, "L'Intégration ségmentée: citoyenneté, mixité et mobilité sociale", *L'immigration en France* (*Cahier français* n° 385), p. 31.

[2] Ibid., pp. 31–32.

[3] Manon Dominigues Dos Santos, "Besoins en Main-d'Œuvre et immigration", *L'immigration en France* (*Cahier français* n° 385), pp. 12–13.

学历最低。①

基础教育的不平等导致了高等教育的不平等。调查显示，移民子女进入名校、从而获得优质就业资源的机会远逊于主流阶层。低学历低技能的移民青年只能像父辈一样继续从事技术含量低的工作，暴露在高失业风险下②，就此陷入失业和贫困代际传递、社会阶层固化的恶性循环。调查表明，移民青年的失业率比移民整体更高，在某些移民聚集区，青年失业率超过40%，是法国平均数的2倍；非洲籍移民青年的失业率尤高，是非移民青年的3倍。在移民高度集中的地区，25岁以下移民的失业率高达40%—60%。③ 在亚眠，在这一因工业转型而没落的老工业基地，移民失业率高达45%，2/3的年轻人处于长期失业状态，④ 他们看不到前途和希望，同主流社会关系紧张，这便是该地区爆发骚乱⑤的根源。近些年，相继爆发的国际金融危机和欧洲主权债务危机使移民青年的就业前景更加黯淡。

（二）文化层面的"水土不服"

法国对外来移民施行同化政策，即不承认移民的少数族裔地位，要求其放弃语言、文化和宗教传统，认同自由、平等、博爱、世俗化等基本价值观，以便在法国的大熔炉中"锻造"成和法国人别无二致的"法国公民"。该政策脱胎于大革命时期建立在两大观念——"统一"和"平等"之上的"同化"原则。当时，处于现代民族国家建构过程中的革命

---

① Mathieu Lchou, "Les Trajectoires scolaires des enfants d'immigrés", *L'immigration en France* (*Cahier français n° 385*), pp. 44–45.

② 除波兰和匈牙利外，欧洲地区移民的失业风险均大大高于本土居民，调查表明，在几乎整个欧洲地区，移民的平均失业风险为70%，远在本土居民之上。Manon Dominigues Dos Santos, op, cit., p. 12.

③ Michel Kokoreff, "Chronique des émeutes de cités", *L'immigration en France* (*Cahier français n° 385*), p. 37.

④ "Amiens", *Libération*, 27 août 2012.

⑤ 2012年8月13—14日夜间，亚眠市发生上百名移民青年与警察对峙数小时的骚乱事件，造成17名警员受伤，幼儿园、警局、体育馆等公共建筑严重受损。骚乱源于2012年8月12日，一名移民青年的亲友邻里为这位几天前死于车祸的年轻人举行葬礼（车祸原因据说是躲避警察追查），警察以维护秩序的名义介入盘问，引起强烈不满，最终酿成冲突。在该移民聚集区，警察和当地居民特别是年轻人之间的关系一向十分紧张。

政府，为克服多元主义潜在的分离和分裂主义倾向，从而禁止语言和文化的多样性，并通过免费的世俗教育和强制推广"国语"——法语等文化建构手段来推行一元文化，以达到弱化地方和族群归属与认同、培养共和国归属感与认同感的目的。典型的例子是法国政府对最后并入法国版图的布列塔尼①采取了坚决的"去布列塔尼化"运动，强迫学校用法语教学代替布列塔尼语。"同化"政策对法国克服境内的离心倾向、建立"统一而不可分割的共和国"发挥了关键作用。这也是为什么一向在国际舞台上倡导多元文化的法国直到近些年都不承认境内的少数民族语言、拒绝在以保护语言多样性为宗旨的《欧洲地方和少数民族语言宪章》上签字的原因。② 法国大革命还确立了"人人平等"的原则，杜绝按照族裔、宗教等属性将国民划分为多数和少数，给予每个人平等的公民资格。法国宪法明确规定："统一不可分割的、世俗的、民主的共和国保证所有法国公民在法律面前一律平等，无论出身、种族和宗教信仰。"换言之，在法国没有基于种族、宗教和语言层面的少数民族。

  基于以上因素，自法国大革命以来，"同化"即"法国化"便成为法国对待包括移民在内的"他者"的基本立场。历史上"同化"政策对在宗教和文化传统上和法国相近的欧洲籍移民较为有效，对与法国相去甚远的穆斯林移民则难以奏效，双方都表现出一定程度的不适应。普通穆斯林民众佩戴头巾等一些基于宗教习俗和文化传统的行为在极右势力"钟楼和小咖啡馆行将消失在清真寺和伊斯兰快餐后"③ 等言论的煽动下，被广泛解读为对共和国"世俗化"原则的否定、对抗乃至挑衅，引起法国社会"法兰西行将穆斯林化""伊斯兰将消解颠覆西方文明"的担忧并被立法严禁，进而引发穆斯林移民的不满及和主流社会的对立。实际上，这种以法律手段强制"同化"的做法客观上放大了穆斯林移民的异质性，其背后隐含的是法国社会对穆斯林移民的不信任——历史上伊斯兰世界

---

  ① 布列塔尼原本是一个独立的王国，1532 年归并法国，但是布列塔尼人一直有很强的独立意识。

  ② Alain Renaut, "Le Multiculturalisme, jusqu'où?", *L'immigration en France* (*Cahier français n° 385*), p. 25.

  ③ 钟楼指教堂，是法兰西的文化象征。Jean-Vincent Holeindre, "Front national: les raisons d'une ascension", *Sciences Humaines*, décembre 2013。

和基督教欧洲曾长期敌对，伊斯兰文化中的一些观念被普遍认为和西方的价值观不相容，这种不信任构成了穆斯林移民融入法国社会的一大障碍。

（三）身份认同的危机

穆斯林移民特别是移民后代普遍面临严重的身份认同危机。调查表明，95%的移民后代出生且成长在法国、操流利的法语，在母国和迁入国之间更认同后者。但是，由于缺乏认同构建的某些基本要素，如穆斯林文化和宗教信仰与基督教之间的巨大差异，以负面为主的共同历史记忆（伊斯兰世界和基督教世界的历史恩怨），他们对法国的认同和忠诚受到怀疑。调查表明，极右势力"移民是'证件上的法国人'（即法律意义上的法国人）、'身不由己的法国人'（即由于生在法国而不得不成为法国人）"等说辞得到不少民众的认同。在他们看来，穆斯林移民徒有法国人之"表"，而无法国人之"里"，"非我族类，其心必异"，因此对他们持警惕和排斥心理。以下调查清楚地表明了移民的自我身份认知和法国本土社会对其身份认知间的差距。在业已取得法国国籍的移民中，逾50%的马格里布移民和40%的马格里布移民后代、65%的撒哈拉以南非洲移民及50%的撒哈拉以南非洲移民后代认为自己并未被视作法国人。与之形成鲜明对照的是，欧洲籍移民及其后代则没有这种认同受挫感。[①] 事实也证明，65%的法国人将穆斯林移民视作"和其他人一样的法国人"（2014年）[②]，换言之，尚有逾1/3的本土居民对穆斯林移民的法国人身份持保留态度，这使移民后代陷入既回不到故乡又融不进他乡、失去旧身份又难构新身份的境地。

（四）移民后代的对抗心理

第一代穆斯林移民曾表现出强烈的融入意愿并通过和平的方式来表达反歧视、反排斥、反种族主义和融入诉求。典型案例是1983年秋以移

---

① Patrick Simon, op. cit., pp. 29 – 31.

② Philippe Portier, "L'Islam dans la république laïque", *L'immigration en France* (*Cahier français n° 385*), p. 52.

民团体的一位领袖被警察枪击身亡为导火索而爆发的"北非移民步行"（march des Beurs）请愿活动。当时众多北非籍移民从法国南部城市马赛出发，打着"反对种族歧视、要求平等"的旗帜步行一个半月抵达首都巴黎请愿，沿途会集了10万民众。尽管请愿代表受到爱丽舍宫的接见，但随后移民的整体状况并未好转。特别是20世纪80年代初，以反移民著称的极右势力"国民阵线"在法国政坛崛起，它的煽动以及主流右翼政党在其竞争压力下的被迫右转，① 加剧了穆斯林移民的融入困难。移民后代则没有父辈这么温和。高度年轻化且高度认同法国的第二、第三代移民群体既未脱离社会底层，也未摆脱"他者"身份。一部分人就此走向了社会的对立面，他们放弃了融入法国社会及以和平表达诉求的努力，表现出日益强硬的对抗姿态，通过拒绝在学校食堂用餐、更频繁地去清真寺朝拜等方式有意彰显宗教属性，强调伊斯兰文化特征，并要求主流社会予以承认。换言之，即他们通过强化宗教认同来表达对法国社会的失望，以之填补国家认同失败的真空。正如法国学者奥利维耶·罗伊（Olivier Roy）指出的："20世纪70年代的移民默默无闻、悄然无声，大家为之发声。80年代的北非移民，当他们走出郊区表达诉求时，主调是融入而非保持不同……但在随后到来的90年代，则出现了有组织的伊斯兰话语……它鼓吹某种本质性的不同，即毫不掩饰地展示某种信仰的不同。"② 尽管这类行为只局限于一部分人，却引起主流社会的普遍不安和警惕。一部分移民青少年通过打砸抢烧等暴力激进行为来宣泄失望与不满；这反过来加剧了主流社会的敌视和排斥。双方的裂痕就这样在歧视、排斥—暴力宣泄—再歧视再排斥—进一步暴力宣泄的恶性循环中加大加深，最终发展到个别人投向极端伊斯兰势力、以血腥屠杀无辜平民进行报复的地步。这种极端的方式，尽管从不为绝大多数普通穆斯林移民所认同，却很难不加剧人们对整个穆斯林移民群体的不信任。

---

① 在1983年的市镇选举中，主流右翼因国民阵线在第一轮选举中成绩优异而主动与其接触，在第二轮中提出联名参选，希望由炒作移民问题来增加选票。Edwy Plenel and Alain Rollat, *La République Menacée：Dix ans d'effet Le Pen：Dossier*, Paris, Le Monde, 1992, pp. 84 - 87.

② Philippe Portier, op. cit., pp. 50 - 51.

四 法国对穆斯林移民问题的应对之策及其成效

面对不断发酵的穆斯林移民问题,法国主要采取了如下应对措施:一方面调整移民政策,阻止更多穆斯林移民入境;另一方面,对已经到来并业已形成法国最大少数族裔的穆斯林移民,努力促进其融入。但国内外局势的演变使法国政府面临着日益严峻的挑战。

(一) 调整移民和难民政策,加强入籍管理

面对法国移民数量居高不下的现状,政府改变移民引进政策,不允许更多穆斯林移民入境,由此努力扭转穆斯林移民的主要来源——家庭团聚类移民占据多数的局面。法国从2006年起逐步启动了"选择性移民"政策,效仿美国等国的做法,选择并接纳被法国政府称作的"有用之人",拒绝、驱逐"无用"乃至"有害"之人。一方面,法国提高家庭团聚类移民的门槛,通过延长这类移民的申请期限、设立住房和收入标准等准入条件、禁止"多妻"者在法居留、重拳打击以"假婚"手段入境等措施限制所谓的"低素质"移民入境。另一方面,法国放宽该国急需领域的高端技术人才的准入门槛,根据年龄、学历、工作经验和法语水平等指标来筛选法国所需的"高端"人才,一次性为中选者发放为期3—4年的"人才居留证"。选择性移民政策发挥了一定作用,统计表明,2009—2012年入境法国的移民中,非洲移民入境法国的增速只有1%,大大低于来自欧洲地区的移民的增速(12%)。新来者中,63%的人拥有高中及以上学历,比此前提高了两个百分点。[①] 此外,政府收紧了穆斯林移民进入法国的第二条主要渠道——避难政策。近年来,法国逐步收紧了避难政策,避难获准率显著降低。调整移民政策的同时,法国加强了入籍管理,除在居住年限和收入水平等方面做出更为严格的规定外,还强制新来者学习法语并接受公民教育,以缩小他们和本土社会在

---

① INSEE, *Les immigrés récemment arrivés en France*, *Une immigration de plus en plus européenne*, N°1524, Novembre 2014.

价值观上的差距。

然而，近几年中东难民危机爆发后，法国的难民政策被迫放宽。难民危机发生之初，鉴于国内的穆斯林移民融入难题，特别是"查理周刊血案"后民众对穆斯林移民日益上升的敌对情绪，法国一度持犹疑观望态度，后在"叙利亚男童陈尸海滩事件"的舆论压力下，态度逆转，和德国共同提出"按配额分配难民"的方案，计划在未来两年内接收2.4万名难民，紧急情况下追加1000人。"巴黎枪击爆炸案"后，奥朗德总统顶着空前上升的舆论压力，表示法国会把接收难民的任务进行到底。与并列为"欧盟发动机"的德国相比，法国计划接收的难民数量十分有限。但和德国不同的是，难民的"穆斯林"身份使法国面临的内部压力要远大于德国。在某些极右势力控制的法国市镇，民众在市政府门前游行示威，要求已到来的难民离开法国；有的市长明确提出，为避免恐怖分子混在难民中入境，最好只接收在叙利亚受到迫害的基督教家庭。特别是民调一再表明，在即将到来的2017年总统大选中，执政的社会党将不敌极右政党"国民阵线"止步于第二轮投票。概言之，中东难民危机给法国政府带来了极大挑战，使之陷入"国际道义"和"国家利益"的两难选择。法国政府的对策是，对内争取民众的支持并安置好难民，力争使新来的穆斯林移民尽快融入法国社会（有些地区业已开始为难民儿童开设法语课）；加强对边境的管控，法国在巴黎枪击爆炸案后关闭了边境。

在国际合作方面，一方面，法国政府加大了与欧盟的合作：法德两国经济部长于2015年11月25日联名发表公开信，倡议建立总额100亿欧元的专项资金，用于边境检查、情报分享、司法和警务合作等工作；另一方面，法国与难民来源国开展合作。法国长期以来在联合国"千年发展目标"框架下为非洲等欠发达地区提供发展援助，帮助它们发展经济，实现减贫目标。鉴于非洲是法国的主要移民来源地，所以此举同时有助于减少通过各种合法或非法途径进入法国的移民。面对这次由于战争冲突造成的难民性质的移民，法国仍然认为应从源头遏制，换言之，结束冲突才是根本对策。但是冲突的复杂性决定了这超出了法国一国之能力，需要欧盟乃至整个国际社会的共同努力。

（二）实行国家"管制"下的多元文化主义，促进移民融入社会

移民对法国社会的融入失败致使法国各界（极右势力除外）普遍反思"同化"政策，如曾任法国总理的朱佩指出："同化，是要从根源上抹杀、否认所有不同。该观念不仅在道德和道义层面应予以批判，而且毫无效果可言"，其"本质上难道不是以另一种方式来表达优越感？"① 一些有识之士建议抛弃失败的一元文化主义，走多元文化道路，由"同化"转向"融合"。所谓"融合"，按照法国"移民融合高等委员会"的定义，即"一个在接受社会各组成部分在文化、社会和道德层面的特殊性且认同多样性和复杂性能够使整体得到丰富的同时，促进各组成部分积极参与法国社会（建构）的特殊进程"。② 从该定义看，放弃同化不等于听之任之，而是要促使穆斯林移民参与法国的社会建构，这也表现在法国政府的政策实践上。典型案例是适当放宽"世俗化"即政教分离原则（本来根据 1905 年的政教分离原则，法国不承认、不支持也不以任何形式资助任何宗教活动），在承认伊斯兰教的同时加以引导和规制。如从 20 世纪 90 年代起政府放开禁令，允许建立清真寺，国家提供建用地或给予间接资助，但要求清真寺内设立公共文化区域，承担起传输法国价值观的使命。再如，法国政府于 2003 年推动建立"法国穆斯林宗教委员会"。一直以来，穆斯林移民在修建基础设施（清真寺、图书馆、学校）等方面主要依靠母国，后者以法国境内大量穆斯林民间团体或组织③（如代表土耳其穆斯林的"法国土耳其穆斯林协调委员会"、代表北非穆斯林的"法国穆斯林组织联合会"等）为中介，为本国穆斯林移民提供了巨大的物质、资金和精神支持。跨国伊斯兰组织网络也为清真寺的建造和宗教教育提供了大量资金。为削弱来自母国及其他国际穆斯林组织的影响，特别是防止极端思想乘机而入，同时考虑到宗教组织所发挥的"社会减震器"作用，法国政府决定，由国家出面建立一个穆斯林代表机

---

① Michèle Tribalat, "Assimilation versus multiculturalisme", *L'immigration en France* (*Cahier français n° 385*), p. 14.
② Ibid., p. 16.
③ 社会党执政期间（1981—1995 年），促成了对包括宗教在内的移民组织的认可，使穆斯林协会或组织的数量激增，从此前的不足十个增至上千个。

构——"法国穆斯林宗教委员会"（CFCM）①，在制度层面对伊斯兰教予以承认并加以引导和规范。委员会由代表性较强的穆斯林团体推举代表组成，有任命阿訇、审批清真寺的建造、培训伊斯兰教教长等权力，其成立主要目的是推动穆斯林团体资金来源多样化，将伊斯兰教纳入国家的掌控之下，同时打通政府和整个穆斯林移民群体的对话渠道（尽管境内存在众多穆斯林团体，但仅代表某一国或某一地区的穆斯林且各自为政、互不沟通），使法国的价值观、规则和准则排除中间因素干扰，直达穆斯林民众。一言以蔽之，即法国在承认伊斯兰教的同时，对之进行"法国化"改造，使"法国穆斯林"（islam en France）转变为"法国的穆斯林"（islam de France），参与到法国社会的建构之中，从而促进穆斯林移民对社会的融入。

不过，鉴于穆斯林移民和主流社会之间日益加剧的张力以及极右势力的急剧膨胀，"文化多元主义"之路并不平坦。法国前总统萨科奇在任内政部长期间曾表示，反对意味着"强迫新来者放弃其身份以换取被接纳"的"同化"政策②，青睐"多样性"并且愿意通过修宪来确保多样性，允许人们"在融入的同时保持自身身份"，并推动建立了"法国穆斯林宗教委员会"。③ 但在竞选总统和执政阶段，为与极右势力争夺选民，萨科奇并没有坚持上述政治主张。法国极右政治力量不断推出带有极右色彩的言论或政策主张，如立法禁穿伊斯兰罩袍，鼓吹法兰西文化受到伊斯兰教的威胁，指责移民难以融入法国社会从而埋下了治安隐患，等等。美国《新闻周刊》为此曾指出，萨科奇为了政治目的曾经疯狂地对少数族裔发难，把"世界上最民主的地方变成了极右翼势力的温床"。④ "查理周刊血案"后，执政的左翼社会党也承受了来自各方特别是极右势力的巨大压力，其宽容对待移民、强调移民权利和对法国的贡献、尊重多元文化等传统主张不断受到抨击，特别是最近一年来，法国社会的排

---

① 从20世纪80年代末期起，时任内政部长就提出由国家出面建立全国穆斯林委员会，进入21世纪后，在穆斯林移民问题不断加剧的背景下，该倡议才得到落实。

② Nicolas Sarkozy, *La République, les religions, l'espérence*, Paris, Cerf, p. 22.

③ Ibid. .

④ "Le magazine Newsweek associe Nicolas Sarkozy à l'extrême droite", *Le Point*, septembre, 2010, http：//www.thedailybeast.com/newsweek.html, 2010 – 10 – 11.

外情绪空前高涨,支持多元文化论的人骤降至不足10%。民调也一再表明,社会党在2017年的总统大选中竞争不过极右势力。凡此种种均使法国"多元文化主义"的实现面临着空前严峻的挑战。

(三)"振兴郊区",促进"社会(阶层)混合"

针对穆斯林移民高度聚居、特别是移民后代日趋被固化在社会底层的现象,法国政府从2003年起,启动了为期十年的"郊区振兴计划"(PNRU),并成立"郊区振兴署"(ANRU)负责计划的实施,各市镇政府负责制定具体计划并和郊区振兴署签署多年期合同。计划的核心目标是"社会(阶层)混合"(mixité sociale),即打破"郊区"和主流社会之间的樊篱,为移民向上流动、更好地融入法国社会创造条件,使郊区不再是"贫困、封闭、暴力"的代名词。"郊区振兴计划"共投入440亿欧元,其中国家直接拨款120亿欧元,用以改造500个以移民为主要居住对象的老旧街区,特别是在穆斯林移民高度聚居的"治安敏感区"(Zus)[①]。改造内容包括拆旧、建新和安置三部分。一方面,改善"郊区"的居住条件和环境、提升郊区生活品质,吸引"郊区"以外的居民到"郊区"定居;另一方面,将"郊区"的部分居民安置至主流社区——此前法国政府已规定,所有人口在3500人以上的市镇,必须在各街区穿插建造总比例为20%的社会保障房,否则将处以罚款。第一个十年计划完成后,第二个为期十年的"郊区振兴计划(2014—2024)"也已经启动。

整体而言,"郊区振兴计划"使"郊区"的外貌发生了显著改观:老旧住宅得到翻新,新住宅拔地而起,菜市场、大型商场得到改建扩建,地铁和有轨电车陆续开通,把郊区"孤岛"和市区连接了起来。但出于各种原因,该计划的核心目标"社会(阶层)混合"并没有得到充分实现:有些地区特别是人口密集且移民也最为集中的大城市缺乏建筑用地,难以实现20%社会保障房的建设目标,所以移民聚居问题并未得到实质性改善。例如,在寸土寸金的大巴黎地区,正如人们指出的,该地区除

---

① ONZUS, Dix ans de Programme national de rénovation urbaine: Bilan et perspectives, le 4 mars 2013, http://www.ville.gouv.fr/IMG/pdf/pnru1.pdf, 2015 – 11 – 22.

非拆掉梅松—拉斐特城堡或者填掉塞纳河，否则要建造20%的保障房势比登天，就是罚款也无济于事。因此"郊区振兴计划"实施十年后，穆斯林移民大量聚居在巴黎郊区的情况依然普遍存在。有些地区的移民街区在改造后租金和生活费用上涨，致使无力支付的贫困移民被迫离开并聚集到更远的郊区。有些地区的主流街区，由于移民的迁入，原住民选择了搬离。凡此种种使"社会（阶层）混合"目标和政府预期相去甚远。人们指出应改变这种"治标不治本"的战略，从反歧视、合理配制教育资源、创造平等的就业机会入手，激发"郊区"释放本身的潜能，通过教育质量和就业状况的根本性改善从整体上提升郊区移民的社会等级，唯有如此，方能实现真正的"社会（阶层）混合"。

结语和思考

西欧各大国普遍存在数量较为庞大的穆斯林移民群体，并非法国所独有。但是与其他国家相比，法国的穆斯林移民具有移民后代人数多（已超过移民本身）、占比高（在欧洲位居第一）、年轻化但对法国社会的全面融入程度低的特点。正是高认同和全面低融入之间的巨大落差，造成了移民特别是以青壮年为主的移民后代和主流社会的张力，张力积聚到一定程度，便酿成了冲突；移民的融入状况一日不改善，张力和冲突就一日难平息，并且在合适的外部诱因下——"伊斯兰国"恐怖组织在中东的崛起和壮大——产生巨大的破坏力。"查理周刊血案"及"巴黎枪击爆炸案"后，穆斯林移民被推向风口浪尖，该群体被指"生育率高、受教育程度低、封闭落后"从而妨碍其融入移入国社会并酿成今天之悲剧的声音不绝于耳。逾一半的法国民众认为"穆斯林移民应当入乡随俗"，即主动融入。

客观来看，穆斯林移民对法国社会融入的失败，与穆斯林族群的文化、宗教、生活方式紧密相关。但是，移民接收国的制度因素同样发挥着不容忽视的作用。其原因在于，如果说作为"劳工"引进的第一代移民，其高生育率、低学历、相对封闭等特征与其贫穷落后的母国息息相关，那么生在法国长在法国的移民后代依然普遍具有这些特征且不能摆脱"非我族类"的"他者"身份，则在很大程度上与移入国对待移民的方式即相关制度和政策以及由此造成的结构性偏见和歧视有关。何况与人们的普遍推断相反，移民后代高度认同法国且有强烈的融入意愿。以广为人们所诟病的"高生育率"和"搭福利便车"为例，有关女性就业与家庭政策的研究表明，女性的职业发展水平和经济资源获取能力与生育率呈负相关性；一份稳定且有提升空间的就业，其吸引力远大于在经济萧条背景下不断缩减的家庭津贴。研究还表明，受过良好教育、有稳定就业与收入的穆斯林移民后代在包括生育观在内的思想观念领域和移入国社会逐步趋同。

由此可见，移民融入国法国应放弃歧视与偏见，需从制度着手，即从公平配制教育资源、保证就业平等、适当尊重穆斯林文化的差异出发，给予穆斯林移民更多主动融入法国社会的机会和动力，从而促进他们的全面融入。换言之，更多的理解、包容、尊重和平等方能推动穆斯林移民自身以更加开放的姿态主动融入法国社会，才能使穆斯林移民和主流社会的关系脱离此前"敌视—反抗—敌视"的恶性循环，走上"信任—融入—信任"的良性循环之路，从而从根本上铲除犯罪、暴力和恐怖主义。反之，如果采用极右势力所鼓吹的"把非欧洲人礼送出境"的极端化和简单化做法，则可能进一步激化矛盾并带来更为严重的问题。法国政府目前所采取的一系列促进移民融入的措施值得肯定，只是穆斯林移民问题非一日形成，解决起来也绝非一日之功，加之不断增大的内外压力（如极右势力的膨胀和中东难民危机），因此该问题要想得到彻底解决或者哪怕只是缓解，都需要相当长的时间以及更加有效的政策摸索和实践。

（本文原刊发于《西亚非洲》2016年第1期）

试论马格里布移民问题及其治理

潘华琼*

摘　要：马格里布移民的复杂性在于它的双重流向：一方面是马格里布国家向欧洲国家的移民，另一方面是撒哈拉以南非洲国家向马格里布国家的移民。因此，马格里布移民问题与地中海北岸的欧洲和撒哈拉以南的非洲联系密切，是一个超越国界和洲际的全球性问题。马格里布移民问题的形成有其特殊的历史和现实原因。移民对马格里布国家的影响具有双重性。欧洲国家和马格里布国家采取了多种措施，努力消除移民问题带来的消极影响。鉴于马格里布移民问题的复杂性，迫切需要各利益攸关方展开多层次、多方位的合作，制定超越国家的区域性和全球性治理方案。

关键词：移民问题　马格里布　跨撒哈拉　非洲　欧盟

移民可以简单定义为"所居住的国家不是其出生地或国籍所在地的人"，这也是国际上用于统计移民存量（the stock of migrants）的概念。[①]移民有合法与非法之分。顾名思义，合法移民是被居住国正式授权、符合法律的迁移，而非法移民（Illegal migrants）是指到另一个国家居住时

---

* 潘华琼，北京大学历史学系副教授。

① Massimo Livi-Bacci, *A Concise History of World Population*, Wiley-Black Well, 5th ed., 2012, p. 223.

采用了违法的手段,包括伪造证件、逾期滞留并有犯罪行为等。但由于各国的法律不尽相同,所以国际上更倾向于使用"非正规移民"(Irregular Migrants)一词。① 实际上,非正规移民包括前述的非法移民,还包括那些虽然具有合法的居留身份、但为了逃避税收却在非法部门工作的外国移民。后者也可以被称作"非正规的外国工人"(Irregular Foreign Workers, IFW)。②

目前,引起世界高度关注的不是全球比例尚小的合法移民,而是愈演愈烈的地中海区域的非正规移民和难民问题。在其身份尚未被确认之前,难民可以被视同非正规移民。③ 自2015年初以来,有2 000多人在偷渡地中海时丧生,这被国际舆论普遍称作"第二次世界大战以来最大的灾难",欧洲国家由此面临冷战后第二次最迅猛的难民潮的冲击。④ 地中海由此成为移民问题的重灾区,而马格里布⑤国家大多与地中海接邻,是撒哈拉以南非洲、马格里布国家、非洲之角甚至地中海东岸的移民前往欧洲的通道。故弄清马格里布的移民问题将有助于我们理解当前的地中海移民危机。

本文将通过概述马格里布移民问题的历史成因和现状,并结合分析马格里布移民问题及其对马格里布国家的影响,进而探讨涉及马格里布国家、以欧洲为主的地中海地区和整个非洲的移民治理方案。

---

① 本文也采用非正规移民指代非法移民、非授权移民和非正规的外国工人甚至难民。
② Clandestino, *Database on Irregular Migration*, 2012, http://irregular-migration.net/index.php?id=186, 2015-08-20.
③ 难民(Refugee)是指因灾难(自然的或人为的)而离开原居住地或国家的人,与移民的定义不同,但都是一种迁徙。本文不讨论难民问题,但地中海地区的移民与难民经常是交织在一起的,所以文中提到的移民问题多少包含了难民问题。
④ 方华:《难民保护与欧洲治理中东难民潮的困境》,《西亚非洲》2015年第6期,第4页。
⑤ "马格里布"(Maghreb)一词源于阿拉伯语,意指"西部",是阿拉伯人于公元639—642年征服埃及之时对埃及以西地区的称呼。这一词汇可以小到仅指摩洛哥一国(摩洛哥的阿拉伯语国名即是马格里布),也可以大到包括利比亚、突尼斯、阿尔及利亚、摩洛哥和毛里塔尼亚五国。本文主要是指广义的马格里布国家,这些国家在人口、经济、宗教和文化领域显示一定程度的发展共性。马格里布五国主要是指1989年成立的阿拉伯马格里布国家组织。由于利比亚东部在殖民主义到来之前很多时候是与今天的埃及连在一起的,故历史上的马格里布是指摩洛哥、阿尔及利亚和突尼斯三国,再加上利比亚西部,通常又称"大马格里布"。

一 马格里布移民问题的历史形成

马格里布移民包含两股流向：一是从马格里布国家流向欧洲国家的移民（Emigrants）；二是从撒哈拉以南非洲国家（甚至包括东非之角）流向马格里布国家的移民（Immigrants）。马格里布移民问题的形成有着复杂的历史背景。

（一）流向欧洲的移民

马格里布地区向欧洲移民的问题至少可以追溯至7世纪阿拉伯人到来的时期，但囿于篇幅和探讨的主题，本文试从阿尔及利亚沦为法国的殖民地开始，再以20世纪中叶马格里布国家的独立为界分前后两个时期来进行回顾。

1. 殖民主义时期的移民

法国在阿尔及利亚实行了长达132年（1830—1962年）的殖民统治。从法国北端的敦刻尔克（Dunkirk）到撒哈拉的塔曼拉塞特（Tamanrasset，今阿尔及利亚南部重镇），地中海将法国和阿尔及利亚分隔开，如同"塞纳河（La Seine）流经巴黎"[①]。尽管始终存在身份认同的问题，但法国人仍然用此比喻来形容两国的密切联系。法国政治哲学家巴利巴尔（Étienne Balibar）指出："自1962年以来，阿尔及利亚和法国虽然分成了两个国家，但两者又组建了一个半民族，法国人中有阿尔及利亚人，阿尔及利亚人中有法国人。"[②] "拜尔斯"（beurs）是一个专用于泛指所有出生在法国的马格里布地区，包括阿尔及利亚阿拉伯人或柏柏尔人后裔的贬义词。

继阿尔及利亚沦为法国殖民地之后，摩洛哥每年有人季节性地到阿尔及利亚从事农业生产或到当地的沿海城市工作。后者在法国殖民统治

---

① Jim House, *The Colonial and Post-Colonial Dimensions of Algerian Migration to France*, Institute of Historical Research, Autumn 2006, http://www.history.ac.uk/ihr/Focus/Migration/articles/house.html, 2015-08-15.

② Étienne Balibar, "Algérie, France: une ou deux nations?", in Étienne Balibar ed, *Droit de cité. Culture et politique en démocratie*, Paris, 1998, pp. 73-88, cited by Jim House, op. cit.

时期增长迅速。据统计，到1930年，每年都有约8500名摩洛哥人到阿尔及利亚工作。① 摩洛哥也在1912年沦为法国与西班牙的保护领地，这一年也标志着摩洛哥向法国移民的开始。

在两次世界大战期间，很多摩洛哥人到法国的工厂和矿场劳动，有的甚至到军队服役，摩洛哥人在法国军队的人数从第一次世界大战期间的4万人增加到了第二次世界大战时的12.6万人。此外，在西班牙内战期间（1936—1939年），佛朗哥（General Franco）政权从西属摩洛哥殖民地里夫地区招募了4万名摩洛哥人来壮大自己的队伍。② 与此同时，阿尔及利亚前往法国的移民在1924年突破10万人大关，之后再也没有出现低于该数字（除了第二次世界大战期间）的情况。1945年之前，阿尔及利亚人在法国的移民均为男性，以卡比勒柏柏尔人（Kabyle-Berbers）为主，他们绝大多数从事建筑、矿产开发和公共工程方面的工作。③

自1947年起直至1962年阿尔及利亚独立，根据法国颁布的新法规，阿尔及利亚人获得了法国公民的待遇，故在这一阶段从阿尔及利亚到法国的移民可以视同国内迁徙。至1956年，已有30万名阿尔及利亚人到了法国，其中以阿拉伯人为主，他们在法国通常被称作"阿尔及利亚裔法国穆斯林"（Français-musulmans d'Algérie）④。

1949—1962年，随着阿尔及利亚民族解放运动的兴起，法国停止了招募阿尔及利亚移民到本土工作，而摩洛哥到法国的移民人数从2万人增至5.3万人。由于大批法国雇主在阿尔及利亚独立战争期间（1954—1962年）回到了法国，所以大多数摩洛哥移民是跟随其雇主从阿尔及利亚去的法国。⑤ 由于阿尔及利亚人当时正在为独立而与法国作战，相比之下，摩洛哥人因性格温和而受到法国的欢迎。

---

① Hein de Haas, "Maroc: Préparer le Terrain pour Devenir un Pays de Transition Migratoire?", Washington DC: Migration Policy Institute, April 18, 2014, http://www.migrationpolicy.org/article/maroc-preparer-le-terrain-pour-devenir-un-pays-de-transition-migratoire, 2015 – 08 – 14.

② Ibid..

③ Jim House, op. cit.

④ Ibid..

⑤ Hein de Haas, op. cit.

2. 独立后的移民

摩洛哥和突尼斯均在1956年取得独立，而阿尔及利亚从1954年开始经过8年抗法战争最后也赢得了独立。在独立初期，突尼斯主要是向法国输出劳动力。阿尔及利亚到法国的移民至1965年达到50万人；摩洛哥到欧洲登记的移民从1965年到1972年大约增加了10倍，即从3万人增至30万人。直至1973年第一次世界石油危机爆发，马格里布国家到法国或西欧各国的移民大多为非正规移民。但由于当时西欧国家经济发展势头良好，故不存在任何非法移民的问题。①

然而，石油危机的爆发促使一些西欧国家开始关闭自由移民的大门。马格里布国家的移民流向和方式随之发生了一些变化。利比亚的劳动力市场吸引了突尼斯的单身移民，而突尼斯到法国的移民开始由单身劳工改为举家迁徙。从20世纪80年代起，意大利成为突尼斯非技术工人的重要移入国，在此之前，突尼斯已经有不少渔民到意大利的西西里岛从事渔业生产。②

与石油危机发生的同期，摩洛哥国内发生了两次未遂政变，再加上经济不景气，海外移民开始受到严格控制。西欧国家为解决劳动力短缺的问题开启了签证制度，由此使已经在当地的摩洛哥人获得了永久居留权。后来，摩洛哥在欧洲国家的移民又通过家庭团聚路径，移入人数反而从经济危机前的29.1万人增至1982年的70万人。之后，摩洛哥在西欧国家的移民人数继续攀升：1992年为120万人，1998年为160万人，2012年达到310万人。西欧国家对劳动力的需求使摩洛哥的海外移民继法国之后，出现了向多国移居的趋势，这些国家包括德国、比利时和荷兰等。③

到90年代初，随着欧洲国家签证制度的普及和边境控制的加强，永久定居、非正规入境和逾期居留成为欧洲马格里布移民的主要特征。近年，由于获得高等教育学历的青年在国内就业困难，马格里布的学生和

---

① Naor Haim Ben-Yehoyada, *Mediterranean*, *Becoming and Unbecoming*: *Fishing*, *Smuggling*, *and Region Formation between Sicily and Tunisia since WWII*, Dissertation of the Department of Anthropology, Harvard University Cambridge, Massachusetts, March 2011; Jim House, op. cit.

② Naor Haim Ben-Yehoyada, op. cit.

③ Hein de Haas, op. cit.

高技术人才开始移向德国和北美国家。

(二) 跨撒哈拉移民

本文将从撒哈拉以南非洲流向马格里布的移民简称为跨撒哈拉移民，他们使用的通道是早已存在的沟通撒哈拉沙漠南北两端的跨撒哈拉商路。跨撒哈拉移民的形成有传统的历史原因，也有复杂的现实原因，尤其是利比亚卡扎菲当政时期实施的对非洲政策所带来的影响。

1. 跨撒哈拉移民概述

撒哈拉自古以来是人类进行贸易、朝圣、探险和征服等活动的会合与过渡地带，其中多民族组成的绿洲地带见证了人口流动的悠久历史。但英、法殖民主义者到来后，他们开始划分边界，由此限制并阻碍了传统的跨撒哈拉人口流动和贸易往来。

非洲国家取得独立后，生活在撒哈拉的部分游牧民族被限定为城市或农村的定居居民，如马里的图阿雷格人（Tuareg），跨撒哈拉的移民体系也逐渐形成：利比亚和毛里塔尼亚成为周边国家的移民输入国，而埃及、摩洛哥、突尼斯和阿尔及利亚都是移民输出国。

20 世纪 70 年代初，萨赫勒地区出现干旱。80 年代，非洲多国亦遭受大面积的严重干旱。加上一些战乱和冲突，如乍得内战、利比亚—乍得冲突和西撒哈拉冲突，造成撒哈拉地区出现两种类型的人口流动。一种是贫困的游牧民和商人移至阿尔及利亚和利比亚南部，在建筑工地和油田工作。由于当地缺少劳动力，这种流动人口通常受到欢迎；另一种是数以千计的难民在利比亚、阿尔及利亚、毛里塔尼亚和埃及扎营。①

80 年代初，因低油价所致的经济衰退使利比亚的工人出现了"本土化"。但利比亚人不愿意从事艰苦的工作，也不愿意到闷热的撒哈拉腹地工作。利比亚很快发展成移民的主要目的地，不过大多数移民源自邻国埃及，另有不少苏丹人也获准进入该国。

---

① Hein de Haas, "Trans-Saharan Migration to North Africa and the EU: Historical Roots and Current Trends", November 1, 2006, http://www.migrationpolicy.org/article/trans-saharan-migration-north-africa-and-eu-historical-roots-and-current-trends, 2015 – 08 – 12.

进入 90 年代之后，阿尔及利亚和利比亚的早期移民和半游牧民也开始大规模地跨撒哈拉迁徙，走私货物（香烟、毒品和汽车）和人口（非法移民、妇女和儿童）成了他们新的生活来源。同期，利比亚因受国际社会的制裁而出台的新政策吸引了 100 多万跨撒哈拉移民。

不过，跨撒哈拉移民在利比亚境内引起了反移民浪潮，以致数百名来自撒哈拉以南的非洲移民在 2000 年的冲突中丧生。① 利比亚政府为此采取严格限制移民的措施，在 2003—2005 年驱逐了 14.5 万名非正规移民。这些移民绝大多数来自撒哈拉以南非洲国家，其中一部分移民因此转移到了阿尔及利亚、摩洛哥和突尼斯。② 另外，尼日利亚和加纳政府各自撤回了 5000 名侨民。③

2. 跨撒哈拉移民的目的地

利比亚人口较少，因石油工业的发展而长期成为吸收移民的主要国家，故与突尼斯、摩洛哥和阿尔及利亚三国有所不同。但由于 1988 年底发生洛克比空难事件，联合国安理会在 1992—2000 年对利比亚实行制裁，这对跨撒哈拉移民及其迁徙路线网的整合起到了意想不到的决定性作用。

在被制裁期间，利比亚领导人卡扎菲因缺少阿拉伯同伴的支持而将外交的重点转向非洲大陆。他将自己定位为非洲国家的领导人，本着泛非团结的精神为撒哈拉以南非洲国家提供发展援助资金，并且欢迎撒哈拉以南非洲人来利比亚工作，以此作为其新泛非政策的一部分。利比亚境内的传统移民来自北部阿拉伯非洲国家，现在却成了从西非到非洲之角移民的目的地。

除了上述利比亚的泛非政策，90 年代中期以来西非和中部非洲地区的部分国家因政治动荡、内战和经济衰退，也增加了到马格里布的跨撒哈拉移民数量：90 年代初，马里和尼日尔的不少图阿雷格反政府武装成

---

① 尼日利亚媒体报道有 500 名尼日利亚人在冲突中丧生，但尼日利亚政府宣布只有 15—50 人丧生。Margaret Bald, "Xenophobia in Libya", *World Press Review*, Vol. 47, No. 12, 2000, http://www.worldpress.org/Africa/1270.cfm, 2015 - 08 - 20.

② Hein de Haas, "Maroc: Préparer le Terrain pour Devenir un Pays de Transition Migratoire".

③ Margaret Bald, "Xenophobia in Libya", *World Press Review*, Vol. 47, No. 12, 2000, http://www.worldpress.org/Africa/1270.cfm, 2015 - 08 - 12.

员来到利比亚，这为后来2012年的马里危机埋下了隐患;[①] 1997年，刚果民主共和国推翻了蒙博托政权，以及随后的大湖地区战争导致大批难民迁移到摩洛哥；苏丹和非洲之角地区经常性的战乱促使移民不断流向埃及和利比亚。另外，作为西非移民主要目的国的科特迪瓦在1999年爆发内战，很多移民劳工不得已转向了北非马格里布国家。

综上所述，马格里布国家向外移民的目的地以西欧国家为主，尤其是法国、西班牙和意大利。其主要原因在于：一是地理位置邻近，二是语言相近（法语、西班牙语、意大利语均属拉丁语系），三是殖民主义的历史联系，四是现代化的西欧发达国家是发展中国家移民所向往和追求的目标。与此同时，利比亚和阿尔及利亚南部的油田需要劳动力，卡扎菲的泛非政策，以及事实上的通往欧洲的过渡地带性质，使得马格里布国家又成为跨撒哈拉移民的目的地。这两种移民最大的不同在于，马格里布国家只是跨撒哈拉移民获得就业机会的场所，而马格里布国家向欧洲的移民则是为了长期定居（Settlement）。

二 马格里布移民问题的复杂性及其影响

移民自古以来是人类活动的方式之一，有的出于被迫和强制，如遇到天灾人祸和历史上的大西洋奴隶贸易；而有的出于主动追求更好的环境，如英国人到达北美，这是很多现代移民的选择。纵观历史，财富分配不均衡或经济发展不平等始终是人口流动的基本前提，而从贫困国家向发达国家流动正是移民的基本规律。当然，移民浪潮的形成往往与突发性事件密切相关。移民虽然有合法与非法之分，但其定义很大程度上是人为操纵的。做出主动选择的移民大多是个人行为，为了接受更好的教育或为了获得更好的就职和收入机会，所以对自己的发展影响远大于对国家的发展影响。可是，移民问题作为一个超越国界的国际现象就不仅是个人的，而是关乎移出国的发展、移入国的安全及移民本身的身份

---

① 潘华琼：《试论图阿雷格人与马里危机——兼论马里的民族国家建构问题》，《西亚非洲》2013年第4期，第35—53页；潘华琼：《马里剧变：一波三折，前景堪忧》，载张宏明主编《非洲发展报告（2012—2013）》，社会科学文献出版社2013年版，第243—256页。

认同等重大问题。

(一) 马格里布移民的复杂性

如前所述,马格里布地区移民的形成与自古形成的跨撒哈拉商路相关。撒哈拉以南非洲移民到北非的行程有海路和陆路,海路与下述的西部非洲路线相同,很少有人乘坐飞机。绝大多数人通过陆路经尼日尔的阿加德兹(Agadez),然后分成两路:一路取道阿尔及利亚南部的塔曼拉塞特(Tamanrasset),另一路到利比亚的塞卜哈(Sebha)绿洲。从利比亚南部来的移民通常到达的黎波里和突尼斯海岸,而从阿尔及利亚南部来的移民则经乌季达(Oujda,位于摩洛哥、阿尔及利亚北部交界处),然后通过直布罗陀海峡到西班牙或取道西撒哈拉到加那利群岛。2010年底之前,从撒哈拉以南非洲来的移民,每年有6.5万—12万人到达马格里布国家,其中70%—80%的移民进入利比亚、20%—30%的移民进入摩洛哥和阿尔及利亚。① 每年有数万跨撒哈拉移民同马格里布人一起试图横渡地中海,登上欧洲国家的海岸或岛屿。

马格里布移民问题的复杂性在于其存在双向流动,即马格里布国家不仅是西欧国家移民的主要来源国,而且是跨撒哈拉移民的中转站。从非洲至欧洲的移民主要有3条路线:一是中部地中海路线,从突尼斯和利比亚到意大利和马耳他;二是西部地中海路线,从摩洛哥和阿尔及利亚到西班牙;三是西部非洲路线,从西非海岸到西班牙的加那利群岛。② 以上三条路线中有两条经过马格里布国家与地中海相连。

摩洛哥在很长一段时间内是跨撒哈拉移民到欧洲的必经之路。因为摩洛哥与西班牙隔海相望,中间仅隔着14公里宽的直布罗陀海峡,是距离欧洲最近的国家。另外,海路是从摩洛哥西南部的大西洋海岸到西班牙的加那利群岛。此外,西班牙在摩洛哥北部有休达(Ceuta)和梅里亚(Melilla)两块飞地。所以,从摩洛哥到西班牙海陆通道都是最近

---

① Hein de Haas, "Trans-Saharan Migration to North Africa and the EU: Historical Roots and Current Trends".

② Christal Morehouse and Michael Blomfield, *Irregular Migration in Europe*, Washington DC: Migration Policy Institute, December 2011, p. 9.

的。对非正规移民而言,海陆两路虽然均有风险,但仍有挡不住的诱惑。

2010年底,源自突尼斯、席卷整个北非和西亚地区的中东变局爆发,突尼斯的本·阿里和埃及的穆巴拉克政权相继垮台,利比亚战争随之爆发,大批突尼斯人直接从利比亚移至欧洲。因此,当下马格里布移民问题与2010年底所造成的社会动荡存在密切关联。

中东变局的蔓延及其较强的冲击力促使摩洛哥、毛里塔尼亚和阿尔及利亚等国采取严格的军事管制以控制非法移民,而利比亚却处于权力的真空地带,加上尼日尔从首都尼亚美至北部阿加德兹沿途的岗哨相对宽松,来自撒哈拉以南非洲国家的非正规移民普遍选择了这一通道。但从阿加德兹到比尔马(Bilma)和德尔库(Dirku)绿洲要穿越最为荒凉的特内雷沙漠(Tenere,图阿雷格语中的"沙漠",与阿拉伯语的"撒哈拉"同义),这使跨撒哈拉的移民通道可能比偷渡地中海更加危险①,但西方的舆论优势使地中海成为最为关注的焦点。2011年2月,第一批突尼斯难民到达意大利的兰佩杜萨岛(Lampedusa Island)。同年4月,约有25000人到意大利寻求避难,另有800人到达马耳他岛。② 意大利为约2万突尼斯人颁发了临时签证,为此遭致法国的批评。因为有申根国家的免签协议,意大利实际给了这些移民在欧洲申根国家迁徙的自由,由此将移民问题扩大到了北部的欧洲国家。③

随着跨撒哈拉移民路线的改变,中部地中海自2013年初以来已经成为最常用的地中海移民通道。与传统经由摩洛哥的移民通道不同,该通道的目的地是意大利的地中海岛屿,距利比亚海岸最近的兰佩杜萨岛约为180公里。

利比亚战乱对跨撒哈拉移民造成很大的影响。卡扎菲生前的泛非政

---

① 李晋:《尼日尔移民车沙漠抛锚 致90人干渴而死》,国际在线网站(http://gb.cri.cn/42071/2013/11/01/782s4305563.htm),访问日期:2015年8月23日。

② "Euro-Mediterranean Relations and the Arab Spring", EU Center in Singapore: Background Brief, No. 6, October 2011, p. 19.

③ Katharina Natter, *Revolution and Political Transition in Tunisia: A Migration Game Changer?* Washington DC: MPI (Migration Policy Institute), May 28, 2015, http://www.migrationpolicy.org/article/revolution-and-political-transition-tunisia-migration-game-changer, 2015 – 07 – 29.

策在连接东非之角移民体系和欧洲—地中海移民体系中起到了关键作用。除了不断增加的埃及人通过利比亚偷渡地中海到意大利,也有来自苏丹、厄立特里亚、索马里和埃塞俄比亚的劳工,他们通常住在开罗,然后通过苏丹、乍得和埃及到利比亚。跨撒哈拉移民过程耗时一个月到几年不等,他们经常需要在某个城镇暂时停留,并在那里工作,挣到足够的钱后再开始下一段路程。移民在穿越撒哈拉到北非的过程中,通常需要花数百美元给受贿者和走私者,以及交通和日常必需的费用。2003年,据摩洛哥研究员拉赫鲁(Mehdi Lahlou)估计,乘坐一艘从摩洛哥到西班牙的船,未成年人要付200美元,摩洛哥人是500—800美元,而对撒哈拉以南法语和英语非洲人分别是800美元和1200美元。从利比亚到意大利的价格大致相同。①

然而,跨撒哈拉商路上不只是想去欧洲的非正规移民,还有一些从事正常经商和生产的工作移民。譬如,在塞内加尔、马里和毛里塔尼亚,一些经商者形成较为固定的陆上贸易网络,而且有不少来自西非和中非的移民在毛里塔尼亚从事渔业生产。他们不仅补充了后者的劳动力不足,而且为家乡人民带去了汇款或海产品。② 这些移民很大程度是出于主观能动性,与欧洲战后初期的马格里布情况一样,不存在非法移民的问题。但随着美国在这一地区部署反恐怖主义的泛萨赫勒倡议③之后,连正常的移民都会被怀疑为恐怖分子,自然加剧了撒哈拉以南非洲与马格里布国家的压力,影响了马格里布国家自身的发展。

(二)移民问题的影响

移民对出生国和居住国的影响视具体情况而定,并不存在纯粹的利和弊。对移入国而言,消极方面首先是移民带来的人口压力。由于接受

---

① Hein de Haas, "Trans-Saharan Migration to North Africa and the EU: Historical Roots and Current Trends".

② Armelle Choplin and Jerome Lombard, "On west African Roads: Everyday Mobility and Exchangesb etween Mauritania, Senegal and Mali", *Canadian Journal of African Studies / La Revue canadienne des étudesafricaines*, Vol. 48, No. 1, 2014, pp. 59 – 75.

③ 2002年由美国国务院提出与毛里塔尼亚、马里、尼日尔和乍得四国结成反恐阵线,2005年改名跨撒哈拉反恐倡议(TSCI),扩大至11个非洲成员国(除了上述四国,还包括摩洛哥、阿尔及利亚、突尼斯、利比亚、尼日利亚、布基纳法索、塞内加尔)。

国尚未在这方面做好准备，移民过多地到来引起住房和就业岗位的短缺，以比利时和德国为例，估计两国 2015 年分别接纳 2000 名和 1.5 万名移民（包括难民在内），但实际数字很可能分别高达 1.5 万人和 8 万人；① 其次是当地居民因生活受到干扰而开始排外，由此引发暴力冲突和种族主义抬头；再次是恐怖主义的威胁，很多新到欧洲或第二代和第三代移民在欧洲国家处于边缘化的境地，很容易出现极端行为，2015 年 8 月在从阿姆斯特丹到巴黎的高速列车上发生的持枪案即是一例。② 事实上，外来移民对移民接收国的影响还有积极方面的作用。马格里布和其他非洲国家的移民为西欧国家不断注入新的劳动力，而且承担了当地绝大部分又脏又累的工作，不仅降低了发达国家的生产成本，而且改善了发达国家的人口结构。

对移出国而言，消极方面首先在于劳动力的流失，因为移民大多是青壮年即劳动力人口，移民的输出使国内劳动力短缺，造成发展滞后；其次是专业技术人才的流失，由于国内缺失合适的职位或收入偏低，移民中有不少受过高等教育者到发达国家寻求好的工作环境和收入，并发挥自己的特长。移民的积极方面表现为：一是汇入国内（主要是家庭）的收入增加，其总数远超发达国家对发展中国家的发展援助（ODA）；二是社会关系网络扩大，社会资本增加，民间交流可以在很大程度上增进国与国友好关系的发展。这正是摩洛哥和突尼斯等国对移民输出持积极态度的缘由。

突尼斯现有 120 万人生活在国外，约占其总人口（1125 万）的 11%，而摩洛哥的海外移民人数超过 300 万人，占总人口（3300 万）的 9%。虽然，摩洛哥海外移民人数的比例不如突尼斯，但由于摩洛哥兼有移民输出与输入，或许可以更好地说明移民对马格里布国家自身发展的影响。因此，本文现以摩洛哥为研究案例，说明马格里布移民对本国发展的影响。

移民是摩洛哥与欧洲关系中最值得关注的问题之一。摩洛哥迁移到

---

① 资料源自 2015 年 8 月 20 日笔者与比利时学者的私人邮件。
② 哈扎尼（Ayoub El Khazzani）是摩洛哥移民，2014 年居住在西班牙，2015 年生活在比利时，2015 年 8 月 21 日从比利时带枪上车，试图在车上制造血案，幸亏被两名美国海军陆战队员制伏，无人死亡。

欧洲人数的增加，除了招工形式之外，家庭团聚也是一个重要的增长因素。后者分两种形式：一种是男方在西欧国家工作，其妻带着孩子到欧洲与他团聚；另一种是与在欧洲当地取得永久合法居住权的人结婚，他们的孩子出生在当地。第二种移民在1998年已经超过160万人。从1981年到2009年，只有1/4在西欧和北欧的摩洛哥移民返回本国。①

20世纪80年代中期，西班牙和意大利由传统的移民输出国变成了输入国。摩洛哥在两国的合法移民从1980年的2万人增至2010年的120万人。② 但两国分别在1990年和1991年出台了签证制度，之后越来越多的摩洛哥人开始经由直布罗陀海峡非法移民、签证逾期不返或选择定居。欧洲国家尽管采取了诸多控制移民的手段，但非法移民数量有增无减，其根源在于南欧国家需要劳动力。摩洛哥人在西班牙的移民数量在1998—2007年占据了第一位，直到2008年才被罗马尼亚人超过（摩洛哥移民当年是65.3万多人，而罗马尼亚移民达71.6万多人）。③

自2000年以来，随着摩洛哥海外移民的增加，汇回国内的资金激增，2012年达69亿美元（与去西班牙和意大利及其他国家移民增多直接关联），这是外国直接投资的3倍和国际发展援助资金的6倍，占国内生产总值的7%。④

从摩洛哥的角度来看，移民是其重要的财政收入及发展资源，可以减少贫困和失业，可以促进政治的稳定并增加外汇收入。所以，摩洛哥向外移民的趋势是不会减弱的。与此同时，撒哈拉以南非洲移民到摩洛哥也是有传统的，这可以从摩洛哥境内的一些族群名称中辨别（如"Abid"是奴隶，"Haratin"是被解放的奴隶，"Sudan"是黑非洲人，"Gnawa"是西非黑人，"Sahrawa"是来自撒哈拉的人）。⑤

然而，摩洛哥现在面临撒哈拉以南非洲移民到来的挑战，后者或将

---

① Hein de Haas, "Trans-Saharan Migration to North Africa and the EU: Historical Roots and Current Trends".
② Ibid..
③ "Migration and the Global Recession", A Report Commissioned by the BBC World Service, September 2009, p. 34.
④ Hein de Haas, "Maroc: Préparer le Terrain pour Devenir un Pays de Transition Migratoire".
⑤ Sebastien Bachelet, "Morocco Trials a 'Radically New' Politics of Migration for Sub-Saharan Africans", 15 January 2014, http://allafrica.com/stories/201401151551.html, 2015 – 08 – 15.

摩洛哥视作通往欧洲的跳板，或者就在摩洛哥非法滞留。目前，摩洛哥有2.5万—4.5万名非正规移民，他们没有摩洛哥的合法居留身份，与许多在欧洲的非法移民一样境遇很差，甚至更差。① 这些既可能成为摩洛哥潜在的劳动力，也可能成为潜在的安全威胁，这就对马格里布国家移民问题的治理前景提出了挑战。

欧洲国家试图让摩洛哥在减少通往欧洲的非法移民和过渡性移民时发挥作用，而不是促进摩洛哥国民的流动性，这其实有违摩洛哥的发展意愿。② 于是，摩洛哥政府一方面支持本国人移民欧洲，由此获得了移民的回报；另一方面，摩洛哥政府严厉控制跨撒哈拉移民前往欧洲，又因此从欧洲那里获得一笔发展资金，这些均对本国的发展有利。

综上所述，移民问题对发展的影响是双重的，适当的移民政策可以使移民从国家的包袱变成社会发展的动力。

三　马格里布移民问题的治理

移民是一种基本人权，属于全球治理的客体之一。"所谓全球治理，指的是具有国际约束力的国际规制（Regimes）解决全球性的冲突、生态、人权、移民、毒品、走私、传染病等问题，以维持正常的国际政治经济秩序。"③ 由于马格里布移民问题直接威胁到欧洲国家，尤其是南欧国家的安全与发展，由此成为一个洲际的全球性问题。所以，它需要欧洲与马格里布国家共同努力。

（一）欧洲和马格里布国家的治理方案
1. 欧洲的政策选择

针对地中海区域的移民问题，欧洲采取了愈加严厉的措施。从欧共

---

① 笔者2013年在摩洛哥首都拉巴特拜访过两名来自尼日利亚、一名来自科特迪瓦的居住者，他们住在同一房东家的底层，尼日利亚人的两个房间都非常小，连床都放不下，科特迪瓦人的屋里放了一张双人床。后者因为没有语言障碍，而且是在某足球队效力，所以其生活状况尚可。而受访的两位尼日利亚人正在等英国的签证，但获签希望似乎非常渺茫。
② Hein de Haas, "Maroc: Préparer le Terrain pour Devenir un Pays de Transition Migratoire？".
③ 俞可平：《全球治理引论》，《马克思主义与现实》2002年第1期，第25页。

体时期（European Community）的环地中海政策（The Global Mediterranean Policy，1972—1992）到欧盟的巴塞罗那进程（The Barcelona Process，1995），我们可以发现：欧盟的战略从发展经济与文化合作的愿望转向了以打击非法移民为首要任务。"9·11"事件后，欧盟委员会发布的海牙计划（the Hague Programme）[①] 第一次将反恐怖主义分子和"非法移民"一起提上日程，把两者视作欧盟的共同威胁。虽然没有国际恐怖主义组织参与非法移民的确凿证据，但其成员有浑水摸鱼的可能，威胁移民和欧洲国家的安全。

约旦经济学家伊卜拉欣·赛义夫认为，利比亚领导人卡扎菲"以前所未有的移民潮威胁欧洲注定了他的政权垮台"[②]。

移民问题之所以引起欧洲国家如此恐惧，主要有3个原因：一是非法移民是欧洲不想让他们进入的人，因为马格里布移民在荷兰、法国和比利时等西欧国家的犯罪率相对比较高；二是移民人数与寻求庇护和难民的人数远远超过了欧盟国家的预料，而欧洲国家因出于经济萧条、就业率下降、社会负担增加的担忧而难以承受；三是担心地中海区域的偷渡有恐怖主义势力插手，地区安全因此受到威胁。这主要是由环地中海区域的特殊性造成的：东边和南边为伊斯兰阿拉伯世界，又是国际"恐怖主义"势力的大本营和中东变局的发源地，战乱已造成上千万难民（仅叙利亚一国就有1160万人）流出。而地中海又像是一个内海，海上有岛屿可以到达欧洲国家，故难民潮势不可当。

南欧国家早就通过加强边防来严控非法移民，如西班牙在休达和梅里亚架设围栏，还在直布罗陀海峡部署了雷达预警装置。有几个欧洲国家将边境控制"外部化"，即与北非国家联合打击非法移民，要求北非国家重新签订协议以换取发展援助，用资金支持来换取其边境控制的军事装备并限制移民临时工作许可的数量。自2003

[①] Council of The European Union, *The Hague Programme: Strengthening Freedom, Security and Justice in the European Union*, Brussels, 15 October, 2004, http://www.statewatch.org/news/2004/oct/hague-programme-draft.pdf, 2015 – 08 – 15.

[②] Ibrahim Saif, Arab Leaders and Western Countries: Swapping Democracy for Business Interests, Translation from Arabic by Joumana Seikaly, *Heinrich BöllStiftung*, pp. 106 – 110, 106.

年起,西班牙与摩洛哥、利比亚与意大利开始在地中海合作进行边境巡逻。

2004 年设立的"外部边界"(Frontex)是新欧盟外部边境控制的机构,负责在塞内加尔、毛里塔尼亚、佛得角和加那利群岛用飞机、直升机和巡逻艇巡逻,以防非法移民、贩卖人口和恐怖主义活动的渗透。"外部边界"的巡逻区域还包括马耳他、意大利的兰佩杜萨岛,以及突尼斯和阿尔及利亚海岸。

然而,欧盟上述限制移民的措施并没有阻挡非正规移民的到来。一些学者建议可以通过适当调整移民政策来改善这一状况:一是临时增加移民的就业类别;二是变更准入条件,如瑞典对高技能的人才放宽签证;三是改善移民条件,以便增加对周期性回归移民的吸引力,等等。[①] 有鉴于此,我们也可以根据非洲的状况,制定相应的移民政策来改善目前的危机。

2. 马格里布国家的治理方案

众所周知,移民的发生通常源于政治和经济的原因。20 世纪 90 年代,非洲移民的增加是与利比亚领导人提出的泛非政策、多国内战(阿尔及利亚、科特迪瓦、刚果民主共和国)和经济萧条(西非和东非之角)相伴而生的。进入 21 世纪之后,撒哈拉以南非洲已经超过北非国家成了被欧洲边防部队截获最多的非法移民来源地。这些移民还遭到了北非国家的抵制,因为后者不愿意看到这么多非正规移民滞留在那里。[②]

摩洛哥为了维护与欧盟的关系,1996 年与欧盟签署了欧洲—地中海合作协议(l'accordd' association euro-méditerranéen,AAEM)。2003—2004 年,摩洛哥和突尼斯通过了新的移民法,表示要严惩非法移民者,这也被批评者认为是屈服于欧盟的压力并充当了欧盟的"警察"。

利比亚也同样担当了意大利的"警察"。2004 年,意大利总理贝卢斯科尼(Silvio Berlusconi)和卡扎菲签约,要求后者将非法移民直接从利比

---

① Demetrios G. Papademetriou, Madeleine Sumption, and Will Somerville, *Migration and Economic Downturn*: *What to Expect to the European Union*, Migration Policy Institute, January 2009.

② Hein de Haas, "Maroc: Préparer le Terrain pour Devenir un Pays de Transition Migratoire?".

亚遣返撒哈拉以南非洲国家，以封锁意大利的南部边境。就在此约签订两个月后，欧盟同意终止对利比亚 18 年的武器禁运制裁。因为贝卢斯科尼劝说的缘故，利比亚获得了承担边境防卫所需要的装备。从 2003 年 8 月到 2004 年 12 月，意大利提供了 50 架包机将 5688 人从利比亚运回其所在的国家，包括孟加拉、埃及、厄立特里亚、加纳、马里、尼日尔、尼日利亚、巴基斯坦、苏丹和叙利亚。

欧洲国家与北非国家合作阻止撒哈拉以南非洲的非法移民北上，这很可能导致马格里布国家与撒哈拉以南非洲国家的矛盾加剧，故要求马格里布国家采取适当的政策来缓解这一矛盾。

马格里布国家与欧洲国家协力打击非法移民，但与此同时也可以调整自己的移民政策。譬如，摩洛哥还保留了欧盟要求驱逐的大规模非法移民，因为这会影响到它与西非国家的战略关系，故至今塞内加尔人和马里人到摩洛哥不需要签证。①

鉴于马格里布移民问题涉及撒哈拉以南的非洲移民和地中海东岸的移民，所以仅靠欧洲和马格里布国家的治理方案是不能解决根本问题的。这就要求马格里布移民问题的治理需兼顾整个非洲大陆。

（二）马格里布移民问题的治理前景

2015 年 6 月 11 日，非盟委员会主席德拉米尼·祖马（Nkosazana Dlamini-Zuma）呼吁即将参加第 25 届非盟首脑会议的非洲各国领导人尽一切可能阻止移民危机，"因为移民人数的增长以及越来越多的难民偷渡去欧洲，将会加剧非洲各国技术型人才短缺及经济困境"②。阻止移民危机的发生，需要相关利益攸关国采取适当的措施，而所有适当的措施必须兼顾马格里布国家、欧洲和非洲的实情。

首先，从人口学角度看，欧洲人口老龄化严重，无论如何需要补充年轻的新生劳动力，而非洲是最年轻的大陆，拥有相当大的人口红利（Demographic Dividend）。人口红利是指 15—64 岁的劳动力人口（Active

---

① Sebastien Bachelet, op. cit.
② 《非盟主席呼吁解决非洲移民危机》，新华网（http://news.xinhuanet.com/photo/2015-06/12/c_127907321.htm），访问日期：2015 年 8 月 23 日。

Population，也可以理解成"就职人口")在总人口中的比重大、抚养比率低。而抚养比率(Dependency ratio)是14岁以下人口数(包括14岁)与65岁以上的人口数相加，然后除以15—64岁的人口数所得到的百分比。抚养比率可以分为孩子抚养率(Children dependency ratio)和老人抚养率(Aged dependency ratio)两个部分：14岁以下人口数除以劳动力人口数所得百分比为孩子抚养率，而65岁及其以上人口数除以劳动力人口数所得百分比为老人抚养率。

非洲的人口红利是否可以缓解移民问题、促进非洲的经济发展？从潜在的赡养比率(Potential Supporting Ratio)，即劳动力人口数与65岁以上人口数的比例是12.9∶1来看，非洲具有很大的人口优势。非洲人均寿命在2010—2015年仅57岁，所以他们赡养老人的负担很小。但由于14岁以下的人口占41%（而世界平均数是26.5%），说明抚养儿童的负担很重。[1] 因此，非洲的人口红利还是要打折扣的。况且，要使人口红利兑现，非洲国家要重视青少年的教育与健康（包括营养和疾病预防），减少5岁以下的婴幼儿死亡率和孕产妇的死亡率，这些都属于截至2015年的联合国"千年发展目标"(MDGs)制定的目标，但因为没有实现，所以要留给后续的发展目标。

其次，从发展现状看，非洲是向欧洲提供移民劳动力的传统大陆，而欧洲是经济发达地区，所以非洲向欧洲移民的趋势短期内仍然不会改变。既然欧洲都能提出上述增加移民类别、改善移民条件、吸引移民回归的建议，非洲国家也应重新制定更加宽容的移民政策。以摩洛哥为例，该国因忽视移民的权利而受到非政府组织与国际人权组织的批评，导致2013年做出重大改革的决策，重启"难民和无国籍保护署"(Bureau de Protection des Réfugiés et Apatrides)，允许移民的子女上学，并自2014年起实行"例外"法规等。此外，在摩洛哥出现了一些民间团体，包括移民、宗教、律师等组织，它们本着尊重人权的意愿，帮助摩洛哥在海外的移民和撒哈拉以南非洲国家在摩洛哥的移民。[2]

---

[1] Department of Economic and Social Affairs Population Division, *World Population Prospects The 2015 Revision*, *Key Findings & Advance Tables*, New York: The United Nations, 2015, p.66.

[2] Sebastien Bachelet, op. cit.

再次，从非洲移民的发展趋势看，非洲向欧美发达国家移民的趋势不会改变，而且大多数是合法移民。欧洲国家也可以通过法律手段或大赦使一部分非法移民转变成为合法移民，譬如，西班牙经过 1985—1986 年、1991 年、1996 年、2000 年、2001 年和 2005 年共 6 次修订移民法，使其境内 83% 的非法移民获得了合法居留的地位。① 另外，希腊 2001 年大赦非法移民 22.8 万人，意大利 2002 年大赦 63.5 万名非法移民，葡萄牙 2004 年大赦 3 万名非法移民，西班牙 2005 年大赦 57.5 万名非法移民，均有助于这些新的居民移到其他申根国家。② 这些移民无疑将成为巨大的潜在劳动力补充欧洲市场。③ 与此同时，他们将自己所挣的外汇寄回国内，促进了非洲本土人民生活的改善和经济的发展。

最后，我们看到，凡是到达欧洲的非洲移民总是想尽办法留下来，通常是走人道主义救援的途径。一些移民未能抵达欧洲，就聚集在摩洛哥、阿尔及利亚、突尼斯、利比亚的港口和埃及首都开罗；另有一些移民则滞留在跨撒哈拉沿线，而贸易的繁荣有助于复兴过去的驼队商路和沙漠中的绿洲，如马里的加奥、尼日尔的阿加德兹、乍得的阿贝歇（Abéché）、利比亚的塞卜哈和库夫拉（Kufra）、阿尔及利亚的塔曼拉塞特，以及毛里塔尼亚的努瓦迪布（Nouadhibou），等等。④

尼日尔北部阿加德兹是笔者亲眼所见的中世纪跨撒哈拉商路中得以复兴的古城，究其原因有以下几个。第一是政府对老城进行了结构改造，拓宽了进入市场的街道；第二是与北部距离 50 公里的铀矿重镇阿尔利特（Arlit）有公路连通，且同属一个行政大区，阿加德兹是大区的首府，为政治中心；第三是伊斯兰教的作用，矗立在城市中心的清真寺拥有世界上最高的泥砖宣礼塔，成为穆斯林的圣地；第四，也是一个非常重要的

---

① "Migration and the Global Recession", A Report Commissioned by the BBC World Service, September 2009, p. 34.

② Katharina Natter, *Revolution and Political Transition in Tunisia: A Migration Game Changer?* Washington DC: MPI (Migration Policy Institute), May 28, 2015, http://www.migrationpolicy.org/article/revolution-and-political-transition-tunisia-migration-game-changer, 2015 – 07 – 29.

③ Katy Long, *From Refugee to Migrant? Labor Mobility's Protection Potential*, Washington DC: Migration Policy Institute, May 2015.

④ Hein de Haas, "Trans-Saharan Migration to North Africa and the EU: Historical Roots and Current Trends", op. cit.

原因就是移民的到来，很多豪萨人到此经商，城市也得以扩大。

从上述实例中，我们看到，非洲复兴的希望和巨大的潜力。非洲的资源（包括重要的移民资源）依然可以支撑非洲的发展，前提是这些资源能够真正掌握在非洲国家和人民的手里。

结　语

移民问题交织着历史与现实、政治与经济、宗教与社会等错综复杂的联系。马格里布移民问题更是与整个地中海周围的西亚、南欧和撒哈拉关系密切，是一个超越主权国家和洲际边界的全球性问题。它对欧洲、马格里布及整个非洲国家的发展都提出了严峻的挑战，所以需要多层次、多方位、多主体参与合作，亟待制定超越国家的区域性和全球性治理方案。

移民问题归根结底还是人口问题。非洲要正确认识并发挥其人口红利的优势：大批15—64岁的劳动人口是一笔巨大的社会财富，它不仅可以补充和更新老龄化严重的欧洲国家所需的人力资源，而且可以源源不断地提供非洲发展的新生力量。但应重视青少年的教育和职业培训，减少婴幼儿死亡率，提高人口质量，只有这样才能充分发掘人口潜力并发挥人才的作用。

非洲国家与其担心人才的流失，不如制定适当的人才政策，注重培养本土的人才，采用优惠的政策引进人才和留住人才，这些人才很可能就是回归的移民。所有移民都是潜在的人力资源，如何把移民变成发展的动力，而不是沦为地中海沉船的牺牲品，制定合理的政策是关键。

面对不属于非盟成员国的摩洛哥，处于分裂状态的利比亚和索马里等国，非盟应采取灵活应对的政策。摩洛哥本可以为非洲大陆的发展起到更积极的作用，而并非执念于"脱非入欧"。北非其他国家也可以在撒哈拉以南非洲发展方面发挥作用。另外，针对萨赫勒—撒哈拉地带的权力"真空"和"恐怖主义势力"猖獗，是否可以考虑用移民开发的经济手段，尝试打破严格的国界壁垒、建设相互贯通的交通设施、复兴跨撒哈拉商路的贸易和文化交流，以此遏制走私与恐怖主义活动。总之，不要让非洲大陆的国家有排外的倾向,因为非洲需要团结和相互支持。马格里布移民问题及其治理前景有赖于非洲大陆和环地中海国家的共同努力。

(本文原刊发于《西亚非洲》2016年第1期)

以色列对非洲非法移民的认知及管控

艾仁贵[*]

摘 要： 以色列境内来自非洲的大规模非法移民潮始于2005年。至2013年，超过6.4万名非洲移民经西奈半岛穿过埃及与以色列边界进入以色列，他们主要来自厄立特里亚和苏丹等国。这些非法移民被以色列当局视为"渗透者"，主要生活在特拉维夫南部地区，给以色列政治、经济、安全和社会带来一些现实问题。近年来，以色列国内一些政界人士和民众出于对非洲非法移民"人口威胁""安全威胁"和"经济威胁"的认知，对于非洲非法移民采取排斥态度，要求驱逐非洲移民，甚至多次爆发反对非洲移民的骚乱。对此，以色列政府采取否定非洲非法移民的难民身份、建造边界墙、立法限制和拘留、遣送离境等四方面举措，有效遏止了非法移民涌入以色列的势头。事实上，非法移民问题的解决，治标更要治本，国际社会需帮助非法移民来源国实现经济与社会发展。

关键词： 非法移民　以色列　非洲移民　"渗透者"　边界墙 "4D"

随着全球化和国际交往的不断加深，进入20世纪下半叶，跨国移民

---

[*] 艾仁贵，河南大学以色列研究中心副教授。

活动日益频繁，成为当今国际人口流动的主要潮流之一。自20世纪90年代起，由于以色列对国际劳工的需求增多和旅游业的快速发展，非犹太人涌入以色列，对以色列的经济、政治与安全等方面产生了重要影响。与犹太移民一旦进入以色列即可自动取得公民身份不同，当前以色列境内的非犹太外国人群体（Non-Jewish Foreigners）属于没有法律地位的非公民，除去不带移民倾向、持经商和学习签证的入境者之外，主要可以分为三类：劳工移民（Labor Migrants）①、持旅游签证入境的逾期滞留者②、非法入境的寻求庇护者。到2018年2月，这三类人群的总数达20万人：外籍劳工人数为88171人（包括18059名签证失效的劳工）、7.4万名持失效旅游签证的逾期滞留者和大约3.8万名寻求庇护的非洲移民。③

与持劳工签证或旅游签证合法入境的劳工移民和外国游客不同，寻求庇护的非洲移民绝大多数没有签证，2005年至2013年，成千上万来自苏丹和厄立特里亚等国的非洲移民，从西奈半岛通过偷渡方式穿越埃及、以色列边界入境以色列，人口最多时超过6.4万人。④ 非洲移民的涌入引发了以色列社会的紧张情绪，以色列总理内塔尼亚胡表达了高度的担忧："如果我们不能阻止他们的进入，目前已达到6万人的非洲移民人口将增长为60万，届时将威胁我们作为犹太国家和民主国家的存在。这个现象

---

① 劳工移民通常也称经济移民（Economic Migrants），是在以色列劳工部门的邀请下入境以填补劳动力市场的缺口。从20世纪90年代开始，以色列引进了来自泰国、摩尔多瓦、菲律宾、中国、斯里兰卡、罗马尼亚等国的大批外籍劳工，主要集中在建筑、农业和家政等领域，但一些人在签证期满后继续滞留。

② 随着东欧形势的紧张，从2015年开始，不少乌克兰人和格鲁吉亚人持旅游签证入境以色列，到期后滞留当地，然后向以色列内政部申请寻求庇护。

③ Dan Feferman & Dov Maimon, "An Integrated Jewish World Response to Israel's Migrant Challenge", Jerusalem: The Jewish People Policy Institute, March 2018, http://jppi.org.il/new/wp-content/uploads/2018/03/JPPI-Strategic-Policy-Paper-on-the-Refugee-Challenge.pdf, 2019-01-09.

④ 从2008年起，进入以色列的非法移民群体开始被以色列境内的非政府组织所关注，如难民和移民热线（The Hotline for Refugees and Migrants, HRM）、非洲难民发展中心（The African Refugee Development Center, ADRC）等，这些机构发布了一系列调查报告，引发了国际社会的重视。随后学术界也参与进来，相继出版了一系列研究成果（参见Israel Drori, *Foreign Workers in Israel: Global Perspectives*, Albany: State University of New York, 2009; Gilad Ben-Nun, *Seeking Asylum in Israel: Refugees and the History of Migration Law*, London: I. B. Tauris, 2017; etc.），但国内学术界目前对以色列非法移民的研究才刚刚起步。

非常严重,它威胁着我们的社会结构、国家安全和民族认同。"① 为此,以色列政府先后出台了众多的措施加以管控。本文拟以进入以色列的非洲非法移民为分析对象,从对该群体的界定、该群体进入以色列的途径及其构成、以色列公众对该群体的认知、以色列政府的管控与应对等方面展开,以探讨以色列应对非法移民问题的经验教训及其国际影响。

一 以色列对非法移民群体的界定

在以色列,非犹太人进入该国寻求庇护的行为具有 40 余年的历史。以色列境内最早的一批非犹太的寻求庇护者可以追溯至 1977 年,当时一个 66 人的越南难民团体在日本附近搭乘以色列货轮来到以色列,贝京政府为之提供了庇护。国际社会普遍赞扬了这一人道主义行为。1993 年,一个 84 人的波斯尼亚穆斯林团体在以色列的基布兹获得了庇护(一年内绝大部分人离开以色列前往欧洲或返回波斯尼亚)。2000 年,以色列为原属南黎巴嫩军(South Lebanese Army)的 2000 余名士兵提供了保护,这是一个曾与以色列军队在黎巴嫩南部作战的基督徒军事团体。②

自建国以来,来自非洲的非犹太移民进入以色列有两波高潮。第一波高潮出现在 20 世纪 90 年代,移民主要来自西非国家,他们使用旅游签证或朝圣签证飞赴以色列,其真实目的是前往以色列寻找就业机会,他们中的绝大部分在 21 世纪初期被遣返回国。③ 第二波高潮开始于 2005 年,移民主要来自厄立特里亚和苏丹,他们经西奈半岛穿过埃以边界非法入境,其目的是寻求庇护或工作机会,并有相当数量的移民择机转至第三国。从 2005 年至 2013 年,大约 6.4 万名寻求庇护的非洲移民者进入

---

① Harriet Sherwood, "Israel PM: Illegal African Immigrants Threaten Identity of Jewish State", *The Guardian*, May 20, 2012, https://www.theguardian.com/world/2012/may/20/israel-netanyahu-african-immigrants-jewish, 2019 – 01 – 12.

② Karin F. Afeef, *A Promised Land for Refugees? Asylum and Migration in Israel*, Geneva: UNHCR, 2009, pp. 6 – 7.

③ Galia Sabar, "Israel and the 'Holy Land': The Religio-Political Discourse of Rights among African Migrant Labourers and African Asylum Seekers, 1990 – 2008", *African Diaspora*, Vol. 3, 2010, p. 45.

以色列。① 这波非法移民的规模和范围在以色列的建国史上均前所未有，以色列有史以来第一次成为大批非洲移民的目的地或中转地。

由于各国现行的移民法规存在差异，加上涉及各种跨国问题，目前国际上对非法移民（Illegal Migrants）缺乏一致的定义，但一般而言非法移民是指未经许可、以非法的方式进入或滞留他国的移民。"非法移民的产生来自某个体缺乏适当的文件允许他或她继续待在该特定国家。它以两种方式发生：他们要么是偷偷地穿过边界进入该国而没有携带任何文件或签证，要么是入境后逾期逗留而没有返回其来源国。"② 因此，非法移民的根本特征是未经许可非法入境或逾期非法逗留。就此而言，未经许可从西奈半岛穿过埃以边界进入以色列境内的非洲移民符合非法移民的基本界定。③

对于非法入境的非洲移民，以色列移民部门将之归于"非法移民"之列。非洲移民穿过埃以边界进入以色列后，由于没有签证而被以色列国防军逮捕并送到位于内格夫沙漠的萨哈龙拘留所（Saharonim），在这里要经过确认其来源国、检查其身体状况、将相关信息登记到资料库中等程序。通常入境非洲移民在被羁押一段时间（通常为期一年）后获释，再由以色列内政部给予其"假释签证"（Conditional Release Visas）。这种签证不是在以色列的工作许可，持有者不能获得就业、医疗和其他福利服务，只能短暂停留。非洲移民的这种地位在法律上被称为"临时受保护地位"（Temporary Protected Status），享有非官方的法律地位，不面临

---

① Galia Sabar & Elizabeth Tsurkov, "Israel's Policies toward Asylum-Seekers: 2002 – 2014", in Lorenzo Kamel ed., *Changing Migration Patterns in the Mediterranean*, Roma: Istituto Affari Internazionali, 2015, p. 123.

② Kofi Quaye, *Illegal, Legal Immigration: Causes, Effects and Solutions*, Bloomington: Xlibris, 2008, p. 28.

③ 非法移民不等同于难民，难民的地位是受国际法保护的，这主要源自联合国分别在1951年通过的《关于难民地位的公约》（Convention Relating to the Status of Refugees）和1967年通过的《关于难民地位的议定书》（Protocol Relating to the Status of Refugees）两大国际公约。《关于难民地位的公约》第1条对难民及其地位进行了明确的界定："'难民'一词是指……因有正当理由畏惧由于种族、宗教、国籍、属于某一社会团体或具有某种政治见解的原因留在其本国之外，并且由于此项畏惧而不能或不愿受该国保护的人；或者不具有国籍并由于上述事情留在他以前经常居住国家以外而现在不能或由于上述畏惧不愿返回该国的人。"参见 UNHCR, *UNHCR Resettlement Handbook: Division of International Protection*, Geneva: UNHCR, 2011, p. 80。

被驱逐的处境。

"非法移民"在以色列具有特定的词汇——"渗透者"（Mistanen/Infiltrator）加以指代，这主要源自1954年以色列议会通过的《防止渗透法》（Prevention of Infiltration Law）。[①] 该法对"渗透者"进行了以下界定："蓄意和非法进入以色列者指：其一，其民族身份为黎巴嫩、埃及、叙利亚、沙特、外约旦、伊拉克或也门公民；其二，上述国家或以色列之外巴勒斯坦任何地方的居民或访客；其三，巴勒斯坦公民，或者无国籍或无公民身份的巴勒斯坦居民，或者国籍或公民身份存在疑问者，在上述时期离开常住地居住于原先在以色列之外现在成为以色列一部分的某个地区。"[②]《防止渗透法》规定，对不经授权非法入境的渗透者最高可以判处5—7年的监禁。《防止渗透法》起初主要是为了应对巴勒斯坦游击队员和武装分子试图渗透入境对以色列目标发动攻击的行为，这在当时被视为重要的安全威胁。在大批寻求庇护的非洲移民涌入的背景下，2008年5月，以色列政府提出对《防止渗透法》进行修订，并由议会进行了一读表决通过。[③] 在该提案中，首次将所有来自非洲的非法移民纳入"渗透者"的名下，并允许以色列国防军驱逐来自厄立特里亚和苏丹的非洲移民，将之逐回埃及。[④] 自此以后，"渗透者"一词在政府声明和公众话语中与非法入境的非洲移民联系起来，成为这一群体的法律称呼。该词的使用体现出强烈的负面内涵，通过将非洲移民归类于巴勒斯坦的武装渗透者行列，使得非洲移民与以色列历史上对国家安全威胁的认知联系起来。与之相对应，打击巴勒斯坦恐怖分子的国家安全话语也应用于所有入境的非洲移民身上。这种归类将非洲移民建构为对犹太国家的民族和文化构成入侵的"他者"，将这一群体定位为非法性、危险性。

[①] Hadas Yaron, Nurit Hashimshony-Yaffe, and John Campbell, "'Infiltrators' or Refugees? An Analysis of Israel's Policy towards African Asylum-Seekers", *International Migration*, Vol. 51, No. 4, 2013, p. 2.

[②] Eliott Rimon, "Infiltration or Immigration: The Legality of Israeli Immigration Policy Regarding African Asylum Seekers", *Cardozo Journal of International & Comparative Law*, Vol. 23, 2015, p. 457.

[③] 该法案2012年经过以色列议会三读通过，成为《防止渗透法》的第三号修正案。

[④] Reuven Ziegler, "No Asylum for 'Infiltrators': The Legal Predicament of Eritrean and Sudanese Nationals in Israel", *Journal of Immigration: Asylum and Nationality Law*, Vol. 29, No. 2, 2015, p. 179.

二 以色列的非洲非法移民基本情况

如前所述,以色列境内来自非洲的大规模非法移民潮始于2005年,在2010—2012年移民数量达到高潮。由于其人数规模较大,且集中在特拉维夫南部,很快形成一个特征鲜明的移民群体。

(一) 非洲非法移民群体进入以色列的路线

从2005年起,大批来自苏丹(以来自靠近厄立特里亚边境地区的卡萨拉联合国难民营的难民为主)或厄立特里亚的非洲移民涌入以色列[①],他们大部分采取徒步的方式来到埃及,通过给埃及西奈和以色列南部内格夫的贝都因偷渡组织者支付一定的金额,在他们的协助下经西奈沙漠穿越埃以边界进入以色列。[②] 苏丹移民支付的数额通常要比厄立特里亚移民少许多,据称苏丹移民支付的金额为350—500美元,而厄立特里亚移民需要支付的金额高达2700—7000美元。[③] 非洲移民前往以色列的路途存在一定的风险,不仅经常被西奈沙漠的武装团伙绑架并遭受身心折磨,而且驻守边界的埃及边防部队会对非法越境者开枪射击,导致不少非法移民在穿越边界时丧生。[④]

(二) 以色列的非洲非法移民的人员状况

根据以色列内政部的统计,从2005年至2013年底,共有超过6.4万

---

① P. J. Tobia, "Unpromised Land: Eritrean Refugees in Israel", *PBS Newshour*, June 20, 2013, https://www.pbs.org/newshour/spc/unpromised-land, 2019 – 05 – 04.

② Karen Jacobsen, Sara Robinson, and Laurie Lijnders, *Ransom, Collaborators, Corruption: Sinai Trafficking and Transnational Networks from Eritrea to Israel*, Somerville: Feinstein International Center, Tufts University, 2013.

③ 他们价格差别大的原因在于苏丹人是穆斯林,而且和贝都因偷渡贩子一样说阿拉伯语;此外,贝都因偷渡贩子认为厄立特里亚人的流散同胞更为富有。参见 Rebecca Furst-Nichols & Karen Jacobsen, *African Migration to Israel: Debt, Employment and Remittances*, Somerville: Feinstein International Center, Tufts University, 2011, p. 8.

④ Human Rights Watch, *Sinai Perils: Risks to Migrants, Refugees, and Asylum Seekers in Egypt and Israel*, New York: Human Rights Watch, 2008, p. 8.

名非洲移民从西奈边界进入以色列。① 2010—2012 年入境的非洲移民人数最多,占入境总人数的 2/3,其中 2011 年达到顶点,为 17276 人。2013 年随着埃以边界墙的建造和完工,非法入境的移民人数大大降低,降幅为 99%,2017 年和 2018 年非法移民的入境人数均为 0(见图 1)。另据以色列内政部的统计,在非法移民人数最多的 2012 年 6 月,有 57193 名非洲非法移民居住在以色列境内,63% 来自厄立特里亚(35895 人),25.91% 来自苏丹(15210 人);② 除厄立特里亚和苏丹之外,非法移民的来源国还包括科特迪瓦、尼日利亚、加纳等其他非洲国家。

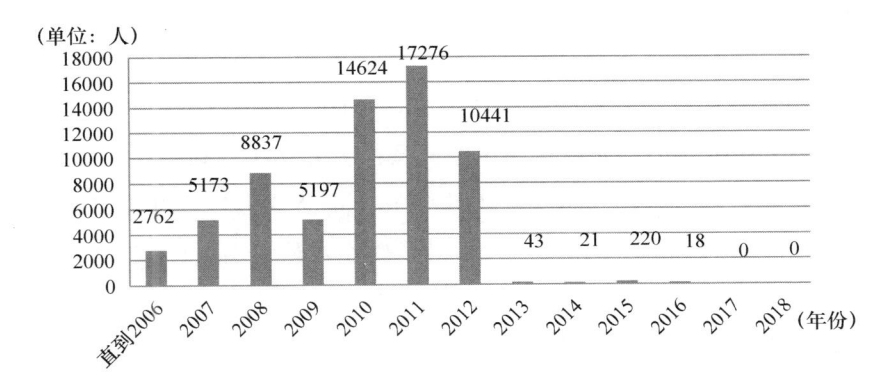

图 1　2006—2018 年进入以色列的非洲非法移民人数

资料来源:Population, Immigration and Border Authority, "Foreigners in Israel Data, First quarter of 2018", April 2018, Table 2, p. 3, https://www.gov.il/BlobFolder/generalpage/foreign_workers_stats/he/%D7%A8%D7%91%D7%A2%D7%95%D7%9F201.pdf, 2019 - 01 - 10.

从性别看,入境的非洲移民绝大部分是青壮年男性。2016 年底,在以色列境内 40300 名非法移民中,83.1% 为男性(33500 人),女性仅为 16.9%(6800 人)。从年龄组成看,25—34 岁的非洲移民占 62.6%,而 35—44 岁人员次之(占 24.1%),这两大群体合计占 86.7%。③ 由于自愿

---

① Galia Sabar & Elizabeth Tsurkov, "Israel's Policies toward Asylum-Seekers: 2002 – 2014", in Lorenzo Kamel ed., op. cit., p. 123.
② Sigal Rozen, *Tortured in Sinai, Jailed in Israel: Detention of Slavery and Torture Survivors under the Anti-Infiltration Law*, Tel Aviv: Hotline for Migrant Workers, 2012, p. 6.
③ Gilad Nathan, *International Migration-Israel, 2016 – 2017*, Kfar Monash: Ruppin Academic Center, 2017, p. 92.

离开以色列和以色列采取强制遣返措施，非洲移民人数减少了1/3左右。到2018年2月，根据以色列人口、移民与边境管理局的数据，已有2.6万名非法移民离开以色列，仍在以色列境内的成年非洲移民为3.8万人左右，另有4000名儿童。其中70%来自厄立特里亚（26563人）、20%来自苏丹（7624人），另外8%来自其他非洲国家，包括尼日利亚、加纳、科特迪瓦和塞拉利昂等国。①

（三）非洲非法移民选择迁移至以色列的原因

关于非法移民进入以色列的动机，有内部与外部多种因素。绝大部分非法移民来自战乱频繁的东非国家，尤其是苏丹和厄立特里亚，他们的主要目的是摆脱动荡和战乱的政治处境，同时为了寻求更好的经济与社会发展条件。苏丹达尔富尔地区的部族冲突开始于2003年，随即导致大量难民涌入埃及等国，2005年底埃及安全部队武力驱逐联合国难民署驻开罗办事处门口的难民游行示威，导致28人丧生，② 这个悲剧性事件促使原本大部分聚集在埃及的移民离开当地穿过西奈沙漠前往以色列。厄立特里亚的政治和经济状况也极为糟糕，从2008年起，大量的厄立特里亚人为了逃避饥荒或因政治原因进入埃及和以色列。③ 从2005年到2013年底，非洲移民源源不断地经西奈半岛穿越埃以边界涌入以色列，以色列成为这波非洲移民浪潮的目标，除上述经济与政治因素以外，还包括以下原因。

第一，从地理位置上看，以色列位于欧亚非三大洲的接合部，是非洲大陆从陆路通往欧洲的桥梁。绝大部分非洲移民想前往欧洲，这主要有两条路线：一是经过利比亚渡地中海，这条路线风险较大，一则偷渡者的费用要价太高，另则危险的海上航行导致许多难民被淹死；二是经

---

① Dina Kraft, "Everything You Need to Know about Israel's Mass Deportation of Asylum Seekers", *Haaretz*, February 7, 2018, https://www.haaretz.com/world-news/asia-and-australia/explained-israel-s-mass-deportation-of-asylum-seekers – 1.5792570, 2019 – 01 – 11.

② Bruno O. Martins, *Undocumented Migrants, Asylum Seekers and Refugees in Israel*, Beer-Sheva: Centre for the Study of European Politics and Society at Ben-Gurion University, 2009, p. 9.

③ Human Rights Watch, *Make Their Lives Miserable: Israel's Coercion of Eritrean and Sudanese Asylum Seekers to Leave Israel*, New York: Human Rights Watch, 2014, pp. 18 – 19.

以色列的陆上路线，它不经过海路即可前往欧洲，风险相对小很多。正如一位苏丹达尔富尔难民在被埃及边防警察抓获时所言："我的选择是在开罗暂停，再途经利比亚前往欧洲。我或许死于大海中，或者前往以色列。"① 以色列或许不是非洲难民的第一选择，却是他们许多人最有可能的选择。

第二，埃以边境线长达250公里，边界漫长且相对容易穿越。边界两侧大部分是地广人稀的广袤沙漠地带，不便于驻守，这为国际偷渡者提供了天然的便利条件。埃及和以色列两国关系长期处于相对和平状态，根据《埃以和平条约》规定的埃及西奈半岛非军事化，导致埃及对西奈半岛的控制较弱，极端组织和激进分子在西奈半岛活动较为活跃。

第三，偷渡组织者以西奈沙漠为中心，构建起完备的跨国偷渡和人口贩运网络，源源不断地向以色列境内输送非洲移民。尽管存在一定的风险，但在当地贝都因偷渡团体的组织下，埃及的西奈半岛成为国际人口贩运的重要据点。② 埃以两国对西奈边界的管控比较薄弱，导致国际偷渡组织以此为突破口，借助跨国偷渡网络将大批非法移民、劳工、东欧女性从西奈边界偷渡进入以色列。

第四，以色列政局稳定、经济状况较好，是距离非洲最近的发达国家并且容易抵达。以色列的工资待遇是本地区国家中最高的，特拉维夫作为中东地区首屈一指的国际性都市，比开罗更有活力。而且，不少国际移民希望在以色列找到工作并改善生活，进而作为他们前往欧洲的中转站。

（四）非洲非法移民在以色列的生活状况

由于寻求庇护的非洲移民获得的假释签证不是工作签证，他们没有基本的经济和社会权利，通常无法获得就业、医疗、教育等福利。在非政府组织的请愿下，以色列最高法院规定，接受临时保护地位者有权从

---

① Human Rights Watch, *Sinai Perils: Risks to Migrants, Refugees, and Asylum Seekers in Egypt and Israel*, New York: Human Rights Watch, 2008, p. 16.

② Mirjam van Reisen, Meron Estefanos and Conny Rijken, *Human Trafficking in the Sinai: Refugees between Life and Death*, Oisterwijk: Wolf Legal Publishers, 2012.

事工作以确保其基本的生计。起初，不少非法移民被吸引到基布兹和莫沙夫从事农业劳动。但由于入境的非法移民越来越多，以色列政府开始施加了诸多限制，非法移民通常从事薪水较低和危险系数较高的工作，包括餐饮、保洁、建筑等行业。此外，以色列政府不鼓励当地雇主为非洲移民提供工作，将之视为"无证移民"（Undocumented Migrants）[1]。由于这些来自非洲的非法移民不能被纳入以色列的医疗与教育体系中，他们的医疗保障服务很大程度上依赖以色列非政府组织的救济和帮助。

以色列政府对非法移民的诸多限制导致这一群体的贫困率非常高，绝大部分人的居住和生活条件非常糟糕，集中居住在特拉维夫南部的贫困街区。特拉维夫南部是非法移民和各类外籍劳工的集中聚居地，被称为"以色列的外籍劳工之都"（Capital of the foreign workers），[2] 60%—70%的以色列非法移民生活在当地，尤其特拉维夫中央汽车站周围生活了1.8万—2.2万名非法移民。特拉维夫南部的内夫·沙阿南大街（Neve Shaanan Street）被当地民众称为"小非洲"（Little Africa）[3]，当地形成了众多的苏丹或厄立特里亚风格的餐馆和商店。由于非法移民在特拉维夫南部地区的高度聚集，导致当地的生活条件和基础设施压力剧增。

三 "不受欢迎的渗透者"：以色列人眼中的非法移民

来自非洲的非法移民一旦进入以色列，就立刻处于有关安全与认同的旋涡之中，而且随着其人口规模的不断增长，它触及了一些以色列人最敏感的神经——国家属性问题。从2010年开始，以色列不少城市尤其是非法移民聚居地特拉维夫南部爆发了一系列反对非洲移民的示威游行，

---

[1] Barak Kalir, "The Jewish State of Anxiety: Between Moral Obligation and Fearism in the Treatment of African Asylum Seekers in Israel", *Journal of Ethnic and Migration Studies*, Vol. 41, No. 4, 2015, p. 7.

[2] Sarah S. Willen, "Perspectives on Labour Migration in Israel", *Revue Européenne des Migrations Internationales*, Vol. 19, No. 3, 2003, p. 243.

[3] Roxanne Horesh, "Israel Turns up the Heat on African Migrants", *Aljazeera*, June 14, 2012, https://www.aljazeera.com/indepth/features/2012/06/201261411491620572.html, 2019-01-15.

要求遣返和驱逐非洲移民，这些活动带有一定的种族主义情绪。2010 年 12 月，100 余名特拉维夫南部居民举行"反对非洲渗透者"的集会，认为这些非法移民不是寻求庇护者，而是"外国入侵者"。① 在 2011 年 12 月特拉维夫南部的集会游行中，示威人群高呼"特拉维夫是犹太人的，苏丹人滚回苏丹！"（Tel Aviv for Jews, Sudanese to Sudan！）"他们的家在苏丹，不在这里。这是一个犹太国家。""限制他们的活动"等口号。② 在非法移民进入以色列最高潮的 2011—2012 年，示威游行演变成针对非洲移民的暴力骚乱。2012 年 4 月至 6 月，特拉维夫爆发了一系列针对非洲移民的仇外暴力浪潮。2012 年 4 月，四枚燃烧弹被投掷到特拉维夫南部夏皮拉街区的非洲移民公寓，事情的起因据说是一名 15 岁的以色列女孩在特拉维夫南部被非洲移民强奸。2012 年 5 月 23 日和 30 日，特拉维夫南部爆发了呼吁遣返非洲移民的集会游行，一些抗议者参与到对非洲移民的暴力攻击中。③

特拉维夫南部乃至蔓延整个以色列的反非法移民浪潮，有着深层次的社会原因。它通常由政客煽动，同时有许多当地的工薪阶层参与，并传递出一个清晰的信号：这种仇外情绪系由国家认同问题及社会问题引发。就后者而言，大批非洲移民聚集于特拉维夫的贫困街区，而当地市政部门对这一地区的治理滞后，社会问题凸显。加之，一些政客发出煽动性言论，指责非洲移民是其街区建设落后的主要根源，非洲移民成为所有社会问题的替罪羊，"所有的问题都始于来自非洲的移民，他们占据了所有廉价的场所"。④ 归结起来，以色列社会主要存在三种反对非洲移民的话语。

---

① Yoav Zitun, "Tel Aviv Protest against Infiltrators Turns Violent", *Ynet News*, December 21, 2010, https: //www. ynetnews. com/articles/0, 7340, L‐4002634, 00. html, 2019‐02‐11.

② Ali Abunimah, "Israel Right-wing Activists Rally in Tel Aviv, Demand Expulsion of African Migrants", *Haaretz*, December 12, 2011, https: //www. haaretz. com/israel-news/israel-right-wing-activists-rally-in-tel-aviv-demand-expulsion-of-african-migrants, 2019‐02‐13.

③ Sheera Frenkel, "Violent Riots Target African Nationals Living in Israel", *NPR News*, May 24, 2012, https: //www. npr. org/2012/05/24/153634901/violent-riots-target-african-nationals-living-in-israel, 2019‐02‐10.

④ "African Refugees Scapegoats for Israeli Protesters", *RT News*, August 13, 2011, https: //www. rt. com/news/israel-african-refugee-protest-government, 2019‐02‐10.

第一，把非洲非法移民视为"人口威胁"，认为他们冲击着以色列的人口构成。绝大部分以色列犹太人认为，以色列作为世界上唯一的犹太国家，犹太人口占多数地位是确保其犹太属性的根本条件。尤其非洲移民绝大部分是穆斯林，这引起以色列官方的极度担忧。以色列内政部长埃利·伊赛（Eli Yishai）曾声称渗透者是"犹太国家的生存威胁"，他把非洲移民比作巴勒斯坦人，提出非法移民正在"生下成千上万的小孩，犹太复国主义梦想正在消亡"，"渗透者与巴勒斯坦人一道，将很快终结我们的犹太复国主义梦想。绝大部分来到这里的人们都是穆斯林，他们（渗透者）认为这个国家不属于我们白种人"①。据此，伊赛表示他"不惜一切代价来保护这个国家的犹太多数地位"。② 以色列官方拒绝给予非洲寻求庇护者难民地位的理由是：给予这些非洲移民以难民地位的先例一旦开启，将鼓励更多的非洲移民非法入境。大批非洲移民的持续涌入，会局部改变以色列某些地区尤其是特拉维夫南部的人口结构，使之陷入人口恐慌之中。因此，在媒体和政客的言论中，来自非洲的非法移民经常被等同于以色列最严重的人口和安全威胁（分别指巴勒斯坦人和伊朗人）。

这种对人口格局变化的担忧还引起一些以色列普通民众的共鸣，使他们产生一定的生存焦虑情绪。他们认为以色列不仅要提防拥有过高生育率的阿拉伯人口，也要警惕不断涌入的非洲移民，强调阿拉伯人和非洲移民都是威胁犹太国家属性的"他者"。生活在特拉维夫南部的一些当地居民甚至惊呼："特拉维夫南部现在就是南苏丹。它不再是特拉维夫，我时刻感到恐惧。"③ 在反移民的话语动员下，非洲移民被视为威胁犹太国家认同和文化根基的入侵者，激起了不少以色列人的严重忧虑，要求

---

① Adam Horowitz, "Israeli Interior Minister on African Immigrants: 'Most of Those People Arriving here are Muslims Who Think the Country Doesn't Belong to us, the White Man'", *Mondoweiss*, June 3, 2012, https://mondoweiss.net/2012/06/israeli-interior-minister-on-african-immigrants-most-of-those-people-arriving-here-are-muslims-who-think-the-country-doesnt-belong-to-us-the-white-man, 2019 – 02 – 09.

② Human Rights Watch, *Make Their Lives Miserable: Israel's Coercion of Eritrean and Sudanese Asylum Seekers to Leave Israel*, p. 21.

③ Debra Kamin, "South Tel Aviv is South Sudan Now", *The Times of Israel*, December 2, 2013, https://www.timesofisrael.com/south-tel-aviv-is-south-sudan-now, 2019 – 02 – 11.

驱逐非洲移民的声浪此起彼伏。

第二，把非洲非法移民视为"安全威胁"，认为这些移民把病毒、犯罪和恐怖主义带入以色列。由于与周围阿拉伯国家长期处于冲突之中，以色列对恐怖袭击高度敏感，而非洲移民从被视作为极端主义和恐怖主义提供重要温床的西奈半岛偷渡和非法入境，以色列担心这些移民像特洛伊木马一样将极端主义和恐怖主义带入以色列。以色列内政部长伊赛警告说，非法移民对以色列的威胁不比伊朗核武器小，"渗透者的威胁与伊朗的威胁一样严重。（强奸）案件表明以色列的私人安全问题存在如此多的问题。我们必须使民众再度感觉到安全"。① 不少以色列人将非洲移民称为"强奸犯"和"犯罪分子"，② 认为他们要为暴力犯罪和强奸案件负责。

在强烈的排外情绪左右下，一些政界人士极力渲染非洲移民给以色列社会带来的"严重威胁"。2012年5月23日，以色列议会议员米里·雷格夫（Miri Regev）在特拉维夫南部的示威集会上宣称"苏丹人是我们身体里的毒瘤。渗透者必须被从以色列驱逐！现在就驱逐！"③ 把非法移民比作"身体里的毒瘤"的言论引起了巨大的争议，虽然事后雷格夫对此予以澄清，但该比喻充分反映出以色列主流社会对于非法移民的认知。更值得注意的是，以色列多数民众也对"身体里的毒瘤"比喻表达了高度认可。根据以色列民主研究所和平指数2012年5月的民意调查，大约52%的以色列犹太人赞同议员米里·雷格夫将非洲移民称作国家"身体里的毒瘤"观点。④ 根据统计，总体而言，右翼人士对待非法移民多数持种族主义态度，86%的沙斯党支持者和66%的利库德支持者赞同雷格夫

---

① Ben Hartman, "Yishai: African Migrants No Less a Threat than Iran", *The Jerusalem Post*, August 16, 2012, https://www.jpost.com/National-News/Yishai-African-migrants-no-less-a-threat-than-Iran, 2019 – 02 – 02.

② Daniel K. Eisenbud, "South Tel Aviv Residents Show Mixed Emotions about African Refugee Crisis", *The Jerusalem Post*, January 21, 2018, https://www.jpost.com/Israel-News/South-Tel-Aviv-residents-show-mixed-emotions-about-African-refugee-crisis – 539377, 2019 – 02 – 07.

③ Ilan Lior & Tomer Zarchin, "Demonstrators Attack African Migrants in South Tel Aviv", *Haaretz*, May 24, 2012, https://www.haaretz.com/demonstrators-in-south-tel-aviv-attack-african-migrants – 1.5162222, 2019 – 02 – 14.

④ TOI Staff, "52% of Israeli Jews Agree: African Migrants are 'A Cancer'", *The Times of Israel*, June 7, 2012, https://www.timesofisrael.com/most-israeli-jews-agree-africans-are-a-cancer, 2019 – 02 – 07.

的争议性言论,而仅有32%的工党支持者和4%的梅雷兹党支持者赞同这一观点。就宗教倾向而言,正统派人士更支持,81.5%的极端正统派和66%的正统派人士赞同雷格夫的言论,而在世俗人士中的支持度为38%。此外,仅有19%的阿拉伯受访者赞同非法移民是"毒瘤"的观点。这份民意调查还发现,33.5%的犹太人和23%的阿拉伯人赞同近期在特拉维夫南部发生的针对非洲移民的暴力行为。在以色列民主研究所看来,这是"非常让人吃惊的,考虑到绝大部分民众没有同情那些为社会所广泛谴责的行径"。①

第三,把非洲非法移民视为"经济威胁",认为他们对以色列的经济和就业市场构成了冲击。不少以色列人认为以色列是一个小国家,无法为数量庞大的非洲移民提供充分的就业和经济机会。② 他们担心大批非法移民的涌入将给劳动力市场、教育体系、医疗设施等带来巨大压力。为此,内塔尼亚胡组合了新的词汇——"非法的经济渗透者"(Illegal Economic Infiltrators)。③ 2014年9月,内塔尼亚胡出访纽约时指出:"以色列不存在寻求庇护者问题,他们都是非法的劳工移民;寻求庇护者可能来自类似于叙利亚的国家,但绝不是来自非洲的寻找工作者。"④ 议员伊扎克·瓦克宁(Yitzchak Vaknin)在议会中说:"宾馆里……所有的劳动者、女服务员、清洁工都是渗透者。我在问,你们认为这是不是夺取了以色列公民的工作?"⑤ 以色列司法部长阿耶蕾特·沙克德(Ayelet Shaked)

---

① Ephraim Yaar & Tamar Hermann, "The Peace Index Data: May 2012", Jerusalem: The Israel Democracy Institute, http://www.peaceindex.org/files/The% 20Peace% 20Index% 20Data% 20 - % 20May% 202012. pdf, 2019 - 02 - 08.

② Yoav H. Duman, "Infiltrators Go Home! Explaining Xenophobic Mobilization against Asylum Seekers in Israel", *Journal of International Migration and Integration*, Vol. 16, No. 4, 2015, pp. 1231 - 1254.

③ Michael Handelzalts, "Word for Word: By Renaming Migrants 'Infiltrators', Israel Is Forging a New Reality", *Haaretz*, June 29, 2012, https://www.haaretz.com/.premium-word-for-word-by-renaming-migrants-infiltrators-israel-is-forging-a-new-reality - 1.5190473? = &ts = _ 1551498262188, 2019 - 02 - 07.

④ Barak Ravid, "Netanyahu: Israel Has No Asylum Seeker Problem-Only Illegal Job Immigrants", *Haaretz*, September 30, 2014, https://www.haaretz.com/.premium-netanyahu-israel-has-no-asylum-seeker-problem - 1.5309454, 2019 - 02 - 09.

⑤ Sharon Weinblum, "Conflicting Imaginaries of the Border: The Construction of African Asylum Seekers in the Israeli Political Discourse", *Journal of Borderlands Studies*, Vol. 32, No. 1, 2018, p. 8.

也强调:"以色列国家太小,而且有它自己的问题,它无法被用来作为非洲大陆的职业介绍所。"①

正是在反移民的话语动员过程中,有系统、分步骤驱逐非洲移民的主张被正式提出。根据民意调查,绝大部分以色列人认为非法移民应该被遣送至第三国。根据《今日以色列》(Israel Hayom)2014年1月的民意调查,当被问及"处理近期来自非洲的非法移民现象的最好办法"时,61.3%的以色列犹太人认为他们应当被遣送至第三国,18.4%认为他们如果不愿离开就应该被送至拘留中心,仅有11.6%认为非法移民应当被给予在以色列生活和工作的机会。② 根据以色列民主研究所有关和平指数2018年1月的民意调查,有65.9%的以色列犹太民众支持将非洲移民遣送至第三国。就政治观点而言,这项决定在右翼中间的支持度达78%,中间阵营拥护将非洲移民遣送至第三国动议的人数占35%,而左翼仅有25%。在以色列的阿拉伯民众中,有50%的人支持政府的这项决定,而37%的人反对。阿拉伯人的高支持率可以理解为,他们担心非法移民在某些领域对自身构成经济竞争。③

当然,也有少数以色列人士认为这个国家有道义责任庇护与平等对待非法移民,强调犹太人是一个屡遭迫害和驱逐的民族,也曾到处寻求避难,尤其是在第二次世界大战期间许多国家曾拒绝向那些逃离纳粹迫害的犹太人敞开大门而导致大屠杀悲剧的发生。这些人士援引《圣经》典故"你们要怜爱寄居的,因为你们在埃及地也作过寄居的"(《申命记》10:19),主张以色列政府应该承担道义责任允许躲避迫害的非洲移民停留,为他们提供安全的天堂。以色列前总统西蒙·佩雷斯多次呼吁

---

① Dina Kraft, "Everything You Need to Know about Israel's Mass Deportation of Asylum Seekers", *Haaretz*, February 7, 2018, https://www.haaretz.com/world-news/asia-and-australia/explained-israel-s-mass-deportation-of-asylum-seekers – 1.5792570, 2019 – 02 – 08.

② Edna Adato, Gideon Allon, and Ronit Zilberstein, "Poll: Two-thirds of Public Want Illegal Migrants Deported", *Israel Hayom*, January 10, 2014, http://www.israelhayom.com/2014/01/10/poll-two-thirds-of-public-want-illegal-migrants-deported, 2019 – 02 – 10.

③ Lahav Harkov, "Two-thirds of Israelis Favor Deporting African Migrants, Poll Finds", *The Jerusalem Post*, February 7, 2018, https://www.jpost.com/Israel-News/Two-thirds-of-Israelis-favor-deporting-African-migrants-poll-finds – 540960, 2019 – 02 – 11.

善待非洲移民:"对外来者的憎恨与犹太教的基本原则相冲突。"① 他们另一个实际的理由是,非洲移民的总数不到 10 万人,而以色列总人口达 900 万人,非洲移民在总人口中的比例不到 1%,这并不会对以色列的国家属性构成威胁。

总的来看,以色列社会自上而下对非法移民普遍存在不接受甚至严重排斥的态度,这种排外情绪具有强大的民意基础。它是历史与现状、地缘政治与国民心理等多重因素综合作用下的结果:以色列的犹太国家属性决定着它时刻以维护犹太人的多数地位为根本目标,被众多敌对国家长期包围所形成的"围困心态"使之对外来移民有种本能的恐惧,以色列的独特安全观则使之习惯于从国家安全的高度来审视各种内外部威胁,以色列强大的右翼政治文化为排外情绪提供了现实的土壤。基于上述因素,来自非洲的非法移民被一些以色列人视为"不受欢迎的渗透者",并认为他们对以色列的安全与国家属性构成了严重的威胁。

四 以色列对非法移民的管控与应对举措

对于大批非洲非法移民的快速涌入,以色列政府起初没有采取有效手段加以应对,导致入境非法移民的人数规模不断扩大,这给以色列社会和经济治理带来巨大的难题。从 2008 年开始,以色列政府对非法移民问题给予高度重视。2008 年 7 月,以色列政府在内政部之下设立人口、移民与边境管理局(Population, Immigration and Border Crossings Authority, PIBA),负责管理人口登记(包括身份证和护照)、授予公民权、批准和监督出入境、处理外籍人员(包括巴勒斯坦劳工、非法移民、劳工移民和难民等)在以色列的停留问题。② 很大程度上,管控非法移民问题

---

① Greer F. Cashman, "Peres Calls for Stop to Racism and Incitement", *The Jerusalem Post*, May 31, 2012, https://www.jpost.com/National-News/Peres-calls-for-stop-to-racism-and-incitement, 2019 – 02 – 01.

② Bruno O. Martins, op. cit., p. 12.

是人口、移民与边境管理局的主要职责。

2009年内塔尼亚胡上任后，进一步加强了对非法移民的管控，制定了一系列政策。内塔尼亚胡在不同的场合，多次提及以色列政府以2009年、2013年和2018年为三个阶段分界点①，对非法移民采取四方面的管控举措，即否认（Denial）非洲移民的难民地位、建造边界墙阻止（Deterrence）非法移民进入、拘留（Detention）已入境的非法移民、驱逐（Deportation）非法移民使之离境，它们被统称为"4D"措施。按照内塔尼亚胡的设想，以色列政府预计在2020年之前基本解决这一问题。这些举措一环扣一环，逐步升级，致力于最终解决这个问题。从时间进程看，以2013年埃以边界墙的完工为界点分成前后两个时期，前期是为了阻止非法移民进入，后期则致力于使其离开以色列（包括自愿离开和遣送出境），这是因为2013年埃以边界墙的完工关闭了非法移民进入以色列的入境通道，政府转而集中精力着手解决已经入境的非法移民问题。从2013年开始，以色列政府采取一系列措施拘留和遣送非法移民，在国内外引起了一定的争议。

（一）否认非洲非法移民的难民身份

1951年通过的联合国《关于难民地位的公约》是世界范围内有关难民地位的主要法律文献。虽然以色列早在1954年就批准了该公约，但一直没有将其内容吸收到国内法律中。绝大部分通过非法渠道来到以色列的非洲移民声称他们是在《关于难民地位的公约》的规定下寻求庇护，强调他们是逃离厄立特里亚饥荒和苏丹战乱的难民，以色列政府有义务保护他们摆脱战争、迫害、奴役和屠杀，不能驱逐他们。对此，以色列政府多次强调，接受有关难民和寻求庇护者的法律是"不明智

---

① 2017年11月，内塔尼亚胡向媒体详细解释其计划："我们对待渗透者的政策分为三个阶段。第一个阶段是阻止（halting）。我们建造了边界墙和制定了法律，完全阻止了渗透者的涌入，今天已没有新的渗透者。第二阶段是移除（removal）。我们使用各种措施遣送了近2万名现有的渗透者。第三阶段是进一步移除（increased removal）。多亏我达成的国际协定，它允许我们遣送剩下的4万名渗透者而无须征得他们的同意……我们的目标是比现有举措更大的力度继续遣送。"参见 Amnesty International, *Forced and Unlawful: Israel's Deportation of Eritrean and Sudanese Asylum-seekers to Uganda*, Somerville: Feinstein International Center, Tufts University, 2018, p. 22.

的",认为寻求庇护的非洲移民不是真正的难民,而是寻找工作机会的经济移民。① 内塔尼亚胡在解释其对非洲移民政策时辩解说:"我们不会采取行动反对难民,但我们要采取行动反对那些来到这里寻找工作的非法移民。以色列将继续作为真正难民的庇护所,同时也将继续驱逐非法的渗透者。"②

作为阻止非法移民获得难民地位举措的一部分,以色列政府对非法入境的非洲移民的工作和居住条件加以限制。2008年3月,以色列政府实施了一项限制非法移民就业和居住的政策。为了从拘留所获得释放,非法移民必须签署一份不能在以色列中部③生活和工作的文件,这块区域的范围为"哈代拉以南和盖代拉以北",该政策通常被称为"哈代拉—盖代拉"条款(the "Hadera-Gadera" Provision)。④ 根据以色列政府发言人哈达德(Sabine Hadad)的解释,这项政策是应对特拉维夫难民庇护所过分拥挤和条件糟糕的举措,也是为了缓解这一地区的就业压力。由于许多非政府组织和联合国难民署驻以色列办事处位于特拉维夫,这项规定使得难民或移民无法获取这些机构的帮助。该举措引起了公众和媒体的批评,以色列内政部长在2009年7月30日取消了这一规定。

随着非法入境的非洲移民人数不断增长,以色列开始采取措施加以遏制。2009年之前,以色列境内的寻求庇护申请是由位于特拉维夫的联合国难民署驻以色列办事处进行审核,并向以色列内政部提出建议,后者负责决定难民地位。2009年7月,以色列政府在内政部之下成立"难民地位甄别小组"(Refugee Status Determination Unit),负责处理寻求庇护者和难民地位事务。从2010年开始,以色列政府规定所有获释的新来非法移民都被给予假释签证,并要求他们必须每两个月前往以色

---

① Hadas Yaron, Nurit Hashimshony-Yaffe, and John Campbell, "'Infiltrators' or Refugees? An Analysis of Israel's Policy towards African Asylum-Seekers", *International Migration*, Vol. 51, No. 4, 2013, p. 2.

② Melanie Lidman, "10 Key Questions about Israel's African Asylum Seeker Controversy", *The Times of Israel*, February 2, 2018, https://www.timesofisrael.com/in-israels-new-plan-to-deport-africans-details-abound, 2019-02-13.

③ 中部是以色列的商业和都市核心区域,主要是特拉维夫及其毗邻地区。

④ Karin F. Afeef, op. cit., p. 13.

列人口、移民与边境管理局的三个办公地点（布内·布拉克、贝尔谢巴、埃拉特）更换相关证件，从而取得免于被驱逐的临时受保护地位。①

2013 年，随着非法移民入境人数锐减，以色列政府允许非法移民经过"难民地位甄别程序"申请难民地位。② 在实际运作过程中，非法移民获得难民地位的难度较大。以色列是世界上难民批准率最低的国家之一，在 2017 年的盖洛普移民接受指数（The Gallup Migrant Acceptance Index）中，以色列仅为 1.87 分（满分为 9 分），在 140 个国家中排在第 135 位，是世界上接收移民转为难民人数较少的国家之一。③ 2013—2017 年，共有 15205 名厄立特里亚移民和苏丹移民向以色列人口、移民与边境管理局提交难民申请，已有 6514 人的申请遭到了否决，仅有 11 人获得了难民身份（10 名厄立特里亚人和 1 名苏丹人），批准率仅为 0.056%（见表1）。而 2017 年第四季度，欧盟给予厄立特里亚非法移民的难民申请通过率为 90%、苏丹人为 55%。④ 以色列极低的批准率使许多非洲非法移民从一开始就不太想提交申请，因为在他们看来这是浪费时间。此外，以色列非法移民等待审批的时间较长，平均为 8.5 个月，截至 2018 年 1 月，仍有 8588 名寻求庇护者的申请处于等待审批状态，许多申请于 8 年前提交并且仍未获最终结果。⑤

---

① Rebecca Furst-Nichols & Karen Jacobsen, op. cit., p. 3.

② Refugees International, *Denial of Refuge? The Plight of Eritrean and Sudanese Asylum Seekers in Israel*, Washington, DC: Refugees International, April 2018.

③ John H. Fleming, Neli Esipova, Anita Pugliese, Julie Ray, and Rajesh Srinivasan, "Migrant Acceptance Index: A Global Examination of the Relationship between Interpersonal Contact and Attitudes toward Migrants", *Border Crossing*, Vol. 8, No. 1, 2018, p. 116.

④ Eurostat, "First Instance Decisions by Outcome and Recognition Rates, 30 Main Citizenships of Asylum Applicants Granted Decisions in the EU – 28, 4th Quarter 2017", *Asylum Quarterly Report*, March 19, 2018, http://ec.europa.eu/eurostat/statistics-explained/index.php/Asylum_quarterly_report, 2019 – 02 – 13.

⑤ Annie Slemrod, "Prison or Deportation: The Impossible Choice for Asylum Seekers in Israel", *Huff Post*, February 8, 2018, https://www.huffingtonpost.com/entry/prison-or-deportation-the-impossible-choice-for-asylum_us_5a7c0f35e4b033149e401c77, 2019 – 02 – 16.

表1　非洲移民向以色列提交难民地位的申请情况（2013—2017年）

难民申请者	提交申请份数	等待处理份数	已被拒绝份数	难民地位获批份数
厄立特里亚人	9464	4313	5154	10
苏丹人	5741	4275	1360	1
总计	15205	8588	6514	11

资料来源：Amnesty International, Forced and Unlawful: Israel's Deportation of Eritrean and Sudanese Asylum-seekers to Uganda, p.11.

（二）建造边界墙来阻止非法移民入境

边境偷渡、走私等安全问题是长期困扰以色列的难题。面对源源不断从埃以边界涌入的非洲移民，一开始，以色列在边界地区部署军队以阻止非法移民进入，在移民从埃及一侧入境时将其强制返回埃及境内，这种政策被称为"热遣返"（Hot Returns）。针对非洲非法移民的第一批"热遣返"发生于2007年4月，当时6名厄立特里亚移民被以色列国防军遣返至边界线埃及一侧，8月又强制遣返了48名非法移民。[①] 根据联合国难民署驻以色列办事处的资料，2007—2008年，大约有250名非法移民按照该程序被强制返回埃及境内。[②] 随后由于以色列最高法院的介入，以色列内政部在2009年放弃了这一做法。

非洲非法移民通过埃以边界进入以色列的势头越来越迅猛，引起以色列社会的广泛担忧，呼吁建造边界墙（Border Fences）的声浪此起彼伏。2010年，以色列政府正式启动边界墙建造计划"沙漏项目"（Project Hourglass），沿以色列一侧建造埃以边界墙，声称其目的是打击走私、偷渡、非法移民和恐怖主义，实际上是为了遏制来自非洲国家的非法移民潮。建造计划在2010年1月12日获得通过，11月22日开始动工。2011年埃及爆发"一·二五革命"，穆巴拉克下台，这加剧了西奈半岛的动荡局势，极端分子在西奈半岛聚集，以色列加快了边界墙建造计划。2013年12月，埃以边界墙完工。这道钢护栏项目包括摄像头、雷达和移动检

[①] Karin F. Afeef, op. cit., p.12.
[②] Human Rights Watch, *Sinai Perils: Risks to Migrants, Refugees, and Asylum Seekers in Egypt and Israel*, p.52.

测器，从拉法到埃拉特，全程长约 152 英里（245 公里），历时三年建造而成，估计总造价为 16 亿新谢克尔（约 4.5 亿美元），堪称以色列规模最大的工程之一。①

以色列总理内塔尼亚胡强调，边界墙是确保以色列国家属性的"战略决策"："关闭以色列的南部边界，阻止渗透者和恐怖分子入境，是一项确保以色列犹太民族属性的战略决策。我们不能允许成千上万的非法劳工经过南部边界渗透到以色列，而使我们的国家遍地充斥着非法的外国人。"② 除了建造安全墙，以色列国防军还加强了对南部边界的驻守，以应对埃及西奈半岛的动荡局势和恐怖主义活动的渗透。

（三）立法限制和拘留非法移民

随着埃以边界墙的完工，以色列政府阻止非法移民入境的阶段性目标已经实现，转而采取措施管控已在境内的非洲非法移民，为此该国政府对所有入境的非洲非法移民实施拘留措施，并建造了世界上最大的非法移民拘留设施。

非法移民进入以色列后，一般被关押在萨哈龙监狱。由于非法移民人数众多，2013 年 12 月，花费 3.23 亿新谢克尔（约 9400 万美元）建造的霍罗特开放拘留中心（Holot Open Detention Center）启用，它位于靠近埃以边界的内格夫沙漠，可以容纳 3300 名非法移民。与一般的监狱不同，它允许非法移民白天离开，但在晚上必须返回。每年运行费用高达 1 亿新谢克尔（约 2900 万美元）。③ 这项耗资巨大的工程在以色列官方看来是值得的，用议员多夫·赫宁（Dov Henin）的话来说："我们将数亿的新谢克尔花费于

---

① Gidon Ben-Zvi, "Israel Completes 245 Mile, NIS 1.6 Billion Security Fence along Sinai Border with Egypt", *The Algemeiner*, December 4, 2013, http://www.algemeiner.com/2013/12/04/245-mile-1-6-billion-shekel-security-fence-between-israel-and-sinai-completed, 2019 - 02 - 07.

② Rory McCarthy, "Israel to Build Surveillance Fence along Egyptian Border", *The Guardian*, January 11, 2010, https://www.theguardian.com/world/2010/jan/11/israel-fence-egypt, 2019 - 02 - 18.

③ Yarden Skop, "Israel Spending ＄29m/Year on Open-air Prison for African Asylum Seekers", *Haaretz*, June 29, 2014, https://www.haaretz.com/.premium-29m-a-year-to-operate-holot-jail - 1.5253749, 2019 - 02 - 21.

这块沙地，以用来投资于拯救特拉维夫南部的计划。"①

与其他国家相比，法国、意大利、西班牙对非法移民的拘留时间长度分别为 32 天、60 天、180 天，美国平均为 114 天，加拿大为 120 天；而以色列的拘留时间最长可以达 1095 天。② 围绕非洲非法移民过长的拘押时间问题，非洲移民和非政府组织向最高法院提起申诉，以色列议会与最高法院为此展开了多轮博弈。2012 年 1 月，以色列议会以 37 票对 8 票通过了《防止渗透法》第三号修正案，将所有未经许可从南部边界进入以色列的非洲移民定义为"渗透者"，并授权安全部门对其采取不超过三年的拘留措施，而来自敌对国家（包括苏丹）的非法移民可以无限期地拘押。2013 年 9 月，以色列最高法院在第 7146/12 号亚当诉以色列议会案件的司法裁决（HCJ 7146/12 Adam v. the Knesset et al.）中，9 名大法官一致裁定第三号修正案违宪并加以撤销，"因为根据《基本法：人的尊严和自由》它不成比例地限制了自由的宪法权利"。③ 以色列最高法院认定该修正案侵犯了自由的宪法权利而构成违宪，要求政府在 90 天之内释放根据被废除的第三号修正案遭到拘押的 1811 名非洲移民。

在 90 天到期之前，以色列议会又于 2013 年 12 月通过了《防止渗透法》第四号修正案。它包括以下主要内容④：允许对新到来的非法移民的拘押时间缩短为一年，将难以遣送的非法移民安置在霍罗特开放拘留中心，可对这些人进行无限期的拘押，直到他们"自愿"离开以色列为止；被关押在霍罗特拘留中心的人员每天接受 3 次点名，该拘留中心晚上 10 点至第二天早上 6 点关闭。2014 年 9 月，最高法院的司法裁决（HCJ

---

① Ben Hartman, "New 'Anti-infiltration' Bill Passes Vote in Knesset", *The Jerusalem Post*, December 8, 2014, https：//www.jpost.com/Israel-News/New-anti-infiltration-bill-passes-vote-in-Knesset – 384046, 2019 – 02 – 22.

② Reuven Ziegler, "The New Amendment to the 'Prevention of Infiltration' Act：Defining Asylum-Seekers as Criminals", Jerusalem：The Israel Democracy Institute, January 16, 2012, https：//en.idi.org.il/articles/3944, 2019 – 02 – 09.

③ Reuven Ziegler, "No Asylum for 'Infiltrators'：The Legal Predicament of Eritrean and Sudanese Nationals in Israel", *Journal of Immigration*, *Asylum and Nationality Law*, Vol. 29, No. 2, 2015, p. 185.

④ Reuven Ziegler, "The Prevention of Infiltration Act (Amendment No. 4)：A Malevolent Response to the Israeli Supreme Court Judgment", Jerusalem：The Israel Democracy Institute, December 8, 2013, https：//en.idi.org.il/articles/3943, 2019 – 02 – 24.

8425/13 Gebrselassie v. the Knesset et al.）又废除了第四号修正案。① 而以色列议会再次采取了应对措施，2014 年 12 月通过了《防止渗透法》第五号修正案，对新来的非法移民的拘押时间缩短为 3 个月，而霍罗特拘留中心的拘押时间缩短为 20 个月，每天进行一次点名。2015 年 8 月，以色列最高法院又作出司法裁决（HCJ 8665/14 Desta v. Minister of Interior et al.），要求进一步缩短霍罗特拘留中心的拘押时间，最长 12 个月。② 2016 年 2 月，以色列议会通过《防止渗透法》第六号修正案，按最高法院的要求将霍罗特拘留中心的拘押时间缩短为 12 个月。

对于以色列纳税人来说，霍罗特拘留中心的建造费用高达数亿新谢克尔，再加上每年高额的运行费用，以及拘留在此的非法移民不能从事工作，导致政府开支大幅度增加。据统计，以色列政府花费在每位拘留在此的非法移民身上的费用高达 2.5 万新谢克尔。③ 2017 年 11 月，以色列内阁一致赞成内政部长阿里耶·德利（Arye Dery）和公共安全部长吉拉德·厄丹（Gilad Erdan）在未来 4 个月关闭霍罗特拘留中心的提议。④ 2018 年 3 月，霍罗特拘留中心正式被关闭。

（四）鼓励或遣送非法移民离境

将非法移民关进拘留中心的做法使以色列政府耗费了大量的人力和财力，为了逐步减少该国境内的非法移民，以色列政府开始着手促推境内非法移民离开。这项政策始于 2013 年，内塔尼亚胡指出："在借助边界安全墙的帮助阻止非法移民这种现象后，我们现在准备将境内非法移

---

① Reuven Ziegler, "The Prevention of Infiltration Act in the Supreme Court: Round Two", Jerusalem: The Israel Democracy Institute, March 30, 2014, https://en.idi.org.il/articles/6265, 2019 - 02 - 24.

② Reuven Ziegler, "In the Land of Hidden Legislative Aims: HCJ 8665/14 (Detention of Asylum-seekers in Israel-Round 3)", *Cardoza Law Viewpoints*, September 4, 2015, http://versa.cardozo.yu.edu/viewpoints/land-hidden-legislative-aims-hcj - 866514 - detention-asylum-seekers-israel-round - 3, 2019 - 02 - 25.

③ "African Refugees in Israel", Tel Aviv: African Refugee Development Center, https://www.ardc-israel.org/refugees-in-israel#!, 2019 - 02 - 25.

④ Moran Azulay, Amir Alon, and Yishai Porat, "Government Approves Closure of Holot Facility within 4 Months", *Ynet News*, November 19, 2017, https://www.ynetnews.com/articles/0, 7340, L - 5044929, 00.html, 2019 - 02 - 24.

民遣返至他们的来源国。"① 对此，以色列政府采取软硬兼施的办法，要么接受无限期关押要么自愿离境，以此迫使非法移民离开以色列返回母国或前往第三国。

为了加快非法移民离开以色列的步伐，2013 年，以色列内政部启动了"自愿"返回程序（"Voluntary" Return Procedure），并在内政部之下设立"自愿离开小组"（Voluntary Return Unit），对"自愿"离开以色列者给予 3500 美元补助金额和一张单程机票。② 根据以色列人口、移民与边境管理局的数据，2013—2014 年，有 9026 名非法移民离开以色列（2013 年为 2612 人，2014 年增加至 6414 人），尤其 2014 年第一季度离境人数达 3972 人；离开以色列的非洲非法移民绝大部分返回其母国，仅有 1205 人前往第三国，主要是卢旺达和乌干达。③

由于苏丹被以色列政府定义为"敌对国家"，而厄立特里亚国内政治和经济状况堪忧，这使遣返非法移民至其来源国存在较大困难，尤其返回苏丹的移民通常被怀疑是以色列派到苏丹的间谍，遭到质疑甚至监禁。在此情况下，以色列的遣返方向转向与第三国（如乌干达、卢旺达）合作。2014 年 3 月以后，返回来源国的非洲非法移民人数大大减少，而主要前往第三国。为了促使非洲非法移民加快前往第三国的步伐，2015 年 3 月，以色列内政部宣布了一项新政策，规定拘押在霍罗特拘留中心的非洲非法移民和没有提交难民申请的非法移民，必须在一个月之内前往卢旺达或面临萨哈龙监狱的无限期监禁，这项新政策被称为"卢旺达或萨哈龙政策"（The Rwanda or Saharonism Policy）。④

2014—2017 年，超过 1.5 万名非洲非法移民离开以色列，其中 4000 多人前往卢旺达或乌干达。⑤ 根据以色列媒体的报道，以色列政府已与卢

---

① Maayana Miskin, "New Data Shows 99% Drop in Illegal Entry", *Israel National News*, July 2, 2013, http://www.israelnationalnews.com/News/News.aspx/169521, 2019-02-21.
② Hotline for Refugees and Migrants, *Where there is No Free Will: Israel's "Voluntary Return" Procedure for Asylum-seekers*, Tel Aviv: Hotline for Refugees and Migrants, 2015, p. 4.
③ Ibid., p. 5, 14.
④ Sigal Rozen, *Rwanda or Saharonim: Monitoring Report Asylum Seekers at the Holot Facility*, Tel Aviv: Hotline for Refugees and Migrants, 2015.
⑤ Refugees International, *Denial of Refuge? The Plight of Eritrean and Sudanese Asylum Seekers in Israel*, pp. 12-13.

旺达、乌干达等非洲国家达成协议，它们每接收一名非洲移民即可获得5000美元补偿。① 然而，无论卢旺达还是乌干达官方都极力否认与以色列政府达成过类似的协议。对此，以色列最高法院强调，没有正式的协议，强制驱逐非法移民的行为应当被禁止。此外，以色列政府对非法移民及其雇主实施经济惩罚措施，其目的是促使非法移民生活贫困，进而加速其离开以色列的步伐。以色列政府宣布，从2017年5月1日开始，所有找到工作的非法移民被要求从其薪水中缴纳20%的额外税，此外他们还需将其薪水的16%交给雇主，以作为补偿性罚款，这项法律被称为"保证金法"（Deposit Law）。非法移民只有在离开以色列时，才可以得到这一部分保证金。这项新政策导致非法移民在就业市场中更加没有竞争力，因为它使雇用非法移民的代价变得高昂，其结果是：许多非法移民失去了工作而被合法外籍劳工取代。②

2018年1月，以色列总理内塔尼亚胡宣布了驱逐4万名非洲非法移民的大规模计划，给予移民终极的选择：要么在2018年4月1日前离开以色列，要么被强制监禁，但最终的命运仍是强制驱逐。在到达规定期限时间的第二天，即2018年4月2日，以色列总理内塔尼亚胡与联合国难民署达成一项取消大规模驱逐计划的协议。协议内容为：加拿大、德国和意大利将接收16250名非洲非法移民，而以色列政府将给予另外16250名非法移民最多为期5年的临时居民身份，这些人由此得以留在以色列。③ 以色列教育部长、极右翼的犹太家园党领袖纳夫塔利·本内特认为，该协议将"使以色列变成渗透者的天堂"。④ 在国内右翼政党盟友的

---

① Ilan Lior, "Israel to Pay Rwanda ＄5,000 for Every Deported Asylum Seeker It Takes in", *Haaretz*, November 20, 2017, https：//www.haaretz.com/israel-news/israel-to-pay-rwanda－5－000－for-every-asylum-seeker-deported-there－1.5466805, 2019－02－25.

② Zoe Gutzeit, "Asylum Seekers and Israel's 'Deposit Law'", *The Jerusalem Post*, May 8, 2017, https：//www.jpost.com/Opinion/Asylum-seekers-and-Israels-deposit-law－490150, 2019－02－21.

③ TOI Staff, "Netanyahu: 16250 Migrants to Resettle in 'Developed Countries', Rest Will Stay", *The Times of Israel*, April 2, 2018, https：//www.timesofisrael.com/netanyahu-migrants-to-resettle-in-canada-germany-italy, 2019－02－23.

④ Isabel Kershner, "Israeli Leader Is Forced to Retreat on African Migrant Deal", *The New York Times*, April 2, 2018, https：//www.nytimes.com/2018/04/02/world/middleeast/israel-african-migrants-un-resettlement.html, 2019－02－22.

强大压力下，内塔尼亚胡被迫在次日（4月3日）取消了这一协议。在声明中，内塔尼亚胡强调："我认真听取了有关该协议的众多评论。其结果是，在经过再三权衡利弊后，我决定取消这份协议。尽管它面临众多的法律限制和国际困难，我们将下定决心去寻找所有可供选择的方案，以继续促使渗透者离开。"[1]

以色列政府在管控非法移民问题的过程中，尽管存在难民批准率低、拘留时间过长和强制遣返至来源国等问题，这引发了一定的争议，但从其管控的实际效果来看，上述举措取得了显著的成效，尤其是埃以边界墙的修建有效遏止了非法移民涌入以色列的势头。埃以边界墙的建造使得来自非洲的非法移民大幅度下降，2012年上半年进入以色列的非法移民达9570人，而在2013年上半年进入以色列的非法移民仅有34人，同比下降了99%。[2] 此外，以色列政府通过鼓励或遣送非法移民离境，该国境内的非法移民人数大大减少，从2012年底人数最多时的近6万人降低至2018年底的3.8万人左右。[3] 随着境内非法移民人数的减少，以色列当地民众与非法移民之间的矛盾有所缓和。

结　语

在当今国际难民危机的背景下，非法移民的涌入的确引发了一系列问题，涉及经济、安全、人口等方面，如何妥善处理人道主义与国家安全之间的两难，成为摆在许多国家面前的急迫问题。从国际法角度看，非法难民处置是一个极其复杂的问题，目前尚不存在涉及非法移民所有问题的一个综合性国际公约，而是散见于国际人权法、国际劳工法、外交关系法等诸多不同的国际公约中。这表明处置非法移民的国际法体系

---

[1] Jeffrey Heller, "Israel's Netanyahu Scraps African Migrant Relocation Deal with U.N.", *Reuters*, April 3, 2018, https：//www.reuters.com/article/us-israel-migrants-idUSKCN1HA14N, 2019-02-25.

[2] Maayana Miskin, "New Data Shows 99% Drop in Illegal Entry", *Israel National News*, July 2, 2013, http：//www.israelnationalnews.com/News/News.aspx/169521, 2019-02-19.

[3] Dan Feferman & Dov Maimon, "An Integrated Jewish World Response to Israel's Migrant Challenge", Jerusalem：The Jewish People Policy Institute, March 2018, http：//jppi.org.il/new/wp-content/uploads/2018/03/JPPI-Strategic-Policy-Paper-on-the-Refugee-Challenge.pdf, 2019-01-09.

十分庞杂,在实际工作中需按照国际法的相关规定,结合国情,综合施策,妥善应对非法移民问题。

对于以色列而言,在过去十几年间,以色列遇到了主要来自厄立特里亚和苏丹等国的非洲移民问题。与以色列政府主动引入并相对可控的外籍劳工不同,来自非洲的大批移民经非法渠道入境,且有相当一部分人是穆斯林,在所谓"伊斯兰威胁论"思潮的影响下,非洲非法移民对以色列社会带来的冲击颇具震撼力。在经济层面,涌入的非洲非法移民给本来就相对狭小的以色列就业市场、教育系统、医疗保障等带来了一定的压力,尤其是非法移民聚集的特拉维夫南部地区更是首当其冲;在社会方面,非法入境的非洲移民与当地民众(包括以色列的犹太人和阿拉伯人)之间的关系一直比较紧张,为此以色列对非洲非法移民设置了许多社会限制(如建造拘留中心和采取遣返措施),导致社会风险和政府财政支出大大增加;在安全领域,绝大部分非法移民从宗教极端主义相对活跃的西奈半岛非法入境,这无疑使一些以色列人产生对于边界安全和恐怖主义渗透问题的焦虑情绪,更为重要的是,在一些以色列人看来,这种担忧还触及以色列国家属性问题。

作为国际上管控非法移民和"边界墙"概念的首倡者之一,以色列管控非洲移民问题的做法得到不少国家的肯定,包括美国和印度在内都派遣代表团前往以色列考察边界墙建设和以色列国防军用于加强边界安全的高科技手段,以及以色列管控非法移民的其他举措。美国总统特朗普尤其对以色列的管控举措大力称赞,并且进行了吸收和借鉴。[①] 例如,美国将非法移民称为"入侵者"、拘押入境的非法移民、驱逐与遣返非法移民等做法,尤其在美、墨边境建造边界墙很大程度上是直接受到以色列相关做法的启发。特朗普在与美国国会的辩论中多次以以色列为例,强调建造边界墙对于管控非法移民的重要作用:"如果你们真的想知道边界墙的效果如何,就去问问以色列。它99.9%有效。"[②]

---

① Yasmeen El Khoudary, "Israel: An Inspiration for Trump", *Al Jazeera*, February 3, 2017, https://www.aljazeera.com/indepth/opinion/2017/02/israel-inspiration-trump-170203104842880.html, 2019-02-18.

② Deborah Danan, "Trump Hails Israel's Wall as Model for U.S.-Mexico Border", *Breitbart News*, December 12, 2018, https://www.breitbart.com/middle-east/2018/12/12/trump-uses-israels-wall-in-threat-to-pelosi-schumer-to-shut-down-government, 2019-02-15.

但是，需要我们进一步思考的是：如何从源头上解决非法移民问题？从非洲非法移民的来源地看，他们绝大部分来自世界最不发达地区的东非国家（如厄立特里亚和苏丹等国），他们的跨国迁徙主要源于贫困落后、政局动荡、战乱威胁、失业无助等，归根到底是发展滞后及其衍生的民生问题。以色列政府显然也开始注意到这个问题，除了采取上述措施管控非法移民问题以外，从2010年开始，以色列政府投入大量资金帮助相关非洲国家改善经济状况，试图从源头上缓解非法移民问题。其中，以色列国际发展合作署"马沙夫"（Israel's Agency for International Development Cooperation，MASHAV）在非洲开展了许多可持续发展项目，涉及农业、教育、卫生、科技等领域，开设大量的培训课程以吸收非洲当地人参加，这些项目致力于改善当地的经济发展水平。传统上，非法移民问题的应对主要基于"目标国"（Destination Country）的视角，着眼于如何管控和应对业已存在的非法移民。然而，作为一个复杂的国际现象，非法移民不仅是"目标国"的问题，而且涉及"来源国"（Origin Country）以及其他相关方。这就要求我们转换视角，治标更要治本，从源头上审视非法移民问题，关注非法移民来源国的发展问题，在国际社会的通力协作下标本兼治地解决这一国际性难题。

（本文原刊发于《西亚非洲》2019年第5期）

中国和中东关系及"一带一路"建设

中阿战略伙伴关系：基础、现状与趋势

李伟建[*]

摘　要：自 2004 年 9 月中阿合作论坛首届部长级会议确立中阿"平等、全面合作的新型伙伴关系"以来，中阿政治关系有了快速发展，多领域务实合作取得了丰硕成果。2018 年是中国改革开放 40 周年，中阿合作论坛第八届部长级会议也于 7 月在北京召开，中阿关系迎来新的发展机遇。当前中东安全局势依然脆弱，阿拉伯国家转型面临诸多困难。美国特朗普政府多变的中东政策给地区格局和局势变化增添了许多不确定甚至是破坏性因素，也给中阿关系的发展带来挑战。但中东局势总体趋稳向治的大势没有改变，求稳定、谋发展已成为阿拉伯国家的普遍诉求，许多国家推出雄心勃勃的转型变革计划。中国需要以新时代中国特色大国外交的思想来指导和引领中阿关系的发展。中阿有着相似的改革发展需求和进一步提升双方关系的共同愿望，但双方的发展基础和面临的内外环境不尽相同，在一些问题的认知上仍存在较大差异，阿拉伯国家的内部矛盾也在一定程度上制约了共同发展及中阿国家间的全面合作。未来，中国和阿拉伯国家需要面对现实，加强沟通，凝聚共识，在共建"一带一路"、共促和平发展的框架下，携手推进新时代中阿战略伙伴

---

[*] 李伟建，中国中东学会副会长、上海国际问题研究院外交政策研究所研究员。

关系。

关键词： 中阿关系　战略伙伴　中阿合作论坛　"一带一路"

自 2004 年 9 月中阿合作论坛首届部长级会议为中阿关系确立了"平等、全面合作的新型伙伴关系"的定位以来，中国与阿拉伯国家关系在中阿合作论坛机制的带动下进入了集体对话与合作的轨道。2010 年 5 月，在中国天津召开的中阿合作论坛第四届部长级会议提出"建立全面合作、共同发展的中阿战略合作关系"，标志着中阿关系进入了全面提质升级的新阶段，在中阿关系史上具有里程碑意义。① 对于中阿关系而言，2016 年是一个特殊年份，这一年有几个重大事件值得关注。其一，中国政府首次发表了《中国对阿拉伯国家政策文件》，文件在回顾和总结中阿关系发展经验的基础上，阐述了发展中阿关系指导原则，规划中阿互利合作蓝图，推动中阿关系迈向更高水平。② 这是新时期发展中阿关系的行动指南，也是推进中国特色中东外交的纲领性文件。其二，习近平主席对沙特、埃及和伊朗进行了历史性访问，并在阿盟总部发表重要演讲。习近平在演讲中就实现中东稳定提出了中国的建议，就深化中阿合作阐明了中国的主张。其三，中阿合作论坛第七届部长级会议在卡塔尔多哈召开，会议期待下阶段能成为彼此间"全面战略伙伴关系"的新起点。③ 2018 年 7 月 10 日，中阿合作论坛第八届部长级会议在北京召开。国家主席习近平出席并在开幕式上发表了题为《携手推进新时代中阿战略伙伴关系》的重要讲话，宣布中阿双方一致同意，建立全面合作、共同发展、面向未来的中阿战略伙伴关系。这是中阿友好合作新的历史起点。习近平主席指出："中方愿同阿方加强战略和行动对接，携手推进'一带一

---

① 时任中国外交部长杨洁篪表示：本次会议在中阿关系史上具有里程碑意义。中阿建立全面合作、共同发展的战略合作关系，将对新时期中阿关系发展产生极大推动力，促进中阿各领域友好合作不断迈上新台阶，不仅有利于双方，也将为推动发展中国家间的团结合作做出表率。参见中华人民共和国外交部网站（http：//www.fmprc.gov.cn/web/ziliao_ 674904/zt_ 674979/ywzt_ 675099/2010nzt_ 675437/zahzltdsjbzjhy_ 675485/ t694581. shtml），访问日期：2018 年 5 月 27 日。

② 参见中阿合作论坛网站（http：//www.chinaarabcf.org/chn/zgsd/t1331333.htm），访问日期：2018 年 5 月 28 日。

③ 《中国—阿拉伯国家合作论坛第七届部长级会议多哈宣言》，参见中华人民共和国外交部网站（http：//www.fmprc.gov.cn/zalt/chn/dqjbzjhy/t1374583.htm），访问日期：2018 年 6 月 2 日。

路'建设，共同做中东和平稳定的维护者、公平正义的捍卫者、共同发展的推动者、互学互鉴的好朋友，努力打造中阿命运共同体，为推动构建人类命运共同体作出贡献。"① 此次中阿之间的又一次集体对话，将对未来中阿关系的发展产生深远影响。

从定位"新型伙伴关系"到建立"战略合作关系"再到推进"战略伙伴关系"，中阿关系在双方共同推动下正在不断迈向新的高度。当前，中国特色社会主义进入了新时代，新时代中国外交将更加积极地为世界贡献中国智慧，更加彰显大国责任意识。② 阿拉伯世界也处于持续深入的转型之中，其内部正酝酿着要求变革的社会情绪，许多国家推出雄心勃勃的转型变革计划，这给新时期中阿关系带来了新的发展机遇。但同时，我们必须清醒地看到，世界处于新旧格局交替之际，国际形势错综复杂。中东地区安全局势脆弱不稳，美国中东政策的不确定性和破坏性给本地区秩序和格局带来极大的负面影响。此外，阿拉伯世界在中东变局中整体衰落和不断分裂的局面至今没有改观，治理不善和发展不足依然是影响许多阿拉伯国家稳定的主要因素。新形势下，中国需要准确研判形势，既要深刻认识地区形势复杂和多变的一面，也要看到地区国家求稳求治的一面。既要理解阿拉伯国家在转型过程中对自身价值的内在追求，也要主动引领理念，凝聚共识。双方通过开展积极有效的合作，扩大和平发展理念在阿拉伯国家的社会基础，携手推进新时代中阿战略伙伴关系。

一 提升中阿关系层级符合时代潮流和双方利益

2004年中阿合作论坛的成立为双方开启"平等、全面合作的新型伙伴关系"提供了一个集体对话和合作的重要平台。此后，中阿关系在双方的共同努力下不断迈向新的高度，双方的战略合作不断加深。2016年1

---

① 《习近平在中阿合作论坛第八届部长级会议开幕式上的讲话》，新华网（http://www.xinhuanet.com/politics/2018-07/10/c_1123105156.htm），访问日期：2018年7月10日。

② 董津义：《新时代中国特色大国外交》，中国网（http://www.china.com.cn/opinion/think/2018-04/25/content_50963078.htm），访问日期：2018年6月4日。

月中国颁布《中国对阿拉伯国家政策文件》,对中阿战略合作关系的内涵、中国对阿拉伯国家政策的原则、中阿全面合作的主要领域和举措、中阿合作论坛机制建设、中国与阿拉伯区域组织的关系进行了系统、全面的阐述,传递了中国全面加强对阿拉伯国家外交的强烈信号。① 至2018年6月,中阿双方在论坛框架下共同举办了7届部长级会议、14次高官会、3次中阿高官级战略政治对话、7届中阿企业家大会暨投资研讨会、5届中阿能源合作大会、3届中阿新闻合作论坛、3届中国艺术节、3届阿拉伯艺术节、5届中阿友好大会、7届中阿关系暨文明对话研讨会、6届中国—阿拉伯国家博览会等一系列机制性活动,极大地促进了中阿关系的发展。此外,中国目前已同阿尔及利亚(2014年2月)、埃及(2014年12月)和沙特阿拉伯(2016年1月)3个国家建立了全面战略伙伴关系;同阿联酋(2012年1月)、卡塔尔(2014年11月)、约旦(2015年9月)、伊拉克(2015年12月)、摩洛哥(2016年5月)、苏丹(2016年12月)、吉布提(2017年11月)以及阿曼苏丹国(2018年5月)8个阿拉伯国家建立了战略伙伴关系。

在经贸及基础设施建设等务实合作方面,习近平主席2014年6月在中阿合作论坛第六届部长级会议开幕式演讲中提出的构建"1+2+3"的经济合作格局,② 为双方的务实合作指明了方向和重点。而《中国对阿拉伯国家政策文件》又在此基础上进一步明确和细化了合作领域,对双方在"一带一路"、产能合作、投资合作、贸易、能源合作、基础设施建设、航天合作、民用核领域合作、金融合作、经贸合作机制和平台建设等十个领域的具体合作做了指导性说明。③ 如今,中国已是阿拉伯世界的第二大贸易伙伴,并是其中10个阿拉伯国家的最大贸易伙伴。阿拉伯国家是中国第一大原油供应方和第七大贸易伙伴,也是中国重要的工程承

---

① 刘中民:《定位中阿战略合作关系的内涵——解读〈中国对阿拉伯国家政策文件〉》,《世界知识》2016年第4期,第58页。

② "1+2+3"即以能源合作为主轴,以基础设施建设和贸易投资便利化为两翼,以核能、航天卫星、新能源三大高新领域为突破口的合作模式。参见《习近平出席中阿合作论坛第六届部长级会议开幕式并发表重要讲话》,《人民日报》2014年6月6日。

③ 《中国对阿拉伯国家政策文件》(全文),中阿合作论坛网站(http://www.chinaarab-cf.org/chn/zgsd/t1331333.htm),访问日期:2018年6月10日。

包和海外投资市场。① 作为中国推进"一带一路"建设的天然和重要合作伙伴,阿拉伯国家对中国的相关倡议予以积极的响应和支持。双方认识到,中阿开展战略合作有助于实现双方资源禀赋、资金优势、市场潜力的有效对接,促进资源要素在中国和阿拉伯国家之间有序自由流动和优化配置,突破中阿务实合作转型升级面临的瓶颈制约,共同应对全球增长、贸易、投资格局和资金流向正在发生的深刻变化。② 近年来,中阿之间政治关系和务实合作取得了丰硕成果,中阿经贸合作达到前所未有的高度,人文交流也越来越紧密。③

中阿关系近年来得以向更高层次发展,既得益于双方长期保持的友好关系,也顺应了和平、发展、合作的时代潮流。更主要的是,发展更紧密的战略伙伴关系符合中阿双方现实的国家利益需要。从中国方面看,自确立大国外交的战略定位之后,阿拉伯国家所在的中东地区就成为中国践行中国特色大国外交思想、担当大国责任、发挥大国作用、增强国际话语权和影响力的一个重要舞台。阿拉伯国家的持续深入转型更是为中国参与地区治理、推进共建"一带一路"、拓展"和平发展"及"共商、共建、共享"等理念为核心的外交新思想提供了难得机遇。中国共产党的十九大报告指出,中国特色社会主义进入新时代,意味着科学社会主义在 21 世纪的中国焕发出强大生机活力,在世界上高高举起了中国特色社会主义伟大旗帜;意味着中国特色社会主义道路、理论、制度、文化不断发展,拓展了发展中国家走向现代化的途径,给世界上那些既希望加快发展又希望保持自身独立性的国家和民族提供了全新选择,为解决人类问题贡献了中国智慧和中国方案。④

改革开放 40 年后的今天,中国有更多资源和手段坚持和平发展道

---

① 王毅:《携手共创中阿关系更加美好的未来——写在〈中国对阿拉伯国家政策文件〉发表之际》,《人民日报》2016 年 1 月 14 日。

② 《中国和阿拉伯国家共建"一带一路"合作方向》,中阿合作论坛网站(http://www.china-arabcf.org/chn/zgsd/t1149445.htm),访问日期:2018 年 6 月 11 日。

③ 相关成果可参考《中国—阿拉伯国家合作论坛成就与展望》报告,中阿合作论坛网站(http://www.chinaarabcf.org/chn/ltdt/P020180611714443650205.pdf),访问日期:2018 年 6 月 11 日。

④ 《习近平:决胜全面建成小康社会 夺取新时代中国特色社会主义伟大胜利——在中国共产党第十九次全国代表大会上的报告》,新华网(http://www.xinhuanet.com/2017-10/27/c_1121867529.htm),访问日期:2018 年 6 月 14 日。

路,坚定维护国家主权、安全、发展利益,维护和延长中国发展的重要战略机遇期。中国也有更多能力和条件发挥负责任大国作用,积极推动解决热点问题和全球性挑战,促进全球治理体系朝着更加公正合理方向发展,为世界和平与发展做出更大贡献。① 从近年的外交实践看,中国的"一带一路"倡议及相关的政策立场已经得到包括阿拉伯国家在内的世界各国的普遍认同和欢迎,中企已经参与了一些中东国家的基础设施建设。② 越来越多的阿拉伯国家认识到,这一倡议不仅能够加强与中国的合作,促进共同发展,而且能够为包括阿拉伯国家在内的发展中国家带来急需的投资。目前,中国除了能源贸易,还通过投资扩大在中东的经济影响力,而阿拉伯国家迫切希望减少对石油出口的依赖,通过创造新产业来实现经济多元化,它们欢迎中国的投资。③ 巴林驻华大使安瓦尔·艾勒阿卜杜拉在接受《人民日报》记者采访时表示,"一带一路"为阿中带来了巨大的合作潜力,阿拉伯国家愿意为中国公司的投资提供支持,也相信中国能够为阿拉伯国家带来更多民生福祉。④ 阿盟外长理事会在2018年初通过决议,强调阿拉伯世界作为一个整体将在"一带一路"框架下加强对话合作。笔者在这些年走访阿拉伯国家与当地学者交流过程中深切感受到,阿拉伯国家对中国的综合国力和国际影响力的认知有了极大提高,希望对接"一带一路"倡议,深化与中国合作及期待中国在地区事务中发挥更大作用已成为阿拉伯国家的主流呼声,借鉴中国发展经验和获得中国经济援助也成为不少国家的现实需要。在此背景下,中国迄今已同9个阿拉伯国家签署了共建"一带一路"协议,并成立了中阿共同投资基金、中阿技术转移中心等合作机制。此外,已有埃及、沙特、阿曼、约旦、阿联酋、科威特、卡塔尔7个阿拉伯国家成为亚洲基础设

---

① 《奋力开拓中国特色大国外交新局面——访外交部部长王毅》,《人民日报》2017年8月30日。

② 席桂桂、陈永胜:《"一带一路"背景下中国的中东经济外交》,《阿拉伯世界研究》2016年第6期,第52页。

③ Daniel Kliman, Abigail Grace, "China Smells Opportunity in the Middle East's Crisis", http://foreign policy.com/2018/06/14/china-smells-opportunity-in-the-middle-easts-crisis, 2018-06-15.

④ 《从中国经验中获得启发——记中国—阿拉伯国家改革发展论坛研讨会》,《人民日报》2018年4月24日。

施投资银行的创始成员国。沙特和约旦都在与中国政府讨论如何将其发展计划与习近平的标志性经济治国方略"一带一路"倡议协调起来。①

值得一提的是，中国这些年的发展已被证明有效地促进了世界局势的总体安全与稳定，中国"和平发展"的理念对全球治理尤其是促进地区安全的重要作用和影响得到了越来越多国家的认可。中国公平、开放、全面、创新的发展观和构建人类命运共同体的理念十分贴合当今阿拉伯国家的现实需求，因此日益被阿方接受，这也为中国在中东治理中做出更大贡献提供了越来越宽广的合作平台，②也有利于中国在中东地区奉行更加积极主动的外交政策。如今，许多阿拉伯国家的精英开始反思近年来他们的国家和所在地区局势动荡不稳的原因，越来越多的阿拉伯国家希望从中国成功的经验中得到解决地区安全问题的启示。埃及前总理沙拉夫在出席2018年4月23日在北京召开的"中国—阿拉伯国家改革发展论坛研讨会"时表示：改革开放40年来，中国发生的巨大变化、中国的成就应当被世界认可。"我们渴望从中国的经验中获得启发。"巴林驻华大使安瓦尔·艾勒阿卜杜拉也表示，中国的改革开放政策高瞻远瞩、前所未有，"同为发展中国家，我们从中国身上学习到了非常重要的一点：只要有意志和决心，通过实干，就一定可以实现国家发展和民族振兴"。③未来，中国将更多地参与中东事务，中阿战略伙伴关系的确立，除了有助于扩大多方位、宽领域的合作和经贸投资往来，建立长期稳定的合作机制，更有利于加强彼此沟通及在带有战略性的国际和地区问题上的磋商和协调。

从阿拉伯国家方面看，当前阿拉伯世界依然存在诸多由传统和非传统安全问题导致的不稳定因素，部分国家还处于战乱和冲突之中，但与过去几年相比，地区局势总体上开始呈趋稳向治之势。事实上，当前大

---

① Daniel Kliman, Abigail Grace, "China Smells Opportunity in the Middle East's Crisis", http://foreignpolicy.com/2018/06/14/china-smells-opportunity-in-the-middle-easts-crisis, 2018-06-15.

② 《中东和平发展道路上最可信赖的朋友》，新华网（http://www.xinhuanet.com/world/2017-07/30/c_1121403763.htm），访问日期：2018年6月12日。

③ 《从中国经验中获得启发——记中国—阿拉伯国家改革发展论坛研讨会》，《人民日报》2018年4月24日。

多数阿拉伯国家面临的一个共同问题是转型过程中国家治理不善和发展滞后,这已引起阿拉伯国家的高度重视,沙特、阿联酋、埃及等阿拉伯国家纷纷提出转型变革计划,稳定和发展时常成为当地舆论广泛讨论的主题。约旦著名学者萨米尔·艾哈迈德在其撰写的《文明的追随——中国的崛起与阿拉伯人的未来》一书中,通过对中华人民共和国发展历程,特别是改革开放以来发展经验的总结,分析加强中阿合作的历史基础和现实条件,认为当代阿拉伯复兴事业必须借鉴中国经验,通过加强与中国的友好合作,实现阿拉伯人希冀已久的"阿拉伯梦"。① 笔者在近期出访阿拉伯国家交流时,阿拉伯国家的改革与中国的经验常常成为讨论的主题。在这样的语境下,中国的和平发展理念和政策立场自然容易引起阿拉伯国家的共鸣。

从更广阔的国际层面看,虽然特朗普治下美国中东政策的不确定性及一定程度上的破坏性增加了地区形势和地区国家间关系的复杂性,美国在叙利亚问题及伊核问题上也有拉拢阿拉伯国家与俄罗斯等国博弈抗衡的一面,但总体上美国介入中东事务的政治意愿及实际能力均有所下降,特朗普关于美军将很快撤出叙利亚的表态②虽然引起五角大楼的质疑,但实际反映的是自前任总统奥巴马以来美国从中东总体收缩战略的延续。而俄罗斯对中东事务的影响力继续呈扩大之势,欧盟的作用也逐步上升,多元国际力量参与中东事务总体上有利于地区构建起相互制衡、相对稳定的地区新格局,也有利于中国在地区事务中发挥更积极和独特的建设性作用。

二 中阿关系面临的现实问题和挑战

中阿有着加强合作共同发展的强烈愿望,并且有着广阔的前景和长期发展的潜力,但我们也应该清醒地看到,愿望与现实之间仍有较大差

---

① 《阿拉伯复兴事业应借鉴中国经验——一位约旦学者眼中的中阿关系》,新华网(http://news.xinhuanet.com/world/2014-08/30/c_1112295080.htm),访问日期:2018年6月25日。

② 据美国有线电视新闻网(CNN)报道,美国总统特朗普在俄亥俄州一次集会上称,美军将很快撤出叙利亚。转引自《环球时报》2018年3月30日。

异,影响双方关系发展的问题和可能遇到的挑战同样不可忽略。

(一) 中东地区安全局势的稳定性仍十分脆弱

第一,巴以冲突再起。2017年12月6日,美国总统特朗普高调宣布美国承认耶路撒冷是以色列首都并将立即启动美国驻以使馆的搬迁工程,为新的巴以冲突埋下伏笔。2018年3月底,巴勒斯坦居民在加沙地带开启"回归大游行",与以色列发生持续冲突,导致巴勒斯坦人死伤人数不断上升。仅5月14日美国正式将驻以色列使馆从特拉维夫迁往耶路撒冷的当天,至少有55名巴勒斯坦人在与以色列的冲突中死亡,3000多人受伤。巴以再起冲突增添了地区安全局势的复杂性,再次破坏了本已脆弱的地区稳定环境,也给中东和平进程的后续发展带来诸多负面影响。

第二,叙利亚问题久拖不决。叙利亚战争①已进入第八年,其间既有叙利亚政府军与得到域外势力支持的反对派武装战斗,又有"伊斯兰国"等极端势力乘乱肆虐以及外部力量借反恐的名义直接介入叙利亚战争。2018年1月,就在"伊斯兰国"极端组织遭受再一次重大打击之时,美国突然宣布要在叙利亚北部和东部的"叙利亚民主军"控制区组建一支主要由库尔德人组成的"边境安全部队",试图为干预叙利亚未来政治进程埋下伏笔。而早就对叙利亚库尔德人崛起高度紧张的土耳其借机发兵进入叙利亚阿夫林地区,最后美国做出让步,将阿夫林地区交给土耳其管理。近期,美国和土耳其不顾叙利亚政府的一再反对,再次达成所谓"确保叙利亚北部重镇曼比季安全的合作路线图"。由土耳其军队进入曼比季与美军联合执勤来"维护曼比季长期安全稳定"。在叙利亚政府看来,美、土此举目的在于延长叙利亚危机并使其更加复杂化。据联合国统计,叙利亚危机和战争爆发以来,已造成严重的人道主义灾难,有超过1200万的叙利亚人背井离乡,其中560万人成为难民,国内的设施大

---

① 外界一般将叙利亚危机爆发以来发生在其境内的战争称为"叙利亚内战",但参加2018年5月13日国内首次在上海举办的"叙利亚问题的出路与前景"国际研讨会的叙利亚代表巴萨姆·阿布·阿卜杜拉并不认同"内战"的说法,他认为那其实是一场"由外国支持、介入、插手甚至操纵的战争"。笔者认为,叙利亚战争大致可分为两个阶段,前期主要表现为叙利亚政府与武装反对派之间的"内战",但随着外部势力不断地介入和干预,这场战争就越来越具有了"代理人战争"的色彩。

部分被摧毁，损失高达200多亿美元。如今，叙利亚危机已经成为中东地区安全治理的一大难题。

第三，宗教极端势力并未销声匿迹。"伊斯兰国"等恐怖组织虽然已被击溃，但未被彻底消灭。① 残余分子大部分流窜到了利比亚等安全防范薄弱的国家，另有一部分依然在叙利亚和伊拉克负隅顽抗，近期又开始在一些地区发动恐怖袭击。极端主义思潮蔓延及恐怖分子流散给本地区国家造成很大的安全隐患，也给外来投资带来巨大风险甚至让投资者望而却步。

第四，美国退出了伊核协议。2018年5月8日，美国总统特朗普宣布美国退出伊核协议，并重启因伊核协议而豁免的对伊朗制裁。美国的这一决定严重地恶化了中东地区地缘政治环境。以色列借机不断挤压伊朗在叙利亚等地的战略空间，沙特领导的多国联军则在也门加大了对伊朗支持的胡塞武装的攻势，② 此举导致也门人道主义危机全面加剧。仅在沙特攻打胡塞武装力量的几天时间里，就在也门战略要地荷台达造成数百人丧生。在这场已经延续了3年的也门危机背后可以看到美国的影子，美国一直以来向沙特和阿联酋领导的联军提供情报和后勤支援。目前，发生在中东的多处冲突都与伊朗一度崛起的影响关联：以色列担心伊朗利用对叙利亚危机的介入将其势力逼近自家门口，沙特则担心出现从伊朗到伊拉克、叙利亚和黎巴嫩的所谓"什叶派新月地带"。因此，除了也门，沙特还加强了在叙利亚、黎巴嫩等地与伊朗的博弈。

沙特与伊朗的博弈源于冷战思维，破坏了地区发展所需的和平氛围。目前，美国退出伊核协议的负面影响仍在发酵之中，事态的后续发展将对中东局势及中东地缘政治关系产生深刻影响。如果伊朗最终也退出伊核协议，并且重启核计划，沙特表示不会无动于衷。2018年3月，王储穆罕默德在访美前表示，如果伊朗造出核弹，沙特会"尽快效仿跟进"。

---

① 关于"伊斯兰国"残余势力发展情况，参见王震《后"伊斯兰国"时代的全球反恐态势略论》，《西亚非洲》2018年第1期，第19—23页。

② 2015年3月，沙特军事介入也门，由此引发也门内战升级为地区战争。

（二）阿拉伯世界趋于分裂

阿拉伯世界自海湾战争后便出现明显的分裂趋向，增添了中国与阿拉伯世界作为一个整体对话的难度。2011年中东变局发生后，阿拉伯世界陷入前所未有的动荡，许多阿拉伯国家陷于内乱，阿拉伯国家之间矛盾凸显，阿拉伯团结已成空洞的口号。"碎片化"一词被越来越多地用来形容阿拉伯国家联盟作为一个整体力量的衰败，一些学者甚至采用"颗粒化"一词来形容其分裂的严重程度。[①]

在这样的背景下，巴勒斯坦问题不可避免地被边缘化了。在美国搬迁其驻以色列使馆问题上，特朗普及其幕僚预料到阿拉伯和伊斯兰世界会有反弹，但也料定阿拉伯国家已经很难抱团取暖，不会出现一致抗议的局面。事实证明，虽然阿拉伯国家或伊斯兰国家不乏抗议之声，但阿拉伯国家的官方反应出奇的平静。相比过去几年里阿盟可以为了将叙利亚排挤出阿盟而几次召开紧急会议、沙特为了对付伊朗可以拉拢几个阿拉伯国家断然与同是海合会成员的卡塔尔断交，阿盟这次对美国迁馆的反应显得十分迟缓。同样令人不解的是，沙特等国与卡塔尔断交一年多了，至今没有丝毫缓和的迹象。沙特王储穆罕默德曾表示，沙特已做好未来几十年与卡塔尔"交恶"的准备。

当前，阿拉伯国家普遍缺乏安全感，国家间关系十分紧张，但很多国家不是通过发展积极友好的周边政策和友好协商来缓解彼此间的紧张关系，不是通过彼此合作来推动地区稳定从而提升本地区总体安全，而是不断塑造彼此威胁和敌意，并且试图通过拉帮结派，结成新的对抗阵营来应对所谓的安全挑战。这在阿拉伯国家对叙利亚问题政策立场上表现得非常突出，反映出阿拉伯世界内部国家间的深刻矛盾。在政治解决叙利亚问题已经成为国际共识的今天，相关国家依然缺乏合作的意愿，"零和"博弈和赢家"通吃"的冷战思维依然主导着相关国家的行为模式。我们看到，这些年来几乎所有域内外大国和各种势力都纷纷卷入叙利亚，互相博弈。在很大程度上，各方已将叙利亚视为决定未来中东地区地缘政治格局的重要变量，涉及地区各国间政治、教派力量的重塑，

[①] 牛新春：《关于中阿合作机制的思考》，《现代国际关系》2018年第3期，第41页。

相关国家安全环境的构建,更关系到域外大国在地区势力范围的消长。叙利亚危机发展到今天这个状况,固然有西方国家的误导和直接插手干预的原因,但是作为唯一代表所有阿拉伯国家的组织,阿盟没有很好发挥其对阿拉伯事务的主导作用,不仅未能阻止事态恶化,一些阿拉伯国家还向包括一些极端势力在内的叙利亚反对派提供大量资金和武器,致使叙利亚内战逐渐演变成由域外势力支持的"代理人战争"。

(三) 中东动荡与冲突升温

中东剧变发生后,地区局势持续动荡,许多阿拉伯国家陷入经济发展困境。即使在经济不景气和财政状况十分困难的情况下,一些阿拉伯国家源于对安全局势的担忧,依然大量采购武器。以沙特为例,自 2014 年以来,国际油价大幅下跌,导致沙特财政预算由年年盈余变成年年亏空,但沙特军费开支却连年位居中东之首。据瑞典斯德哥尔摩国际和平研究所(SIPRI)2018 年 5 月 2 日发布的最新报告显示,沙特 2017 年军费开支比 2016 年增长 9.2%,达到 694 亿美元,取代俄罗斯位列全球第三。沙特军费开支居高不下由多方面原因所致。首先,为寻求庇护长期向美国过量采购武器;其次,介入也门内战;最后,与伊朗争夺地区影响力,相对应的伊朗 2017 年军费支出仅为 145 亿美元。值得注意的是,全球军事负担最重的 10 个国家中,有 7 国位于中东,中东地区军费开支占国内生产总值的比例大约为 5%,远高于全球 2.2% 的整体水平。[1] 另据法国《世界报》最近报道,卡塔尔在与沙特等国断交之后,开始"疯狂地购买武器",在 2017 年下半年,卡塔尔分别签署了购买 7 艘意大利军舰、购买美国 30 架"F-15"战斗机以及购买英国 80 架"台风"战斗机的合同,而这在卡塔尔的那些邻国看来相当于威慑。沙特近期称,如果卡塔尔购买俄罗斯"S-400"防空系统,沙特将准备采取"军事行动"。[2]

---

[1] 瑞典斯德哥尔摩国际和平研究所最新报告:2017 年全球军费开支达 1.73 万亿美元,美、中、沙特位列前三,参见环球网(http://world.huanqiu.com/exclusive/2018-05/11957510.html),访问日期:2018 年 6 月 15 日。

[2]《沙特"撂狠话":若卡塔尔购入俄"S-400"将对卡塔尔动武》,法国《世界报》2018 年 6 月 3 日,转引自《参考消息》2018 年 6 月 8 日。

一方面国家发展需要大量资金投入，另一方面为了安全仍需维持庞大的军费开支，而军备竞赛反过来又加剧了地区的紧张局势，这或许就是当前阿拉伯世界面临的两难困境。而中东动荡与冲突升温，迫使中东各国加强战备，有可能引发中东地区新一轮军备竞赛。

（四）特朗普治下的美国中东政策多变

特朗普的对外政策充满不确定性、多变性，其中东政策亦不例外，这给中东局势和中阿关系带来严重挑战。主要体现在两个层面：一是对中东局势带来的破坏性影响，二是由于美国对华政策变化而间接地对中阿关系带来潜在的负面影响。特朗普治下的美国中东政策有以下特点。第一是不确定性，比如特朗普在对待叙利亚问题及对沙特等国与卡塔尔断交等问题上的言行均有前后矛盾之处。第二是破坏性，比如轻率退出伊核协议并重新对伊朗实施制裁，不顾国际社会强烈反对将美国驻以色列使馆搬迁至耶路撒冷，等等，这些做法已经引发了国际和地区局势新的紧张。第三是实用性，虽然特朗普的言行带有明显的倾向性，但他更多从利益层面而非战略层面构建与地区国家关系。如美国对沙特等阿拉伯海湾国家的政策就是典型的实用主义案例。特朗普一方面想利用沙特及海湾阿拉伯国家与伊朗的矛盾拉拢逊尼派阿拉伯国家，维护和巩固美国在中东的利益；另一方面蓄意塑造伊朗威胁，目的是向这些国家推销美国军火。据《路透社》报道：特朗普要求"举全政府之力"推销军火，而这项政策的主要针对国家就是海湾阿拉伯国家。2017 年 5 月特朗普访问沙特期间，两国达成总值达 1100 亿美元的军售大单。2018 年 1 月特朗普在与科威特埃米尔的通话中向其施压，要他推动一项已停顿一年多、价值 100 亿美元的战斗机合约。2018 年 3 月特朗普在会晤来访的沙特王储穆罕默德·本·萨勒曼亲王时，毫不掩饰地举起了印有美国飞机、军舰、直升机及其他卖给沙特的军事装备图片的展板。① 第四是局限性，特朗普虽然在诸多中东问题上表现出咄咄逼人的一面，但总体上美国介入中东事务的政治意愿及实际能力均有所下降。美国国家战略重点已不在

---

① 《欲靠军售提振经济？特朗普"举全政府之力"推销军火》，路透社华盛顿 2018 年 4 月 17 日电，转引自《参考消息》2018 年 4 月 20 日。

中东，特朗普的很多做法只是策略性或战术性的反映，不具有战略意义。即便如此，特朗普上任以来给中东带来的更多是破坏性的一面。"美国的单方面判断率先破坏了秩序，同时导致盟国和敌对势力都更加自由地开展行动——这种加剧中东地区动荡的格局已经显现。"①

特朗普治下美国对华政策的变化主要体现在，美国对中国的看法正在发生改变。2017 美国《国家安全战略报告》已将中国视为"战略竞争对手"，2018 年初美国国防部公布的最新美国《国防战略报告》"概要"称中国和俄罗斯为美国及其盟友主导的"国际秩序"的"修正者和挑战者"。近期美国对中国发起的贸易战愈演愈烈，已经扩大到了金融、军事、高科技等诸多领域，并很可能波及外交和对外关系领域。美国是少数对中国"一带一路"倡议仍抱负面看法的国家，这些负面的看法未来很可能体现在其遏制性的政策层面上，从而可能对中阿共建"一带一路"带来不利影响。

综上，新时代中阿关系迎来了新的发展机遇，但对当前国际和中东地区的不稳定形势带来的种种挑战也需保持清醒的头脑。未来中阿要面对现实，聚焦共识，共同应对挑战，携手推进战略伙伴关系。

三 推进新时代中阿战略伙伴关系的若干思考

最近十多年来，关于中国在世界舞台的作用一直是国内外舆论界和学界热议的话题。早些年国内的主流声音是，中国仍需坚持韬光养晦、有所作为的原则。对于中国在中东地区的作用，舆论界和学界大都持非常谨慎的态度，认为中国不应过多介入中东事务。近年来，关于中国在国际事务中作用的讨论重点，已经不是应不应该发挥作用，而是中国如何更加主动地在世界舞台发挥作用。但是，对于中国如何更多地参与中东事务并发挥更积极的作用，学界仍有不同看法，许多人认为中东目前风险大于机遇，中国不宜过多介入。即便是讨论如何在中东推进共建"一带一路"，许多学者也是从防范安全风险切入。毋庸讳言，对"中东

---

① ［日］田中浩一郎：《美国的夜郎自大是激化中东乱局的元凶》，《日本经济新闻》2018 年 6 月 4 日，转引自《参考消息》2018 年 6 月 7 日。

局势不稳定"的看法已成为很多人的一种思维定式。著名学者阎学通在论及当前国际安全局势时指出,在中、美两国政府不变更的条件下,"除中东地区以外,国际安全形势基本可以保持当前的姿态"。[①] 可见在很多专家眼里,中东安全局势也是难以预测和控制的。

中国究竟可以在中东有多大作为,取决于我们的意愿和对形势的判断。当前舆论界和学界对中东形势的看法负面居多,一是因为中东确实是当今世界最不稳定的地区之一。并且,由于当前地区秩序处于变局以来最深刻的调整之中,许多国家正处在深入持久的政治和社会转型的关键时期,极端势力仍在负隅顽抗,地区形势不稳定的局面还会持续相当长时间。尤其是最近一段时期,中东波澜再起,热点迭出,舆论界和学界对局势更是普遍悲观。二是因为媒体往往热衷于追踪报道热点和突发事件,现在更有许多新媒体和鱼龙混杂的自媒体加入,难免会渲染和夸大负面消息,而学者则经常会主动和被要求去解读和分析这些热点和突发事件,这种不断叠加的传播效应会进一步放大和固化中东在人们心目中的混乱形象。此外,舆论场经常出现的一些渲染性的话语也在不断强化人们对中东的负面认知。比如,近期国内外舆论不时出现美、俄在中东重新拉起两大阵营的说法,国内学界也有类似的声音。现实情况果真如此吗?实际上,美、俄都没有在中东长期投入的意愿和实际能力。不可否认,冷战思维依然深植于一些美国及西方乃至阿拉伯人的心中,但现在已不是冷战时代,不具有形成长期对抗阵营的条件。至少我们的媒体和学者不能强化甚至去构建这样的话语,因为它既不反映客观的形势,也不符合中国对国际形势发展趋势的判断及我们的外交理念。

对于中东地区局势的研判,除了局势不稳情势,阿拉伯世界还有求和平谋发展的一面,但相比之下,这方面的报道实在是少之又少。事实是,多年来阿拉伯国家一直在探索治理和发展模式。中东变局其实反映的就是阿拉伯民众对滞后的治理和发展模式的不满,变革是大势所趋,但找到适合自身发展的模式是一个长期渐进的过程。阿拉伯国家进入政治转型以来,我们看到的各种政治和宗教力量之间冲突博弈,甚至"伊

---

① 参见阎学通2018年3月在接受《参考消息》记者采访时的讲话,文题为《中国担当大国责任不宜超越实力》,《参考消息》2018年3月20日。

斯兰国"的出现，在某种程度上其实都是治理模式和发展模式的竞争。

近年来，地区形势的发展出现了一些值得关注的新特点和新动向。其一，虽然从表象看，中东地区大国间竞争和博弈仍在加剧，但实际上是中东原有地缘政治格局动摇之后，地区主要国家进入了一个力量再平衡的过程，各国都希望在新的地区格局中占据有利地位。从现实情况看，尽管特朗普退出了伊核协议，并试图重新挑起沙特等阿拉伯国家与伊朗的零和博弈，但在中东一国独大或多国压制一国的局面已难再现，地区格局朝着更为平衡态势发展是大势所趋，而这显然有利于地区的长期稳定和发展。其二，阿拉伯国家的转型持续深入发展，开始由变局之初的波及整个地区的激进政治运动走向各国内部以社会治理及以经济、民生发展为核心诉求的逐步变革阶段。尽管这一转变有时也以"混乱"的表象出现，如前一时期伊朗、埃及、突尼斯、摩洛哥和约旦等诸多地区国家出现大规模民众示威，但与前些年一些国家涌现的"街头革命"相比，其内涵已经发生实质性的变化，现在民众更多是呼吁政府将内外政策的重心转向解决国内发展问题。这些变化是有积极意义的，它促使这些国家的当权者更多关注国内的治理和发展，而不是为了一些不切实际的目标和利益去同邻国做无谓的争斗。此外，我们还应看到，中东的一些热点问题在曲折中也有新变化：美国不顾包括其西方盟友在内的多方反对，坚持迁移驻以色列使馆以及退出伊核协议等做法实际上有损美国在中东的形象及美国对中东事务的主导力和影响力，这在另一方面也增加了建立新的解决中东问题的国际机制的可能性。叙利亚战乱虽然尚未完全停息，政治解决进程困难重重，但各方博弈的重心实际上已从战场转到谈判桌上，战后重建也逐渐被提上议事日程，中国也被各方寄予厚望。

需要指出的是，尽管人们对地区形势有认识上的差异，对中国如何在中东发挥作用也有不同看法，但在中国已经确立了大国外交的战略定位的大背景下，中国更多地参与中东事务、加强同阿拉伯国家合作已经是必然趋势。若我们纵观中东及中阿关系发展历史就会发现，当今其实是加强中阿合作、提升双方关系的最好时期。诚如中国外交部中阿合作论坛前事务大使、中国国际问题研究基金会高级研究员姚匡乙在中阿合作论坛成立十周年之际撰文所言："尽管地区动荡仍在持续，有关国家由乱到治仍是一个漫长的过程，但广大阿拉伯国家人民渴望稳定、谋求发展的愿望比任何时候都要强烈,'向东看'势头更加明显,中阿关系的发展迎来了重要的战略机遇期。"① 从历届中阿合作论坛发布的相关文件和联合公报中也可以看出,中阿对加强彼此合作、推进建立更紧密伙伴关系有日益迫切的愿望和现实需求。中阿战略伙伴关系的确立,有助于深化双方在国际问题、地区事务及国家间的政治与经济合作。

从中国中东外交的视角,构建新时代中阿战略伙伴关系可从以下方面着手。第一,看准时机,突出重点,彰显特色。其一,看准中东总体趋稳向治、各国对国家治理发展的需求越来越高的大趋势。中东问题很多,但是治理不善,发展不足是很多乱象的主要根源。2016 年 1 月 22 日,习近平主席在开罗阿拉伯联盟总部发表的演讲中就明确指出:"中东动荡,根源出在发展,出路最终也要靠发展。"② 2018 年 7 月 10 日,习近平主席在中阿合作论坛第八届部长级会议开幕式上的讲话强调:"当前,中东面临消除和平之殇、破解发展之困的紧迫任务。"现在,越来越多的阿拉伯国家也认识到治理和发展是当务之急,希望与中国加强合作,中国要抓住时机,将积极参与中东治理与发展,将深度参与中东治理和发展作为践行习近平外交思想的主要方向和政策重点,将与阿拉伯国家在治理与发展领域的合作做实做强。其二,找准既能发挥中国优势又贴切对方需求、符合双方共同利益的着力点。当前中国的中东外交重点要聚焦于中东治理和发展两大主题,但也要考虑到阿拉伯国家对地区和国家安全利益的关切。因此要将包括热点问题在内的许多中东问题置于全球和地区治理的框架下设计和思考政策。坚持不懈高举促进中东地区治理发展大旗,将"发展与治理"与中国关于稳定地区局势、和平解决中东热点问题等方面的话语有效地关联起来,使之逐渐成为中国中东外交的一大特色。其三,以"推动构建新型国家关系,构建人类命运共同体"为核心的新时代中国特色大国外交思想为指导,利用各种主场和多边外交发声,强化对中东问题和中阿关系的话语引领和政策设计,为进一步

---

① 姚匡乙:《中阿合作论坛十年回顾与展望》,《阿拉伯世界研究》2014 年第 5 期,第 9 页。

② 参见习近平 2016 年 1 月 21 日在埃及开罗阿拉伯国家联盟总部的演讲:《共同开创中阿关系的美好未来》,《人民日报》2016 年 1 月 22 日。

参与中东地区治理和发展做好充分的舆论准备。

第二，强化沟通协调，深化相互理解，推动中阿关系健康发展。目前，中方要密切关注美国战略重心转移后中东地缘政治格局出现的趋势性变化，充分认识其复杂性、多变性和可塑性；加深了解阿拉伯世界全面转型的必然性和长期性，深入研究其发展特点、趋势、需求及对中国的战略意义。当下，中方尤其要加大对阿拉伯世界转型的关注和支持，以帮助地区国家平稳顺利转型作为中国中东政策的重点和亮点。考虑到中阿合作论坛是目前唯一的中国与阿拉伯国家的集体对话平台，也鉴于阿拉伯世界目前内部存在较为严重矛盾和分歧的现实，因此中方需要在总结和评估论坛建立以来取得的成就和经验的基础上，对论坛机制的未来发展提出新的设计，除了为中阿合作提供更有实效性的服务之外，论坛也应为促进阿拉伯国家团结发挥积极作用。同时考虑到中阿双方对瞬息万变的世界形势的看法不尽相同，因此需要创建新的交流机制，促进阿拉伯世界对新时代中国特色大国外交理念和目标的全面认识和深入了解。当前中东外交的重要目标之一是促进地区各国转变陈旧思路和观念。中方要通过各种多边和双边沟通渠道及多层次的人文交流，引领发展理念，摒弃消极负面的博弈和冲突意识，促进形成积极合作和共同发展的地区共识，并以此作为推动中国与阿拉伯国家合作的基础和前提。

第三，鉴于阿拉伯各国依然将地区安全视为最重要的利益关切，中国当前仍需要更积极地参与地区安全事务和热点问题的解决。中国参与中东安全事务既要体现中国特色，也要强调国际合作；既要着眼长远，持之以恒地倡导新安全观，也要关注当下。中国未来要更积极地参与既有的解决地区热点问题的国际机制，并适时提出建立新的国际机制来解决新的热点问题，注重在国际合作中发挥独特作用。中方有关部门及研究机构要对相关问题做深入细致的研究，以便在中国参与国际机制的讨论中提出中国的思路与方案，争取达成国际共识。在参与中东安全事务过程中，中国要超脱于中东地缘政治博弈旋涡，开展以我为主的大国外交，在坚持同所有国家发展关系的既有原则基础上，积极劝和促谈。在发展安全合作方面，中方不应为中东地区有影响力国家的固有概念所束缚，而要与理解并认同中国发展治理理念、愿同中国发展紧密关系的国家发展深度合作，加强对双边关系投入，以期产生溢出效应，对周边国家产生积极影响。

结　语

在当今国际格局和世界形势处于百年未遇之变局的大背景下，中国和阿拉伯世界都在发生着深刻的变化。习近平总书记在党的十九大报告中，明确提出了新时代中国特色大国外交的总目标是推动构建新型国际关系，推动构建人类命运共同体。2018年6月22—23日，中央外事工作会议在北京召开。习近平主席从10个方面概括了新时代中国特色社会主义的外交思想，这也为新时代中国的中东外交及中国—阿拉伯国家新型关系的构建指明了方向。中国推动中国特色大国外交，少不了阿拉伯国家的认同和支持，当前中东地区的局势发展也为中国发挥大国作用、拓展中国和平发展理念提供了极其重要的平台。阿拉伯国家在渡过了中东变局之初最困难也是最困惑的几年以后，正处于深化转型之中，中东变局以来以地区各国及各种政治力量之间频繁互动为特征的地区总体形势发展，出现了向各国内部深化变革和转型的迹象，追求"乱后求治"成为各国发展的主要特征。许多阿拉伯国家都在寻找有效的治理和发展模式，中国这些年的成功经验，已越来越多地引起阿拉伯国家的关注和重视，阿拉伯国家与中国发展更积极合作的愿望更加强烈。中国积极支持阿拉伯国家的转型和稳定发展，愿意分享经验并提供更多实质性帮助。中阿对于更新和提升双方关系的重要性已有全新的认识和足够的愿望，中阿关系正迎来最好的发展机遇期。当然，双方关系发展中存在着现实问题、双方共同面临的国际和地区紧张形势，以及其他负面因素的挑战也需要中阿共同去面对，只有认清形势，正视问题，凝聚共识，才能携手推进双方关系不断向前发展。

（本文原刊发于《西亚非洲》2018年第4期）

中国与阿拉伯国家人文交流的现状、基础及挑战

包澄章[*]

摘　要：人文交流是中国和阿拉伯国家开展集体合作和发展双边关系的重要内容，也是双方各领域合作的民意基础。近年来，中阿人文交流与合作成果丰硕，突出体现在教育合作、学术研讨、图书出版、媒体传播和民间交流五个方面。中阿关系的整体提升、中国和阿拉伯国家在各自对外交往中地位的上升、中阿文明和价值观的互通性，为中阿人文交流奠定了现实基础。当前，中阿人文交流的政策支持力度持续加大，合作领域日益拓宽，互动层次愈加丰富，对青年交流的重视度明显增强。与此同时，双方的人文交流仍面临阿拉伯地区局势动荡、国情差异、话语干扰、软硬件建设滞后、文化产品供给有限和文化传播精准度不高等挑战。未来，中阿双方需从完善人文交流的战略布局、加强品牌塑造能力、提升人文交流体验度、增强相互间直观认知、设立中阿人文交流基金会、用好在华阿拉伯留学生资源等方面，进一步深化人文交流与合作。

关键词：中阿关系　人文交流　阿拉伯国家　中阿战略伙伴关系

---

[*] 包澄章，上海外国语大学中东研究所副研究员。

进入 21 世纪以来，中国综合实力和国际地位显著上升。然而，世界文化格局和国际舆论格局中"西强我弱"的态势尚未发生根本性转变。在对外交往中，中国真实实力与外部世界对中国主观印象之间的"反差"①，反映出中国硬实力与软实力不相称的现实。受中国促推对外战略、增进外部世界了解中国、提升国家软实力等现实需求的驱动，近年来人文交流在中国对外战略中的重要性日益增强。中国—阿拉伯国家的关系经历了从新型伙伴关系到战略合作关系再到战略伙伴关系的发展历程，符合中国与发展中国家关系的总体趋势，是中国全球伙伴关系网络的重要组成部分。人文交流既关乎中阿战略伙伴关系的推进，也承担着服务中国国内改革发展的重要任务。

学界对中国与阿拉伯国家人文交流的研究大多散见于各类研究中阿关系、中国与中东和伊斯兰国家交往与合作的著述中，这些研究主要从三个角度展开：第一类研究将中阿人文交流置于中阿历史交往的框架下进行考察，包括陈越洋的《阿拉伯文化在中国：以二十世纪为例》②、丁俊的《论中国与伊斯兰国家间的"民心相通"》③、苏丹学者加法尔·卡拉尔·艾哈迈德的《阿中友好关系中的民间外交》。④ 第二类研究注重对中国与某个阿拉伯国家的人文交流进行具体考察，主要有古萍的《中国与摩洛哥人文交流合作机制建设研究》⑤、田艺琼的《中国对沙特阿拉伯的人文外交研究》⑥、单思明的《中国与埃及人文外交研究》。⑦第三类研究主要考察中阿在具体领域的人文交流，如金忠杰和李红梅的

---

① 柴如瑾：《中外人文交流的新方向》，《光明日报》2018 年 2 月 8 日。
② 陈越洋：《阿拉伯文化在中国：以二十世纪为例》，宁夏人民出版社 2016 年版。
③ 丁俊：《论中国与伊斯兰国家间的"民心相通"》，《阿拉伯世界研究》2016 年第 3 期，第 61—74 页。
④ ［苏丹］加法尔·卡拉尔·艾哈迈德：《阿中友好关系中的民间外交》，《阿拉伯世界研究》2008 年第 6 期，第 10—18 页。
⑤ 古萍：《中国与摩洛哥人文交流合作机制建设研究》，博士学位论文，上海外国语大学，2017 年。
⑥ 田艺琼：《中国对沙特阿拉伯的人文外交研究》，周烈、肖凌主编《阿拉伯研究论丛》2015 年第 2 期，第 146—160 页。
⑦ 单思明：《中国与埃及人文外交研究》，硕士学位论文，大连外国语大学，2018 年。

《试论中国阿拉伯语教育和阿拉伯国家汉语教育》[1]、王南的《中阿媒体交流与合作刍议》[2]，以及贾伶的《中阿友好城市发展的现状及前景分析》[3] 等。

总的来看，这些研究都关注到了中阿人文交流对推进中阿关系发展和整体合作的现实意义，但对中阿人文交流的现实基础、总体特征和挑战等方面的研究尚待深入。本文的研究对象主要是中国与西亚北非地区19个阿拉伯国家[4]和阿拉伯国家联盟[5]之间的人文交流与合作。

一 中阿人文交流的现状

1956年4月《中华人民共和国和埃及共和国文化合作协定》的签订，开启了中华人民共和国和阿拉伯国家在双边层面的人文交流，并以中国政府首次派学生赴埃及留学为标志性成果。20世纪50年代至70年代末，受中国外交反帝、反殖、反霸这一基本方针的影响，中国与阿拉伯国家人文交流规模有限，且具有浓厚的意识形态色彩。1978年中国实行改革开放政策，中国外交实现了总体转型。1980年中共中央成立对外宣传小组，统筹对外传播工作。随着中国对外人文交流工作逐渐转入正轨，20世纪80年代来华的阿拉伯国家留学生数量迅速增加，达

---

[1] 金忠杰、李红梅：《试论中国阿拉伯语教育和阿拉伯国家汉语教育》，《回族研究》2014年第3期，第97—103页。

[2] 王南：《中阿媒体交流与合作刍议》，《阿拉伯世界研究》2011年第1期，第33—41页。

[3] 贾伶：《中阿友好城市发展的现状及前景分析》，《阿拉伯世界研究》2011年第6期，第45—52页。

[4] 阿拉伯国家主要分布在西亚北非地区，按照中国外交部的管理区划，西亚北非司主管12个西亚阿拉伯国家（巴勒斯坦、约旦、叙利亚、黎巴嫩、沙特阿拉伯、伊拉克、也门、科威特、阿联酋、卡塔尔、巴林、阿曼）和7个北非阿拉伯国家（阿尔及利亚、摩洛哥、毛里塔尼亚、突尼斯、利比亚、苏丹、埃及）；非洲司主管3个东非阿拉伯国家（吉布提、索马里和科摩罗）。

[5] 阿拉伯国家现有3个地区组织：一是阿拉伯国家联盟，成立于1945年3月，总部位于埃及开罗，下设阿拉伯教科文组织；二是海湾阿拉伯国家合作委员会（以下简称"海合会"），成立于1981年5月，秘书处设在沙特利雅得，包括沙特阿拉伯、阿联酋、科威特、卡塔尔、巴林和阿曼6个成员国；三是阿拉伯马格里布联盟，成立于1989年2月，包括阿尔及利亚、摩洛哥、突尼斯、利比亚和毛里塔尼亚五国，多年没有正常活动。

402人。① 至1990年，中国实现了与所有阿拉伯国家建交，人文交流逐渐成为中国发展与阿拉伯国家关系的重要内容。2001年"9·11"事件的发生，深刻改变了中东地区格局和阿拉伯国家与美国的关系，为中国深化与阿拉伯国家的关系提供了机遇；同年12月，中国阿拉伯友好协会成立，中阿友好合作关系进入了新的阶段。2004年中国—阿拉伯国家合作论坛（以下简称"中阿合作论坛"）成立，双方建立了"平等、全面合作的新型伙伴关系"，人文交流被纳入论坛行动执行计划，中阿双方进入了集体人文交流与合作的新时期。2010年中国和阿拉伯国家建立"全面合作、共同发展的战略合作关系"，夯实了人文交流与合作的政治基础。2016年1月中国政府发布《中国对阿拉伯国家政策文件》，确立了发展中阿关系的指导原则，对双方在政治、投资贸易、社会发展、人文交流、和平与安全五大领域的全面合作进行了整体规划②，人文交流在中阿关系中的重要性进一步提升。2018年7月中阿合作论坛第八届部长级会议召开，中阿双方一致同意建立"全面合作、共同发展、面向未来的中阿战略伙伴关系"，中阿人文交流的战略意义进一步凸显。

在中国与阿拉伯国家的交往中，人文交流是中阿开展集体合作和发展双边关系的重要内容，也是双方各领域交流与合作的推动力量。近年来，中阿人文交流形式多样、内容丰富、合作成果丰硕，突出体现在教育合作、学术研讨、图书出版、媒体传播和民间交流5个方面。

第一，在教育领域，中国和阿拉伯国家之间不断深化的教育合作已成为中阿战略伙伴关系的重要组成部分。

其一，中阿教育合作的领域不断拓宽。中国和阿拉伯国家之间的教育合作正从传统的语言教育、学术研究和留学生互派，向精英人才培养、海外办学、职业教育等领域拓宽。中国文化部主办的"青年汉学

---

① 武芳：《中国与阿拉伯国家经贸关系的回顾与展望》，王正伟主编《中国—阿拉伯国家经贸论坛理论研讨会论文集（2010·第一辑）》，宁夏人民出版社2010年版，第99页。

② 全文参见《中国对阿拉伯国家政策文件》（2016年1月），新华网（http：//www.xinhuanet.com/world/2016-01/13/c_1117766388.htm），访问日期：2017年5月2日。

家研究计划"通过集中授课、专业研修、实地考察等形式,推动海外青年汉学家与中方教育、文化和学术机构开展交流与合作,提高其学术水平,促进其对华认知;中国外交部和教育部共同设立的"中阿翻译联合培养计划",正成为培养阿拉伯国家高级汉语翻译人才、促进中阿文化交流的重要平台。2015年中国和约旦就共建"中约大学"签署协议,开启了中国在阿拉伯地区办学的进程。此外,《中国—阿拉伯国家合作论坛2018年至2020年行动执行计划》提出,中方将为阿拉伯国家提供核专业研究生学历教育①,成为中阿双方通过教育合作加强和平利用核能的新尝试。

其二,中阿教育合作的规模持续扩大。在语言教学方面,当前,中国有近50所高校和民办院校开设了阿拉伯语专业,在校生超过3000人②;截至2017年底,阿拉伯国家的孔子学院已增至12所,孔子课堂增至5所③,埃及等阿拉伯国家开设中文系或中文专业的高校数量也在逐年增加④。在留学教育方面,在华阿拉伯留学生人数已从2004年的1130名增长到2016年的18050名,年均增长率达26%;赴阿拉伯国家留学的中国学生人数从2004年的242名增长到2016年的2433名,年均增长率达21%。⑤ 在语言交流方面,"汉语桥"和中央电视台阿语大赛分别成为展

---

① 《中国—阿拉伯国家合作论坛2018年至2020年行动执行计划》(北京,2018年7月10日),中阿合作论坛网站(http://www.cascf.org/chn/lthyjwx/bzjhy/dbjbzjhy/t1577009.htm),访问日期:2018年8月1日。

② 《阿拉伯学院副院长一行参加全国阿拉伯语专业学科发展与课程建设研讨会》,宁夏大学阿拉伯学院网站(http://arabic.nxu.edu.cn/info/1112/1615.htm),访问日期:2018年8月10日。

③ 阿拉伯国家的孔子学院分布情况为:黎巴嫩1所,约旦2所,阿联酋2所,巴林1所,埃及2所,苏丹1所,摩洛哥3所;孔子课堂分布情况为:埃及3所(实际数量可能与官方统计数字有所出入),突尼斯1所,科摩罗1所。参见孔子学院网站(http://www.hanban.edu.cn/confuciousinstitutes/node_10961.htm),访问日期:2018年6月30日。

④ 以埃及为例,当前埃及有14所高校开设了中文专业,有中文系本科生2160人左右,硕士和博士研究生近100人,业余学习中文的有近2400人。参见于杰飞《绵绵相润 久久为功——中埃人文交流这五年》,《光明日报》2017年12月16日。

⑤ 上海外国语大学中东研究所、中国—阿拉伯国家合作论坛研究中心:《共建"一带一路",推动中阿集体合作站上新起点:"中国—阿拉伯国家合作论坛"成就与展望》(2018年5月),第17—18页,中阿合作论坛网站(http://www.chinaarabcf.org/chn/zagx/gjydyl/P020180614580301500634.pdf),访问日期:2018年7月30日。

现阿拉伯国家的汉语教育和中国的阿拉伯语教育水平、积极推动双方青年沟通和交流的重要平台。"汉语桥"中文比赛先后在埃及、沙特、约旦、苏丹、阿联酋、巴林、摩洛哥等阿拉伯国家设立过赛区，在中阿关系和双方各领域合作日益紧密的背景下，阿拉伯国家正在出现"汉语热"。

第二，在学术研讨领域，中国和阿拉伯国家政界、学界研讨的议题较以往更加多元且更具现实意义。

其一，中国和阿拉伯国家之间的学术研讨总体上具有较浓厚的官方色彩，但近年来研讨会的性质正逐渐向半官方过渡，研讨议题也从中阿政治关系和历史交往、阿拉伯地区局势、教育合作、经贸合作等，逐渐拓展至双方在产能（突出"一带一路"因素）、媒体、医疗、卫生、旅游、环境、科技、农业、食品、去极端化等领域的合作。部分研讨会注重吸纳美国、俄罗斯、欧洲大国以及土耳其、以色列、伊朗等中东国家的学者参与研讨，为审视中阿关系和阿拉伯地区问题提供更加多元的视角。

其二，在中阿双方共建"一带一路"现实需求的驱动下，近年来中阿双方研讨会的议题注重从学理上探讨"一带一路"的性质、影响、内涵、合作方式、现实挑战以及中国和阿拉伯国家实现发展战略对接的可行性。中阿双方智库和研究机构、中国驻阿拉伯国家使馆先后举办了数十场以"一带一路"为主题的研讨会。2018年6月，"中阿友好合作与发展前景"研讨会在上海举行，与会代表围绕中阿集体合作成就、中阿共建"一带一路"和中阿民间交流与合作进行了深入研讨。

其三，办会模式发生转变，办会主体逐渐扩大。近年来，中国高校、科研机构、智库、媒体和驻阿拉伯国家使馆等中方办会主体，积极同阿拉伯国家部委和政府机构、智库、企业、高校、学术组织和地区组织合作举办研讨会，出现了"使馆＋部委/政府机构""使馆＋智库""使馆＋企业""使馆＋学术组织""高校＋地区组织/学术组织"等多种办会模式。① 办会模式的转变和办会主体的扩大，拓宽了中阿双方学术交流的渠道，形成了官方和半官方学术研讨平台并立的格局。例如，自 2014 年以来，中国驻埃及大使馆先后同埃及地区战略研究中心、金字塔政治与战略研究中心、埃及内阁信息与决策中心、埃及苏伊士运河经济合作区先后举办了 4 场专题学术研讨会。

第三，在图书出版领域，中阿双方学术研究、典籍互译和文化普及并行推进。

其一，在学术研究方面，中国学者对阿拉伯国家政治、经济和社会重大现实问题的关注度明显提高；阿拉伯国家学者对中国发展模式与治国理政经验的关注度显著增强。从内容上看，中方出版的图书主要有四类：一是跟踪和研判阿拉伯地区形势的时政研究②，二是聚焦

---

① 近五年来，采用"使馆+部委/政府机构"模式的研讨会包括由中国驻阿联酋大使馆和阿联酋经济部联合主办的"新丝路、新思路"研讨会（2015 年 11 月 2 日，迪拜）、由中国驻埃及大使馆和埃及苏伊士运河经济合作区联合主办的"中非经济合作区建设合作的成效与经验"研讨会（2018 年 4 月 17—18 日，开罗）；采用"使馆+智库"模式的研讨会主要包括由中国驻也门使馆与也门研究中心联合主办的"丝绸之路与也门"研讨会（2014 年 5 月 26 日，萨那）、由中国驻埃及大使馆和埃及地区战略研究中心联合主办的"复兴丝绸之路"研讨会（2014 年 6 月 18 日，开罗）、由中国驻埃及大使馆和埃及金字塔政治与战略研究中心联合主办的"中国与中东热点问题"研讨会（2016 年 10 月 31 日，开罗）、由中国驻约旦大使馆和约旦《言论报》研究中心联合主办的"中约建交四十周年双边关系"研讨会（2017 年 5 月 8 日，安曼）、由中国驻埃及大使馆、埃及内阁信息与决策中心联合主办的"中埃关系现状与未来"研讨会（2017 年 11 月 28 日，开罗）；采用"使馆+企业"模式的研讨会主要包括由中国驻沙特大使馆和沙特阿吉兰全球集团联合主办的"一带一路"中沙企业青年精英研讨会；采用"使馆+学术组织"模式的研讨会主要包括由广东省作家协会、约旦作家协会和中国驻约旦大使馆联合主办的中约文化研讨会（2016 年 12 月 10 日，安曼）；采用"使馆+高校"模式的研讨会有由中国驻科威特大使馆和科威特大学联合主办的中科共建"一带一路"研讨会（2017 年 4 月 19—20 日，科威特城）；采用"高校+地区组织/学术组织"模式的研讨会主要包括由中国人民对外友好协会、上海外国语大学联合主办，阿拉伯翻译组织和阿拉伯翻译家协会协办的"翻译与中阿人文交流"国际研讨会（2016 年 6 月 4—5 日，上海）。

② 这类研究以"发展报告"命名的皮书居多，包括《中东地区发展报告》《中东发展报告》《阿拉伯发展报告》《中国—阿拉伯国家经贸发展报告》等。

阿拉伯地区重大现实问题的专题研究①，三是对阿拉伯国家开展的国别研究②，四是中阿关系研究③。阿拉伯国家在经历了持续数年的中东变局后，已从狂热的街头政治逐渐回归到发展民生的正轨上，探索自身发展道路、转变经济发展模式、提升国家治理能力已成为这些国家的当务之急。中国自改革开放以来取得的成就与经验正日益受到阿方学者的关注，这从近年来阿拉伯世界出版的中国主题的图书可见一斑，其中聚焦中国发展模式、经济改革和治国理政经验的图书数量明显上升④。

其二，在典籍互译方面，"中阿典籍互译出版工程""中国图书对外推广计划""中国文化著作翻译出版工程""经典中国国际出版工程""中华学术外译项目""丝路书香工程""中国当代作品翻译工程"等对外翻译出版工程，在推动中国传统文化和文学在阿拉伯世界的传播上发

---

① 这类研究包括但不限于：刘中民：《当代中东国际关系中的伊斯兰因素研究》，社会科学文献出版社2018年版；李意：《当代中东国家政治合法性中的宗教因素》，世界知识出版社2017年版；马晓霖：《中东观察：2011—2016》，中国民主法制出版社有限公司2016年版；倪晓宁：《石油与阿拉伯世界经济变迁》，对外经济贸易大学出版社2016年版；戴晓琦：《阿拉伯社会分层研究：以埃及为例》，宁夏人民出版社2013年版。

② 这类研究包括但不限于：金贵：《埃及经贸文化》，社会科学文献出版社2017年版；李福泉：《从边缘到中心：黎巴嫩什叶派政治发展研究》，中国社会科学出版社2016年版；王新刚：《现代叙利亚国家与政治》，人民出版社2016年版；廖百智：《埃及穆斯林兄弟会的历史与现实》，世界知识出版社2015年版。

③ 这类研究包括但不限于：孙德刚：《冷战后中国参与中东地区治理的理论与案例研究》，社会科学文献出版社2018年版；陈越洋：《阿拉伯文化在中国：以二十世纪为例》，宁夏人民出版社2016年版；郭应德：《中国阿拉伯关系史》，北京大学出版社2015年版。

④ 2016年以来阿方出版的相关图书包括：纳比勒·阿里·苏鲁尔：《中国现象：改革开放时期的中国经验和外交关系发展（1990—2015）》，黎巴嫩的黎波里：现代作家出版社2016年版；阿卜杜·穆因·沙瓦夫：《即将到来的东方巨人：中国会统治世界吗?》，开罗和大马士革：阿拉伯作家出版社2016年版；穆娜·尤尼斯·侯赛因：《政治社会主义与市场资本主义：中国的经济发展》、阿卜杜·卡迪尔·丹丁：《中国的崛起与能源挑战》，安曼：作家学术中心2016年版；加法尔·卡拉尔：《苏丹—中国关系：1956—2011》，贝鲁特：阿拉伯统一研究中心2016年版；法特赫拉·瓦尔乌鲁：《我们和中国：回应第二次飞跃》，卡萨布兰卡：阿拉伯文化中心2017年版；塔里克·阿卜杜·马吉德：《中国—阿联酋经贸关系发展战略》，安曼：阿姆贾德出版社2017年版；哈吉·卡提玛：《中国的脱贫政策：阿尔及利亚与中国的案例研究》，阿尔及尔：旗帜出版社2017年版；艾哈迈德·赛义德·内贾尔：《埃及、阿拉伯人、"一带一路"倡议和中国模式的未来》，贝鲁特：伊本·鲁什德出版社2018年版；法赫米·侯赛因：《中国经济改革的新征程》，利雅得：沙特国王大学出版社2018年版；瓦西克·阿里·穆萨维：《中国龙：全球经济帝国》，安曼：时日出版社2018年版。

挥了积极作用。《三国演义》《史记》《西厢记》《聊斋志异》《庄子》《楚辞》《西游记》《荀子》等中文经典著作，《红高粱家族》《手机》《安魂》《许三观卖血记》等当代中国文学作品，《中国道路：奇迹和秘诀》《中国经济热点18个问题》《创造性介入：中国外交的转型》《解读中国经济》《中国工业发展的战略与挑战》等评介中国经济社会发展的学术著作的阿拉伯文译本先后出版。与此同时，《埃米尔之书》《不可能的爱》《阿拉伯女骑手日记》《悬诗》《文学与文学批评》《日月穿梭》《人类七天》《日落绿洲》等一批阿拉伯语文学经典的中译本，也通过"中阿典籍互译工程"被介绍给中国读者。但总的来看，与近年来阿拉伯国家涌现的大批介绍中国内政外交的学术著作阿拉伯文译本相比，被译介给中国读者的阿拉伯国家内政与外交主题的学术著作仍十分有限。

第四，在媒体传播方面，中阿新闻机构的合作方式正从纸质媒体向数字媒体拓展与融合。

其一，传统新闻机构在中阿媒体传播方面仍发挥着重要的舆论引导作用。中国新华社、《人民日报》、《光明日报》、《经济日报》、中国国际广播电台在多个阿拉伯国家建立了分社或记者站。自2012年以来，中国国际广播电台先后在毛里塔尼亚、科摩罗、吉布提等阿拉伯国家落地，中央人民广播电台①实现了在阿拉伯国家的全覆盖，央视国际频道在除索马里外的21个阿拉伯国家落地。② 相比之下，当前阿拉伯国家只有埃及中东通讯社、卡塔尔半岛电视台和马格里布阿拉伯通讯社3家官方新闻机构在北京开设了分社。2016年初，中国国家主席习近平访问中东三国期间，新华社与埃及《金字塔报》和沙特《利雅得报》开展合作，两家阿拉伯文报纸刊登了习近平主席的署名文章以及中方学者谈中埃、中沙和中阿关系的系列文章，及时传播了中国政府和学界对中阿关系和中东问题的解读，取得了良好反响。

其二，媒体形态的演变使得中阿媒体传播格局步入数字时代。当前，

---

① 2018年，中国中央电视台、中央人民广播电台和中国国际广播电台合并组建中央广播电视总台。

② 上海外国语大学中东研究所、中国—阿拉伯国家合作论坛研究中心：前引报告，第21页。

媒体传播手段与合作方式日趋多元，卫星数字电视、网站、手机等终端的使用突破了传统的单一传播格局。中国12家中央重点新闻网站中，新华网、人民网、中国网、国际在线、中国网络电视台等都开设了阿拉伯文网站；① "阿拉伯信息交流中心"② 等中文和阿拉伯文双语网站，以及各类专门介绍阿拉伯地区形势、国情和中阿关系的微信公众号的兴起，从学术传播和人文知识普及两个层面深化了中国民众对阿拉伯地区政治、社会与文化的认知。相比之下，阿拉伯国家官方媒体中只有卡塔尔半岛电视台③、沙特通讯社④和埃及国家信息服务中心⑤等开设了中文版；当前只有"阿拉伯人看中国"⑥ 等少数几个网站专门介绍当代中国和中阿关系，反映出中阿媒体交流与合作不平衡的现状。

第五，在民间交流方面，民间外交和文化交流活动成为增进中阿双方传统友谊和文化感召力的有效途径。

其一，民间外交作为官方外交的重要补充和辅助力量，承担着配合官方总体外交、争取对象国民意、增进民间传统友谊、推动国际合作、促进共同发展等现实任务。从外交主体来看，友好组织、友好人士、社会精英等民间力量是实践中阿民间外交的主要力量。在多边层面，中方于2001年成立了中国阿拉伯友好协会，总部设在北京；阿方于2006年成立了阿拉伯—中国友好协会联合会，总部设在苏丹喀土穆。在双边层面，中方成立的对阿友好组织包括中国埃及友好协会（1956年）、中国叙利亚友好协会（1957年）、中国也门友好协会（1994年）、中国黎巴嫩友好协会（1994年）、中国沙特友好协会（1997年）、中国苏丹友好协会（1995年）等；⑦ 阿方成立的对华友好组织包括突尼斯中国友好协会（1954年）、埃及中国友好协会（1958年）、苏丹中国友好协会（1968年）、巴勒斯坦中国友好协会（1979年）、约旦中国友好协会（1988年）、叙利亚

---

① "中阿网"网址：http://www.china-arab.com。
② 阿拉伯信息交流中心网站网址：http://www.arabsino.com。
③ 半岛中文网网址：http://chinese.aljazeera.net。
④ 沙特通讯社中文版网站网址：https://www.spa.gov.sa/home.php?lang=ch。
⑤ 埃及国家信息服务中心网站网址：http://www.sis.gov.eg/?lang=zh-CN。
⑥ "阿拉伯人看中国"网站网址：http://www.chinainarabic.org。
⑦ 王有勇：《中阿教育合作的现状与未来——从中埃教育合作谈起》，《阿拉伯世界研究》2006年第1期，第58页。

中国友好协会（1991年）、也门中国友好协会（1993年）、阿尔及利亚中国友好协会（1993年）、沙特中国友好协会（1997年）、黎巴嫩中国友好合作联合会（2003年）、伊拉克中国友好协会（2006年）、巴林中国友好协会（2008年）、阿曼中国友好协会（2010年）、摩洛哥中国友好与交流协会（2012年）、黎巴嫩中国友好协会（2012年）、科威特中国友好协会（2012年）、利比亚中国友好协会（2013年）等。从工作机制来看，中阿合作论坛框架下的"中国阿拉伯友好大会"和"中阿城市论坛"，以及中国阿拉伯友好协会设立的"中阿青年友好大使"和"中阿翻译与人文交流研讨会"，是当前双方开展民间交流主要依托的多边机制；双边工作机制则包括双方友好组织之间的团组互访和举办的各类庆祝纪念活动。民间外交具有稳定性、包容性和灵活性的特点①，在活动原则上，只要有利于增进中阿人民互相了解，服务或配合总体外交的工作，原则上都可以被纳入中阿民间外交的工作范围②。2016年1月，为配合中国国家主席习近平访问埃及，中国人民对外友好协会在开罗举办了"中国阿拉伯友好杰出贡献奖"颁奖仪式，习近平主席为联合国前秘书长特罗斯·布特罗斯·加利等十位从事对华交流工作的人士颁发奖章，成为近年来中国对阿民间外交服务官方外交的典型案例。

其二，中阿文化交流的品牌塑造意识显著增强。中国与阿拉伯国家依托双方部委和中阿合作论坛下设的文化交流多边合作机制开展了各种文化交流活动，近年来已形成了"中阿丝绸之路文化之旅""中阿丝绸之路文化论坛""意会中国——阿拉伯知名艺术家访华创作""阿拉伯艺术节""中国艺术节""中国文化周""中国电影周"等一批人文交流品牌。2015年的"中阿文化艺术展示周"（宁夏），2016年的"中国文化年"（埃及）和"埃及文化年"（中国）③、"中国电影开放周"

---

① 陈昊苏：《民间外交论》，中国人民对外友好协会网站（http://www.cpaffc.org.cn），访问日期：2018年8月1日。
② 张荣：《中阿民间交流的现状及挑战》，上海外国语大学中东研究所智库建设系列讲座，2017年6月12日。
③ 2016年"中埃文化年"是中国首次同阿拉伯国家举办的文化年，其间两国共同举办了约150项文化交流活动，内容包括文化、艺术、翻译出版、电影电视、体育及文化产业等多个领域，地点覆盖两国25个重要省市。其中，中方在埃及举办了89场文化活动，包括舞蹈、音乐、武术等文艺表演和讲座、研讨会等多种形式，活动吸引了约8.6万人次直接参加，在社交媒体观看活动视频、留言点赞等间接参与的有500万人次，基本上覆盖了埃及当地各个阶层民众。参见韩晓明《打造中埃文化传播"升级版"》，《人民日报》2017年3月22日。

（埃及）、"墨色风华——中国女艺术家埃及采风创作水墨作品汇报展"（埃及）、"甘肃文化周"（埃及）、"中国电影周"（约旦）和"黎巴嫩美食节"（北京），2017年的"阿拉伯之路——沙特出土文物展"（北京）和"中国军事文化周"（埃及）等双边文化交流活动，在中国和阿拉伯国家均取得了良好反响。值得注意的是，北非阿拉伯国家同时依托中阿合作论坛与中非合作论坛框架下机制开展人文交流活动，如2016年在埃及举行的首届中非艺术节，同时是"中埃文化年"系列活动之一，这使得中阿关系和中非关系之间实现了良好互动。

国之交在于民相亲，民相亲在于心相通。"一带一路"倡议的提出为中阿拓展人文交流的主体、形式、手段和内容提供了新动力。民心相通是"一带一路"建设的重要内容，中阿共建"一带一路"，不仅需要官方的政策支持，更需要双方普通民众的支持和认可。近年来，中阿人文交流呈现出"多点开花"的局面，体现了以人文交流促进民心相通、夯实中阿各领域合作社会民意基础的宗旨。

二 中阿人文交流的现实基础和新特点

中国和阿拉伯国家人文交流的动力来自中阿关系的深化和互相之间加深合作与往来的意愿，人文交流的辐射效应进一步促进了中阿双方在其他领域的合作与交流。

（一）中阿人文交流的现实基础

中阿关系的整体提升、中国和阿拉伯国家在各自对外交往中地位的上升、中阿文明和价值观的互通性，为中阿人文交流奠定了现实基础。

第一，中阿关系的整体提升为双方人文交流注入了现实动力。中国与阿拉伯国家间的人文交流体现了21世纪以来中阿关系不断深化的总体趋势。2004年中阿合作论坛的成立标志着中阿新型伙伴关系和中阿集体合作平台的建立。2010年中国和阿拉伯国家建立战略合作关系，此后中国先后同阿联酋等10个阿拉伯国家建立了不同层次的战略伙伴关系，使得中阿关系在多边和双边层面同时进入了"换挡提速"期。2014 年 6 月，习近平主席在中阿合作论坛第六届部长级会议上提出中阿共建"一带一路"的倡议，双方进入了"一带一路"建设引领中阿各领域合作的新阶段。2016 年 1 月，中国政府发布《中国对阿拉伯国家政策文件》，对中阿双方在人文交流等五大领域的全面合作进行顶层设计。2018 年 7 月，中阿双方一致同意将中阿战略合作关系进一步提升为中阿战略伙伴关系。因此，深化中阿人文交流既是整体提升中阿关系、推动中国同阿拉伯国家交往与合作的现实要求，也是"一带一路"背景下人文交流在中国对阿拉伯战略中重要性上升的体现。

第二，中国与阿拉伯国家在各自对外关系中的地位呈现上升趋势。从中方角度来看，"作为历史上丝路文明的重要参与者和缔造者之一，阿拉伯国家地处'一带一路'交汇地带，是共建'一带一路'的天然合作伙伴"[1]。中国在与阿拉伯国家开展各领域务实合作的同时，参与中东地区治理。中国在中东地区利益的拓展，使得中国参与中东地区治理的能力和意愿在不断增强。在政治治理领域，中国参与了巴以外交斡旋、叙利亚危机解决等；在安全治理领域，中国参与了打击索马里海盗、苏丹维和行动等；在社会治理领域，中国向伊拉克、阿富汗等国难民提供了人道主义援助。参与中东地区治理，对中国践行大国外交理念、提升大国地位、巩固新型大国关系等具有重要的现实意义。[2] 事实上，大国地位升降及其主导国际秩序的制度、原则、价值观变化所引发的国际体系变革，导致主导中东地区秩序的域外力量正进入新一轮交替期，这也是中国在中东地区角色转换的国际背景。从阿方角度来看，中国作为国际体系变革力量，并不寻求改变国际政治结构，但中国国际地位的提高，无疑将促进世界多极化发展，这使得中国在阿拉伯国家对外交往中的地位不断上升。常年关注中国经济社会发展问题的阿拉伯学者，近年来开始广泛讨论中国国际地位的转变。埃及《金字塔报》主办的学术期刊《国

---

[1] 习近平：《携手推进新时代中阿战略伙伴关系——在中阿合作论坛第八届部长级会议开幕式上的讲话》(2018 年 7 月 10 日，北京)，《人民日报》2018 年 7 月 11 日。

[2] 参见孙德刚《中国参与中东地区冲突治理的理论与实践》，《西亚非洲》2015 年第 4 期，第 79—97 页。

际政治》在 2017 年第 1 期刊发了一组专题稿件①，从国际体系、发展模式、外交政策、地区角色和国内政治等角度剖析了中国在中东地区和国际社会的角色转变，体现了阿拉伯学者对中国国际地位的认知正在发生深刻变化。

第三，中阿文明和价值观具有互通性。党的十九大报告指出："要尊重世界文明多样性，以文明交流超越文明隔阂、文明互鉴超越文明冲突、文明共存超越文明优越。"② 人文交流在价值观沟通、文明互鉴、建立情感认同等方面具有天然优势，"中华文明与阿拉伯文明各成体系、各具特色，但都包含有人类发展进步所积淀的共同理念和共同追求，都重视中道平和、忠恕宽容、自我约束等价值观念"③。中阿人文交流始终秉持文明对话、交流与互鉴的人文精神，双方"都不赞同文明优越论和文明冲突论"，而是主张文化多样发展和文明交流互鉴。④ 阿盟教科文组织总干事阿卜杜拉·哈米德·穆哈里卜曾指出，西方媒体的误导使得不少人误解阿拉伯文化，将其与宗教极端主义相关联，有损阿拉伯世界形象，并表示有必要在中国设立阿拉伯文化教育中心，向中国民众特别是中国青年介绍真实的阿拉伯世界。⑤《中国对阿拉伯国家政策文件》将文明和宗教交流作为中阿人文交流的首要内容，不仅提出"搭建双多边宗教交流

---

① 这组专题包括 6 篇文章，即马立克·奥尼的《主导性语境：中国崛起至"两极分化"》，穆罕默德·努埃曼·贾拉勒的《文明复兴：中国在国际体系中拥有何种未来？》，侯赛因·伊斯玛仪的《经济优先：发展模式转变对中国崛起前景的影响》，萨米·萨拉米的《渐进式扩张：中国制定外交政策工具的辩证过程》，瓦利德·阿卜杜·哈伊的《谨慎参与："平衡"政策是否限制了中国在中东的角色？》和内利·凯马勒·埃米尔的《延长领导任期：中国确立国际多元主义支柱的战略》。参见《国际政治》（阿拉伯文）2017 年第 1 期，http：//www.siyassa.org.eg/Issue-Supplements/1085.aspx，访问日期：2017 年 12 月 20 日。
② 习近平：《决胜全面建成小康社会　夺取新时代中国特色社会主义伟大胜利——在中国共产党第十九次全国代表大会上的报告》（2017 年 10 月 18 日），《人民日报》2017 年 10 月 28 日。
③ 习近平：《共同开创中阿关系的美好未来——在阿拉伯国家联盟总部的演讲》（2016 年 1 月 21 日），人民网（http：//www.people.com.cn），访问日期：2016 年 1 月 22 日。
④ 《王毅：习近平主席提出中阿共建"一带一路"是引领中阿关系发展的历史性机遇》，中国外交部网站（http：//www.fmprc.gov.cn/web/ziliao_ 674904/zt_ 674979/dnzt_ 674981/qtzt/ydyl_ 675049/zyxw_ 675051/t1162627.shtml），访问日期：2017 年 6 月 10 日。
⑤ 刘锴、潘晓菁：《阿盟愿继续加强与中国文化合作》，新华网（http：//www.xinhuanet.com/world/2016-08/06/c_ 1119347067.htm），访问日期：2017 年 10 月 2 日。

平台，倡导宗教和谐和宽容"，还开创性地提出"探索去极端化领域合作，共同遏制极端主义滋生蔓延"①，体现了中方对阿拉伯地区宗教与文明特性和当前阿拉伯伊斯兰世界深受"伊斯兰恐惧症""文明冲突论"和极端主义困扰这一现实的深刻认知。

（二）中阿人文交流的新特点

人文交流是中国与阿拉伯国家推动建立相互尊重、公平正义、合作共赢的新型国际关系的重要途径。近年来，中阿人文交流呈现出一些新的特点，主要体现在以下几个方面。

第一，人文交流的政策支持力度持续加大。从中方角度来看，当前指导和支持中阿开展人文交流的政策文件主要包括《中阿文化部长论坛北京宣言》（2014 年 9 月）、《推动共建丝绸之路经济带和 21 世纪海上丝绸之路的愿景与行动》（2015 年 3 月）、《中国对阿拉伯国家政策文件》（2016 年 1 月）、《推进共建"一带一路"教育行动》（2016 年 7 月）、《文化部"一带一路"文化发展行动计划（2016—2020 年）》（2016 年 12 月）、《关于加强和改进中外人文交流工作的若干意见》（2017 年 12 月）、《中国—阿拉伯国家合作论坛 2018 年至 2020 年行动执行计划》（2018 年 7 月）等。这些政策文件从平台、机制、领域、内容和形式等方面，对中国同包括阿拉伯国家在内的各国之间开展人文交流与合作、提升中国国家软实力和增强人文交流综合传播能力进行了整体规划。② 从阿方角度来看，在文化教育领域，所有阿拉伯国家都同中国签订了文化合作协定及执行计划。截至 2017 年底，11 个阿拉伯国家与中国签署了双边文化合作协定新的年度执行计划，③ 双方 53 个部级政府文化代表团、196 个文艺展演团组 4604 人次实现了互访，105 家阿拉伯文化机构与中方对应机构开

---

① 参见《中国对阿拉伯国家政策文件》（2016 年 1 月），新华网（http：//www. xinhua-net.com/world/2016-01/13/c_1117766388.htm），访问日期：2017 年 5 月 2 日。
② 相关成果参见上海外国语大学中东研究所、中国—阿拉伯国家合作论坛研究中心：前引报告。
③ 贾平凡、严瑜：《中阿集体合作扮靓"一带一路"》，《人民日报海外版》2018 年 7 月 3 日。

展了合作。① 在旅游领域，阿拉伯国家期望通过旅游带动双方人文交流，目前已有13个阿拉伯国家成为中国公民组团出境旅游目的地国家，其中九国组团业务已正式实施；② 阿联酋、阿尔及利亚、沙特、伊拉克、阿曼、卡塔尔和埃及7个国家与中国开通了直航航班；卡塔尔、阿联酋、摩洛哥给予中国公民免签证入境待遇，约旦、黎巴嫩、巴林对中国公民入境实行落地签证或电子签证。

第二，人文交流的合作领域日益拓宽。2016年1月习近平主席在阿盟总部演讲时强调，中阿双方"应该开展文明对话，倡导包容互鉴，一起挖掘民族文化传统中积极处世之道同当今时代的共鸣点"，并提出实施中阿人文交流的"百千万"工程③。当前，中阿人文交流与合作已涵盖文化、宗教、艺术、教育、科研、智库、广播影视、新闻出版、青年、妇女、旅游、卫生、体育、会展、公共外交等多个领域，并建立起多样化的人文交流工作机制。双方还依托举办艺术节、文化论坛、研讨会、青年友好对话等文化交流活动，以及实施艺术家互访、留学生互派、典籍互译、文化机构对口合作、人才培训等合作机制，密切各层级人文交流与合作。2018年3月，"中国—沙特塞林港遗址考古项目"正式启动，中方5名考古队员和沙方6名考古队员对位于红海之滨的塞林港遗址开展了为期20天的考古调查与发掘工作，联合考古项目正是双方推动文化遗产国际合作发掘中阿历史交往印记、复现古代丝绸之路文明交往和拓宽中阿人文交流领域的重要举措。

第三，人文交流的互动层次愈加丰富。从整体上来看，中国和阿拉伯国家间的人文交流呈现出"大多边带动小多边，小多边促进双边，双

---

① 贾平凡、严瑜：《中阿集体合作扮靓"一带一路"》，《人民日报海外版》2018年7月3日。
② 上海外国语大学中东研究所、中国—阿拉伯国家合作论坛研究中心：前引报告，第22页。
③ "百千万"工程包括落实"丝路书香"设想，开展100部中阿典籍互译；加强智库对接，邀请100名专家学者互访；提供1000个阿拉伯青年领袖培训名额，邀请1500名阿拉伯政党领导人来华考察，培育中阿友好的青年使者和政治领军人物；提供1万个奖学金名额和1万个培训名额，落实1万名中阿艺术家互访。

边推动大小多边"① 的互动态势,具体表现为中阿合作论坛集体合作框架的人文交流带动中国在次区域层面与阿拉伯国家尤其是海湾阿拉伯国家的互动与合作,以此推动中阿双边人文交流,双边人文交流反过来促进中国和阿拉伯国家在次区域和区域层面的人文交流和各领域合作。一方面,中国与阿拉伯国家依托中阿合作论坛、中国—海合会战略对话、中阿博览会、"一带一路"、中非合作论坛、伊斯兰合作组织等多边合作平台和机制开展中阿人文集体交流与合作,在海湾地区和西亚地区、阿拉伯地区与非洲地区、阿拉伯地区与伊斯兰世界等不同层面实现互动。另一方面,中国先后与阿尔及利亚(2014 年 11 月)、埃及(2014 年 12 月)、沙特(2016 年 1 月)和阿联酋(2018 年 7 月)建立了全面战略伙伴关系,卡塔尔(2014 年 11 月)、苏丹(2015 年 9 月)、约旦(2015 年 9 月)、伊拉克(2015 年 12 月)、摩洛哥(2016 年 5 月)、阿曼(2018 年 5 月)和科威特(2018 年 7 月)建立了战略伙伴关系,进一步充实了中阿人文交流的内涵,人文交流推动中阿双边关系在战略伙伴关系网络下实现互动。与此同时,中阿在双边层面的人文交流正在探索引入第三方合作,如 2017 年 7 月在德国柏林国家博物馆的埃及博物馆举办的《中国与埃及:两个文明的源流》文物展,实现了中华文明、阿拉伯文明与欧洲文明的互动。

第四,双方对青年交流的重视度明显增强。青年交流是中阿人文交流的重要内容之一,推动中阿青年对话与交流,加强青年领导力建设,提升青年参与全球治理的能力,挖掘青年思想和价值观念的时代共性,对促进中阿相互认知、推动双方各领域合作具有重要的现实意义。《中国对阿拉伯国家政策文件》提出,双方要积极推动中阿青年交流,加强双方青年事务部门交往,增进双方各界青年杰出人才的接触与交流;中方面向阿拉伯国家实施"杰出青年科学家来华计划",鼓励双方青年科技人

---

① 一些学者提出,中国与拉美国家的关系应形成"大多边带动小多边,小多边促进双边,双边推动大小多边"的互动态势,这种互动模式同样适用于中国与阿拉伯国家之间的人文交流与合作。参见王友明《构建中拉整体合作机制:机遇、挑战及思路》,《国际问题研究》2014 年第 3 期,第 105—117 页。

才交流。①《中国—阿拉伯国家合作论坛 2018 年至 2020 年行动执行计划》强调，要加强中方与阿盟在青年领域的交流与合作，计划于 2018 年至 2020 年，每年邀请阿盟国家青年代表和青年媒体人来华参加亚非青年联欢节，打造新的交流平台，促进青年领域合作。②青年群体是未来十年阿拉伯国家发展的主力军，根据《2016 阿拉伯人类发展报告》，当前阿拉伯地区 30 岁以下人口数量约占总人口的 2/3，其中 15—29 岁青年人口占比约为 1/3。③《2018 年阿拉伯青年调查》指出，过去十年间，阿拉伯变局的发生和极端组织"伊斯兰国"的兴起对阿拉伯地区的发展造成了严重的负面影响，很多阿拉伯青年认为，阿拉伯世界"正在向错误的方向行进"，海湾、北非和沙姆地区持此观点的青年比例分别达 34%、49% 和 85%；受访者还认为，未来十年阿拉伯世界亟须铲除恐怖组织（64%）、创造收入可观的就业机会（30%）、实现教育系统现代化（29%）和打击政府腐败（28%）；阿联酋因其安全、收入高、就业机会多成为阿拉伯青年最向往的国家。④这表明，国家稳定、发展、安全与"获得感"是当前阿拉伯青年的主要诉求，中国青年与阿拉伯青年在发展议题上具有对话和交流的基础。

人文交流为发展中阿关系和促进中阿各领域合作提供社会民意基础，中阿人文交流蓬勃开展的动力不仅来自官方层面的政策支持，也有民间层面深化合作和相互认知的现实需求。随着双方合作意愿和政策支持力度的加大，近年来中阿人文交流的机制、平台、渠道、形式和内容不断完善，顺应了中阿关系从新型伙伴关系到战略合作关系、再到战略伙伴

---

① 参见《中国对阿拉伯国家政策文件》（2016 年 1 月），新华网（http：//www. xinhuanet. com/world/2016 - 01/13/c_ 1117766388. htm），访问日期：2017 年 5 月 2 日。

② 《中国—阿拉伯国家合作论坛 2018 年至 2020 年行动执行计划》（北京，2018 年 7 月 10 日），中阿合作论坛网站（http：//www. cascf. org/chn/lthyjwx/bzjhy/dbjbzjhy/t1577009. htm），访问日期：2018 年 8 月 1 日。

③ United Nations Development Programme, "Arab Human Development Report 2016：Youth and the Prospects for Human Development in Changing Reality", *UNDP in the Arab States*, November 2016, p. 7, http：//www. arab-hdr. org/reports/2016/english/AHDR2016En. pdf, 2017 - 03 - 10.

④ ASDA'A Burson-Marsteller, "Arab Youth Survey 2018：A Decade of Hopes & Fears", *Arab Youth Survey*, 2018, pp. 13, 17, 43, 49, 51. http：//www. arabyouthsurvey. com/pdf/whitepaper/en/2018 - AYS-White-Paper. pdf, 2018 - 06 - 29.

关系的发展趋势。

三 中阿人文交流的挑战及应对策略

中国和阿拉伯国家战略伙伴关系的确立和双方促和平、谋发展的共同诉求，为双方深化包括人文交流在内的各领域合作提供了现实动力。但不可否认，中阿人文交流仍存在一系列现实问题。

（一）中阿人文交流面临的主要挑战

当前，阿拉伯地区局势动荡、国情差异、话语干扰、软硬件建设滞后、文化产品供给有限和文化传播精准度不高是中阿人文交流面临的主要挑战。

第一，地区局势动荡。阿拉伯变局以来，席卷整个阿拉伯地区的政治社会动荡至今余波犹在。叙利亚、伊拉克、也门、利比亚等国仍处于动荡之中，恐怖主义活动依然猖獗；海湾国家因沙特和伊朗关系恶化以及卡塔尔断交事件陷入地区危机；黎巴嫩、约旦、摩洛哥等国抗议活动时有发生；美国驻以色列大使馆迁馆事件为巴以地区进一步动荡埋下隐患。部分阿拉伯国家的政局动荡和社会经济危机对中国在当地开展人文交流构成了现实挑战，主要体现在三个方面：一是人文交流和其他领域的合作或因受制于安全因素而无法正常开展；二是动荡局势影响人文交流主体的稳定性和持续性，进而削弱交流的实际效果；三是利用地区动荡局势兴起的伊斯兰极端势力对异质文明的排斥，或对中国在阿拉伯地区开展人文交流形成掣肘。

第二，话语干扰。中国和阿拉伯国家之间没有悬而未决的历史遗留问题，但话语干扰是中阿人文交流无法回避的现实挑战。其一，西方媒体对全球传播格局的主导态势，使得中阿双方长期主要通过西方报道了解对方，直接交流少，西方国家炮制"中国威胁论""中国霸权论""中国崩溃论""新殖民主义论"等负面舆论始终干扰着中阿双方的相互认知和交流。其二，卡塔尔半岛电视台等中东地区国家媒体对中国民族宗教问题和社会现实的不实报道，导致阿拉伯国家对中国的宗教政策和对外（中东）政策的误解不断加深乃至固化，这些媒体在阿拉伯地区广泛的覆盖和影响力，使得中方难以在短时间内及时、有效地对冲因不实报道产生的负面影响。

第三，国情差异。阿拉伯国家在国情、政治制度、经济结构、社风民情方面的差异，加大了中国对阿开展人文交流的难度。在文化属性上，位于西亚和北非地区的阿拉伯国家分属于阿拉伯半岛文化圈、沙姆文化圈和地中海文化圈；在政体上，阿拉伯地区既有共和制国家，也有君主制国家；在宗教上，阿拉伯国家宗教化程度和世俗化程度不一，除黎巴嫩外，伊斯兰教在阿拉伯国家均占据绝对优势；在与大国关系上，阿拉伯国家中既有西方大国的盟友，也有持反西方立场的国家，且政府与民众对待西方国家的态度有时存在差异；在经济发展程度上，海湾阿拉伯国家的人均收入指标居世界前列，也门、毛里塔尼亚等国则属于欠发达国家；在资源储量上，有的阿拉伯国家油气资源丰富，有的资源匮乏。上述因素导致阿拉伯国家对中国文化、认知度、亲近度和欣赏水准存在差异，即使在同一个国家内部，不同部落、教派和政治势力对中国的立场也不一样，进一步增加了双方开展人文交流的难度。

第四，软硬件建设滞后。中阿人文交流面临硬件建设与软件建设滞后的现实。在硬件建设方面，在阿拉伯国家设立的中国文化传播机构数量寥寥。截至2017年底，中国在海外建立的525所孔子学院中，阿拉伯国家仅有12所，占全球孔子学院总数的2.29%，这些孔子学院主要分布在黎巴嫩、埃及、苏丹、约旦、突尼斯、摩洛哥、阿联酋、巴林8个阿拉伯国家。① 目前，中国驻阿拉伯国家使馆中有十国设有文化处，其中两国同时设有教育处；② 阿拉伯国家在中国设立的文化机构数量则更少。在软件建设方面，中方和阿方都缺乏能够从事人文交流的高端人才，语言障碍和人才青黄不接的现象比较突出，双方尤其缺乏具有较强跨文化交际力、沟通力、领导力和国际视野的青年精英，参加中国"青年汉学家研究计划"的阿拉伯国家青年数量远低于欧美国家的青年数量。沟通障

---

① 参见孔子学院网站（http://www.hanban.edu.cn/confuciousinstitutes/node_10961.htm），访问日期：2018年6月20日。
② 笔者根据中国驻阿拉伯国家使馆网站信息统计。

碍、互相认知不足①和人才匮乏等问题是制约双方开展有效人文交流的主要因素。

第五，文化产品供给有限。无论在媒体、出版领域还是青年交流、教育和智库合作领域，与中国和欧美国家、欧美国家和阿拉伯国家的人文交流相比，中阿双方文化产品的供给显得不足。一方面，阿拉伯国家总体缺少介绍当代中国政治、经济、社会和文化的书籍和节目，即使中阿双方的出版社都出版了相关书籍，但发行、销售渠道不畅的现实使得很多书籍无法覆盖更多的书店，普通民众获得这些书籍的渠道相对有限。另一方面，中国的有关文化机构尚缺乏市场调研意识，也未与阿拉伯地区有影响力的文化产品营销机构建立起可靠有效的合作关系，致使中国在文化产品走向阿拉伯国家方面，投入不少，效果却不彰。

第六，文化传播精准性不高。当前，中阿人文交流尚缺乏文化传播精准的意识和手段。在打造文化品牌、传播文化遗产、孵化文化产业和培养文化人才等方面，中国和阿拉伯国家的交流与合作仍有较大提升空间。以非物质文化遗产为例，挖掘双方非物质文化遗产的文化内核，不仅有利于增强双方的民族凝聚力，而且是双方开展文明对话、文化交流和价值沟通的基础，并为古代丝绸之路上中阿民族的历史交往提供印证。阿拉伯地区的政治制度、经济形态、文化传统、宗教特性的多样性，决定了中阿双方不仅需要各自探索构建民族精神、核心价值、文化形象、文化品牌四位一体的国家形象，更需要提升对外文化传播的精准性和有效性。

（二）深化中阿人文交流的对策建议

进入 21 世纪以来，中国同阿拉伯国家在政治、经济等各领域的交流合作实现了全面提升，阿拉伯国家和人民了解中国的愿望也日益强烈。

---

① 笔者参加过"阿联酋青年大使"项目在中国某高校的交流活动，当时阿方代表团成员主要是阿联酋的大学本科生，对"一带一路"的认知度较高；中方代表团主要是中国高校的阿拉伯语专业本科生，对"阿联酋后石油战略""阿联酋未来战略""2030 工业发展战略""迪拜2021 战略计划"等发展战略，以及阿联酋提出建立"知识型经济"和"知识型工业"等目标几乎一无所知。这种认知上的不平衡导致双方青年在探讨两国发展战略对接和青年领导力的话题时，难以真正深入交流和产生共鸣，降低了人文交流的有效性。

民心相通，人文先行，有效的人文交流是深化中阿传统友谊和中阿战略合作关系的基础和重要推动力量。就深化人文交流而言，中阿双方需从以下几方面着力。

第一，完善中国对阿人文交流的战略布局。为适应中国对阿拉伯国家人文交流的需求，中国可在条件成熟时增设驻阿使馆文化处（组）、教育处（组）的数量，即使无法做到全覆盖，也可在沙特、阿联酋等海湾国家和地区战略支点国家布点，完善中阿人文交流的战略布局。在制定对阿人文交流的具体政策时，中国需要从阿拉伯各国的实际国情出发，因国施策、合理布局，以双边人文交流推动小多边人文交流，依靠片区化（海湾地区、沙姆地区、北非地区）的小多边人文交流的辐射效应带动双边人文交流，提高文化传播的精准性。在这方面，中国可考虑加强与摩洛哥、埃及、黎巴嫩等国在影视、艺术、出版和智库领域的合作，推进与红海、阿拉伯海等古代丝绸之路沿岸国家在考古领域的合作。

第二，加强中阿人文交流的品牌塑造能力。近年来，中阿人文交流的规模较以往有大幅提升，正朝着机制化的方向发展，但总体上仍未形成品牌化的发展趋势。《关于加强和改进中外人文交流工作的若干意见》强调，要"形成一批具有中国特色、国际影响的人文交流品牌"[①]。在这方面，中阿双方可着力打造符合对方国家民众社会习俗和接受度的文化产品，如挖掘具有本土特色的"文化街"的文化内核，实现工匠和手工艺人互访和交流；合作开发特色旅游路线和旅游推介平台；加强友好城市的交流。例如，中阿双方可以2020年迪拜世博会和上海与迪拜结成友好城市20周年为契机，推动上海"五个中心"建设与迪拜"2021愿景"发展战略对接，依托中阿改革发展研究中心的优势资源，打造中阿城市人文交流与合作的样板。

第三，提升中阿人文交流的体验度。在人文交流中，提升中阿民众对对方文化的参与度和体验度，是增进双方文化感召力的有效手段。海湾地区是阿拉伯世界手机游戏规模最大的地区，建议针对海湾阿拉伯国家开发包含中国旅游和中国文化元素的手机游戏，但在设计时要注意避

[①] 《中办、国办印发〈关于加强和改进中外人文交流工作的若干意见〉》，《新华每日电讯》2017年12月22日。

免出现不符合阿拉伯民族文化和宗教习俗的内容；还可在阿拉伯国家推广中国的民间文化产品，如运用增强现实（AR，即真实世界+数字化信息）、混合现实（MR，即数字化现实+虚拟数字画面）、虚拟现实（VR，即纯虚拟数字画面）等新兴科技手段重新设计中国民间游戏，培养阿拉伯民众对中国文化的认同与好感，这不仅可以提升人文活动的体验度，拉近双方距离，也有利于双方增进互信。

第四，增强中阿双方间的直观认知。阿拉伯国家知名艺术家通过来华采风创作，增加了对当代中国社会的直观感受，建议在此基础上进一步举办"中阿青年摄影家采风创作"活动，并在中国和阿拉伯国家举办作品巡展。条件成熟时，中方还可安排阿拉伯青年摄影家来华创作摄影作品，以提升阿拉伯民众对当代中国的直观认识。此外，中方可设立"倾听中国"的文化传播节目，与阿拉伯文化机构联合拍摄《阿拉伯人在中国》等系列纪录片，以在华阿拉伯侨民的视角报道当代中国政治、社会变迁，增加对阿拉伯文化传播的亲和力与可信度。

第五，设立中阿人文交流基金会。基金会是西方国家对阿拉伯国家开展人文交流的重要载体。一方面，可避免当地民众对具有官方背景的机构开展人文交流产生的疑虑；另一方面有利于统筹各种人文活动的资源。中阿双方可设立中阿人文交流合作基金会，充分动员离退休外交官、学者、媒体人士、企业家、青年精英、在阿华侨和在华阿侨等社会资源开展人文交流与合作。

第六，用好在华阿拉伯留学生资源。在华阿拉伯国家留学生是阿拉伯国家观察中国的窗口，也是中国对阿公共外交可利用的重要资源。例如，可在中国已开设阿拉伯语专业同时拥有阿拉伯国家留学生资源的高校开设相关课程，搭建中阿学生对话和交流的平台。条件成熟时，校方还可设立相关阿拉伯国情调研项目，利用阿拉伯留学生寒暑假回国期间在当地收集一手资料，开展调研，以增进中阿青年对对方国家的认知，消除相互间的误解。

（本文原刊发于《西亚非洲》2019年第1期）

境外工业园建设与中阿产能合作

刘 冬[*]

摘 要：工业制造业领域的国际产能合作是中阿经贸合作的重要内容。一方面，中国和阿拉伯国家都有合力推进工业化发展合作的迫切需要，且阿拉伯国家在资源禀赋、市场环境等方面具有承接中国部分优势产能的潜在比较优势；另一方面，由于阿拉伯国家营商环境普遍不佳、与中国文化及心理距离较远、国内企业对阿拉伯国家制造业投资缺乏热情，中阿产能合作总体处于较低水平。基于此，在"一带一路"倡议的引领下，为有效推动中阿产能合作，中方应在甄别阿拉伯国家潜在比较优势的基础上，大力发展境外工业园区投资模式，以期消除制约中资企业对阿拉伯国家投资的外部约束，吸引更多的国内制造业企业对阿拉伯国家投资，在当地建成境外产业集聚地和产业集群地，以此推进阿拉伯国家的工业化进程及其竞争优势的提升，实现中阿产能合作的突破性发展。

关键词：中阿产能合作　境外工业园　产业转移　竞争优势

产能合作是中阿经济合作的重要内容。2016年1月，中国政府出台的《中国对阿拉伯国家政策文件》明确提出要"对接中国产能优势和阿拉伯国家需求，与阿拉伯国家开展先进、适用、有效、有利于就业、绿

---

[*] 刘冬，中国社会科学院西亚非洲研究所副研究员。

色环保的产能合作，支持阿拉伯国家工业化进程"①。而且，为发挥企业和市场的主体地位，吸引更多的国内企业到境外投资建厂，在与"一带一路"沿线国家开展产能合作时，中国政府高度重视发挥境外工业园的独特作用。2015 年 3 月，经国务院授权发布的《推动共建丝绸之路经济带和 21 世纪海上丝绸之路的愿景与行动》明确提出："以重点经贸产业园区为合作平台"，与沿线国家共同打造国际经济合作走廊。② 2015 年 5 月，中国国务院发布《关于推进国际产能和装备制造合作的指导意见》，提出"积极参与境外产业集聚区、经贸合作区、工业园区、经济特区等合作园区建设"③。2016 年 8 月，习近平总书记在推进"一带一路"建设工作座谈会时，也将产能合作和经贸产业合作区建设作为推进"一带一路"倡议的重要抓手。④ 基于国家出台的上述政策，学界在学理上分析依托境外工业园推进中阿产能合作的可能性和可行性，具有重要的实践意义。虽然境外工业园在推动中阿产能合作中的作用已得到国内学术界的重视，如马霞、宋彩岑以"中国埃及苏伊士经贸合作区"为例具体分析了利用工业园区推进中埃产能合作的情况。⑤ 魏敏在论述中国与中东产油国开展广义上的产能合作时，也提出要重视发挥工业园作用。⑥ 但总体来看，从学理上专门分析中国与阿拉伯国家在工业制造业部门开展产能合作的研究仍十分有限。本文综合运用基于比较优势分析框架的产业转移理论以及聚焦于产业集聚、产业集群现象的竞争优势理论相关成果，尝试对这一问题进行分析与论述。

---

① 《中国对阿拉伯国家政策文件（全文）》，2016 年 1 月 13 日，新华网（http：//news.xinhuanet.com/2016-01/13/c_1117766388.htm）。

② 《推动共建丝绸之路经济带和 21 世纪海上丝绸之路的愿景与行动》，2015 年 6 月 8 日，新华网（http：//news.xinhuanet.com/gangao/2015-06/08/c_127890670.htm）。

③ 《国务院关于推进国际产能和装备制造合作的指导意见》，2015 年 5 月 16 日，中国政府网（http：//www.gov.cn/zhengce/content/2015-05/16/content_9771.htm）。

④ 《习近平出席推进"一带一路"建设工作座谈会并发表重要讲话》，2016 年 8 月 17 日，中国日报网（http：//www.chinadaily.com.cn/interface/yidian/1138561/2016-08-17/cd_26511871.html）。

⑤ 马霞、宋彩岑：《中国埃及苏伊士经贸合作区："一带一路"上的新绿洲》，《西亚非洲》2016 年第 2 期，第 109—122 页。

⑥ 魏敏：《中国与中东国际产能合作的理论与政策分析》，《阿拉伯世界研究》2016 年第 6 期，第 19 页。

一 集群式产业发展与国际合作的理论依据

中国与阿拉伯国家处于工业发展的不同阶段,产业转移具有从工业化水平较高国家移向工业化水平较低国家的显著特征。传统上,学术界对此类产业转移的研究主要借助基于比较优势分析框架的产业转移理论,主要包括:雷蒙·弗农(Raymond Vernon)提出的产品生命周期论(Product Life Cycle)①、日本经济学家赤松要(Kaname Akamasu)提出的雁行模式(Flying Geese Paradigm)②,以及日本经济学家小岛清(Kiyoshi Kojima)提出的边际产业扩张论(Marginal Industry Theory)③。上述几个专于研究产业转移的理论切入点虽有不同,但核心观点都肯定了国与国之间比较优势的相对变化是驱动特定产业从工业发达国家转移到工业落后国家的主要力量。基于上述理论的主要观点,中阿产能合作的分析也应高度重视阿拉伯国家是否具备承接中国向外移出产业的潜在比较优势。

在理论发展方面,20世纪70年代,发达国家之间相互投资的活跃以及发展中国家工业化进程出现的巨大分化表明,比较优势并非是支持一国工业发展的唯一要素。为突破比较优势分析框架的缺陷,经济学界开始通过新的路径探寻工业和经济发展的奥秘,其中,主要聚焦于产业集聚、产业集群现象的竞争优势理论逐渐流行起来。与关注宏观经济变量的比较优势理论不同,竞争优势理论更为关注经营环境、空间、组织、技术、知识等影响企业生产效率的中观经济变量。竞争优势理论的思想最初缘起于马歇尔提出的"产业区"理论④,该理论能够逐渐流行起来,

---

① Raymond Vernon, "International Investment and International Trade in Product Cycle", *Quarterly Journal of Economics*, Vol. 80, No. 2, 1966, pp. 190 – 207.

② Kaname Akamatsu, "A Historical Pattern of Economic Growth in Developing Countries", *Developing Economies*, Vol. 1, No. 1, 1962, pp. 3 – 25.

③ Kiyoshi Kojima, *Direct Foreign Investment: A Japanese Model of Multinational Business Operation*, London: Croom Helm, 1978.

④ 马歇尔对产业区的论述主要集中于《经济学原理》第四篇"生产要素——土地、劳动、资本和组织"的第10章"工业组织(续前)"。马歇尔认为,同一个产业的企业在一定地理范围内聚集,会带来生产规模的扩大和竞争力的提高,同一类企业相对集中的地域即为"产业区",参见[英]阿弗里德·马歇尔《经济学原理》,廉运杰译,华夏出版社2004年版,第226—234页。

主要是得益于美国著名管理学家迈克尔·波特（Michael Porter）在1990年出版的《国家竞争优势》一书。在对10个国家100多个行业进行调研的基础上，波特指出竞争优势都是以产业集群的面貌出现的，产业集群是产业发达国家的核心特征。[1] 不过，波特竞争优势理论所指产业集群是指一国范围之内，而非在特定区域之内。[2] 竞争优势的实践表明，产业集群的形成依然需要借助分布于各个地域、专于特定行业的产业集聚地。由于高度重视政府能动性，认为政府可以通过修建基础设施、改善企业经营环境等主动行为来助推工业制造业的发展，竞争优势理论成为很多国家制定产业发展政策的重要理论依据。

根据竞争优势理论，根植性和弹性专精是产业集聚、产业集群的重要特征。其中，根植性指企业在经济、社会、文化、政治等方面具有很强的本地联系，主要特征包括：相互信任、丰富的信息交换、共同解决问题的制度安排等。[3] 弹性专精是指单个企业生产集中于有限的产品或过程，形成专业化的特点，而专业化企业的相互竞争和协作带来整个地区生产效率的提高和生产成本的下降、专业化的劳动力市场以及市场创造效应和生产的创新性。[4] 简单来说，根植性是指企业能够在相对熟悉的商业环境中开展经营活动，而弹性专精则是大量企业相互竞争和协作降低企业生产成本。基于竞争优势理论，中阿产能合作取得成功的前提是要为国内企业在阿拉伯国家投资创造根植性条件，消除企业在东道国投资建厂的顾虑，然后借助国内企业投资帮助东道国建成产业集聚地和产业集群地，提高东道国的产业竞争力。

在此过程中，倘若产业转移接收国整体发展条件不具备，投资合作可选择工业园区模式。也就是说，工业园运营方与投资东道国可利用工

---

[1] ［美］迈克尔·波特：《国家竞争优势（上）》，李明轩、邱如美译，中信出版社2012年版，第133、138页。

[2] 刘颖琦、李学伟、李雪梅：《基于钻石理论的主导产业选择模型的研究》，《中国软科学》2006年第1期，第146页。

[3] Brian Uzzi, "The Sources and Consequences of Embeddedness for the Economic Performance of Organizations: The Network Effect", *American Sociological Review*, Vol. 61, No. 4, 1996, pp. 674–698.

[4] 吴小军：《产业集群与工业园区建设：欠发达地区加快工业化进程路径研究》，江西人民出版社2005年版，第40—49页。

业园区在局部范围内营商环境的改善，包括在园区设立"一站式"服务中心简化办事流程，提供税收减免、放松外汇管制等优惠政策，吸引外国企业投资，并在外商投资的带动下，加快国家的工业化进程和国家竞争优势的提升。正如新结构经济学代表人物林毅夫与其在世界银行任职时的同事塞勒斯坦·蒙卡（Célestin Monga）结合中国发展经验提出的"增长甄别与因势利导框架"（Growth Identification and Facilitation Framework）。该理论是对产业转移理论和产业集群理论的高度融合，且依托于两大基础：选择能够发挥本国比较优势的产业；消除制约比较优势发挥的外部约束，培育产业集群。对于发展中国家产业发展和产业升级，林毅夫认为需要经历6个必要的步骤。其一，选择正确的目标。政府应当在资源禀赋与自己相似、人均收入大约高于本国100%、经济发展具有活力的国家中，选择产出连续增长20年的贸易产品作为本国优先发展的产业。其二，消除约束。如本国私人企业早已进入选定的优先发展产业，甄别阻碍本国企业产品质量升级、产业规模扩大、阻碍其他私人企业进入该领域以形成产业集群的障碍。其三，引诱与吸引全球投资者。如国内还没有私人企业进入该行业，政府应采取措施，从被效仿国家吸引外国直接投资或是组织"孵化"新公司以发展优先产业。其四，壮大自我发现的规模。如果国内私人企业已经发现新产业的巨大商机，那么即使这些产业在第一步中没有被甄别出来，政府也应找出并消除那些影响企业技术升级或阻碍其他企业进入的壁垒。其五，发挥工业园的力量与其创造的奇迹。对于基础设施不佳、营商环境较差的国家，政府应当通过建立工业园区支持优先产业的发展、通过工业园区为优先产业形成集群创造条件。其六，向优先产业提供有限支持。对那些进入优先行业的先行企业提供有限度的支持，如税收优惠、放松外汇管制、提供资金支持等。①

从全球层面看，上述理论在众多发展中国家都有成功的实践。由

---

① "增长甄别与因势利导框架"提出的"六步法"，参见 Justin Lin et al., "DPR Debate: Growth Identification and Facilitation: The Role of the State in the Dynamics of Structural Change", *Development Policy Review*, Vol. 29, No. 3, 2011, pp. 259–384；林毅夫《繁荣的求索：发展中国家经济如何崛起》，张建华译，北京大学出版社2012年版，第171—202页。

于在全国范围内改变商业运作模式存在困难，不仅是中国，很多其他发展中国家在培育国家竞争优势时，也高度重视工业园区的作用。例如，印度的制造业活动主要由全国各地的工业园区来进行，越南大部分生产服装、鞋类、家具的大型外资企业也集中在工业园区内。[①] 因此，中国在落实中阿产能合作过程中，可高度重视工业园区投资模式的独特作用，依托境外工业园区来带动国内优势产业向阿拉伯国家的转移。

这里需要特别指出的是，虽然在理论研究上，基于比较优势分析框架的产业转移理论同聚焦于产业集聚、产业集群现象的竞争优势理论鲜有交叉，但在实践层面，如前文所述，两者的交融十分紧密，对于发展中国家的工业化进程而言，二者缺一不可。比较优势是竞争优势形成的基础，只有"扬长避短"，充分发展本国的资源禀赋，才能更容易形成国家的竞争优势。如果无法消除竞争优势形成的阻碍，比较优势也难以转换成竞争优势。此外，对于发展中国家而言，借助工业园区提供的"外部性"消除产业发展约束，可以推进工业制造业发展，这也是落实中阿产能合作应高度重视境外工业园区作用的原因之一。

二　依托境外工业园推进中阿产能合作的基础条件

比较优势的相对变化是推动国际产业转移的主要驱动力量，比较优势也是竞争优势形成的重要基础。因此，在国家间产能合作过程中，既需要双方赋存的比较优势，又需要双方在产业合作强烈愿望的推动下，投资东道国政府采取特殊产业扶植政策，使具有先行先试的工业园投资模式具有可行性，成为推进双方产能合作的重要平台与示范经济区。

（一）中阿具有开展产能合作的强烈愿望

第一，从中国情况看，近十年来，在国民经济快速发展、工业制造业生产能力不断增强的同时，中国很多工业制造业部门出现了严重的产

[①] 林毅夫：前引书，第197—200页。

能过剩问题。加之，劳动力成本迅速攀升，很多制造业部门利润率都有大幅下滑，这一现象的出现使中国提出了向境外转移优势产能的现实要求。

其一，2008年国际金融危机爆发后，在中国，不仅仅是钢铁、有色金属、水泥、平板玻璃等传统行业，包括光伏、风电设备等代表未来发展方向的新兴高科技产业均出现了严重的产能过剩问题。① 根据国家发改委统计，截至2015年底，中国水泥、电解铝、平板玻璃、焦炭等行业的产能利用率不足65%—75%，光伏产能利用率不足60%，风机的产能利用率不足70%，粗钢产能利用率仅为65.8%，产能过剩问题已变得十分严重。②

其二，随着国民经济的快速发展，中国的劳动力成本也在迅速攀升。据欧睿国际（Euro Monitor International）估计，2005—2016年，中国制造业人均时薪由1.2美元上升至3.6美元，十年间涨至3倍。2005年，中国制造业人均时薪低于泰国、柬埔寨等东南亚国家，是同期巴西工资水平的41.4%、葡萄牙的19.0%，但到2016年，中国制造业人均时薪已是柬埔寨的2.1倍、泰国的1.8倍、巴西的1.3倍，相较南欧的葡萄牙也仅低20%。③

在产能过剩和劳动力成本迅速攀升的双重压力下，中国一些传统行业利润率不断下滑。根据刘瑞、高峰的测算，2013年，中国大多数传统制造业部门的工业增加值率已下降至10%以下。而即使是利润率稍高的钢铁、有色等行业，工业增加值率与2009年相比，降幅也都超过了30%（见表1）。

此外，中国在成为"世界工厂"的同时，也成为全球遭受贸易摩擦最多的国家。2016年7月，商务部发言人在例行新闻发布会上表示，中国已经连续21年成为全球遭遇反倾销调查最多的国家，连续10年成为全

---

① 李晓华：《后危机时代我国产能过剩研究》，《财经问题研究》2013年第6期，第6—7页。
② 徐绍史：《"一带一路"与国际产能合作：行业布局研究》，机械工业出版社2017年版，第15页。
③ 《中国制造业平均工资超过拉美》，2017年2月27日，FT中文网（http://www.ftchinese.com/story/001071536）。

球遭遇反补贴调查最多的国家。① 而中国遭受反倾销调查最多的产品也主要是一些国内存在严重产能过剩的行业。2016 年，针对中国提起的贸易救济案件，有半数指向钢铁行业。除钢铁外，石化、光伏产业遭受的贸易摩擦也较多。②

表1　　　　2009—2013 年传统制造业工业增加值率　　　（单位:%）

行业 年份	钢铁	有色	石化	纺织	装备制造	轻工	汽车	船舶
2009	19.38	16.94	10.57	10.01	12.70	12.14	31.06	41.66
2010	14.59	12.85	8.97	9.45	18.45	13.42	25.67	56.86
2011	16.05	14.18	9.18	8.33	15.79	13.83	10.24	13.91
2012	15.95	15.37	7.45	13.36	10.32	11.42	6.56	—
2013	12.35	10.98	7.24	9.12	8.65	9.46	8.39	—

资料来源：刘瑞、高峰：《"一带一路"战略的区位路径选择与化解传统产业产能过剩》，《社会科学研究》2016 年第 1 期，第 46 页。

面对工业制造业发展遭遇到的上述挑战，中国政府也将鼓励企业对外直接投资作为化解国内产能过剩、促进出口结构升级的重要举措，并在《国务院关于加快培育外贸竞争新优势的若干意见》《关于推进国际产能和装备制造合作的指导意见》等政策文件中做出规划。

第二，从阿拉伯国家情况看，在低油价和就业问题的压力下，近些年，很多阿拉伯国家都将工业制造业发展看作谋求经济多样化、提高经济发展水平的重要途径，③ 各国也都制定了工业制造业发展的具体目标与规划，新一轮工业化浪潮已在阿拉伯国家流行起来。

由于中国在工业制造业发展上取得的成绩有目共睹，很多阿拉伯国家对中国提出的"一带一路"倡议寄予厚望，希望借助中国优势产业的

---

①　参见孙韶华《商务部：我国连续 21 年成为反倾销最大目标国》，2016 年 7 月 6 日，人民网（http://finance.people.com.cn/n1/2016/0706/c1004 - 28527586.html）。

②　冯君：《2016 年中国遭受贸易救济案件数量达到历史高点》，《中国招标》2017 年第 3 期，第 12 页。

③　杨光：《石油地租经济及西亚与中国的合作潜力》，《西亚非洲》2016 年第 5 期，第 44 页。

对外转移带动本国工业制造业的发展。而且，在借助"一带一路"倡议推动本国工业制造业发展方面，很多阿拉伯国家也已展开实际行动。根据中国商务部2016年发布的《对外投资合作国别（地区）指南》，埃及、阿联酋、沙特阿拉伯等国都与中国签署了国际产能合作框架协议。埃及已与中国建成苏伊士经贸合作区，阿曼、沙特、吉布提、摩洛哥等国也已启动与中国共同建设的工业园项目。

（二）阿拉伯国家油气资源优势突出

中阿产能合作的最终目的是推进阿拉伯国家的工业化进程，使其实现工业制造业可持续发展。其中，合作双方在选择能够发挥本国比较优势的产业中，需要依托资源，培育产业集群。中阿产能合作具有从工业发达国家转移到工业欠发达国家的显著特征，而对于这一类型的国际产能合作，亦契合国务院出台的《关于推进国际产能和装备制造合作的指导意见》确定的可依托企业直接投资活动推动的重点领域，包括：钢铁、有色、水泥、平板玻璃等新兴建筑材料，风电、光伏发电设备，石化、化肥、农药、轮胎、煤化工等重化工业，棉纺、化纤、家电、食品加工等轻纺行业。①

阿拉伯地区是全球最为重要的能源供给市场，全球许多重要的石油、天然气出口国云集于此。根据阿拉伯石油输出国组织（Organization of Arab Petroleum Exporting Countries，OAPEC）的资料，截至2015年底，阿拉伯国家可探明常规石油资源储量为7122亿桶，占全球可探明常规石油资源储量的55.5%；同年，阿拉伯国家可探明天然气储量为54.5万亿立方米，占全球可探明天然气储量的27.7%。② 极为丰富的油气资源赋予很多阿拉伯油气资源国充足的能源保障，使其在承接和发展能源消耗较大的重工业和化工业方面具备较强的潜在比较优势。

（三）阿拉伯国家劳动力丰富，成本低廉

从中阿产业转移行业构成指向来看，既包括高耗能的重化工业，也

---

① 《国务院关于推进国际产能和装备制造合作的指导意见》，2015年5月16日，中国政府网（http://www.gov.cn/zhengce/content/2015-05/16/content_9771.htm）。

② OAPEC，*2016 Annual Statistical Report*，Kuwait：OAPEC，2016，p. E.

包括劳动密集型制造业,因此投资东道国劳动力资源情况是关乎双方产业合作成效的重要因素。除丰富的油气资源外,阿拉伯国家劳动力资源也十分丰富,一些国家劳动力成本具有一定价格优势。首先,阿拉伯国家人口年龄结构十分年轻,劳动力储备十分丰富。根据世界银行统计,2015年,阿拉伯国家15—65岁人口在总人口中占比为62.4%,略低于全球65.6%的平均水平,而14岁以下人口却占到总人口的33.2%,高于全球26.1%的平均水平。[1] 较为年轻的人口年龄结构意味着阿拉伯国家在发展劳动密集型工业制造业方面拥有十分充足的劳动力资源保障。

其次,与其他发展中国家相比,很多阿拉伯国家的劳动力成本也具有一定竞争优势。如表2所示,2012年,在服装加工业,埃及的年均工资水平为2275美元,相对泰国要低36.7%,相对印度也仅高出11.1%;而在未另分类的电力机械和装置的制造,埃及的年均工资水平为4055美元,相对泰国要低14.3%,相对印度也要低出11.7%。

表2　阿拉伯主要石油出口国与其他发展中国家劳动力成本的比较

产业类别 国家	雇员年均年工资(单位:美元)				
	第17类	第18类	第24类	第27类	第31类
埃及(2012)	3980	2275	8265	8263	4055
约旦(2013)	4445	4152	15385	8555	9913
泰国(2011)	2704	3594	4578	4633	4730
印度(2014)	2237	2084	4824	4688	4593
巴西(2013)	9341	6463	21657	22070	16818

说明:表格中数据根据《国际标准产业分类》(ISIC/Rev.3)进行统计,具体指代如下:第17类:纺织品的制造;第18类:服装制造、毛皮修整与染色;第24类:化学品及化学制品的制造;第27类基本金属的制造;第31类:未另分类的电力机械和装置的制造。

资料来源:UNIDO, Statistical Country Briefs, http://www.unido.org/resources/statistics/statistical-country-briefs.html, 2017-05-20。

因此,综合劳动力储备和劳动力价格两方面因素,阿拉伯国家存在

---

[1] World Bank, WDI Database, http://databank.worldbank.org/data/reports.aspx?source=world-development-indicators, 2016-08-01。

巨大的"人口红利",在发展劳动密集型工业制造业方面具有较强的潜在比较优势。

(四) 阿拉伯国家拥有优越的贸易与市场环境

一般来说,工业园区产业发展定位外向型特点突出,因此园区所在地理区位较为重要。也就是说,工业园区的产品需要面向国际市场,需要良好的贸易与市场环境。事实上,贸易环境与其他物质、人力资源相似,也是一种资源禀赋。与中国相比,阿拉伯国家的贸易环境要优越很多。阿拉伯国家之间不但建立了一系列地区贸易安排,如海湾合作委员会、约旦—埃及—突尼斯—摩洛哥自由贸易协定。同时,该地区很多国家也与美国、欧盟签订了特殊贸易协定,截至2016年底,巴林、约旦、摩洛哥、阿曼等国都已与美国签订了自由贸易协定。[①] 而阿尔及利亚、埃及、约旦、黎巴嫩、摩洛哥、巴勒斯坦、突尼斯等国均与欧盟签订了欧洲—地中海联系协定。[②] 根据与欧美发达国家签署的优惠贸易安排,上述阿拉伯国家出口到欧美的工业制成品将享受免关税的待遇,遭受其他形式的贸易保护壁垒的影响也较小。因此,从产业发展的外部空间来看,一些阿拉伯国家特别是与欧美建立特殊贸易关系的阿拉伯国家在承接和发展全球频繁遭受贸易摩擦的制造业部门上也具有一定的潜在比较优势。

综上,从中阿双方比较优势的对比来看:一方面,中国很多原本具有较强国际竞争力的制造业部门正在丧失产品生产的比较优势,有大规模转移富余优质产能的现实需求;另一方面,很多阿拉伯国家希望借助中国优势产业部门的向外输出带动本国工业化进程意愿,为依托境外工业园落实中阿产能合作提供了一定的政治基础。此外,从中国对阿拉伯国家产能转移的投资东道国资源与市场环境看,其潜在的比较优势有待激发,包括丰富的油气资源、劳动力储备,以及极为优越的贸易环境等。

[①] Office of the United States Trade Representative, "Free Trade Agreements", https://ustr.gov/trade-agreements/free-trade-agreements/bahrain-fta, 2017 – 05 – 03.

[②] European Commission, "EURO-Mediterranean Partnership", http://ec.europa.eu/trade/policy/countries-and-regions/regions/euro-mediterranean-partnership, 2017 – 05 – 03.

上述情况为依托境外工业园落实中阿产能合作提供了基础条件。

三 中阿产能合作的现状与特点

尽管从比较优势角度衡量，中国与阿拉伯国家具有开展国际产能合作的基础条件，但从现实情况看，严峻的现实需要中阿双方面对现实，采取有效举措，解决当下投资不利与约束因素。中阿产能合作发展现状呈现以下特点。

（一）中阿产能合作仍处于较低水平

国际直接投资是国际产能合作的重要载体，其规模和结构能够很好地反映中国与"一带一路"沿线国家开展产能合作的密切程度。不过，从中国对阿拉伯国家直接投资的分布来看，投资流向目前仍高度集中于油气出口国。根据中国商务部公布的数据，2015年，中国对阿拉伯国家直接投资流量总计为21.7亿美元，其中，98%流向阿联酋、沙特阿拉伯、阿尔及利亚、科威特等4个重要的油气出口国，并且流入这些国家的直接投资也聚焦于油气部门和基础设施建设（见表3）。而且，中国对阿拉伯油气进口国直接投资不但规模非常有限，也不是以工业制造业为主。在阿拉伯石油进口国中，埃及吸引中国直接投资最多，但截至2015年底，中国对埃及直接投资存量中仅有12%（约合8000万美元）流入制造业。[①] 因此，中国制造业企业对阿拉伯国家投资处于较低水平，有进一步挖掘的巨大合作潜力。

表3　　　　2015年中国对阿拉伯国家直接投资情况　　　（单位：万美元）

	流量	存量	主要投资领域
阿联酋	126828	460284	能源、钢铁、建材、建筑机械、五金、化工等
阿尔及利亚	21057	253155	油气、矿业
沙特	40479	243439	—

---

① 参见中国商务部《对外投资合作国别（地区）指南：埃及》（2016年），中国商务部网站（http://fec.mofcom.gov.cn/article/gbdqzn/upload/aiji.pdf），第34页。

续表

	流量	存量	主要投资领域
苏丹	3171	180936	能源、基础设施
埃及	8081	66315	油气、制造业、港口航运、建筑业、通信、房地产
科威特	14444	54362	能源、建筑、电信
也门	-10216	45330	资源开发、餐饮、建筑工程、渔业捕捞
卡塔尔	14085	44993	建筑工程承包
伊拉克	1231	38812	油田开发、电力建设、基础设施建造、通信和建材
阿曼	1095	20077	主要是工程承包企业分支机构注册资本（2014年）
摩洛哥	2603	15629	渔业、塑料、制版
毛里塔尼亚	216	10583	—
利比亚	-4106	10577	—
吉布提	2033	6046	基础设施建设、物流运输、投资、能源开发
约旦	158	3255	—
突尼斯	564	2084	制造业、批发零售、住宿、餐饮
叙利亚	-356	1100	—
科摩罗	—	453	
巴林	—	387	通信
黎巴嫩	—	378	通信、贸易

资料来源：商务部、国家统计局、国家外汇管理局：《2015年度中国对外直接投资统计公报》，中国统计出版社2016年版，第42—53页；中国驻各国商务参赞处网站；商务部：《对外投资合作国别（地区）指南》2016年各卷。

（二）在阿拉伯国家的中企"根植性"较弱

对于跨国投资而言，竞争优势理论提出的"根植性"要求意味着企业赴东道国投资需要一个相对熟悉的经营环境，并且能够在东道国获得较强的地方联系，但实际情况是，中国企业在阿拉伯国家获得"根植性"存在诸多困难。

从图1可以看出，很多阿拉伯国家营商环境较差，国内企业很难在东道国按照国际通用规则开展经营活动。根据世界银行发布的《2017年世界营商环境报告》，在阿拉伯国家中仅有阿联酋排名位于50名以内，排名介于50—100位之间的国家仅有巴林、阿曼、摩洛哥、突尼斯、卡塔尔、沙特六国，而其他国家的排名都在100名之外。对于中国企业而言，由于东道国营商环境较差，中国企业须根据阿拉伯各国具体情况，在经济、社会、文化、政治等领域建立较强的本地联系，才能较好地开展经营活动。

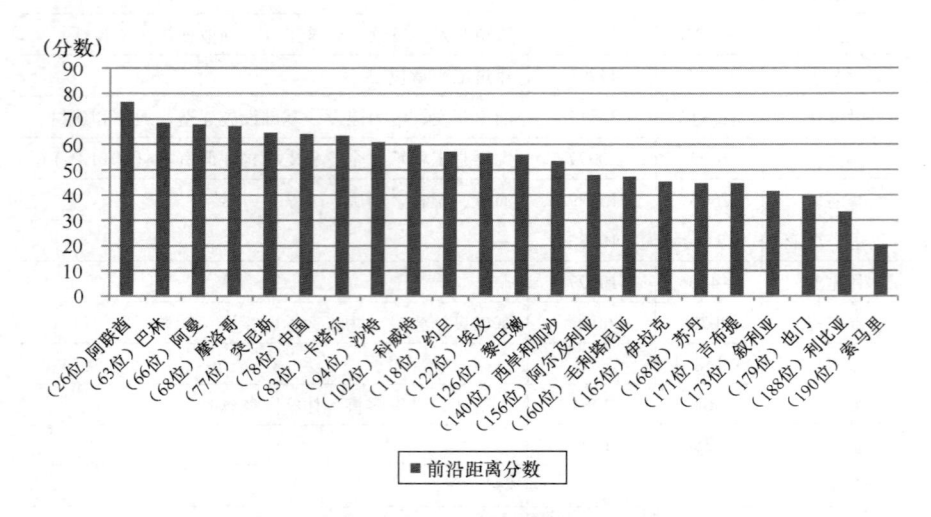

图1　2016年阿拉伯国家营商环境指标

说明：前沿距离显示当前每个经济体离"前沿水平"的差距，它代表《营商环境报告》覆盖的所有经济体2005年以来每个指标曾达到的最佳表现，前沿距离通过0—100的得分来体现，其中0代表最差表现，100代表最前沿水平。

资料来源：World Bank, *Doing Business 2017*, Washington D. C.：International Bank for Reconstruction and Development/The World Bank, 2016, p. 7。

与此同时，从企业投资实践来看，中国制造业企业对外投资的首选目的地往往是更容易建立"根植性"的国家和地区，主要包括营商环境排名靠前的欧盟国家和美国，以及与中国"民心相通"程度较高的东南亚国家。从中东地区情况看，中阿"民心相通"程度较低，根据国家信息中心公布的数据，中国与西亚北非国家"民心相通"指标得分仅为9.77分，位居"一带一路"沿线所有地区的最末（见图2）。因此，仅从"民心相通"指标来看，中国与阿拉伯国家的文化和心理距离还十分遥远，国内企业融入当地社会存在巨大困难，国内企业"因地施策"在阿拉伯国家建立本地联系并非易事。营商环境的欠佳以及低水平的"民心相通"阻滞了国内企业对阿拉伯国家制造业的投资热情,使其难以在阿拉伯国家获得"根植性"。

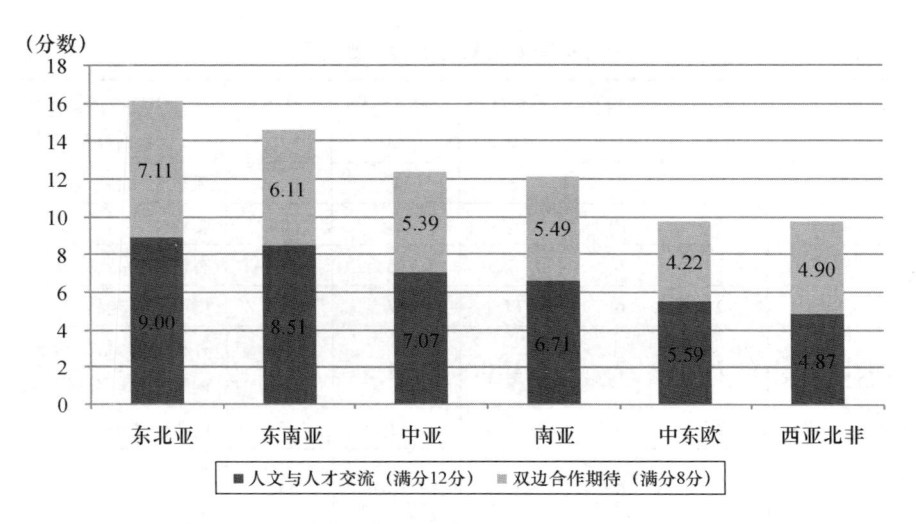

图2 "一带一路"沿线国家"民心相通"度得分

资料来源:国家信息中心"一带一路"大数据中心:《"一带一路"大数据报告(2016)》,商务印书馆2016年版,第46页。

(三) 阿拉伯国家"弹性专精"的生产条件尚待进一步挖掘

阿拉伯国家工业基础薄弱,难以满足竞争优势理论提出的"弹性专精"条件也是中阿产能合作难以取得突破的制约因素。笔者通过计算《国家贸易标准(修订3)》167组工业制成品的贸易竞争力指数①可知,在阿拉伯国家中,只有海合会国家生产的少数石化产品,以及约旦、摩洛哥、突尼斯等国生产的少数劳动密集型工业制成品呈现出较强的国际

---

① 贸易竞争力指数的计算公式是:$TC_{ij} = (X_{ij} - M_{ij}) / (X_{ij} + M_{ij})$,式中,$TC_{ij}$表示 i 国 j 产品的竞争力指数,X_{ij}表示 i 国 j 产品的出口额,M_{ij}表示 i 国 j 产品的进口额。该指数介于 −1—1 之间,取值越高,表明商品的比较优势越强。一般来说,如指数介于 0—0.5 之间,表明商品具有比较优势,但比较优势并不明显;介于 0.5—0.8 之间,表明具有较为明显的比较优势;高于 0.8 则表明具有非常明显的比较优势。反之,如指数为负值,则表明商品具有比较劣势。由此看到,绝大多数阿拉伯国家有100组以上工业制成品具有比较明显或是十分明显的比较劣势。

竞争力。（见表4）这也表明，阿拉伯国家工业基础普遍薄弱，尚未显现出竞争优势理论提出的"弹性专精"特征。

表4　　　　　　　　　阿拉伯国家贸易竞争力指数（TC）

	TC≥0.8	0.5≤TC≤0.8	0≤TC≤0.5	-0.5≤TC≤0	TC≤-0.5	TC≥0.8的货物商品类别
阿尔及利亚	2	1	3	1	157	无机化学品、皮革
阿联酋	1	10	52	22	82	肥料
阿曼	2	6	8	16	135	有机化学品、肥料
埃及	2	6	17	27	115	皮革、工艺品
巴林	7	7	27	44	82	有机化学品、塑料、钢铁、铝、金属制品
吉布提	2	0	3	11	151	黄金、皮革
卡塔尔	4	6	5	10	142	肥料、有机化学品、塑料
科摩罗	1	1	2	2	159	香精油和香料
科威特	6	4	5	14	138	化工产品、钢铁
黎巴嫩	2	4	6	24	131	钢铁、铅
利比亚	2	2	6	4	153	黄金、化工产品
毛里塔尼亚	1	1	2	2	160	黄金
摩洛哥	9	7	8	15	128	有色金属、成衣、工艺品、黄金
沙特	8	5	8	21	123	有机化学品、塑料、肥料、皮革、裘皮
苏丹	5	1	1	2	157	皮革、裘皮、黄金、铅、塑料的废料与碎屑
突尼斯	8	8	18	36	97	塑料的废料或碎屑、成衣、表计和计数器、电视机
叙利亚	1	7	9	23	127	工艺品
也门	2	2	1	2	160	铅、银

续表

	TC≥0.8	0.5≤TC≤0.8	0≤TC≤0.5	-0.5≤TC≤0	TC≤-0.5	TC≥0.8 的货物商品类别
伊拉克	4	0	1	0	162	其他有机化学品、皮革、黄金、塑料的废料
约旦	7	5	14	20	121	成衣、肥料、皮革、无机化学品、有色金属
中国	40	37	45	23	21	—

资料来源：http://unctadstat.unctad.org/wds/ReportFolders/reportFolders.aspx，2016-11-16。

投资东道国缺乏"弹性专精"条件对外国企业投资会产生两方面重要影响：一是外国企业很难在东道国获得更为低廉的生产成本，以进一步提升企业竞争优势；二是东道国企业普遍缺乏竞争力，与东道国企业合资也很难实现盈利。因此，工业基础薄弱意味着缺乏竞争优势理论提出的"弹性专精"条件，也是导致中国制造业企业对阿拉伯国家投资缺乏热情的重要原因。

综观中阿产能合作现状，我们需要总结已有投资合作模式存在的问题，开拓中阿投资新路径，以适应双方大规模提升产能合作的迫切需求。地区产业吸引力的形成需迎合"企业竞争力优先"的产业发展逻辑，这对于中阿产能合作也同样适用。虽然从比较优势来看，中阿产能合作具有较强的合作基础，但比较优势转变成竞争优势，还需依靠有力的制度保障，确保境内投资的企业能够获得竞争优势。不过，受东道国营商环境和工业基础制约，国内企业在阿拉伯国家投资并不符合"企业竞争力优先"的原则。因此，为有效推动中阿产能合作，借助境外园区为中国企业在阿拉伯国家投资消除外部约束也就变得十分必要。

借助工业园区消除产业发展软性约束，培育竞争优势，是中国和很多发展中国家工业发展取得成功的宝贵经验。对于中阿产能合作而言，由于东道国营商环境不能迎合国内企业"竞争力优先"的原则是导致中阿产能合作难以取得突破的重要原因，因此，借助境外工业园区的"外部性",在东道国局部范围内为中国企业提供有利于提升国内企业竞争力的营商环境,是拉动中国企业对阿拉伯国家投资、落实中阿产能合作的有效途径。实际上,借助境外工业园区落实中阿产能合作已经得到企业和相关政府部门的高度重视。由中非泰达在埃及建设的中国埃及苏伊士经贸合作区,已经成为中国企业对阿拉伯国家投资依托的重要平台,一些企业如巨石集团正是借助该平台在阿拉伯国家投资而取得了巨大成功,并将埃及带动成为仅次于中国、美国的全球第三大玻璃纤维出口国。当然,中国埃及苏伊士经贸合作区在取得一定成绩的同时,也存在一些问题。例如,截至2015年底,园区仅雇用了1806名埃方工作人员,[1] 这反映出该园区在产业布局方面不甚合理,换言之,工业园区未能完全激发投资东道国的比较优势和竞争优势。首先,当前在阿拉伯国家建成的境外工业园未能准确把握东道国比较优势,产业布局过于分散。例如,中埃苏伊士经贸合作区设有包括石油装备、纺织服装、高低压电器、新型建材、机械制造类产业园区在内的五大产业布局,但除以巨石集团为代表经营的新兴建材产业外,其他产业布局的发展并未形成集聚效应,而园区布局过于分散带来的影响便是造成园区大量无效投资,无法为最具发展潜力的产业部门提供专业化服务,建成境外产业集聚地。其次,从竞争优势角度来看,已建成的境外工业园区也未能有效消除东道国制约产业竞争优势形成的制度约束。例如,埃及当地政府工作效率低下(公司注册、建设等手续报批流程烦琐,时间较长),"吃回扣"现象也是苏伊士经贸合作区面临的重要问题。[2] 毋庸置疑,现有的中阿工业园合作模式存在一些问题,未能有效带动中阿产能合作,需要我们思考完善并做出应对之策,以推动国内企业借助境外工业园区投资平台提供更好的"外部性"条件。

四 依托境外工业园落实中阿产能合作的策略

依托境外工业园区拉动国内企业对阿拉伯国家投资是落实中阿产能合作的重要途径。虽然该模式已经得到国内企业和相关部门的重视,但

---

[1] 马霞、宋彩岑:前引文,第115页。
[2] 同上书,第122页。

由于未能准确把握东道国比较优势以及竞争优势约束条件的特殊性,当前在阿拉伯国家已建成的境外工业园区对中阿产能合作的拉动依然有限。因此,基于比较优势和竞争优势的理论观点,依托境外工业园区落实中阿产能合作可采取以下步骤依次推进。

(一) 基于比较优势甄选产能合作重点国家

竞争优势的形成虽然不完全取决于比较优势,但一国具有比较优势的产业却往往更易于形成较强的产业竞争力。落实中国"一带一路"倡议中对阿拉伯国家的产能合作,也应高度重视东道国比较优势状况,基于东道国比较优势甄选与东道国开展产能合作的具体行业。

1. 能源等资本密集型制造业的甄选

钢铁、有色金属冶炼、石化等能源消耗较大,资金密集度高的工业制造业部门,不但是中国频繁遭受贸易摩擦的制造业部门,也是全球范围遭受贸易摩擦最为严重的制造业部门。① 尽管充足的能源供给是支持能源密集型工业制造业发展的必要保障,但在能源供给得到保障的前提下,贸易条件的差异也会对产业竞争优势的形成施加重大影响。例如,沙特拥有丰富的油气资源,在发展石化产业方面具有极强的潜在比较优势,但沙特生产的石化产品以及与石化工业密切相关的塑料及相关制品却频繁遭受反倾销制裁。② 极为不利的贸易环境最终迫使沙特放弃大力发展石化产业的政策,石化产业也未出现在沙特最新公布的《2030愿景》之中。

反之,优越的贸易条件却可以助推能源等资本密集型工业制造业的发展。例如,中国巨石集团是全球玻璃纤维制造的龙头企业,由于从2009年起,印度、土耳其及欧盟相继对巨石生产的玻纤产品展开反倾销调查,为了规避上述国家设置的贸易壁垒,巨石集团选择在埃及设立境

---

① 根据张华、李细满的研究,1995—2014年,在全球最终采取反倾销措施的案件中,占比最高的分别是贱金属及其制品、化学工业及其相关工业的产品(21%)、塑料及其制品、橡胶及其制品(13%)、纺织原料及其纺织制品(8.3%)、机械、机械器具、电气设备及其零件;录音机及放音机、电视图像、声音的录制和重放设备及其零件、附件(8%)等。参见张华、李细满《国际AD活动的类别特征分析》,《国际商贸》2015年第8期,第87页。

② 《沙特遭到26起反倾销调查》,中国商务部网站(http://www.mofcom.gov.cn/article/i/jyjl/k/201306/20130600158629.shtml),访问日期: 2013年6月9日。

外生产基地,成功利用埃及与欧盟、土耳其建立的优惠贸易机制,绕过上述国家设置的贸易壁垒,将公司产品打入目标市场。①

通过比较沙特石化产业发展受阻和巨石集团在埃及取得的巨大成功,我们可以看出:在能源供给得到保障的前提下,贸易环境的差异将会对能源等资本密集型工业制造业的发展施加重要影响。基于这一逻辑,在能源密集型工业制造业部门开展产能合作时,中国应优先选择具备一定能源禀赋且与欧盟、美国建立了特殊贸易关系的阿曼、巴林、阿尔及利亚、埃及等国,作为重点合作国家。

2. 劳动密集型制造业的初选

在劳动密集型制造业部门,虽然丰富的劳动力资源和低廉的劳动力价格是支持其发展的重要条件,但与劳动生产率密切相关的教育与培训、劳动习惯、文化因素也会对一国劳动密集型制造业的发展产生影响。埃及拥有丰富的劳动力资源,劳动力价格较中国国内要低很多,但同样是在苏伊士经贸合作区,能源密集型的巨石集团得到发展壮大,而在区内投资的一些纺织服装企业却丧失了自生能力。② 这也说明,在劳动密集型制造业部门,劳动力丰富程度和劳动力价格并非甄选产能合作对象的唯一标准,很多难以量化的文化、社会因素也会影响一国劳动密集型制造业的发展。

在劳动密集型制造业部门甄选对接国家,可借鉴"产品距离"理论的研究成果,根据"产品距离"理论,产品距离越为接近的两种产品所包含的隐性知识越为接近,如果一个国家能够出口一样特定的产品,也就很容易出口与之产品距离接近的另外一种产品。③ 因此,在劳动密集型制造业部门甄选合作对象时,应优先选择已在劳动密集型制造业的发展

---

① 金碚:《大国筋骨——中国工业化65年历程与思考》,广东经济出版社2015年版,第265页。

② 唐晓阳:《中非经济外交及其对全球产业链的启示》,世界知识出版社2014年版,第210页。

③ Ricardo Hausmann and Bailey Kinger, "Structural Transformation and Patterns of Comparative Advantage in the Product Space", *CID Working*, Paper No. 128, August 2006, http://101.96.8.164/growthlab. cid. harvard. edu/files/growthlab/files/128. pdf, 2017 - 02 - 09; Cesar A. Hidalgo et al., "The Product Space Conditions the Development of Nations", *Science*, Vol. 317, No. 5837, 2007, pp. 482 - 487.

上展现出一定国际竞争力的国家作为重点合作对象。

尽管阿拉伯国家工业基础普遍比较薄弱，但仍有少数国家生产的劳动密集型工业制成品展现出较强的国际竞争力。例如，摩洛哥、突尼斯、约旦生产的纺织服装，突尼斯生产的家电产品等。依据"产品距离"理论，这些国家也应是中国落实劳动密集型制造业产能合作的重点合作对象。

（二）与龙头企业确定产能合作依托园区与园区主导产业

比较优势对竞争优势的形成具有重要的助益作用。如果投资东道国潜在比较优势与企业主营业务相匹配，则更有利于企业竞争优势的形成，企业对东道国投资也更有热情。国际产能合作的实施主体是制造业企业，它们对于产品生产所需条件、产品销售国际环境有着最为全面的了解，对于投资东道国资源、能源、劳动力禀赋、政策环境等方面是否具有承接企业主营业务的潜在比较优势也有自己的判断。因此，在境外工业园区筹建阶段，筹建方要与国内企业特别是国内龙头企业进行广泛的交流，在此基础上选择与投资东道国潜在比较优势最为匹配的产业，作为双方产能合作依托境外工业园区的主导产业。

（三）确保依托工业园区政策优惠落地，消除产能合作软性约束

比较优势虽然可以助益竞争优势的形成，但若没有相应的制度保障，确保园区企业投资安全，有效降低园区企业的生产成本，东道国的潜在比较优势也很难转变成为竞争优势，境外园区的发展也会丧失可持续性。因此，在选定产能合作重点国家、产能合作依托园区以及园区主导产业之后，园区运营方面需要为园区争取各项优惠政策，消除产业园区发展的软性约束。但是，由于境外园区的运营主体与投资东道国政府在力量对比上存在巨大差异，消除境外园区产业发展软性约束还需借助双方政府之间的沟通与协调。

首先，消除产能合作软性约束的重点应通过设立政府间沟通协商机制，确保投资东道国给予园区的优惠政策落到实处。发展境外工业园区，无论采用何种形式，园区入驻企业都是依照投资东道国《投资法》《经济特区法》等相关法规，享受东道国给予的各项优惠政策。与其他发展中

国家相比,很多阿拉伯国家为国内经济特区设定的引资条件并不算差,只是未能按照规定执行,导致外国企业对其投资存在顾虑。例如,埃及《投资法》和《外汇法》均规定,企业利润可以自由汇回,但在实际操作中,外国企业将在埃及获得的利润汇回母国却存在诸多困难,这无疑加大了外国企业在埃投资的风险。因此,通过设立政府间沟通协调机制,如参考新加坡在中国苏州工业园区设立的、由双方副总理挂帅的联合协调理事会机构,确保投资东道国给予园区入驻企业的优惠政策落到实处,对于园区招商引资和竞争力的提升会起到非常大的带动作用。

其次,消除产能合作软性约束还可争取东道国出台有利于外国企业投资的法律法规。一些阿拉伯国家在承接中国优势产能方面具有较强的潜在比较优势,只是因为投资政策设定得过于苛刻,才会导致双边产能合作难以取得突破。例如,阿尔及利亚拥有丰富的油气资源、劳动力价格十分低廉、贸易环境十分优越、双边关系也很好,但是,由于阿尔及利亚《投资法》规定外国企业不能在其境内设立独资企业、合资企业须由阿方控股,这才导致中国企业对阿尔及利亚投资只能望而却步。此外,很多阿拉伯国家极为严格的劳动力本土化政策也在一定程度上影响了中国劳动密集型企业在阿拉伯国家投资。尽管引导东道国修改投资法规并非易事,但仍可以借助高层互访或其他机会,促成东道国以立法形式给予外国企业更为优惠的政策,扫除与其开展产能合作的制度性约束,助推产能合作实现突破性进展。

(四)资金融通、设施联通助益境外园区竞争优势提升

"一带一路"产能合作并非单方面的产业转移,而是多元的国际共建。中阿产能合作取得成功需依靠大量国内企业对阿拉伯国家投资,在阿拉伯国家建成产业集聚地或集群地。而企业跨国投资离不开金融支持,产业集聚地或产业集群地的形成也离不了基础设施的建设。因此,从表面来看,以产业转移为特征的国际产能合作只是企业投资的问题,但如果没有资金融通和设施联通的配合,国际产能合作也难获成功。

首先,资金融通是境外园区建设和企业跨境投资的前提保障。无论是境外工业园区的建设,还是企业跨境投资活动,均需消耗大量资金,没有有效的资金融通和金融服务,中阿产能合作也很难顺利开展。而从

国际产能合作境外融资的实际情况来看，境外园区建设和运营主体、国内龙头企业为其境外投资活动融资相对容易，而广大中小企业为其境外投资活动融资却存在巨大困难。中国与全球化智库对国内企业（民营企业为主）对外投资活动所做的调查显示，67%的受访企业依靠自身利润积累为"走出去"项目融资。① 由于主要依靠企业利润为境外项目融资，民营企业特别是中小民营企业"走出去"的潜力受到一定抑制。而无论是产业转移理论还是竞争优势理论，都高度重视中小企业的作用。例如，小岛清在其提出的边际产业扩张论中，明确提出"投资国对外投资活动应以中小企业为先导"。② 而竞争优势理论认为"弹性专精"的形成也需借助大量企业特别是中小企业的集聚。中小企业调整灵活，嗅觉敏锐，在产能合作依托境外园区引入大量中小企业，不但可以为龙头企业上下游生产提供补充，还能及时发现与东道国开展产能合作的新的市场机会。因此，在国家层面，设立专门为中小企业在阿拉伯国家投资提供的融资平台，将会对中阿产能合作起到极大的推动作用。

其次，设施联通为境外园区产业集聚、产业集群发展提供设施保障。工业制造业的发展离不开水、电、交通等基础设施的保障，产能合作依托境外园区筹建过程中，必然会考虑到基础设施的便利性，并且随着园区产业集聚效应的形成，园区发展对于基础设施的需求也会随之增大。此外，境外园区与投资东道国其他产业集群地或是相邻国家产业集聚地建立联系，形成产业集群效应，也需要基础设施的互联互通。因此，依托基础设施领域的合作，为具有发展潜力的境外工业园区扫除产业发展和升级的硬性约束，也是推动中阿产能合作深化发展不可或缺的环节。

结　语

"一带一路"倡议是在新形势下，应对国家要素流动转型和国际产能

---

① 参见 CGG 企业全球化研究课题组《中国企业对外投资调查分析报告》，王辉耀、苗绿主编《中国企业全球化报告（2016）》，社会科学文献出版社 2016 年版，第 102 页。

② Kiyoshi Kojima, *Direct Foreign Investment: A Japanese Model of Multinational Business Operation*, London: Croom Helm, 1978.

转移所提出的重大对外开放战略转变,将中国的生产要素尤其是优质过剩产能转移出去、让沿线国家从中受益也是"一带一路"倡议的重要内容。阿拉伯国家工业基础十分薄弱,也很希望借助"一带一路"倡议拉动本国制造业发展,实现摆脱贫困、经济多样化的发展目标。虽然双方合作热情很高,但由于中国企业对阿拉伯国家制造业投资规模有限,产能合作迟迟未能取得实质性进展。基于中阿双方的比较优势与发展潜力,政府和相关部门将境外工业园建设看作吸引国内企业对阿拉伯国家投资、落实中阿产能合作的重要途径,而且,国内企业、政府和相关部门对于在阿拉伯国家建设境外工业园依然抱持很高的热情,目前尚在筹建中的就有中国—阿曼(杜库姆)产业园[1]、中国—沙特吉赞产业园[2]等境外工业园区项目。

与此同时,我们应当清醒地看到,依托境外工业园落实"一带一路"对阿拉伯国家产能合作绝非易事,工业落后国家制造业发展一直是发展经济学的研究难点。从实践上来看,阿拉伯国家为实现摆脱贫困、经济多样化的发展目标也在制造业的发展上做过很多不成功的尝试。因此,借助境外工业园推动中阿产能合作,我们必须认真规划,仓促行之则会陷入"园区投资—招商—招商不利—园区惨淡经营"的无效投资之中,阿拉伯国家与中国开展产能合作的热情也会受到打击。而从学理来看,依托境外工业园带动中阿产能合作只有在甄别东道国比较优势的基础上,借助境外工业园区消除东道国工业制造业发展的各种约束,并将园区建设成为境外产业集聚地才能将其落到实处。本文则是融合产业转移理论、竞争优势理论的重要观点对依托境外工业园区落实"一带一路"对阿拉伯国家产能合作的路径做出的初步探讨。

不过,本文也仅是从产业发展的角度提出依托境外工业园带动中阿产能合作的一般性框架。从实际操作来看,境外工业园区的规划布局、

---

[1] 中国—阿曼产业园由宁夏回族自治区承建,位于阿曼杜库姆经济特区内,占地面积11.72平方公里,拟建项目规划总投资670亿元人民币,包括石油化工、建筑材料、电子商务等9个领域。

[2] 中国—沙特吉赞产业园由宁夏银川开发区、广东广州开发区与沙特阿拉伯石油公司合作建设,规划面积103平方公里,拥有14个具体发展产业,33个远期发展产业,重点发展炼化、汽车、家电等产业。

与东道国合作模式的建设、园区宣传和推广都是极富挑战且十分重要的问题。除此之外，影响东道国工业制造业发展的因素也不仅限于经济方面，复杂多变的政治、社会因素也是需要重点考量的，而囿于篇幅本文对上述问题均无涉及。

尽管在阿拉伯国家建设工业园区所需解决的实际问题十分复杂，挑战十分巨大，但从比较优势的角度来看，阿拉伯国家发展工业制造业并不缺乏潜力，只是始终未能打破制约潜力发挥的种种约束。在"一带一路"建设的大背景下，中国企业和相关机构如在充分考量东道国比较优势的基础上，通过境外工业园区提供的"外部性"，切实消除制约东道国产业发展、制约中国企业对阿拉伯国家投资的种种约束，则极有可能借助国内企业投资激活东道国比较优势，带动东道国工业制造业发展和产业竞争力提升。

（本文原刊发于《西亚非洲》2017年第6期）

沙特阿拉伯的工业化与中沙产能合作

陈 沫[*]

摘　要：沙特是长期坚持工业化发展并取得显著成就的国家。它的工业化成功探索是一系列因素综合作用的结果。在工业化过程中，石油和石油收入发挥了提供工业原料、能源、资本积累和平衡生产要素的作用。沙特政府在工业化进程中发挥了工业化的规划者、奠基者和推动者的作用，私营部门则通过接续并协力推进而逐渐成为工业化的重要依托，外国投资发挥了必要的技术和市场补充作用。沙特目前的工业化模式受到低石油价格的冲击，削弱了政府对工业化的支持能力，石化工业发展面临市场、原料制约、工业化难以解决结构性失业等三方面的挑战。沙特正在进行的经济调整强调市场导向和发展新的工业部门，但只是部分回应了存在的问题。当下，石油工业、产能合作以及基础设施和金融合作成为中沙之间最有潜力的合作领域。

关键词：产能合作　沙特阿拉伯　工业化　石化工业

在发展中国家的诸多石油输出国中，沙特阿拉伯（以下简称"沙特"）是一个长期坚持把工业化当作经济发展战略核心内容和主要方向的国家。早在20世纪80年代，时任沙特工业和电力大臣埃尔·戈赛比就曾

---

[*] 陈沫，中国社会科学院西亚非洲研究所副研究员、中国社会科学院海湾研究中心秘书长。

说："如果说发展是我们理想的实质的话，那么工业化就是发展的实质。"① 经过数十年的发展，沙特在工业化发展道路上取得了显著的成就，堪称石油输出国工业化发展的一个典型。那么，沙特为什么选择走工业化发展道路？石油资源与工业化发展的关系如何？政府、民企和外资在工业化发展中都发挥了什么样的作用？沙特工业化发展给当下中沙合作带来了怎样的机遇？本文即通过对这些问题的研究分析，以期更好地认识沙特工业化发展的路径和特点，以及中沙之间工业化合作的前景。

一 沙特工业化战略的选择

工业化是一个国家现代化程度的重要标志，也是国家实现经济发展和社会进步的重要过程和手段。对于以石油资源为重要经济支撑的沙特亦是如此。纵观沙特对工业化发展道路的探索与选择，既基于该国自然禀赋条件，又出于国民经济长期可持续发展战略考虑，更有现实因素考量。

（一）油气资源的独特优势

资源禀赋是沙特工业化选择的重要依据。沙特的农业土地资源很少，却拥有多样化的矿物和其他自然资源。根据沙特石油和矿产资源部的统计，全国有金矿15处、银矿2处、铜矿3处、铁矿4处、铬铁矿1处、磷酸盐矿1处、铝矾土矿1处、菱镁矿2处、锌矿2处、铀矿1处、铌和其他稀有金属矿3处。此外，该国还有相当数量的钾盐、石英砂、硅藻土、高岭土、珍珠岩、石灰岩、石膏、火山灰、玄武岩、萤石、橄榄石、蓝晶石、皂土、硅灰石等非金属矿藏。② 沙特也是世界上光伏资源最丰富的地区，平均日照量达到每平方米2200千瓦时。这些资源都可以为工业化提供原料。但是，对沙特工业化影响最大的资源禀赋是其丰富的石油

---

① 陈宗德、倪星源：《经济迅速发展的海湾六国》，科学技术文献出版社1989年版，第83页。
② Fouad Al-Farsy, *Modernity and Tradition: The Saudi Equation*, Knight Communications Ltd, Cambridge, 2000, pp. 3 – 10.

和天然气资源。2016年，沙特石油储量占已探明世界石油总储量的15.6%，位居世界第二；产量占世界石油总产量的13.4%，与美国并列世界首位。该国天然气资源储量和产量也比较可观，2016年分别占世界总量的4.5%和4.4%。①

丰富的石油和天然气资源及其出口收入，至少从4个方面为沙特的工业化创造了有利条件。第一，为以石油、天然气为原料的炼油工业和石油化学工业的发展奠定了基础，并且可以在此基础上把制造业的产业链进一步向人造橡胶、塑料、化肥、化学纤维等下游产业延伸，逐渐形成以石化工业为基础的完整产业链。第二，为炼钢、炼铝等能源密集型产业的发展提供了充足的燃料，同时为以冶金工业为基础的金属制品和建材等下游产业的发展和产业链的延伸创造了条件。第三，丰厚的石油出口收入为工业化提供了充足的资金。沙特与人口规模相当于其3倍的中东大国埃及相比，1973—2016年，沙特的出口收入总额超过49000亿美元，而埃及的出口收入总和额有4000亿美元，沙特的出口收入相当于埃及的12倍。② 如此优越的资本积累条件，在发展中国家之中可谓绝无仅有。这使得沙特在工业化进程中不但没有遇到困扰一般发展中国家工业化的投资和外汇"两缺口"问题，③ 而且使资本密集型产业的发展成为可能。第四，利用资金优势弥补了其他资源的短缺。例如，沙特最大资源瓶颈是淡水奇缺，2014年全球人均可再生淡水资源量为5919立方米，而沙特仅有78立方米。④ 然而，由于沙特以大量的投资和电力发展海水淡化工业，水源供应从来没有成为沙特工业化的障碍，而且沙特保持着全球海水淡化第一大国地位，在其境内有26座海水淡化厂。⑤ 经过对海水淡化系统的拓展、维护改造，淡化海水能满足沙特全国各地的用水需求。

除此之外，面对沙特劳动力和专业技术不足以及工业化缺乏机械设

---

① BP, *BP Statistical Review of World Energy*, June 2017, pp. 12 - 28.
② 数据来自世界银行网站数据库：货物出口（美元时价）（http://data.worldbank.org），访问日期：2017年10月1日。
③ 美国经济学家钱纳利认为，发展中国家的主要发展障碍是储蓄不足导致的投资不足和出口不足导致的外汇不足，并主张通过利用国外资源来弥补这种国内资源不足。这种理论被称为"两缺口模型"。
④ 世界银行数据库（http://wdi.worldbank.org/tables），访问日期：2017年10月1日。
⑤ Http://sa.mofcom.gov.cn/article/ddgk/201306/20130600158631.shtml, 2017 - 10 - 01.

备、原料和基础设施等问题，基于充足的石油美元，沙特也通过货物和劳务进口的方式较好地解决了。石油资源优势所带来的这些发展优势，正是沙特工业化得以顺利起步和发展的重要依托。

(二) 经济多元化发展诉求

沙特石油储量丰富，但对石油资源枯竭的担忧长期存在。虽然在今天看来这种担心似乎多余，因为科学技术的发展导致新的石油资源不断被发现，1996 年世界石油探明储量为 11488 亿桶，2006 年为 13883 亿桶，2016 年为 17067 亿桶。① 世界石油探明储量总体上是增加的趋势，但在 20 世纪 70 年代到 80 年代初期持这种看法者则是一种主流的观点，即学界盛行"石油枯竭论"。中东占有国际石油市场将近 70% 的供应量，而北海、墨西哥、安哥拉等新的石油供应来源还没有形成。美国石油地质学家哈伯特在 20 世纪 50 年代做出的美国石油产量将在 1967—1971 年达到峰值的预言在 70 年代初得到应验，② 为人们对"石油峰值"（Peak Oil）和石油枯竭的发生增添了不祥之感。虽然沙特的石油资源储量不少，按照当时的开采速度，也可以开采较长的时间，③ 但如果其他产油国石油枯竭，世界对沙特的石油需求将随之增加。这种情形一旦出现，无疑将加快沙特石油的枯竭进程。因此，沙特政府早在对石油实行国有化以前，就明确提出了经济多样化的发展战略。在 60 年代末，沙特政府在制定的第一个五年发展计划（1970—1975 年）中，就把国民收入来源多样化、减少对石油的依赖以及增加其他生产性部门在国内生产总值中的占比视为经济社会发展的重要任务，④ 以便为后石油时代的到来做好准备。

---

① BP, *BP Statistical Review of World Energy*, June 2017, p. 12.
② "石油峰值"（Peak Oil）理论源于 1949 年美国著名石油地质学家哈伯特（M. King Hubbert）发现的矿物资源"钟形曲线"规律。哈伯特认为，石油作为不可再生资源，任何地区的石油产量都会达到最高点；达到峰值后该地区的石油产量将不可避免地开始下降。1956 年，哈伯特大胆预言美国石油产量将在 1967—1971 年达到峰值，以后便会下降。当时美国的石油工业蒸蒸日上，他的这一言论引来很多的批判和嘲笑，但后来美国的确于 1970 年达到石油峰值，历史证明了他预测的正确性。
③ 1970 年，沙特的石油探明储量是 173 亿吨，当年产量是 1.75 亿吨。按照当时的开采速度，沙特石油大约可以开采 100 年。
④ Fouad Al-Farsy, op. cit., p. 153.

沙特的第二大担忧是石油被其他能源所替代，即世界不再需要石油，而是转向其他替代能源。这种情况一旦发生，石油资源即便仍然大量存在，也将失去原来的价值。沙特前石油大臣亚马尼提出的"石器时代论"就是这种担忧的生动写照。① 亚马尼说过，石器时代并不是因为地球上的石头用完了才结束的，以此比喻石油时代也有可能在石油用完以前就宣告结束。1973—2008 年国际石油市场 3 次高油价周期的出现，以及 1974 年发达国家石油进口国成立国际能源机构，共同推动石油替代能源技术的发展，特别是核能、光伏发电、风能等新能源技术的发展，其结果是石油在世界初级能源结构中的占比总体上开始出现下降趋势，使沙特对替代能源发展的担忧有增无减。因此，沙特在第四个国家经济发展五年计划中，首次表达了对替代能源及可再生能源发展的巨大担忧，更加强调对经济多样化的重视，并且第一次在多样化产业的排序中，把制造业排在了第一位，② 明确了要以工业制造业的发展作为经济多样化主要路径的方针。

综上，沙特走工业化发展道路的思想始于 20 世纪 70 年代，沙特选择工业化发展道路既是因为该国拥有丰富的石油资源，有条件开展大规模的工业化建设，也是出于对石油经济未来的担忧，试图以工业化发展摆脱对石油的过度依赖。前者是在一定时期内工业化发展的基础条件，后者是工业化发展的长远目标。具体说来，就是发挥使用资源的优势，通过工业化建设实现经济多样化，最终减少对石油单一经济的依赖。

二 沙特工业化道路的基本特征

沙特工业化的远期目标是摆脱对石油经济的依赖，然而工业化却离不开石油，石油为沙特的工业化提供了独特的优势条件，决定了沙特工业化的路径和特征。

（一）石油收入保障了工业化的资本积累和要素平衡

工业化是经济发展中的重要路径，也是许多发展中国家的梦想，但

---

① 关于亚马尼的"石器时代论"，参见杨光《中东发展报告：低油价及其对中东的影响》（2014—2015），社会科学文献出版社 2015 年版，第 6—7 页。
② Fouad Al-Farsy, op. cit. , p. 158.

在不少发展中国家，特别是西亚非洲国家都遭受了挫折，其中一个关键性问题是难以破解工业化的资金瓶颈问题。就沙特而言，资金这个对于发展中国家通常稀缺的要素，却成为其一个丰裕的要素。作为世界主要石油输出国，石油为沙特的工业化提供了资本积累或资金积累的无比优越的条件。由于世界对石油的战略性刚性需求，以及沙特石油收入的级差地租性质，[①] 使沙特可以通过出售石油为工业化发展换取充裕的资金。在发展中国家中，这种优厚的资本积累条件是极为少有的。如此优越的资本积累条件，使沙特一方面根本没有遇到一般发展中国家所遭受的投资和外汇"两缺口"的资金障碍之苦，可以不走许多发展中国家在工业化早期遵循的劳动密集型工业发展道路，而是直接进入资本密集型的工业化发展阶段。另一方面，如前所述，石油收入使沙特可以利用资金优势，轻而易举地弥补自然资源和人力资源等其他方面要素的缺陷。

（二）产业领域重点发展石化工业

沙特的工业发展路径遵循了比较优势的原则，即该国从发展石油、天然气基础工业起步，然后向基础工业的下游领域及相关产业推进。根据赫克歇尔和俄林的"资源禀赋论"，在国际贸易中，如果一种商品最大量地使用了相对最便宜的资源，它的比较成本就比较低。石油、天然气的丰富供给为沙特提供了丰富的工业能源和工业原料，必然成为工业化的产业选择依据和发展起点。在这种比较优势的基础上，沙特的工业化基本遵循两个发展方向。一是发展以石油天然气为原料的加工制造业，即首先建立起石油天然气的加工工业作为基础，其中包括炼油工业和石油化学工业等基础工业，然后再发展对这些基础产业产品的加工制造，把工业产业向其下游的加工制造业延伸，如发展人造橡胶、塑料、化肥、化学纤维等产业。廉价的原料使沙特成为全球石化领域最具有成本竞争力的国家。沙特石化工业的主要原料是天然气中的甲烷和乙烷。在20世纪80年代后期，沙特的天然气原料成本大约相当于美国和欧洲的1/7—

---

① 这里指沙特以世界最低生产成本生产每一桶石油，但按国际市场同等价格出售石油，因而可以赚取最多利润的现象。关于沙特的石油级差地租收入的论述，参见杨光、王正、张宏明《马克思主义与西亚非洲国家发展道路问题研究》，中国社会科学出版社2017年版，第107—111页。

1/10。① 由于沙特生产的天然气主要是石油伴生气，其产量受到石油产量的制约，随着石化工业对原料需求的扩大，沙特的天然气供应已经不充足，并开始使用价格较高的石脑油和丙烷等作为替代原料。即便如此，沙特的石化工业原料的生产成本仍然大大低于国际水平，2004年只及国际市场同类产品价格的30%。② 二是发挥石油、天然气的能源充足和廉价优势，发展能源密集型产业，特别是发展高耗能的产业，其中包括炼钢、炼铝等产业。在此基础上，再把冶金产品作为发展其他加工制造业的原料，推动这些产业的下游领域发展（见表1）。

表1　1974年和2015年沙特工厂数量、投资和雇员人数变化

行业	工厂数量（家）		投资额（百万里亚尔）		雇员数量（人）	
	1974年	2015年	1974年	2015年	1974年	2015年
食品饮料	39	940	2028	88719	7199	195258
纺织	1	84	20	6.26	60	16701
成衣	2	98	38	1101	249	13076
皮革及皮革制品	2	31	7	543	50	2920
木器、秸秆和编织品（不含家具）	4	77	65	1193	839	6403
造纸和纸制品	9	231	177	12720	8433	6203
印刷和媒体音像制品	18	49	809	2755	2594	6032
焦炭和石油制品	4	144	364	115318	3487	20750
化工产品	9	661	2954	569261	2429	87880
制药	—	36	—	4932	—	10245
橡胶和塑料制品	11	931	522	26770	1895	90858

---

① Looney & Robert E., "Saudi Arabia's Industrialization Strategy: A questions of Comparative Advantage", in Elie Kedourie and Sylvia G. Ham, *Essays on the Economic History of the Middle East Economic*, Franc Cass, London, 1988, p. 177.

② 吴健：《EC不满沙特阿拉伯的石化原料补贴政策》，《国际化工信息》2004年第9期，第13页。

续表

行业	工厂数量（家）		投资额（百万里亚尔）		雇员数量（人）	
	1974年	2015年	1974年	2015年	1974年	2015年
其他非金属矿产品	25	1467	3771	96970	3780	184198
基本金属	24	310	234	71496	2801	71383
金属加工制品（不含机械设备）	9	953	160	22349	931	109208
电脑及电子光学产品	2	51	1	2688	33	10161
电动设备	2	215	127	14298	464	37556
机械设备	12	208	808	27058	4357	29529
机动车和拖车	8	145	78	3341	622	16407
其他运输设备	—	10	—	261	0	1687
家具	17	292	170	3106	1295	25946
其他制成品	—	74	0	30345	0	14013
机械设备修理安装	—	3	0	656	0	3501
总计	198	7010	12333	1102140	41518	959915

说明：沙特采取盯住美元的汇率政策，1美元=3.75里亚尔。

数据来源：沙特工业发展基金会网站（http：//www.sidf.gov.sa/en/IndustryinSaudiArabia/Pages/IndustralDevelopmentinSaudiArabia.aspx），访问日期：2017年6月30日。

经过这样一条从基础工业到加工制造工业的发展路径，沙特已经建立起一套以石化和冶金工业为基础、多种相关加工制造业共同发展的具有沙特特色的工业体系。

三　政府、民企和外商在工业化中的作用

沙特的工业化是一个由政府推动的自上而下的过程，这种推动的作用并不是对工业化的大包大揽，而是发挥了私人资本的接续和外国资本的补充作用。政府、私企和外商各行为体的相互配合和合力推动，成为沙特工业化的重要动力。

（一）政府主导

沙特政府凭借其拥有的政治资源，在该国工业化进程中发挥了基础

性推动作用。

第一,政府是工业化的规划者。20世纪70年代以来,沙特的经济发展一直是在政府的计划指导下实现的。沙特从第二个经济发展计划就开始对工业化的产业发展进行整体规划,把工业化的重点确定为建设大型工厂,即石化厂、炼油厂、钢铁厂、玻璃厂、炼铝厂等。该计划还明确提出,在该国的西部和东部沿海建设朱拜勒和延布两座工业城市,并强调在发展这些基础工业的同时,努力推进上下游产业一体化的综合发展,以及发展非石油相关工业,包括罐装食品、采矿业、供水、水泥、玻璃、大理石加工、皮革和复合材料生产等。在20世纪70—80年代,工业制造业的计划投资占比也呈现上升的趋势。制造业和商业在1970—1975年发展计划中只占计划投资的0.5%,而在1980—1985年发展计划中已经提高到13.4%,成为除交通运输和市政住宅建设以外,计划投资占比最高的部门。①

第二,政府是工业化的奠基者。由于石油、天然气资源完全掌握在国家手中,工业化的资本积累源泉也由国家掌控,因此政府从一开始就成为工业化的主要投资者,沙特的所有基础工业都是政府建立的,并且至今仍然以国有企业独资或持有多数股权等方式,掌控在国有的沙特基础工业公司(SABIC)手中。如表2所示,该公司的一批项目在20世纪80年代陆续建成投产,奠定了沙特基础工业的基本格局。到2016年,该公司已经发展成为拥有37家独资或合资、资产845亿美元、职工35000人、业务覆盖50个国家的跨国公司。

表2　　　　　　　　沙特基础工业公司(SABIC)项目

项目名称、地点和投产时间	雇员人数 (其中沙特人)	投资合作方
沙特甲醇公司(AR-RAZI),朱拜勒,1983年	322(259)	沙特基础工业公司50%,三菱商事为首的日本财团50%
沙特石化公司(SADAF),朱拜勒,1985年	793(612)	沙特基础工业公司50%,美国的派克坦公司(Pecten Arabia Company)50%

① Tim Niblock and Monica Malik, *The Political Economy of Sauidi Arabia*, Routledge, London, 2007, pp. 61 – 63, 107, 183 – 185.

续表

项目名称、地点和投产时间	雇员人数（其中沙特人）	投资合作方
全国甲醇公司（IBN SINA），朱拜勒，1985年	328（241）	沙特基础工业公司50%，美国的塞拉尼斯公司（Hoechst-Celanese）25%，美国的东方管线公司（Panhandle Eastern）25%
沙特石化公司（YANPET），延布，1985年	1283（752）	沙特基础工业公司50%，美国的美孚延布石化公司（Mobil Yanbu Petrochemical Company）50%
阿拉伯半岛石化公司（PETROKEMYA），朱拜勒，1985年	992（685）	沙特基础工业公司100%
朱拜勒石化公司（KEMYA），朱拜勒，1984年	374（276）	沙特基础工业公司50%，美国的埃克森美孚化工公司（Exxon Chemicals Arabia）50%
东部石化公司（SHARQ），朱拜勒，1985年	708（497）	沙特基础工业公司50%，三菱商事为首的日本财团50%
全国塑料公司（IBN HAY-YAN），朱拜勒，1986年	238（154）	沙特基础工业公司71.5%，韩国的乐喜金星集团（Lucky Goldstar Group）15%，沙特的国家工业化公司（National Industrialization Co.）10%，两家沙特阿拉伯塑料制品公司3.5%
沙特欧洲石化公司（IBN ZAHR），朱拜勒，1988年	343（229）	沙特基础工业公司70%，芬兰的奈斯特·奥伊公司（Neste Oy）10%，意大利的埃科燃料公司（Ecofuel）10%，阿拉伯石油投资集团（Arab Petroleum Investment Corp.）10%
全国工业用气公司（GAS），朱拜勒，1984年	114（86）	沙特基础工业公司70%，沙特阿拉伯工业用气厂商30%
朱拜勒化肥厂（SAMAD），1983年	441（313）	沙特基础工业公司50%，中国台湾化肥公司50%
沙特阿拉伯化肥公司（SAFCO），达曼和朱拜勒，1969年	822（521）	沙特基础工业公司41%，沙特阿拉伯私人股东49%，本公司雇员10%
全国化肥公司（IBN AL-BAYTAR），朱拜勒，1987年	641（446）	沙特基础工业公司50%，沙特阿拉伯化肥公司50%

续表

项目名称、地点和投产时间	雇员人数（其中沙特人）	投资合作方
沙特钢铁公司（HADEED），朱拜勒，1983年	2450（898）	沙特基础工业公司95%，德国投资公司（DEG Corporation）5%
轧钢公司（SULB），吉达，1962年	267（143）	沙特钢铁公司全资
海湾（GARMCO），巴林，1986年	—	沙特基础工业公司21%，其他股本由海湾合作委员会其他国家分摊
海湾石化工业公司（GPIC），1985年	—	沙特基础工业公司与科威特石化工业公司和巴林国合资
巴林铝厂（ALBA），1971年	—	沙特基础工业公司代表沙特公共投资基金持股20%，巴林74.9%，德国的布伦顿投资公司（Brenton Investment Brenton Investment）5.1%

资料来源：Fouad Al-Farsy, op. cit., pp. 177–179。

第三，政府是工业化的推动者。为了促进私人资本参与工业化建设，政府主要从两个方面给予推动。一是建设基础设施。沙特的公路、铁路、电信设施、发电厂、海水淡化厂、工业园区建设等基础设施，大多由政府投资兴建。1970—1990年，政府在每个五年计划中都把基础设施建设的投资作为第一优先选项，在总投资额中占比高达30%—50%。① 近年，沙特制定了大型基础设施扩建计划，包括油气设施、水电厂房、商住楼宇、公路、铁路等。2015年，沙特财政预算拨款1680亿美元，用于交通等基础设施建设。② 由此，政府努力创造工业化的基础设施条件，发挥了无法替代的作用。二是政策激励。其主要措施包括：为私人投资提供10年免缴企业所得税的待遇，按优惠价格长期提供油气供应，按象征性价格长期提供工业租赁用地，提供水电价格补贴；保证货币自由汇兑和自

---

① Tim Niblock and Monica Malik, op. cit.
② 席桂桂、陈永胜：《"一带一路"背景下中国的中东经济外交》，《阿拉伯世界研究》2016年第6期，第53页。

由汇出利润及抽走投资，减免机械、零部件和原料的进口税，要求政府部门优先采购本国产品等。沙特对私营企业的最重要激励措施是，通过1974年成立的工业发展基金会提供融资。从1974年到2015年，该基金会总共为22个制造业行业的2852个工业发展项目提供了融资，融资总额达1294.25亿里亚尔（约合345.13亿美元），其中消费品工业占17%，化学工业占40%，建材工业占19%，机械工业占19%，其他工业占5%（见图1）。沙特工业发展基金会以本国的私营企业为主要融资对象，对于推动私人资本参与工业化建设发挥了关键作用。

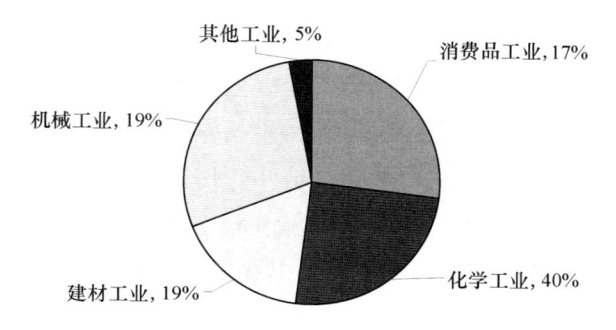

图1　1974—2015年沙特工业发展基金会融资项目情况

资料来源：沙特工业发展基金会网站（http://www.sidf.gov.sa），访问日期：2017年6月30日。

（二）民企接续

沙特作为一个以伊斯兰教为主导意识形态的国家，不否定私人在经济中的作用。包括王族在内的大量工商业者和地主的存在，也决定了政府必须支持私营部门的发展。政府在其制定的第三个五年计划（1980—1985年）中明确提出，经济多样化在很大程度上要依靠私营部门完成，并且对政府与私人资本在经济发展中的合理分工提出了构想，即政府确定投资优先领域、提供信息和研究服务，以及提供必要的基础设施，支持私营部门发展生产性企业。[①] 从此以后，支持私营部门发展便成为沙特历次发展计划都要重申的一项基本内容。在国际石油市场价格长期下跌

---

① Fouad Al-Farsy, op. cit., p. 157.

的 20 世纪 80 年代中期到 90 年代末，沙特政府财政紧张，更加重视发挥私人资本的作用。在第六个五年计划（1995—2000 年）中，政府将鼓励私营部门发展列为首要优先目标。该计划还第一次把通过私有化来促进私营经济发展提上了日程，拉开了国有企业私有化的序幕。第七个五年计划（2000—2005 年）在继续强调落实私有化政策的同时，把石化工业和炼油工业也列入鼓励私人投资的重点领域，要求通过私营部门或政府与私营部门合作的方式，实现石化工业和天然气衍生品生产的横向和纵向扩展，最大限度地提高油品精炼的能力。[①] 在政府的引导和激励下，沙特的私人资本迅速壮大，并且从 20 世纪 90 年代开始超过了政府的投资。在 1985—2000 年全国的固定资产投资中，私人投资的占比从 46% 提高到 75.4%，而政府投资占比相应地从 54% 下降到 24.6%。[②] 私人资本的发展极大改变了沙特工业的面貌。在 20 世纪 60 年代末，全国的 9174 家"制造业企业"其实都不过是些手工业小作坊，其中 4394 家"雇工"不超过 1 人，其他雇工在 2—4 人。[③] 而表 1 所显示的 2015 年情况表明，全国的工业企业数量已经达到 7007 家，每家企业的平均雇工人数已经达到 141 人。这些企业绝大多数是私营企业。因此，如果说工业化在 20 世纪 80 年代还处在政府奠基的阶段，在 90 年代则逐渐转入以私营部门为主的新阶段，私营部门成为政府开创的工业化进程的主要接续者，尤其是在非基础工业的发展中，发挥着主要作用。

（三）外商有力补充

沙特拥有大量的石油收入，是一个"不差钱"的国家，因此吸引外资主要不是为了获得额外的资金。事实上，沙特作为一个几乎是从零起点开始工业化的国家，要想加速工业化的步伐，工业技术只能来自工业发达的国家的转移，而来自外商的投资则是技术转移的载体。因此，获得工业技术是沙特吸收外资的一个重要考虑。正如代表沙特王室主管朱拜勒和延布两大工业区的时任王家委员会秘书长阿卜杜拉亲王在 20 世纪

---

① Fouad Al-Farsy, op. cit., pp. 163–165.
② Tim Niblock and Monica Malik, op. cit., p. 130.
③ Ibid., p. 48.

80年代谈到引进外资的目的时所说:"我们拥有金钱和原料,我们所寻求的是能够为我们提供必要的技术,带来贸易诀窍和确保人员培训的合伙人。"① 除此之外,由于沙特的国内市场规模有限,而且它所生产的石化产品一般都是用于生产最终消费品的中间产品,而国内又没有把这些中间产品加工成最终消费品的制造能力,需要大量销往国际市场,因此利用跨国公司的国际市场渠道也成为沙特吸收外资的另外一个主要动机。从这种意义上看,外商提供的资金在沙特工业化中的作用是重要的,但不会成为主要的资金来源,而只是对沙特在技术和市场缺陷上的补充。从总体上看,外资在沙特工业中所占的比重不大。从表2所显示的数据来看,外资在国有合资企业中的占比不超过50%,但投资方一般都是可以带来关键技术和市场的知名跨国公司。民营企业使用的生产技术相对简单,许多产品主要供应国内市场,外资所占的比例也就更小。据沙特《经济报》报道,截至2015年第二季度,在全国6790家工厂的1.01万亿里亚尔(约合2693.3亿美元)的全部投资中,合资企业持股34.7%,而外国独资企业的投资占比仅为0.6%。②

四 沙特工业化的成就与问题

经过约40年的发展,沙特工业化取得的成绩不能否认,但也面临不少挑战。目前,沙特政府正在进行相关的政策调整。

(一) 沙特工业发展取得的成效

从沙特工业化的初衷来看,也就是从摆脱对石油依赖的战略目标来看,这个目标显然还远未实现。迄今为止,沙特的工业化仍然离不开石油。石油仍然是沙特工业化的主要原料、能源和资金来源,石化和能源密集型基础工业仍然是沙特工业的主体,无论是国有企业还是私营企业,都离不开政府以石油收入为基础提供的基础设施保障和用水用电价格补

---

① 陈宗德、倪星源:前引书,第84页。
② 参见中国驻沙特阿拉伯使馆经商处网站(http://sa.mofcom.gov.cn/article/ztdy/20150),访问日期:2015年9月24日。

贴，以及大量的贷款支持。因此，离开了石油和石油收入，沙特的工业化就无从谈起，工业发展对石油和石油收入的直接依赖至今仍然是沙特工业化的一个基本特征。但是，如果从产业多样化的角度来评价，沙特的工业化无疑取得了巨大的成就。随着工业化的发展，原来完全依靠原油开采和出口的单一经济结构，已经发生了很大的变化。

第一，制造业产值上升，产业结构有所优化。1974—2015 年，按照固定价格计算，制造业产值大约增加了将近 10 倍，从 320 亿里亚尔（约合 85.3 亿美元）增加到 2960 亿里亚尔（约合 789.3 亿美元），年均增长率达到 5.6%，[①] 制造业的增长速度是各经济部门中最高的。制造业的长期持续中高速增长，成为沙特经济增长的重要动力。特别是每当国际石油价格下跌、石油开采和出口受到遏制的时候，制造业的增长及其相对稳定的出口增长对于经济增长的贡献就会表现得更加突出。随着制造业的发展，其产业规模迅速扩大。从表 1 来看，沙特全国制造业的企业数量从 1974 年的 198 家增加到 2015 年的 7010 家，制造业在国内生产总值中的占比也从 3.5% 提高到 12%，在非石油国内生产总值中的占比从 15% 提高到 21%。[②] 制造业已经从沙特国民经济中的一个微不足道的产业，成长为国民经济的一个重要支柱产业，为沙特的产业结构多样化做出了重大贡献，提高了国家的经济现代化水平。

第二，部分实现了进口和出口替代。在表 1 所列举的 22 个主要制造业行业中，除了化工产品大量用于出口以外，其他行业都在一定程度上满足了国内市场的需求，部分替代了同类的进口产品。制造业的发展也形成了新的出口增长点。制造业产品出口额从 20 世纪 90 年代后期的约每年 200 亿里亚尔上升到 2015 年的 1564 亿里亚尔（约合 53.3 亿美元），在 2014 年的时候曾经达到 1856 亿里亚尔（约合 494.9 亿美元）。尽管制造业产品在出口总额中的占比由于石油出口额的变化而不很稳定，但总体上从 21 世纪初的 10% 左右上升到 2015 年的 20%。对于原油出口的替代作用正在逐步提高。

---

① 沙特工业发展基金会网站（http：//www.sidf.gov.sa/en/IndustryinSaudiArabia/Pages/IndustrialDevelopmentinSaudiArabia.aspx），访问日期：2017 年 6 月 30 日。

② 同上。

第三，创造了新的就业岗位。从表1可以看出，沙特制造业的就业人数已经从1974年时的3万多人增加到2015年的近100万人，制造业已经成为该国的第五大就业部门。

第四，探索出石油输出国工业化道路的独特模式。沙特用约40年时间，依托其独特的自然条件，因地制宜地践行该国的工业化思想与理念。从图2可以看出，与其他一些与沙特资源条件相似的石油输出国相比，沙特工业化的成就最为突出。沙特的工业化发展代表了石油输出国的一种发展模式，在工业发展规划以及发挥政府、私人和外国资本作用等方面创造的经验，可以为其他石油输出国提供有益启示。

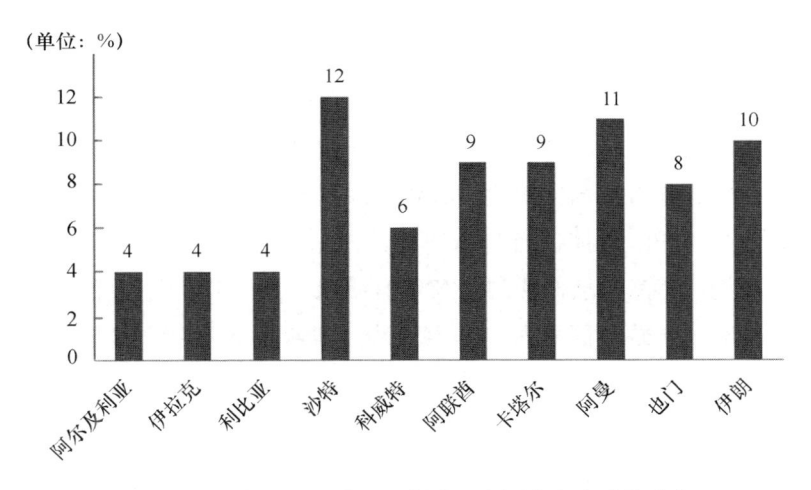

图2　2015年中东石油输出国制造业在国内生产总值中占比

资料来源：The World Bank，"World Development Indicators：Structure of Output"，http：//wdi.worldbank.org/tables，2017-06-30。

（二）沙特工业化面临的挑战

第一，利用石油收入支持工业化发展的局限性逐渐显现。由于工业化与石油收入仍然存在密切关联，因此沙特的工业化进程容易受到国际油价波动的影响。随着工业化规模的扩大，这种影响也变得越来越明显。在20世纪80年代中期到90年代的上一轮国际油价低迷周期中，沙特政府的财政收入减少，对工业化的支持力度减弱。但通过大量抽回海外资产和举借外债等措施，勉强渡过了难关。然而，2009年国际金融危机触发的世界经济衰退及其导致的新一轮低油价发生以来，沙特面临的挑战更加严峻。为了维持政府开支，仅仅在2014—2016年，海外资产就被抽回2000多亿美元，占海外资产总额的27%，① 而低油价周期却仍然看不到尽头。更令沙特担忧的是，在买方市场格局之下，其他的石油供应者，特别是美国的页岩油和页岩气，以及俄罗斯的石油供应商对市场的激烈竞争，使沙特等欧佩克石油输出国的市场份额逐渐减少，沙特的石油收入亦受到影响。因此，在政府资金紧张的情况下，开征企业所得税和商品消费等方面的税收，减少政府在工业化过程中提供的各种补贴，以改善政府的收入，让市场在资源配置中发挥更大的作用，更多地吸引外国直接投资，已经成为沙特经济体制改革的迫切需要。

第二，作为工业化主导产业的石化工业发展遇到困境。一方面是受到出口市场的竞争。沙特的化工制品在制造业产值中通常占有接近一半的比重，但国际市场竞争使沙特石化产品的出口遇阻。沙特早在1988年就开始与当时的欧共体进行自由贸易谈判，目的是开辟沙特石化产品进入西欧市场的道路，然而谈判至今未有结果。在2005年沙特加入世界贸易组织的时候，欧洲国家做出一定让步，没有要求沙特取消国内能源和化工原料产品的价格补贴，允许沙特石化工业享受世界贸易组织框架下的"统一化工产品关税协议"的政策优惠，即沙特出口的化学产品包括石化产品可享受最高6.5%的低关税，② 但实际上，欧洲国家和美国为保护其本国同类产业利益，一直以沙特政府对石化工业提供补贴为由，为沙特的石化产品进入其市场制造困难。以沙特为首的海湾合作委员会与中国的自由贸易谈判自从2003年启动以来，至今也没有结束。沙特的低价石化产品可能给对方石化产业和就业带来的巨大冲击，往往是谈判难以取得结果的重要原因。因此，要开辟新的化工产品出口市场，沙特还需要有新的思路。另一方面是原料的制约。沙特出产的天然气大部分是

---

① 于健：《沙特海外资产一月缩水108亿美元创五年新低》，2016年11月28日，新浪财经（http://finance.sina.com.cn/stock/usstock/c/2016-11-28/doc-ifxyawmp0461765.shtml）。

② 参见中华人民共和国商务部网站（http://www.mofcom.gov.cn/aarticle/i/dxfw/gzzd/200605/20060502278622.html），访问日期：2006年5月24日。

石油伴生气，其产量与石油产量有固定比例，不可能单独增产，而沙特的干气资源却相对有限。尽管在阿卜杜拉国王推动下，沙特1998年提出"天然气倡议"，2000年颁布新的投资法规，邀请世界著名油气公司勘探干气资源，但迄今尚无重大发现。在这种情况下，虽然沙特的天然气产量仍然保持着增长，但面对国内对天然气能源和原料需求的增长，沙特已经难以像以前那样从容地满足需求。进入21世纪以来，在成本较低的乙烷供应不足的情况下，沙特基础工业公司已开始使用成本较高的石脑油和丙烷等作为石化工业原料。因此，只有发展天然气的替代能源，才能用有限的天然气资源来保障石化工业的原料供应。

第三，本土沙特人在工业部门就业仍不充分。沙特发展工业化的重要初衷之一是为沙特国民在生产性领域中提供就业，然而尽管制造业得到发展，但沙特人失业率居高不下和工业企业大量使用外籍劳工的现实却难以改变。从表2中可以看出，即便是在沙特基础工业公司这样条件良好的大型国有企业中，也有相当大的一部分雇员不是沙特公民，而是外籍务工人员。尽管沙特政府多年来推行企业劳动力沙特化的政策，但沙特国民宁愿排队等候政府管理的职位，对于到企业做工也没有兴趣。而企业方面出于对工作效率的考虑，对于落实雇员沙特化的措施也缺乏积极性。[①] 青年失业率更高，失业者基本上都是沙特国民，而不是外籍劳工。从根本上说，沙特的失业问题是一种结构性问题，其真正的根源在于：国民享受的高福利使其失去了到企业做工的兴趣，而企业从营利角度考虑，也更偏好雇用成本较低和易于管理的外籍劳工。因此，要想真正发挥工业化解决国民就业的作用，沙特政府就需要调整国民福利的水平或企业的工资水平，而这种调整显然会涉及政治和社会稳定，是一个更为复杂棘手的问题。

基于上述情况，沙特2016年制定了《沙特2030愿景》文件，并且颁布了《沙特2030愿景》在2020年落实指标的《国家转型计划》

---

① 中国驻沙特阿拉伯使馆经商处网站（http://www.mofcom.gov.cn/aarticle/i/dxfw/gzzd/200605/20060502278622.html），访问日期：2015年5月10日。2016年，沙特全国失业率为5.5%，世界银行网上数据库（http://data.worldbank.org/indicator），访问日期：2017年6月30日。

（NTP）。继续走工业化道路在这些调整方案中仍然占重要地位。《沙特2030愿景》强调了发展军事工业、矿产品加工、建筑材料、新能源等重点领域，《国家转型计划》则规定在2020年前将干气日产量从120亿立方英尺提升至178亿立方英尺；将每日炼油产能从290万桶提升至330万桶；将可再生能源发电比提升至4%；将矿业产值从目前的640亿里亚尔提升至970亿里亚尔；将吸收利用外国直接投资从300亿里亚尔提升至700亿里亚尔等与工业化直接相关的指标。[①] 为了彻底解决天然气资源日趋紧张的问题，沙特还制定了发展核电的计划，以替代天然气发电。此外，为了实现《沙特2030愿景》，沙特政府还提出了一些经济体制改革的思路：资源配置从依靠政府干预向依靠市场支配的方向转变；政府财政收入从依靠石油收入向扩大非石油收入的方向转变；所有制结构从国家所有向扩大私人所有的方向转变；投资资金来源从基本依靠本国资本向重视吸引外资的方向转变；劳动就业从依靠外籍侨工向"沙特化"的方向转变。[②] 从《沙特2030愿景》和《国家转型计划》的经济调整和发展思路来看，大力发展石化工业、推动制造业的多样化发展、加大利用私人资本和外国投资的力度等工业化发展的基本方针没有大的变化。但是政府对新能源、矿业和军事工业等行业发展的强调，无疑将有助于进一步减少工业发展对石油经济的依赖。从经济体制上看，除了劳动力市场"沙特化"带有保护国民就业的色彩之外，诸如增加税收，减少补贴，部分出售阿美石油公司股权等措施都体现了经济市场化的方向，从而有利于降低政府对工业化的干预，让私人和外国投资在工业化中发挥更大的作用。但经济调整的计划能否成功，还要取决于政府能在多大程度上承受减少财税优惠所带来的社会成本。

五　中国与沙特工业化合作的投资布局

沙特的工业化需要世界其他国家的助力，这给正进行产业结构调

---

① 中国驻沙特阿拉伯使馆经商处网站（http://sa.mofcom.gov.cn），访问日期：2016年6月8日。

② 关于沙特经济调整的内容，参见陈沫《沙特阿拉伯的经济调整与"一带一路"的推进》，《西亚非洲》2016年第2期，第35—40页。

整、加大对外产业合作力度的中国带来了历史机遇。正如沙特经济学家穆罕默德·萨班所言：中国提出了"一带一路"倡议，沙特提出了旨在摆脱对石油依赖的《沙特2030愿景》。依托这两者的深度对接，中国可以利用先进的科学技术和强大的工业制造能力在沙特投资建厂，帮助沙特发展非石油经济，沙特则能够将其先进的石化技术和经验应用于庞大的中国市场。① 目前，有100多家中国企业在沙特开展投资和工程合作，项目涉及石化、铁路、港口、电站、通信等领域。工业化合作为双方合作的着力点，具有更加广阔的前景与潜力，主要集中在以下四个方面。

（一）扩大石油产业合作

石油产业的合作对于中国和沙特都具有特殊的战略意义。沙特的工业化发展至今并没有摆脱对石油收入的依赖，这一目标仍需大力推进。当下，世界经济的长期低迷不振导致的石油需求疲软，以及国际石油市场的结构性变化，正在给沙特的石油收入造成严峻的挑战。特别是随着发达国家经济的多年低增速、美国石油独立进程的推进，以及石油输出国生产潜力的逐渐释放，国际石油生产能力供过于求的局面越来越明显，直接导致国际石油市场从2014年进入又一轮新的低油价周期。与此同时，石油输出国的市场竞争越来越集中到沙特21世纪以来的重点市场亚洲，特别是集中到中国市场。2016年，俄罗斯对中国的石油出口第一次超过沙特，给沙特敲响了警钟。在这种形势之下，如何在低价格的竞争中确保石油出口安全和市场份额，成为沙特所关注的重要战略问题。

其实，从石油工业合作的角度来看，沙特除了签署长期石油供应合同以外，还有两个可以提高在中国市场竞争力的选项。一个是对中国开放石油工业上游领域。让中国的石油企业进入石油开发条件最好的沙特石油工业上游领域，无疑有助于更多的沙特石油流入中国市场。迄今为止，沙特对于外资进入石油工业上游领域仍然采取禁止的政策。值得注

---

① 王波：《沙特经济界人士对沙中加强合作充满期待》，2017年3月16日，新华网（http://news.xinhuanet.com）。

意的是，作为经济调整的重要举措之一，沙特宣布计划在 2018 年把国有的世界最大石油企业阿美石油公司 5% 的股权对外出售，发出了石油工业上游领域对外开放的一个积极信号，双方应当努力把这一机遇转化为加强石油工业上游领域合作的新起点。另一个是沙特以投资来巩固和开辟市场，通过扩大在中国的石油下游领域投资，兴建炼油厂和石油储运设施等下游产业，从而稳定和增加中国石油工业下游产业对沙特原油的长期需要。2007 年投产的有沙特阿美石油公司参股 25% 的福建联合石油化工有限公司的经验，可以成为这方面的有益借鉴。

这两个选项其实也符合中国的利益。进入沙特石油工业上游领域，是所有国际石油公司的期望。中国石油企业作为国际石油工业的后来者，尽管其国际业务有所发展，但在国际上经营的优质石油资源并不多。中国也确有扩大石油工业下游领域的需要。中国的炼油业的生产能力从总量上来看并不缺乏，但存在较大的结构性问题，特别是随着沙特等中东国家的高硫原油进口越来越多，炼油厂都不再以低硫原油炼制油品，需要加以改造和建设新的炼油能力。同时，中国对于包括建立战略储备在内的石油储运设施的建设需求也很大。所有这些石油下游产业的发展都需要大量的资金，而提供这样的资金恰恰是沙特的优势所在。因此，吸收沙特资金在中国大规模建设石油工业下游产业，可以成为双方在石油合作方面互利共赢的基本途径。

石油进口和出口直接涉及中沙双方的经济安全和战略利益，因此这种合作应当是双方战略伙伴关系的重要内容。双方应当本着建立能源安全共同体的精神，共同推动石油合作，形成中国石油进口安全和沙特石油出口安全的相互保障。

（二）突出高新技术产业投资

中国和沙特可以成为工业产能合作的重要伙伴，但沙特与一般发展中国家国情不同。沙特资源禀赋的最大优势是资金充裕，国民福利水平也比较高。因此，与该国进行工业产能合作的目标同一般中低收入发展中国家不同，即沙特发展工业的主要目的，不是为了解决就业问题或实现普通日用消费品的进口替代,① 而是要充分发挥自身的资金优势,利用人类科技的新成果,为提高国家安全和促进经济增长,让国民过上更加舒适的生活,创造更好的物质条件。在 2017 年 3 月沙特的萨勒曼国王访华期间,中国与沙特签署了价值 650 亿美元的 35 个项目,这些项目涉及海水提铀技术研究合作、铀钍矿资源(勘探)合作、无人机制造合作、沙特参与中国"嫦娥四号"的合作、高温气冷堆项目联合可行性研究合作等领域,2017 年 7 月中国华为公司还在利雅得成立了中东地区最大的创新中心,并成为与沙特朱拜勒和延布王家委员会共同建立刺激信息通信技术产业增长的智慧城市中心的合作伙伴。这些项目的签署与合作反映出沙特方面对于与中国开展产能合作的真实期望与诉求。因此,尽管中国有种类繁多的制造业技术可供对外产能合作,但沙特真正有求于中国的主要是一些与替代能源、航天、信息技术和军备有关的高新技术。为此,中国与沙特产能合作应该是在高新技术层面上展开,把高新技术合作作为双方产能合作的基本方向和对接点。

(三) 激发中沙双向投资动能

一般说来,中国与其他发展中国家的产能合作,是指中国的产能对外转移。其实,把沙特的资金吸引过来,在中国开展产能合作也存在着互利双赢的机会,并且有助于解决中沙经贸合作的重大现实问题。例如,增加沙特在中国石化工业领域的投资,把沙特的资金优势和中国的市场优势结合起来,在中国发展石化产业,沙特既可以通过在中国生产而扩大在中国石化产品市场上拥有的份额,又可以满足中国的市场需求和就业需要,从而避免沙特向中国输出石化产品可能对中国石化产业和相关就业带来的严重冲击,产生两全其美的合作效果。由沙特基础工业公司持股 70% 并于 2010 年投产的中沙(天津)石化有限公司在中国的实践,已经证明这种合作是

---

① 从 2014 年沙特各部门就业结构可以看出,制造业尽管占国内生产总值的 12%,但只占全国就业的 7.1%。政府与军队、批发零售业、建筑业和教育等 4 个主要就业部门,在全国就业中占 55.2%。参见 Neil Partrick, *The Middle East and North Africa 2016*, Routledge, 2016, p. 978.

可行的，提供了可以复制的经验。因此，中沙产能合作投资项目可在沙特和中国落地。

（四）提升基础设施和金融合作力度

沙特工业化的发展会导致经济和社会基础设施建设需求的进一步增加。沙特在20世纪70年代末到80年代建设的基础设施许多需要维修和更新，原有的朱拜勒和延布两大工业城市需要扩建和增添新的物流能力，新的产业园区、港口、高速公路、国内和地区铁路网、城市轨道交通等建设项目不断出现。中国作为在沙特从事建筑工程承包的大国，也将面临承包建设基础设施的更多机会。中资企业在沙特完成过麦加轻轨、为麦加朝觐提供通信保障以及吉达防洪设施等一批成功的项目，赢得了良好的声誉和沙特对中国承包公司的信任，完全可以在沙特的建筑工程承包市场上有更大的作为。沙特的基础设施建设项目通常是政府出资的。2014年以来国际石油价格的下跌使沙特政府资金紧张，工程承包的条件有所收紧。中资企业应当更加重视协同行动，发挥工程设计、设备采购、带资承包、施工建造和项目建成后的运营管理等方面的综合优势，提高承揽建设—运营—移交模式（BOT）项目的综合竞争实力。

大规模的工业化和产能合作也会导致融资需求的增加，从而给中国与沙特的金融合作带来机遇。中国和沙特都是外汇资金比较充裕的国家，双方持有的大量主权财富基金数量加在一起，可以形成支持工业化和产能合作的强大金融力量。尽管目前中沙之间金融合作还没有大规模展开，但随着石油和产能合作项目的开展，一定会具有广阔的前景。首先，中沙双方可以成立联合投资基金，用以支持双方的工业化合作项目。中国2015年与阿联酋成立100亿美元联合投资基金的模式，为双方提供了可资借鉴的合作经验。其次，沙特政府每年大量以发债的形式在国际融资，但向来只是发行以美元计价的债券。2017年8月，沙特经济计划部副部长穆罕默德·图维吉里已表达了要实现沙特融资基础的多元化的愿望，发行以人民币计价的"熊猫债券"，完全可以成为沙特的一种选择。再次，中国在推动人民币国际化的过程中，已经采取过许多互利互惠而且卓有成效的做法，如在两国之间进行本币互换，建立人民币结算中心，直接用人民币进行包括石油贸易在内的货物贸易结算等。这些做法都可以为未来的中沙金融合作提供有用的参考，为两国工业化合作提供金融支持。

（本文原刊发于《西亚非洲》2017 年第 6 期）

"一带一路"视域下的中国中东外交：
传承与担当

王 猛[*]

摘 要：2012年以来的中国中东外交发生了深刻变革，集中地体现为"一带一路"倡议的提出和逐步实施。"一带一路"倡议是新时期全球发展合作的中国方案。推动"一带一路"倡议有效落地中东，既是现阶段中国与中东国家发展合作的主要任务和责任担当，也从理论和实践两个层面同时推进了中国中东外交的稳步成长。中阿合作论坛和"一带一路"已经成为中国中东外交的两个重要多边对话与合作平台。未来，中国中东外交需要更精细的中层战略支撑国家外交大战略，也应该汲取欧美国家参与中东事务的经验教训。

关键词：中国中东外交 "一带一路" 中阿合作论坛 命运共同体 能源利益

习近平主席在2013年提出的"一带一路"合作倡议，旨在通过加强国际合作，对接彼此发展战略，实现优势互补，促进共同发展。五年来，"一带一路"倡议遵循共商、共建、共享原则，积极对接沿线国家发展战略，借用古丝绸之路的历史符号，融入了新的时代内涵。它既是

---

[*] 王猛，西北大学中东研究所副研究员。

维护开放型世界经济体系，实现多元、自主、平衡和可持续发展的中国方案；也是深化区域合作，加强文明交流互鉴，维护世界和平稳定的中国主张；更体现了中国作为最大的发展中国家和全球第二大经济体，对推动国际经济治理体系朝着公平、公正、合理方向发展的责任担当。当下，"一带一路"建设正在成为中国推动构建人类命运共同体的重要实践平台。在2018年7月10日召开的中阿合作论坛第八届部长级会议上，中国与阿拉伯国家签署了《中阿合作共建"一带一路"行动宣言》，包括合作原则与目标、双方在倡议框架内取得的成就，以及合作重点与前景。① 这是中国与区域组织和地区国家集体签署的第一份共建"一带一路"合作文件，为双方进一步合作注入了新的强劲动力。事实上，中东与中国在资源、地缘、市场、产能方面高度互补，有条件开展产能合作，促进互联互通，共同实施促进稳定、创新合作、产能对接、增进友好四大行动，是"一带一路"倡议实施的重要地区。推动"一带一路"倡议有效落地中东是现阶段中国中东外交的主要内容，涵盖领域不断拓展，合作成果日益丰富，是发展中国家合作的典范。然而，由于中东地区存在根深蒂固的复杂矛盾和诡异多变的发展可能，更由于中国观察世界的角度，2018年6月22—23日，习近平主席在中央外事工作会议上强调，把握国际形势要树立正确的历史观、大局观和角色观。② 以及与世界的关系正在发生深刻变化，中国的中东外交唯有顺势而为，聚焦务实合作，做实惠民举措，才能高质量推进"一带一路"倡议有效落地中东，打造互利共赢的"利益共同体"和"命运共同体"。

一 中国中东外交发展回顾

中国与中东国家关系，从整体视角看就是中国的中东外交，从行为

---

① 《中阿合作共建"一带一路"行动宣言》（北京，2018年7月10日），中阿合作论坛网站（http://www.chinaarabcf.org/chn/zagx/gjydyl/t1577010.htm）。

② 参见国际在线（http://news.cri.cn/20180623/d29f6aab-f973-a8b1-e031-bf871ef199d1.html），访问日期：2018年6月24日。

体视角看就是参与中东事务。① 上述两个概念的内涵相同，但前者传统上多是高级政治议程，一般属于主权国家的国际合作范畴，侧重对事件结果和过程的描述；后者更具低级政治色彩，涉及对象多，更强调参与过程的内容和技术。

国家是兼具身份和利益的实体。身份是一个国家在与他国互动过程中体现出来的内在属性，指一个现代主权国家相对于国际社会的角色，反映着它与主导国际社会之间的认同程度。② 利益是国家生存与发展的必要条件，具有客观性质，但国家利益各方面的具体内容并非固定不变的先定存在，而是由国际体系中处于不同战略关系结构的国际关系行为体在互动过程中建构起来的，③ 各项国家利益的具体内涵会随历史条件的变化而变化。国家在不同时期的身份认同有异，以身份为先决条件的各项利益诉求及其优先次序也就不尽一致，在具体对外参与中亦应采取不同的战略和战术。

自 1949 年以来，中国的外交方针发生过数次重大变化，中国的国际地位不断提高，但中国和中东始终没有根本性利害冲突，中东事务在中国外交格局中也不占主要位置。以中国改革开放的 1979 年为分界点，在 2012 年之前，中国中东外交走过了内容与形式均不太相同的两个 30 多年，与中东国家建交史上的两个"一首一尾"集中体现了中东外交的历史与现状、程度和限度，也反映了中国中东外交日益准确的国家身份定位、务实合理的利益层次架构和审慎精准的行为策略选择。就中国同阿拉伯国家关系而言，从 1956 年中埃建交到 1990 年中沙建交，中国与 22 个阿拉伯国家都建立了外交关系。作为

---

① 本文论述的中东国家范围，包括 22 个阿拉伯国家以及巴基斯坦、伊朗、土耳其、以色列、塞浦路斯、阿富汗六国，即"大中东"。

② 从对国际社会的认同程度看，国家身份大致可分为三类，即希望维护既存国际体系的现状性国家、与国际社会保持距离的游离性国家、试图改变国际体系现状的革命性国家。详见秦亚青《国家身份、战略文化和安全利益》，《世界经济与政治》2003 年第 1 期，第 10—11 页。

③ 国际关系行为体，是指能够独立地参加国际事务并发挥影响和作用的一系列实体，简称行为体，大致分国家行为体和非国家行为体两大类。参见蔡拓《国际关系学》，南开大学出版社 2005 年版，第 47—53 页；李少军：《国际政治学概论》，上海人民出版社 2005 年版，第 112—140 页。

阿拉伯世界最重要的政治大国和经济大国，埃及和沙特虽然政治体制和意识形态不同，但现在都已成为中国在阿拉伯乃至整个中东的重要合作伙伴，全面战略伙伴是对中埃和中沙双方关系的最新外交定位。中埃建交是中阿关系的新起点，双边关系始终代表着中阿关系的高度和温度。沙特已是中国在中东的第一大贸易伙伴，双方友好合作越来越具有战略性质，建立全面战略伙伴关系顺理成章。就整个中东而言，中国和以色列建交最晚，两国建交标志着中国在中东全方位外交的真正开始，其意义不仅在于中国开始更均衡全面地参与中东和平进程，而且参与对外事务手法也日趋精细。在20世纪后半期的冷战背景下，中国参与阿拉伯事务从埃及到沙特的演进历程，与以色列关系的曲折发展，既折射出中国外交的成长成熟历程，也彰显了中国参与中东乃至世界事务的程度与限度。

1979—2012年，中国对中东事务的参与日益集中在经济领域，基本态势由此前的较少往来发展为联系密切和优势互补。对中东政治事务的参与在不同时期有着不同的具体内容（见表1），发展态势在一段时期的相对弱化后开始呈现上升趋势，总体上从单向度发展到双向度，具体参与的深度、广度和有效度都在增加，具有"整体超脱，局部介入；以我为主，务实参与"的特点。这主要基于两个原因。其一，中国经济体量虽增长较快，但仍是发展中国家，对外参与必须服务国内发展，为内部发展营造稳定有利的外部环境。在此背景下，中国对阿以问题的态度更加体现出一种均衡性立场，与中东的交往也从较为单一的政治关系扩大到军事、经贸以及社会生活的各个领域，日益注重参与效果。其二，中国在人口、政治、经济、军事、文化等权力资源方面已具备世界大国的基本元素。

2012年党的十八大召开以来，随着国家综合实力的持续快速增长（自2010年起中国成为世界第二大经济体），国家身份的变化使中国对周边及国际事务的认知因之改变，中国外交也由此发生深刻变革，集中地体现为"一带一路"倡议的提出和逐步实施。首先，积极推进"一带一路"沿线国家的基础设施"硬联通"，聚焦经济合作特别是基础设施建设，契合沿线国家发展需要，与沿线国家的各领域合作不断深入，贸易投资大幅增长，标志性项目逐步落地，互联互通网络逐步成型。其次，

表1　　　　中国参与中东事务发展演变（1949—2017年）

次序	1949—1978年		1979—2000年		2001—2012年		2013—2017年	
	领域	主要内容	领域	主要内容	领域	主要内容	领域	主要内容
1	政治	争取外交承认与支持，反对霸权主义，支持民族解放运动	经济	劳务输出、工程承包、商贸往来、能源联系；适度对外援助	经济	持续稳定的能源保障、多渠道开展商贸往来，以工程承包带动劳务输出，发展投资和旅游	经济	对接中东国家发展转型，探寻双方优势与需求结合点，推进大型带路项目落地，开展务实合作，建设发展中东
2	安全	关注传统安全，反对干涉他国内政	军事	有少量军售，有针对性的多种形式的军援	政治	整体超脱，局部介入，积极劝和促谈，推动热点问题政治解决，促进共同发展	政治	建设性参与地区事务，推进政策沟通和热点问题政治解决，分享治国理政经验，助力中东发展道路的自主探索，倡导和平中东
3	经济	规模小，内容少，服务政治需要	政治	争取外交承认支持，反对霸权主义，营造有利的外部环境	安全	关注非传统安全，有限度参与中东地方治理，倡导和谐中东	文化	搭建对话和交流平台，深化科教文卫合作，推进民心相通，弘扬命运共同体理念，倡导多元开放的中东

续表

次序	1949—1978年		1979—2000年		2001—2012年		2013—2017年	
	领域	主要内容	领域	主要内容	领域	主要内容	领域	主要内容
4	军事	服从政治需要，无偿单向援助	宗教	鼓励对外交往，展示开放姿态，服务国内建设	文化	官民双向多层次互动，增进文化交流	安全	用中国智慧消解各类安全威胁，有限度参与中东地方治理，倡导稳定的中东
5	文化	官方主导交流，促进政治友好	安全	关注政治安全，非传统安全因素凸显	军事	维护和平，促进共同发展	军事	维护和平，促进共同发展，扩大参与地区事务的途径
6	宗教	交往有限	文化	官方主导交流，助力经济政治联系	宗教	反对宗教歧见，规范对外交往，抵制消极影响	宗教	反对宗教歧见，主张平等互鉴，规范对外交往，抵制消极影响

资料来源：笔者根据对中国中东外交的态势研判自制。

扎实推进沿线国家的政策规则标准"软联通"，提升经贸投资合作水平，统筹做好国际产能合作，增添共同发展新动力。加强金融合作，发挥好各类金融机构的作用，提高金融服务"一带一路"建设水平。深化人文交流，加强科学、教育、文化、卫生等领域的合作，筑牢"一带一路"建设民心基础。加强节能环保、循环经济、清洁能源等方面合作，建设绿色丝绸之路。① 再次，"一带一路"建设吸引了全球100多个国家和国际组织共同参与，成为引领经济全球化和国际合作的主要抓手，形成了广泛的国际合作共识。截至2017年底，中国已同80个国家和组织签署了共建合作协议，同30多个国家开展了机制化产能合作，

---

① 《紧紧围绕构建人类命运共同体 推动"一带一路"建设走深走实行稳致远》，《人民日报》2018年5月26日。

在沿线24个国家推进建设了75个境外经贸合作区。联合国大会、安理会、联合国亚太经社理事会、亚太经合组织、亚欧会议、大湄公河次区域合作等国际和地区组织，都在有关决议或文件中纳入或体现了"一带一路"建设内容。

中东是中国战略大周边，是"一带一路"倡议实施的节点地区，攸关多重利益。自2013年9月"一带一路"倡议提出以来，该倡议落地中东的路线图日益清晰：从《共建"一带一路"愿景与行动》（2015年3月）到《中国对阿拉伯国家政策文件》（2016年1月），再到《中国和阿拉伯国家合作共建"一带一路"行动宣言》（2018年7月）的顶层制度设计，展现了中国与中东国家加强战略合作关系的强烈政治意愿。受此带动，中国对中东事务的参与随即进入快车道，既以全球化视野处置中东事务，将之置于重构中的整体外交框架，又切实拓展国家利益，深化与沙特等产油国以及埃及等国的联系，在巴以和平、伊朗核问题等事务上承担相应的责任和义务，实现了常态参与中东事务的跨越式发展。从中沙能源合作、中阿经贸联系到中伊能源与战略合作、中埃苏伊士经贸区建设等，沙特、阿联酋、伊朗和埃及等国不仅长期是既往中东外交的重点参与对象，对这些国家事务的参与构成了中国中东外交的基本内容；在"一带一路"倡议的实施过程中，这些国家依然是重要的节点国家。应该说，中东外交的这种发展态势和内在逻辑，既是"一带一路"倡议提出的基础和动力之一，也是"一带一路"倡议有效落地中东的内容和基本路径。

从具体过程看，中国沉着冷静应对中东乱局，有效维护了在中东的战略、发展和安全利益，走出了一条有别于其他大国的中国特色中东外交之路。首先，积极劝和促谈，推动热点问题政治解决，倡导和平的中东。在具体的参与过程中，中国建设性地参与地区热点问题解决，坚持推进政治解决不动摇，为伊核问题、巴以冲突等问题积极贡献中国方案，发挥中国中东外交从"下半场"向"上半场"延伸的作用，以前瞻性眼光建立完善的安全形势和风险评估机制，成为推动地区政治解决、促进和平发展的建设性力量，也是相关各方日益看重的合作伙伴。其次，以构建"一带一路"为主线，开展务实合作，倡导发展的中东。中国已经同9个阿拉伯国家签署"一带一路"合作文件,落地了伊朗德马高铁、埃及市郊铁路等一系列大项目,建设了埃及苏伊士、沙特吉赞、阿联酋阿布扎比、阿曼布库姆等多个产业园区,未来还将使"一带一路"建设更切实对接地区国家改革转型趋势,推动更多新项目、好项目落地,以发展的视角给解决中东问题提供新思路。再次,推进文明对话和人文交流,倡导多元开放的中东。中国主张文明平等互鉴,反对针对特定民族和宗教的歧见,积极开展文化、历史、教育、旅游等各种形式的文明交流,打造多渠道交流合作平台,分享治国理政经验,助力地区国家自主探索发展道路,推进与中东国家间的文明互鉴和民心相通。

二 中东外交的变革动力与现实定位

中东是古代陆海丝路的交会地带和西端的直接贸易伙伴,中国与中东的交往为人类文明做出了巨大贡献,"和平合作、开放包容、互学互鉴、互利共赢"的丝路精神薪火相传。中东又是现阶段实施"一带一路"倡议的重要地区,日益紧密的经贸联系推动双边关系深入发展,而发展本身就是对国际合作以及全球经济治理新模式的积极探索。一方面,外向型经济发展模式急剧提升了中国对中东油气资源的依赖,提高了中国商品在中东市场的占有率,能源合作与经贸联系是中国与中东关系稳步发展的基石和条件。另一方面,多数中东国家,无论是传统强国伊朗、土耳其、埃及,还是百废待兴的伊拉克、阿富汗、苏丹,都把推动基础设施建设作为振兴经济的重要出路,这与以互联互通为主要内容的"一带一路"倡议高度契合,因之深化的经贸联系是中国中东外交创新发展的压力、动力和前提。

(一)中国外交发展的内外动力

中国是全球较早走出冷战阴影的世界大国,在积极的对外开放中创造了"中国奇迹"。[①] 1978—2017 年,中国国内生产总值从 1500 亿美元提高到 12.41 万亿美元,全球占比由 1.76% 提高到 15.3%,全球位次从

[①] 苏晓晖:《扩大开放是中国主动战略之举》,《人民日报·海外版》2018 年 4 月 12 日。

第十位上升至第二位（2010年）；① 中国对世界经济增量的贡献率平均达到13.5%，2008—2017年在30%左右，年度经济增量相当于世界第17大经济体土耳其的经济总量。② 截至2017年底，中国500余种主要工业产品中有220多种的产量居世界第一位，在家电、服装、钢铁等简单制造业领域已经担负起许多大宗商品供应者的角色，是全球第一大工业国、第一大货物贸易国和130个国家的头号贸易伙伴，在高铁、核电、卫星导航、新能源等领域的竞争力显著增强；吸引外资连续26年位居发展中国家首位，实际使用外资1.91万亿美元，外资产业结构进一步优化，是继美国之后全球第二大外资流入国；对外直接投资流量从2002年的27亿美元增长到2016年的1961亿美元（2017年为1246亿美元），对外直接投资存量达1.48万亿美元，由2002年的全球第25位上升至第六位，涵盖国民经济18个行业大类，覆盖全球超过80%的国家（地区），对"一带一路"沿线国家的投资超过500亿美元，境外企业资产总额超过5万亿美元，正在由净资本引入国向净资本输出国转变；人民币被纳入特别提款权（SDR）货币篮子，跃居全球最常用支付货币第六位，在计价结算、投资交易、储备货币等功能的国际化方面稳步提升。③ 2014年，国际货币基金组织（IMF）按购买力平价估算的中国国内生产总值约为17.6万亿美元，超过同年美国的17.4万亿美元，已经是全球最大经济体。④

中国巨大的经济规模和年度增量带动了全球贸易、金融、技术、资本的深刻变局，日益感觉到权力转移压力的国际体系内"守成国家"，尤其是美、日及欧洲的传统大国，对中国既存期望，也有疑虑。它们虽然也承认中国的崛起带动了全球和它们各自的发展，一再对作为新来者的

---

① 臧旭恒、李扬、贺洋：《中国崛起与世界经济版图的改变》，《经济学家》2014年第1期，第97页。

② James Kynge, "Chinese Growth Adds More Than a Turkey in 2013", *The Financial Times*, Jan. 20, 2014.

③ Ian Bremmer, "China's Limited Influence", *The New York Times*, Nov. 27, 2013. 丁志杰：《中国发展与人民币国际化》，《光明日报》2016年1月21日；苏格：《全球视野之"一带一路"》，《国际问题研究》2016年第2期，第5页；国家发展与改革委员会：《中国对外投资报告》，人民出版社2017年版，第3—4页。

④ Liam Halligan, "A Year Marking a Return to an Old World Order", *The Telegraph*, Jan. 3, 2015.

中国进行"利益攸关方"等社会化的"他者角色确定",担心中国裹挟着民族主义抱负和历史屈辱感的崛起将严重冲击目前的世界秩序,对中国的警觉意识持续增加,政策话语不断变化,从"威胁论""遏制论""崩溃论""新殖民主义论"到"机遇论""责任论""共治论""傲慢论""强硬论",不一而足,将中国的"一带一路"倡议看作霸权主义机制。① 与此同时,由于双方实力对比变化导致的权力转移和心理失衡,部分发达国家因应中国事务的自利因素明显上升,它们以零和心态看待中国的崛起,鼓噪中国应该像1947年的美国那样开始领导世界,购买遭金融危机重创国家的债券,落实发达经济体对第三世界无法兑现的发展援助承诺等,不能为了推卸责任而刻意"装穷"。② 部分亚洲国家对中国的警惕和敌视心理增强,搅动多方的南海问题就是斗争焦点之一。2017年末,特朗普政府的首份《美国国家安全战略报告》就带有浓厚的冷战思维,不仅将中国定性为美国的"战略竞争者"和"利益挑战者",同时将中国称作正以明确战略颠覆现行国际秩序的"修正主义国家"。③

在内外双重压力下,中国积极构建海陆统筹、东西互济的全球开放新格局,国家战略目标表述也发展为内外兼顾的"中国梦",既强调国内发展和人民富足,又强调摆脱近现代"救亡图存"的危机意识和历史悲情,将自身发展与世界发展对接。④ 相应地,新时期的中国外交"更具全球视野、更富进取意识、更有开创精神",积极构筑新时期全方位对外开放平台,探索有中国特色的大国外交之路,对国际体系的塑造能力全面提升。⑤ 其一,从和平发展观、合作安全观、正确义利观、中国文明观到新型大国关系、新型国际关系、伙伴关系网络、"一带一路"倡议、"命运共同体"等,"话语权导向"的战略新思路日益清晰,中国特色的大国

---

① 冯巍、程国强:《国际社会对"一带一路"倡议的评价》,《中国经济时报》2014年7月14日。
② Gideon Rachman, "China Can No Longer Plead Poverty", *The Financial Times*, Oct. 25, 2010; Nathan Gardels, "You're on Top Now, Start Leading", *The Christian Science Monitor*, June 28, 2011.
③ 晓岸:《真正的"国际秩序修正主义国家"不在太平洋西岸》,《世界知识》2018年第6期,第44页。
④ 陈刚:《中国开启强势外交时代》,[新加坡]《联合早报》(中文版)2013年12月16日。
⑤ 王毅:《探索中国特色大国外交之路》,《国际问题研究》2013年第4期,第2页。

外交内涵日渐丰富。其二,从亚太自贸区扩围扩容、跨国设施联通、贸易投资便利化、"六廊六路多国多港"建设主骨架到亚投行、金砖银行、丝路基金和南南基金等多边金融机构的启动运行,中国外交以点带面,从线到片,对国际体系的塑造能力全面提升,日益从被动性融入世界向主动性全球布局转变。

(二) 中国中东外交的现实定位

国际政治中的国家利益是一种客观存在,但国家利益的具体内涵必须进行精准界定。各国一般根据各自的受威胁程度确定各项利益的优先次序,进而确定国家对外交往的原则与方案。借鉴《美国国家安全战略报告》的国家利益层次划分,结合国务院 2011 年发布的《中国的和平发展》白皮书,中国的国家利益可分为核心、重要、一般利益。首先,中国的核心国家利益大致包括主权、政治安全和经济发展三大类,虽然在南海和"东突"等问题上涉及部分中东国家,但中东事务对中国国家政权、主权、统一和领土完整等重大利益不构成直接的严重威胁,只有能源因素实质性地影响着中国经济的可持续发展,故中国在中东的核心国家利益,现阶段还主要是经济发展中的能源利益,即确保能够持续稳定地以可接受的价格从中东获得油气资源。其次,中国在中东的重要国家利益主要指受到间接影响的战略利益、安全利益和海外利益,这不仅体现为受到地区局势动荡影响的商贸、工程和劳务等具体经济利益,涉及中国海外公民生命安全的海外利益更是重要性远超经济考量的政治问题。最后,意识形态较量和国际话语权重争夺等政治利益,现阶段还只是中国在中东的一般利益。① 2016 年底,美国智库兰德公司发表报告,认为中国在中东有四方面"关键利益",分别是维护经济利益和能源安全,地缘政治上平衡美国在中东的影响力,维护国内稳定、改善西部地区落后局面,提高中国的"大国地位"和国际影响力等。②

---

① 牛新春:《中国在中东的利益与影响力分析》,《现代国际关系》2013 年第 10 期,第 47—49 页。

② Andrew Scobell, Alireza Nader, *China in the Middle East: The Wary Dragon*, RAND, 2016, pp. 7 – 20.

从中东外交的具体实践看，虽然中国对中东经济、政治、军事、安全等事务的参与日益频密，也都有其重要性和战略配合作用，有助于推动相关事务的解决进程和中东稳定，但中国在中东日益延伸的国家利益范围还只涉及部分国家，且主要在具体的经济利益层面，中国也没有足够的压力和动力参与其中，中东还不是中国整体对外政治参与、军事联系和安全合作中的优先地区。近年发生的中国在中东的大规模紧急撤侨确实体现了中国综合国力的提升和以人为本的执政理念，同时深层地反映了两点不容忽视的现实：一是中国在中东还没有不可或缺的重大经济利益；二是中东的安全风险过高，中国如何保护自己的经济利益还存在较大压力，相关部门的情报收集、分析、评估等安全预警工作亟待加强。

中东在中国外交棋盘中的定位，可以量化的贸易数据能够对之作出更清晰的阐释。在 2005 年、2008 年、2012 年、2014 年和 2017 年，中国的对外贸易额分别是 1.42 万亿美元、2.56 万亿美元、3.87 万亿美元、4.30 万亿美元和 4.10 万亿美元，总贸易顺差是 1018.8 亿美元、2954.59 亿美元、2311 亿美元、3824.6 亿美元和 4225 亿美元；与 28 个"大中东"国家的贸易额是 738.63 亿美元、1870.94 亿美元、3018.6 亿美元、3544.7 亿美元和 2738.4 亿美元，贸易差额为 -0.01 亿美元、-21.96 亿美元、-296 亿美元、22.43 亿美元和 410.98 亿美元；与 22 个阿拉伯国家的贸易额是 512.73 亿美元、1325.92 亿美元、2186.5 亿美元、2510.6 亿美元和 1913.4 亿美元，贸易差额为 -40.03 亿美元、-79.24 亿美元、-405.3 亿美元、-234.2 亿美元和 57.2 亿美元；对欧盟国家的贸易额是 2173 亿美元、4255.8 亿美元、5460.4 亿美元、6153.4 亿美元和 6444.7 亿美元，中方拥有 701.2 亿美元、1601.76 亿美元、1219.4 亿美元、1266.3 亿美元和 2006.9 亿美元顺差；中国与美国贸易额是 2116 亿美元、3337.37 亿美元、4846.8 亿美元、5550 亿美元和 5837 亿美元，中方拥有顺差 916.6 亿美元、1708.97 亿美元、2189.2 亿美元、2370 亿美元和 2758 亿美元。[①] 不难看出，中国与中东的贸易数据虽然增长迅速，但在中

[①] 相关数据综合了国家商务部、外交部和海关总署网站的历年统计资料，中国与阿拉伯国家的贸易数据还参考了张进海、段庆林、王林聪《中国—阿拉伯国家经贸关系发展报告》(2015)，宁夏人民出版社 2015 年版，第 9 页。

国外贸大盘中的占比最大的年份也只有8%（见图1），较同期中国与欧美的贸易往来在总量上逊色许多（见图2）。

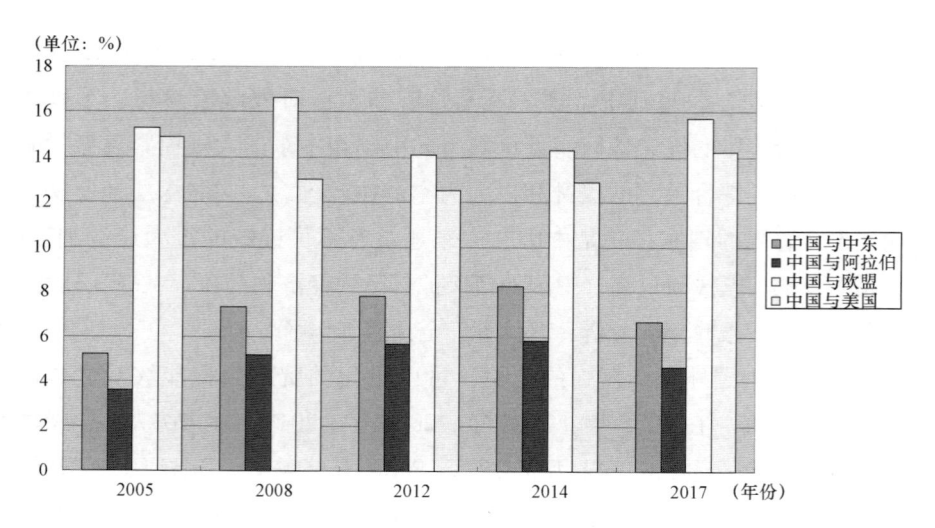

图1 中东、阿拉伯、欧、美占中国外贸份额对比

资料来源：笔者根据商务部、外交部和海关总署历年数据绘制。

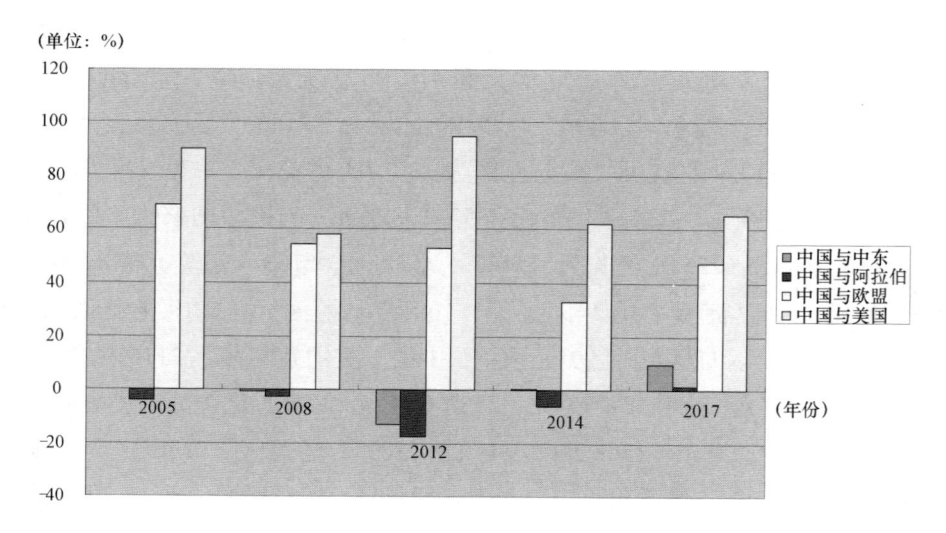

图2 中东、阿拉伯、欧、美占中国外贸顺差对比

资料来源：笔者根据商务部、外交部和海关总署历年数据绘制。

现阶段的中国中东外交整体上与中国自身的能力相匹配。首先，中国的中东政策不在中东事务上选边站，避免介入中东内部的冲突和矛盾，努力保持与所有国家务实的经济关系和良好的外交关系，尽力保护中国在该地区正在增长的利益，如在海湾的能源利益等。其次，中国自身在国际事务中的话语权重也是相关中东国家无法忽略的国际因素，中国日益增长的能源需求是中东产油国必须重视的目标市场。最后，中国对中东事务的参与与该地区国家的期待还存在一定差距，中国对中东经济事务的参与也不时遭遇各类风险、挑战和损失。2011 年的阿拉伯乱局就导致在利比亚的众多中国公司被迫丢下数百亿美元工程项目后撤离，其中仅撤离 3.6 万名工人的成本就高达 10 亿美元左右。①

三 中国中东外交的担当和创新

进入 21 世纪以来，随着中国对中东事务的参与越来越深入全面，中国政府也逐步出台了指导中东外交的权威文件，即 2016 年 1 月的《中国对阿拉伯国家政策文件》。加之，政府相关部门 2015 年 3 月推出了《推动共建丝绸之路经济带和 21 世纪海上丝绸之路的愿景与行动》。这两个纲领文件及其随之展开的相关实践，既有效地拓展和维护了中国在中东的战略、发展和安全利益，推动"一带一路"倡议有效落地中东，又从理论和实践两个层面同时推进了中东外交的稳步成长，充分体现了中国外交对中东乃至相关国际事务的使命和责任。2016 年 1 月，习近平主席在阿盟总部发表重要演讲，不仅系统阐释了新时期中阿合作的新理念、新方略，提出了推进中阿务实合作的一系列重大举措，为中阿战略合作关系发展确立了新的历史方位，开启中阿合作的新时代；而且从全球治理角度阐述了推动中东治理的"中国方案"与"中国智慧"，强调中国愿与阿拉伯国家携手合作，共同破解中东发展难题，做中东和平的建设者、中东发展的推动者、中东工业化的助推者、中东稳定的支持者和中东民心交融的合作伙伴。② 2018 年 7 月 10 日，习近平主席在中阿合作论坛第

---

① 梁嘉文、张滨阳：《中国如何跳出中东外交困局》，《国际先驱导报》2011 年 4 月 26 日。
② 习近平：《共同开创中阿关系的美好未来》，《人民日报》2016 年 1 月 22 日。

八届部长级会议开幕式讲话中指出:"中方愿同阿方加强战略和行动对接,携手推进'一带一路'建设,共同做中东和平稳定的维护者、公平正义的捍卫者、共同发展的推动者、互学互鉴的好朋友,努力打造中阿命运共同体,为推动构建人类命运共同体作出贡献。"① 上述内容阐述了中阿合作的新思路、新举措和新主张,为新时代中阿战略伙伴关系发展指明了方向。

(一)中国中东外交的使命担当

作为一项可能改变地区乃至国际格局的区域合作安排,"一带一路"倡议是一项对不同区域有不同含义的整体对外经济发展战略,是中国给世界提供的国际公共产品。但问题在于,"一带一路"倡议的具体实施恰逢当下逆全球化思潮和各国右翼保守主义的崛起。从英国脱欧、特朗普当选,以及意、奥、荷、法、德等国不确定的大选,到日本冲刺所谓"正常国家"、土耳其加速逆世俗化、"伊斯兰国"在中东猖獗,反全球化和反建制在欧美主要国家已经从社会思潮发展为政治思潮,保护主义、本土主义、孤立主义与单边主义波涛汹涌,政治对抗加剧,政策碎片化和政治不确定性增加。世界各国的民粹主义已经不是有没有的问题,而是政治人物会不会诉诸民粹主义以及政府有没有能力控制民粹主义。可以断言,如果仅仅依赖沿线国家自身市场和区域合作,代表着区域性全球化的"一带一路"倡议在一些国家面临诸多挑战,比如一些人认为大规模基础设施建设可能引发的利益冲突和债务问题等,更遑论延续处于退潮期或调整期的全球化甚或引领新型的包容性全球化的舆论。

中东长期是全球事务的热点地区,是"一带一路"沿线国家群体的缩影。中东事务有着"一带一路"沿线事务的主要特征,中东外交在一定程度上成为中国"一带一路"沿线外交的缩影。从发展的视角看,"一带一路"倡议的中东含义大致包括两层意思。其一,针对中东地区的"一带一路"倡议,本质上是既往中东外交发展演变的逻辑结果,中国国际关系行为体既往参与中东事务的发展程度和限度,是推动"一带一路"

---

① 《习近平在中阿合作论坛第八届部长级会议开幕式上的讲话》,2018年7月10日,新华网(http://www.xin huanet.com/politics/2018-07/10/c_1123105156.htm)。

倡议落地中东的物质和制度基础。其二,推动"一带一路"倡议有效落地中东,是未来一段时间中国参与中东事务的重要抓手,也是"一带一路"视域下中东外交的自觉和责任担当。

中东外交责任担当的首要原则,就是按照不干涉内政的原则建设性参与中东事务,这是同时期中国对外参与能力和中东国家自身权重实事求是的反映,有着很强的必要性和现实意义。首先,这是中国对外参与能力的现实要求。2011年以来,中国在制裁利比亚的联合国决议中投赞成票,在建立禁飞区的安理会第1973号决议中投弃权票,连续否决西方国家关于叙利亚问题的提案,既坚持了尊重国家主权和不干涉内政原则,体现了中国维护中东稳定的政治意愿,同时关切阿盟和非盟的立场,避免了与西方的直接对抗,而叙利亚战争的发展态势也证明了中国立场的合理性,展现了东方智慧在因应中东事务时的独特魅力。其次,虽然新时期的中国中东外交面临着越来越大的参与压力和挑战,但作为全球最大的发展中国家,中国只要妥善应对在环境、社会、经济、人口、政治等方面遭遇的诸多内部挑战,就能为国际热点问题的解决做出中国独特的贡献。最后,进入21世纪以来,中国参与中东事务不断深化,反映了中国对中东事务影响力的纵向拓展速度。与此同时,如果从横向看,中国和中东国家彼此都在各自的对外战略中有提升空间。

中东外交责任担当的第二个原则,就是必须多渠道确保对中东事务的务实有效参与。首先,中国应理性判断应对中东事务的轻重缓急及其发展趋势,据此合理规划目标设定、路径选择和战术实施等,做好、做深重点参与对象,提纲挈领,以点带面,积极把目光转向国家间的具体事务合作,切实推动中东外交的整体提高。其次,中国行为体应明晰参与红线,强化安全保障,着眼参与实效。最后,积极与国际社会共享解决和预防冲突的经验并吸取相关教训,将部分因应策略从短期被动地解决危机向积极主动地管理和预防冲突方向转变,秉承"不干涉他国内政"原则,推动新时期中国外交的发展和丰富。

(二) 中国中东外交的体制创新

改革开放以来,尤其是2001年加入世贸组织以来,从产业、金融、能源、贸易到控制气候变化、遏制和打击恐怖主义、跨国犯罪,中国对中东事务的参与越来越广泛深入，环境、资源、能源等发展瓶颈已经上升为必须全力解决的现实战略问题，中国中东外交的难度也在上升。

1978年以来，面对变化着的内外部环境，涉及中东外交相关决策的体制变革一直在创新，经历了从协调性的各类"小组"机构到权威的国家安全委员会的发展历程，中东外交的协调和决策能力得到提升。从1981年恢复建立中央外事工作领导小组到2000年建立中央国家安全领导小组，外交部、外贸部（现商务部）、对外文化联络委员会等部门的工作有了基本的统筹和协调，有效应对了从两伊战争、海湾战争到阿富汗战争和伊拉克战争等一系列中东事务。只是鉴于当时包括中东外交在内的外交工作整体状况，这两个小组本身属一套机构、两块牌子，合署办公，国务院外事办公室是主要的办事机构。2012年党的十八大以来，随着中国社会的发展变化和"一带一路"倡议的逐步实施，中国外交的体制创新开始步入快车道。2014年1月，更高级别、更具权威的国家安全委员会应运而生，取代此前的国安小组，对安全和外交工作进行更高层级的统筹和领导。国安委的成立有助于完善国家安全体制和安全战略，更好地应对国家安全方面日益复杂多样的任务和挑战，推动新时期"一带一路"建设的安全保障和外交工作发展。2018年3月，中央外事工作领导小组升级为中央外事工作委员会，角色定位强化顶层设计和统筹协调，提高把方向、谋大局、定政策能力，发挥决策议事协调作用，为中国外事工作不断开创新局面提供有力指导，确保党中央对外决策部署落到实处。在具体实践中，中央外事工作委员会积极推进外交理论和实践创新，完善和深化全方位外交布局，倡导和推进"一带一路"建设走深走实、行稳致远，深入参与全球治理体系改革和建设，落实重大外交活动规划，增强风险意识，坚定捍卫国家主权、安全、发展利益。中共中央总书记、国家主席、中央军委主席、中央外事工作委员会主任习近平在2018年5月15日召开的中央外事工作委员会第一次会议上指出，加强党对外事工作的集中统一领导，准确把握当前国际形势发展变化，锐意进取，开拓创新，努力开创中国特色大国外交新局面，为实现"两个一百年"奋斗目标、实现中华民族伟大复兴的中国梦做出更大贡献。①

中国对中东的援助及国际发展合作从20世纪50年代就已经开始,最近20年间的发展规模和速度更是远超此前,相关的双边发展合作项目在最近的20年间如雨后春笋般出现。其中既有与国际多边机构合作的援助项目,也有与中东国家双边合作的国别援助项目;既有不同政府部门组织实施的大型基础设施建设项目和医疗合作及教育培训交流等人力资源"软领域"建设项目,也有各地方部门及企业界开展的众多发展合作项目,对统一管理和整体布局的要求日益迫切。为了打破既往在对外援助项目部署和实施上相互分割和重叠的"碎片化"管理局面,提高执行效率和形成合力,推动"一带一路"建设的有序和高效开展,国家"国际开发合作署"在2018年4月18日正式挂牌。此举可以充分发挥对外援助作为大国外交的重要手段作用,加强对外援助的战略谋划和统筹协调,推动援外工作统一管理,改革优化援外方式,更好服务国家外交总体布局和共建"一带一路"等。从制度发展的角度看,国际开发合作署的成立既反映了中国不断扩大国际发展合作的必然产物以及与世界各国共建"一带一路"的必然要求,更代表着中国以更开放和合作的姿态展现其全球抱负并意欲承担更大的国际责任。

(三) 中国与中东国家共建"一带一路"的路径选择

"一带一路"倡议是新时期的全方位对外开放载体,也是中国提供的全球发展公共产品。从经济学意义上看,"一带一路"倡议以构建多边合作机制、服务于全球贸易投资自由化为目标,体现了"人类命运共同体"的新理念、新思维,天然地具备多边主义属性,容易为国际社会所接受。突出"一带一路"倡议的区域主义属性,将"一带一路"倡议的起步阶段定位成一种新型的、发展导向型区域合作机制,与现有的以规则为导向的多边合作机制并行不悖,不仅在发展模式上与中国的和平发展具有内在的统一性,也契合了中国崛起的路径选择。作为新兴国家,中国既可以继续选择规则内化型参与现有多边体制,避免与现有体系内守成国

---

① 《加强党中央对外事工作的集中统一领导,努力开创中国特色大国外交新局面》,《人民日报》2018年5月16日。

发生直面冲突，又能够通过"一带一路"选择规则外溢型参与，难度较小地推动现存国际制度的内部改革，发挥其全方位对外开放的职能和实现人类命运共同体的目标。①

中国中东外交正在从自身角度着力打造两个以发展为导向的新多边对话与合作平台，分别是中阿合作论坛和"一带一路"倡议。中阿合作论坛成立于2004年，是中国中东外交最重要的多边对话与合作平台，迄今已发展成为涵盖众多领域、建有10余项机制的集体合作平台。论坛中方秘书处的成员单位包括中宣部国际联络局、国家发改委能源局、财政部行政政法司、商务部西亚非洲司、文化和旅游部外联局、贸促会国际联络部、全国对外友协亚非工作部等，不仅涵盖了中阿交往的各个方面，而且与中国驻阿拉伯各国使领馆等众多部门和单位都有密切合作。2016年7月，中国外交部设立论坛事务大使职位，资深外交官李成文先生担任中国外交部中阿合作论坛事务大使。整体上看，中阿合作论坛自成立以来，始终坚持以对话、合作、和平、发展为宗旨，涵盖领域不断拓展，正规化、机制化建设不断推进，为丰富中阿关系战略内涵、推进中阿务实合作发挥着日益显著的作用。中阿合作在各领域不断取得重大进展和重要成就，中阿战略对接加速推进，经贸合作日益密切，社会发展合作领域不断拓宽，和平与安全合作日趋深化，人文交流异彩纷呈，民间交往日益活跃，中阿合作论坛框架下的各项活动有序开展（见图3），形成常态化的良性互动局面，论坛自身建设也不断完善。②

"一带一路"倡议的对外合作重点是"五通"，政策沟通是重要保证，设施联通是优先领域，贸易畅通是重点内容，资金融通是重要支撑，民心相通是社会根基。自2013年提出"一带一路"倡议以来，该倡议得到了中东国家的热烈反响，多国在积极将各自的发展战略与"一带一路"建设相对接，如埃及"振兴计划"、沙特"2030愿景"、土耳其的"2023百年愿景"、科威特丝绸新城（Silk City）建设、摩洛哥丹吉尔穆罕默

---

① 李向阳：《"一带一路"：区域主义还是多边主义》，《世界经济与政治》2018年第3期，第35—38页。

② 《共建"一带一路"，推动中阿集体合作站上新起点》，2018年6月25日，中阿合作论坛（http://www.chinaarabcf.org/chn/ltdt/P020180614580301500634.pdf）。

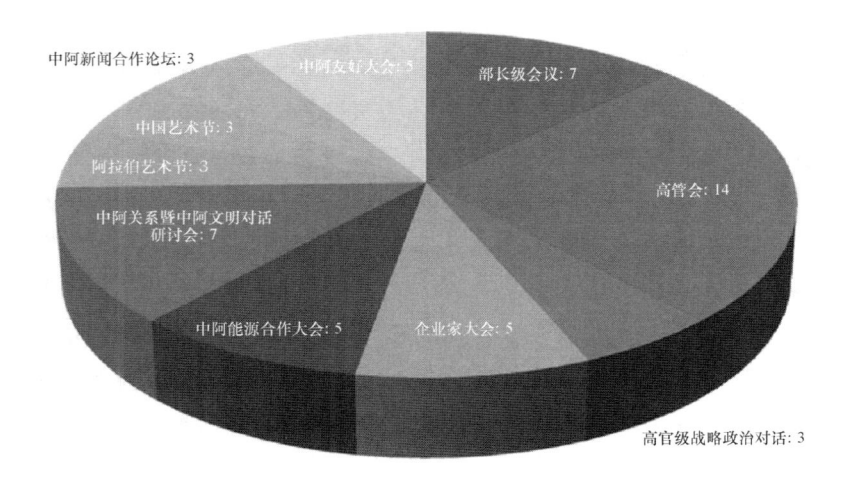

图 3　中阿合作论坛会议机制（2004—2018 年）（单位：次）

资料来源：笔者根据中国外交部中阿合作论坛网站内容绘制。

饼图数据：部长级会议：7；高官会：14；高官级战略政治对话：3；企业家大会：5；中阿能源合作大会：5；中阿关系暨中阿文明对话研讨会：7；阿拉伯艺术节：3；中国艺术节：3；中阿新闻合作论坛：3；中阿友好大会：5。

德六世科技城建设、约旦"2025 年愿景"等，具体进展体现在多个方面。首先，以能源合作为主轴，以基础设施建设、贸易和投资便利化为两翼，以核能、航天卫星、新能源三大高新领域为突破口的"1+2+3"合作格局初步成型。双方着眼战略，尊重市场，努力推动务实合作升级换代，打造开放包容均衡普惠的区域经济合作架构。其次，金融合作不断拓展。中东国家积极参与亚投行的建设与运营，埃及、沙特、土耳其和伊朗等11 个中东国家成为亚投行创始成员国，沙特代表和埃及代表还分别担任亚投行中东选区和非洲选区的董事，亚投行已批准多项涉及阿曼、埃及等中东国家的项目。此外，中国还与阿联酋、卡塔尔设立共计 200 亿美元的共同投资基金。中国工商银行多哈分行和中国农业银行迪拜分行已启动人民币清算业务。最后，人文交流丰富多彩。人文交流是共建"一带一路"的重要支柱，双方积极开展形式多样的人文交流，在文化、艺术、教育、卫生、传媒、旅游等诸多领域的交流合作不断丰富和扩大，绵绵用力，久久为功，推动文明互鉴，助力民心相通，推动各国人民相知相交、和平友好。

值得关注的是，无论是中阿合作论坛框架，还是"一带一路"共建平台，现阶段中国与中东国家间的重大活动实际上都是以双边形式展开。例如，中国和沙特在产能与投资方面确定了 30 个重点项目，包括：以阿联酋为平台开展转口贸易，与伊拉克、伊朗和卡塔尔等国积极开展能源合作，在埃及积极推进苏伊士经贸合作区建设，对以色列活跃的高科技领域投资，在巴基斯坦开展的大规模基础设施建设，在阿尔及利亚等国的工程和劳务承包等，与埃及、阿尔及利亚、阿联酋、沙特、苏丹 5 国开展的双边航天合作等。鉴于多边框架暂时还不足以充当有效参与中东事务的区域性多边合作平台，而交好关键国家的实际效果又远超与所有国家维持一般状态的友好，有较高的收益/付出比，如维持与沙特一国的贸易就可以保证与海合会国家 1/2、阿拉伯国家 1/3 和大中东国家 1/4 的经济联系。现阶段的中国中东外交还必须以双边关系为主轴有重点地展开，但多边合作是值得努力的方向。从长远看，只要做好了对沙特、伊朗、埃及和土耳其等支点国家事务的有效参与，将"一带一路"倡议与其发展战略成功对接，同时适当涵盖阿联酋、阿尔及利亚、阿富汗、以色列和伊拉克等重要国家，中国中东外交的大局就基本可以确定，与其他中东国家关系也会按照预期轨道发展。

从推动"一带一路"倡议落地中东的具体参与实践看，无论是针对沙特、巴基斯坦、阿富汗、苏丹、南苏丹、伊拉克等高度相关国家，还是针对一些可能影响全球安全局势和能源供应的重大中东事务等，中东外交已经有不少相对成熟的务实参与个案。中国通过参与中东地区安全治理，从而为"一带一路"在更大范围落地中东营造更好的稳定环境。在因应南苏丹内乱过程中，中国行为体的危机应对向更为积极主动的危机管控和预防冲突转变，不仅通过切实措施确保人员和利益安全，而且借助地区组织"伊加特"展开斡旋并推动冲突双方达成共识。中方首次派出 700 名成建制作战部队，协助维护南苏丹的安全稳定，积极寻找兼顾和平发展的综合策略。① 对于"9·11"事件以来的阿富汗事务，中国行为体的具体参与大致经历了从低调到深入的发展过程，不仅政策框架涵盖安全合作、经济发展和增强治理能力等三

---

① 钟声：《计利当计天下利》，《人民日报》2015 年 1 月 15 日。

个方面，①而且积极地组建和参与双边或多边协调机制建设，主动为阿富汗对立双方提供中立谈判场所，举办以阿富汗和解为主题的地区性论坛，支持建立中国、阿富汗和美国参与的三方会谈制度，多渠道加强有关阿富汗事务的国际磋商，为中国参与国际公共产品供应提供可资借鉴的历史经验。

余　论

"丝绸之路"一词在 19 世纪末期才首次出现，丝路经济带本身却是从公元前就已经展开的全球重要贸易通道和文明交流纽带，是为矿物、香料、金属、马具及皮革制品、玻璃、纸等商品交换而展开的。大量丝绸以货币的形式从长安行销到北高加索地区，在宗教、艺术、语言和技术交流等多个方面切实地改变了东西方文化。②从宽广的历史视角看，丝绸之路涉及地缘政治博弈、商品贸易往来和宗教文化交流等多重内容，发展轨迹沉浮多变。汉王朝"凿通西域"原本就是出于政治、外交目的而不是经济收益，唐代的丝路经济主要依赖中国中央政府的强力帑财刺激而不是国际商贸。传统"丝路"是由无数节点、干道和支流构成的网络体系而非笔直的国际贸易商路，沿线各国大多是自给自足的农业经济而非相互依赖的商业贸易，资源禀赋各异，彼此间关系复杂。15 世纪后，传统丝路经济带开始让位于跨大西洋贸易线路，沿线区域在随后的 600 年岁月洗礼中日渐褪色。③

中国与中东国家共同继承了陆、海丝路的历史遗产，也是共建"一带一路"的天然伙伴。在中东推进"一带一路"建设，不仅是对丝路精神的传承，也是中方优势与中东国家需求在新时期的结合点。但另一方面，中东是伊斯兰世界的主体，由数十个独立国家组成，涵盖当代世界的部分交通枢纽、战略要地和主要产油国，是影响国际格

---

① 刘中民、范鹏：《中国对阿富汗重建的外交参与》，《亚非纵横》2015 年第 1 期，第 12—17 页。
② 赵丰：《唐代丝绸与丝绸之路》，三秦出版社 1992 年版，第 210—215 页。
③ Lorraine Adams, "The Way West", *the New York Times*, July 15, 2007.

局配置和变化的重要战略力量。然而，中东本质上是一个复杂多样的碎片化地带，存在太多的民族、部族、宗教、领土等争议或纠纷，诉诸战争解决争端的个案不胜枚举。难以企及的阿拉伯统一梦想，命途多舛的中东和平进程，迟滞坎坷的社会转型，此起彼伏的部族冲突、教派仇杀、领土纠纷和国家间战争，暴恐威胁和反恐战争，大规模杀伤性武器的扩散和反扩散较量，石油资源和石油市场价格的控制权争夺等，矛盾错综复杂的中东就像一个没有出口的禁闭室，"介入冲突远比从中出来容易"。①

因此，中国对中东地区形势的研判要有历史观、大局观和角色观。坚持以维护世界和平、促进共同发展为宗旨推动构建人类命运共同体，坚持以中国特色社会主义为根本增强战略自信，坚持以共商、共建、共享为原则推动"一带一路"建设，坚持以相互尊重、合作共赢为基础走和平发展道路，坚持以深化外交布局为依托打造全球伙伴关系，② 努力"建设和平之路、繁荣之路、开放之路、创新之路、文明之路"③，服务双方的共同利益。中国在中东结伴而不结盟，需要以命运共同体意识扩大朋友圈，尤其是战略伙伴。虽然中国的经济实力有较快的增长，但国家经济规模不等于国家综合国力。现阶段参与中东事务的中国国际关系行为体就必须以更宽广的视角理性审视中东事务，以更从容的姿态稳扎稳打，务实推动"一带一路"倡议落地中东，维护中国的安全利益和发展利益。

（本文原刊发于《西亚非洲》2018 年第 4 期）

---

① Richard N. Haass, "No Exit", *News weekly*, Dec 14, 2009.
② 参见国际在线（http://news.cri.cn/20180623/d29f6aab-f973-a8b1-e031-bf871ef199d1.html），访问日期：2018 年 6 月 24 日。
③ 《中阿合作共建"一带一路"行动宣言》（北京，2018 年 7 月 10 日），中阿合作论坛网站（http://www.chinaarabcf.org/chn/zagx/gjydyl/t1577010.htm）。

"一带一路"框架下中国与中东基础设施互联互通的问题和对策研究

魏 敏[*]

摘 要: 基础设施建设不仅是"一带一路"建设的优先领域,也是中国与中东产能合作的重要构成。中东地区曾经是中国改革开放后融入世界经济体系并开展国际合作较早的地区之一,中国与中东基础设施建设领域的合作有着良好的基础和经验。本文在分析中东基础设施领域存在的基本问题的基础上,梳理了中国与中东基础设施领域的主要合作模式,指出了当前中国拓展中东基础设施建设工程市场面临的主要问题,并根据中东国家未来基础设施建设的规模和特点,提出中国企业未来拓展中东市场基础设施建设领域、提升市场占有率的对策建议。

关键词: "一带一路"倡议 基础设施联通 中东

基础设施互联互通是"一带一路"倡议的核心内容之一,也是"一带一路"建设的优先领域。"一带一路"倡议提出,在尊重相关国家主权和安全关切的基础上,沿线国家宜加强基础设施建设规划、技术标准体系的对接,共同推进国际骨干通道建设,逐步形成连接亚洲各次

---

[*] 魏敏,中国社会科学院西亚非洲研究所研究员。

区域以及亚欧非之间的基础设施网络。① 2017年8月4日,国务院发布《关于进一步引导和规范境外投资方向指导意见的通知》,指出应重点推进有利于"一带一路"建设和周边基础设施互联互通的基础设施境外投资,同时稳步开展带动优势产能、优质装备和技术标准输出的境外投资。② 在2016年1月发布的中国政府首份对阿拉伯国家政策文件中提出,推进中阿共建"一带一路",构建以能源合作为主轴,以基础设施建设和贸易投资便利化为两翼,以核能、航天卫星、新能源三大高新领域为突破口的"1+2+3"合作格局,推动务实合作升级换代。③ 由此可见,中国政府已将基础设施建设置于中国和中东国家加强合作的重要位置,合作前景广阔。

基础设施建设对于经济发展和就业具有强大的拉动作用。据世界银行研究报告,基础设施投资每增加10亿美元,中东石油进口国就有可能创造约11万个相关的工作岗位,石油出口国则可以创造约4.9万个工作岗位,海合会国家可以创造约2.6万个工作岗位。④ 然而,中东地区基础设施整体发展水平低于发展中国家平均水平。⑤ 首先,薄弱的交通基础设施,增加了中东国家内部与区域外的运输成本。交通基础设施建设投资周期长、投资额巨大。庞大的政府补贴增加了政府支出,削弱了政府对于交通基础设施的投资,直接制约了中东的商品流通和国际贸易的发展。⑥ 其次,开始于20世纪80年代的中东国家结构性改革,除了电信行业以外,在其他基础设施投资和建设领域进展缓慢,政府垄断导致了价

---

① 《共建"一带一路"愿景与行动文件发布(全文)》,求是网(http://www.qstheory.cn/2017-05/12/c_1120962775.htm),访问日期:2017年7月6日。

② 《国务院办公厅转发国家发展改革委商务部人民银行外交部关于进一步引导和规范境外投资方向指导意见的通知》,中华人民共和国中央政府网(http://www.gov.cn/zhengce/content/2017-08/18/content_5218665.htm),访问日期:2017年8月20日。

③ 《中国对阿拉伯国家政策文件(全文)》,新华网(http://news.xinhuanet.com/world/2016-01/13/c_1117766388.htm),访问日期:2017年7月6日。

④ Antonio Estache, Elena Ianchovichina, Robert Bacon, Ilhem Salamon, *Infrastructure and Employment Creation in the Middle East and North Africa*, The World Bank, 2013, p. xxii.

⑤ Paul Noumba Um, Stéphane Straub, Charles Vellutini, *Infrastructure and Economic Growth in the Middle East and North Africa*, The World Bank, 2009, pp. 1-26.

⑥ Diogo Ives, Matheus Machado Hoscheidt, Bruna Jaeger, Julia Simoes Tocchello, *Infrastructure investments in the Middle East and North Africa*, The World Bank, 2013, pp. 308-352.

格扭曲，也严重限制了私营部门的投资热情。最后，一个国家的基础设施水平是它的政府治理的水平、政治的管理模式以及地方分权竞争的效率的典型体现。高质量的基础设施被包含在了那些度量政府质量或治理水平的指标体系中。[①] 构建良好的制度环境、改善营商环境和提升政府治理能力已经成为中东基础设施领域的重要问题。

　　长期以来，中国与中东的基础设施领域的合作方式主要以承接工程分包项目为主，合作领域主要集中在建筑行业土建工程项目。中东曾经是中国国际工程承包重点市场，也是与中国开展基础设施建设合作最早的地区。自1983年中国石油工程和建筑公司（CPECC）第一次进入科威特和伊拉克，中国便开始了与中东伊拉克、科威特、也门、埃及、利比亚、阿尔及利亚等国家在基础设施建设领域的合作。经过30多年的发展，越来越多的中东国家在基础设施建设等公共服务领域，采用了国际市场同行的交钥匙合同模式下的BOT（建设—运营—转让）、BOOT（建设—拥有—经营—转让）、总承包EPC（Engineering-Procurement-Construction）、PPP（Public-Private-Partnership）或PPI（Public-Private-Initiative）项目融资等多种合作方式，并且市场透明、开放，多采用国际招投标的公开形式，为中国企业进入基础设施建设和公共设施建设领域提供了市场机遇。自2014年下半年开始，由于国际油价下跌，中东主要国家政府固定资本投资有所下降，与此同时，私人固定资本投资占GDP的比重由15.7%下降到14.4%，[②] 市场活力有所减弱。由于世界经济下行、新兴经济体增长乏力、美联储加息等因素，中东基础设施建设工程市场面临政府支出降低、外汇支出收紧以及汇率波动等现实情况，但是，鉴于战后重建和地区发展的需要，中东基础设施建设在未来较长时间内仍然需求旺盛，潜力巨大。如何发挥中国在基础设施建设领域的比较优势，细分目标市场，进一步提升中国在中东基础设施建设领域的市场份额是值得深入研究和探索的问题。

---

① 张军、高远、傅勇、张弘：《中国为什么拥有了良好的基础设施？》，《经济研究》2007年第3期，第4—19页。

② World Investment Report｜World Investment Report 2015，http://www.worldinvestmentreport.org/wir2015/，2017-05-04。

一 中东基础设施联通的现实及主要国家基础设施发展现状

长期以来,中东地区基础设施发展现状严重制约了地区各国经济社会的发展以及区域经济一体化进程。交通基础设施的严重短缺造成中东商品流通速度慢、商品积压使中东成为世界物流成本高企地区,严重制约了中东的对外贸易和经济发展。基础设施要素状况不仅包括交通基础设施(公路网、铁路网、航空运输网以及港口设施)、社会和医疗卫生基础设施、能源基础设施,还包括水利、电力、通信和信息技术网络等方面。从世界基础设施发展现状来看,拉丁美洲和加勒比地区在发展中国家和地区基础设施发展中,公路、铁路和仓储物流业较为发达,欧洲和中亚地区的航空运输业和公路运输较为发达,东亚和太平洋地区的铁路运输较为发达,南亚的公路运输业较为发达,而中东地区除具有一定程度的航空运输业之外,在铁路、公路、海运和港口方面均处于不发达地位,尤其是物流和仓储设施严重滞后,属于最不发达地区。

中东国家的基础设施项目很大程度上取决于各个国家的发展现状。世界银行发布的《物流绩效指数2016》(*Logistics Performance Index*),从港口、机场、公路、铁路、仓储设施以及通信和信息技术六个方面对世界160个国家的基础设施情况进行了全面评估。结果表明,中东除阿联酋、卡塔尔、土耳其、巴林、阿曼和埃及六个国家排名靠前以外,其他国家基础设施水平在不同的层面均有待提高(见表1)。

表1 中东主要国家基础设施发展状况(2016年)

国名	基础设施排名(160个国家)	得分(1—5分)	国名	基础设施排名(160个国家)	得分(1—5分)
阿联酋	13	3.94	阿尔及利亚	75	2.77
卡塔尔	30	3.60	黎巴嫩	82	2.72
土耳其	34	3.42	摩洛哥	86	2.67
巴林	44	3.31	伊朗	96	2.6
阿曼	48	3.23	苏丹	103	2.53

续表

国名	基础设施排名（160个国家）	得分（1—5分）	国名	基础设施排名（160个国家）	得分（1—5分）
埃及	49	3.18	突尼斯	110	2.5
沙特	52	3.15	吉布提	134	2.32
科威特	53	3.11	伊拉克	149	2.15
约旦	67	2.96	叙利亚	160	1.6

资料来源：《世界银行物流绩效指数2016》（https：//wb-lpi-media.s3.amazonaws.com/LPI_Report_2016.pdf），2017年6月20日。

中东基础设施发展状况可以分为四个类型。第一类为地区内基础设施发展较好的中等收入国家，主要包括加入阿加迪尔自由贸易区协定的埃及、约旦、摩洛哥、突尼斯四国以及阿尔及利亚、土耳其。这些国家的基础设施建设围绕地中海展开，港口设施基本建成，初步实现了海上运输的互联互通。第二类由海湾合作委员会国家组成，各个国家间基础设施发展状况相近，基础设施日益融合，互联互通程度日益提高。第三类国家为冲突或冲突后国家，包括利比亚、伊拉克和叙利亚，以及解除制裁后的伊朗，这些国家基础设施遭到严重破坏，急需重建或修葺。第四类为基础设施建设严重滞后国家，包括也门和吉布提。

二 中国与中东基础设施领域合作的基本情况

中东国家基础设施建设市场开放度很高，基本对全球开放。中国在基础设施建设领域的三大主力市场是交通运输设施建设、电力工程建设和房屋建筑，新签合同额总额一般会占据当年新签合同额的60%以上，分别达26%、21.7%和17.5%。[①] 长期以来，中国企业在中东地区承建的能源基础设施项目占据中国在中东地区总工程量第一的位置（见表2）。但是，近年来在国际低油价的冲击下，石油化工基础设施建设项目呈萎

---

① 《中国对外投资合作发展报告2015》，中国投资指南网（http://www.fdi.gov.cn/1800000121_35_1089_0_7.html），访问日期：2017年6月2日。

缩趋势，占比由 2014 年的 11.7% 下降至 2015 年的 8.9%，2015 年新签合同额出现 16.6% 的负增长。①

表 2　　　　　　　　中国在中东承接的大项目状况

承包工程公司	项目
葛洲坝公司	卡塔尔默加水库及泵站项目 E 标段　　　　　（合同额：40.3 亿元）
中国铁建	沙特安全总部第五期工程　　　　　　　　　（合同额：38.1 亿元）
中国电建	与沙特阿美签署了 MGS（燃气增压站）二期项目 EPC 合同（合同额：7 亿美元）
中国铁建	埃及国家铁路网轨道更新项目　　　　　　　（合同额：37.3 亿元）
中国电建	与中东市场最大的电力供应商和投资商——沙特电力公司（SEC）签订利雅得 PP14 联合循环电站合同　　　　　　　　（合同额：2.3 亿美元）
中国电建	沙特达哈兰南部地区住宅和社区建设项目 P3—P4 标段（合同额：10 亿美元）
中国电建	沙特达哈兰南部地区小学和私立学校项目　　（合同额：7.6 亿美元）
中国电建	与沙特电力公司（SEC）正式签订奥莱祖发变电站 EPC 总承包合同（合同额：1.05 亿美元）
中冶国际	阿尔及利亚奥林匹克多功能体育场附属项目 EPC 合同（合同：6 亿元）

资料来源：根据央企网站资料整理制表。

商务部数据显示，2015 年，中国非金融类对外直接投资实现连续 13 年增长，达到 1180.2 亿美元，增长 14.7%。其中，流向装备制造业 70.4 亿美元，增长 154.2%。其次是对外工程承包，中资企业积极承揽境外重大项目，有力地带动了国内装备、技术、标准、品牌、服务"走出去"。据统计，2015 年，中国对外承包工程业务完成营业额 9596 亿元（折合 1540 亿美元），中国对外承包工程新签合同额 2100.7 亿美元，增长 9.5%。② 同时，中国企业借助对外工程承包，强化大型成套设备出口综合优势，大力开拓国际市场。2015 年全年大型成套设备出口额同比增长 10%。中国出口主导产业由传统的劳动密集型产业向装备制造业等资本、技术密集型产业转换。2015 年中国建筑企业新签合同额位居前十位的国

---

① 同上。
② 《中国对外投资合作发展报告 2015》，中国投资指南网（http://www.fdi.gov.cn/1800000121_35_1089_0_7.html），访问日期：2017 年 6 月 2 日。

家和地区依次为：巴基斯坦、尼日利亚、安哥拉、印度尼西亚、马来西亚、阿尔及利亚、澳大利亚、沙特阿拉伯、美国和老挝，合同额共计751.7亿美元，占新签合同总额的35.8%。中东国家占据两位。新签合同额中，上亿美元项目434个，较上年增加69个。中东地区项目有9个，依据市场规模，中东基础设施建设领域市场依次顺序是住房建筑、电力工程项目和交通运输项目。

三 中国与中东基础设施领域的主要合作模式

经过30多年的发展，中国企业进入中东基础设施建设工程市场的模式已从单一的生产领域的分包商延伸至产业链上游的设计规划领域和下游的维护管理领域。在国际经济合作领域，交钥匙合同（Turnkey Contracts）进入模式作为企业海外经营契约性进入模式之一，已在国际工程承包市场成为主流。中国企业在进入中东基建市场初期，普遍采用的是承接项目分包合同的形式。随着国际基建项目的规模越来越大，每个项目中的各个环节也日益复杂，交钥匙合同也出现了很多方式，其中，BOT（建设—运营—转让）和EPC（设计—采购—施工）是目前中国企业在交钥匙模式下最常用的方式。

（一）从工程项目分包商到BOT、EPC等方式的转变

中国企业在中东基建市场已实现从原来单一的工程承包方向更加高端的BOT（建设—运营—转让）、BOOT（建设—拥有—经营—转让）、项目总承包EPC（设计—采购—施工）、PPP等含有投融资概念的经营方式转变，比较明显的特征就是国际工程EPC总承包项目在不断增多，中国企业在海外基础设施建设工程领域，EPC项目数量近几年已经达到投标项目总数的60%以上。EPC（Engineering-Procurement-Construction）项目中的Engineering一词，不仅包括具体的设计工作（Design），而且包括整个建设工程内容的总体策划以及整个建设工程实施组织管理的策划和具体工作。EPC项目中的Procurement，表明在这种模式中，工程材料和工程设备的采购由EPC承包单位负责。2016年6月，中钢国际全资子公司中钢设备有限公司与阿尔及利亚Tosyali钢铁工业公司签署了年产400万

吨球团项目 EPC 总承包合同，合同总金额 2.635 亿美元，约合人民币 17.34 亿元。中国中材建设有限公司 2016 年 5 月与阿尔及利亚工业与矿产部门下属企业签订 EPC 合同，承包价值 30.5 亿元人民币的两条水泥生产线。EPC 方式已被中国企业广泛采用。

（二）联合经营模式初见成效

越来越多的中国企业开始在国际工程市场进入上游领域，为业主提供规划、勘测、设计、施工、采购等一体化的服务，并且形成了以承包火电、核电、燃气、水电、风电、变电站、生物发电、光伏发电、太阳能热电、海水淡化等工程建设为主的专业化工程公司。2015 年 10 月哈电国际与沙特电力，中标迪拜 Hassyan 清洁煤电站一期 2×600 兆瓦项目。该项目分三期，其中一期项目是在 BOO 模式基础上，采用 PPP 模式公开招标，项目金额 18 亿美元，特许经营权年限为商业运营 25 年，49% 的股权，哈电国际作为该项目的 EPC 承包商。

（三）产业链不断延伸，向综合规划、设计咨询、投融资、运营维护管理等高附加值领域拓展

中国建筑、中国电建等工程技术企业，业务范围遍及项目投资、设计咨询、远洋运输、调试运行等多个领域，能够为客户提供从项目可行性研究到选址勘探、设计、采购、施工、调试、运行维护的一揽子解决方案，并拥有电力工程、桥梁工程、商用建筑、民用建筑施工总承包一级资质、对外承包工程经营资格和对外经济合作经营资格，获得了行业认可。水电企业已经从早期依靠工程分包、项目施工取得短期收益的初级阶段，进入依托综合实力开展资本并购、管理运营电站、获取长期收益的全新阶段。据美国《工程新闻记录》（ENR）2015 年度国际 225 强工程设计企业（The Top 225 International Design Firms）排名，中国电力建设集团有限公司、中国成达工程有限公司、中国交通建设集团有限公司等 22 家中国内地企业跻身榜单，表明中国企业在工程设计领域已经具有了较强的业务拓展实力。

（四）开启高铁全新合作模式

由中国铁道建筑总公司联合中机集团与土耳其当地公司组成合包集团联合投标，竞得土耳其安卡拉至伊斯坦布尔高铁二期工程项目，国际影响力巨大，大大提升了中国建筑企业的影响力。安伊高铁是中国企业在海外承建的第一条高速铁路，这也标志着中国高铁建设的企业从此获得博弈欧洲高铁建设市场的"准入证"，对推动中国高铁"走出去"具有重要战略意义。以土耳其安卡拉—伊斯坦布尔高速铁路为标志，表明中国高铁"走出去"，已经具备价格、技术、环境适应性等各方面的竞争优势。为中国高铁实现从技术标准、勘察设计、工程施工、装备制造，到物资供应、人才培训和运营管理全方位整体"走出去"奠定了基础。

四 中国拓展与中东基础设施领域合作面临的主要问题

改革开放以后，中国曾是全球基础建设领域火热的"工地"，中国企业积累了大量技术和工程经验，在全球基础设施建设领域具有很强的竞争力。当前，在全球工程承包领域，特别是在交通基础设施和房建领域，中国企业声名卓著，"中国建造"的品牌基本确立。2015年，ENR全球最大250家国际承包商名录中，中国内地共有65家企业榜上有名，实现海外市场承包收入总计突破900亿美元，较上一年度的收入合计增长了13.9%。中国内地企业实现的海外市场收入占到250强企业海外市场总收入的17%，成为全球工程承包市场影响力较大的一支力量。[①] 然而，由于全球经济的衰退还在继续，发达经济体增长缓慢、制造业疲软、需求不旺，新兴经济体经济增速普遍低于过去20年的水平。国际石油价格的低迷使中东石油出口国的财政状况和经济增长正遭受沉重打击，各国政府都在大力缩减基础设施建设投资，一些规划中的大型项目已宣布延期。

---

① 李芳芳：《2015 ENR 国际承包商 250 强揭晓 中国企业上榜数仍居各国之首》，《建筑时报》2015年8月27日。

在基础设施建设领域，中国企业面临的主要问题主要有以下六个方面。

（一）世界经济下行，基础设施建设领域保护主义抬头

2008年金融危机以来，中东部分国家政策变化引致机械设备出口市场紧缩以及市场准入门槛提高。中东国家普遍工业基础薄弱，在高铁建设、高速公路建设、桥梁建设、机场码头建设、水电大坝建设等基础设施建设领域，挖掘机、装载机、起重机、混凝土机械及路面机械等大型机械设备一般依赖进口。但是，近年来有些中东国家制定政策，严格控制机械设备进口，如阿尔及利亚政府只允许临时进口价值超过675美元的成套设备，工期结束后，如果再有中标项目则允许继续延期，否则必须出口，不出口将予以没收并处以罚款。临时进口设备关税和一次性进口关税金额相同，并且，海关批复手续烦琐，耗费时间很长，严重影响工程进度和收益。2014年，沙特投资总局重新对外资企业进行了分级，并对国际承包商在建项目进行评估，提高市场准入门槛。同时，中东国家政府往往对当地公司实施保护政策，如同等条件下，当地公司工程报价可以高于外国公司25%等；并且欧洲公司和当地公司联营的比例高，利用投标规则，享受国民优惠政策，使中国公司处于被动地位。

（二）来自区域内外的行业竞争加剧

世界基础设施建设市场竞争格局在2008年金融危机之后发生了改变。国际金融危机爆发之前，欧美等发达国家大型国际承包商，如法国万喜、美国柏克德、日本大成建设等公司专注于利润较为丰厚的专业化工程市场，不看重利润相对较低的道路、桥梁、铁路等交通基础设施建设以及房屋建设领域，但金融危机后，由于世界经济的下滑，以及全球国际工程承包领域的萎缩，欧美等发达国家建筑企业也转向了交通、通信、房建等基础设施建设领域，与以此见长的中国企业同台竞争。与此同时，在中东一些国家，本国的基建公司也已发展壮大，并凭借本身的属地化优势，与中国公司在一些大型项目的招标过程中展开角逐。中国公司的价格优势已经不明显。究其原因，一是当地公司的崛起，本国政府往往对当地公司实施保护政策，如同等条件下，当地公司工程报价可以高于外国公司25%等；二是欧洲公司和当地公司联营的比例高，利用投标规

则,享受国民优惠政策,使中国公司处于被动地位。

(三) 中国企业以劳动密集型项目为主的竞争优势正在丧失

中国对外工程承包从成建制派出低成本土建劳务起家,获得了劳动成本和管理成本上的竞争优势,促进了业务的快速发展。近年来,国际大型、超大型发包项目呈上升势头,很多项目不是一个公司可以独立完成的,专业性强,尤其是工业和石油化工工业项目所占比重加大,非专业公司难以承担,大型基础设施项目也需要承包商联合体才能承担。但是,中国企业经营的重点仍在劳动密集型行业,由于多数东道国已限制外国普通劳务进入,并且中国劳动力工资成本持续上涨,致使中国公司在劳动密集型项目上的优势逐渐丧失。

(四) 对标准规范和关键技术掌握不够,设计能力不足

从行业发展来看,国际工程承包市场的业务已经延伸到了附加值较高的上游——设计咨询领域,而在这个领域,中国企业目前还处于发展初期,不具备和欧美公司、日韩等国企业同台竞技的实力。虽然中国对外承包企业在海外经过 30 年的发展,成绩卓著,但中国技术标准在中东基础设施建设市场尚未得到认可。目前,中东国家普遍采用欧美标准。虽然中国企业已经掌握了英国标准,但对欧盟标准、法国标准了解甚少。如阿尔及利亚工程技术标准源自法国标准,很多标准是直接采用,在项目施工期间,中国企业受到很大限制。同时,建筑承包产业的上游产业是设计咨询业务,由于中国设计咨询业发展整体滞后,中国企业在参加大型 EPC 项目的投标和设计施工中,不得不与欧洲公司合作,而欧洲公司往往会抬高设计报价或者绑定供货合同,极大地降低了中国企业的利润空间和发展空间。

(五) 国际化经验不足,经营管理水平有待提高

2014 全球排名前 100 位的非金融类跨国公司平均国际化指数为 64.6%,而入围该名单的 3 家中国内地企业的平均国际化指数仅为 28.2%,没有一家中国企业的国际化指数达到平均水平;2014 发展中国家和转轨经济体排名前 100 位的非金融类跨国公司的平均国际化指数为

54.2%，而入选该榜单的 12 家中国内地企业的平均国际化指数仅为 19.9%，只有中国远洋集团和联想集团接近上述平均水平。通过上述对比发现，中国跨国公司的国际化指数整体而言仍较低。实际上，对比中国远洋运输（集团）总公司、中信集团在 2013 年的数据可以发现，2014 年这两家企业的国际化指数还有下降。由中国铁建股份有限公司承建的沙特—麦加轻轨铁路，由于工程量大幅增加等原因，实际亏损超过 41 亿元人民币，充分暴露出中国工程承包企业在国际化运营方面经验不足的弊端。

（六）金融服务急需增强

近年来，EPC 加融资项目模式已经成为国际工程承包市场项目管理的主流。在 EPC 模式下，海外项目的总承包商要按照合同约定，完成工程设计、设备材料采购、施工、试运行服务等工作，自有资源和自有资金的投入量大。相对于契约性进入模式中的许可证经营和特许经营权经营，中东基础设施建设工程市场具有资金投入程度高、风险高、回报率高的三高特点，所以，在项目前期协调融资，吸收多方资本参与已成为中国企业在基础设施建设领域面临的主要问题。

五 加强中国与中东基础设施建设合作的政策建议

中东基础设施建设工程领域是中国进入较早也较为成熟的海外重点市场之一。中国通过对外工程承包，逐步实现技术、装备的整套体系的出口，促进了企业"走出去"的步伐。但也不难看出，中国与中东开展产能合作面临不小的挑战，存在来自内外部的风险。同时，该地区一些国家因为自身发展实际，正面临着新的变化，如突尼斯的转型、埃及动荡后的重建以及伊核协议达成后的经济发展等新问题。虽然海合会国家贸易自由化程度较高，但在伊朗、摩洛哥、突尼斯等国高关税和非关税壁垒情况依然存在。整体而言，中东地区对贸易和直接投资的限制高于世界其他地区并且在工程领域多采用欧盟、美国或法国的技术标准和规制，对中国技术标准和规范持排斥态度。鉴于此，本文对中国企业拓展中东基础设施工程市场提出如下对策建议。

第一，抓住基建工程市场机遇，大力拓展沙特、阿联酋、卡塔尔、埃及、阿尔及利亚等国公路、轨道交通、港口水运、房屋建设市场。在基建领域开发绿色建筑、低碳建筑、智能建筑等前瞻性先进技术，以技术优势地位取代原有的劳动力低成本优势，进一步提升中国企业在基建工程方面的国际竞争力。

第二，充分考虑中东各国的投资风险，总体平衡该地区重点国家的投资项目，避免投资过于集中、合作形式过于单一等不利因素，构建中国与中东基础设施建设合作领域基础。未来，中国企业在拓展中东基础设施建设市场时，应按照"一国一策"的原则，根据不同国别、不同项目分别进行市场的定性和定量分析。在定性分析中首先应对目标市场国家经营环境总体状况的基本因素，包括总体政治形势、人口统计与自然环境、法律环境、经济环境和社会文化环境进行评估。[1] 其次，应对企业内部因素和进入方式特征因素进行系统分析。定量方式则应运用利润最大化和成本最小化模型进行量化分析。并在此基础上，针对不同国家，不同项目选取不同的市场进入模式。

第三，充分发挥丝路基金、亚投行和国家主权财富基金的作用。同时通过外经贸发展专项资金、优惠贷款、中长期出口信用保险等形式，重点支持对外投资合作。在工程承包领域，对由承包商为业主提供（或垫付）资金的带资承包、BOT项目、EPC项目和提供完工保函的项目融资等合作项目提供融资，提升中国承包工程企业参与竞争的资金实力。

第四，在重点产业领域，如电力工程、水利工程等专业工程承包行业应加强人才培养，加强高端设计人才的引进并有计划地培养一批既懂专业又能够熟练运用国际行业规范的管理骨干和技术精英。伴随基础设施工程市场的拓展，应在装备技术领域有计划地输出中国设计规范和标准，实现产品输出—技术输出—标准输出的突破。

第五，广泛开展第三方合作。中国企业应灵活运用多种方式参与国际竞争，包括组建中国企业联合体、与所在国本地或国际企业组建联合体以及股权投资等方式，与行业内著名跨国公司的合作有利于获取其先

---

[1] 哈佛商学院MBA教程《跨国战略》，中国对外经济贸易出版社1999年版。

进的经营管理经验和核心技术，实现中国企业内部结构的升级和优化。中国企业也可以充分利用当地公司熟悉本国政治、法律、制度以及经济、文化和社会环境的优势，在行业领域进行本地化经营，利用合作伙伴的资源，与合作伙伴共担风险，提升中国企业在中东基础设施领域的竞争力。

（本文原刊发于《国际经济合作》2017年第12期）

"一带一路"背景下中阿投资争议的解决途径

朱伟东[*]

摘　要：随着"一带一路"倡议的推进，中国在阿拉伯国家的投资会进一步增加。但阿拉伯国家和地区存在的政治动荡、恐怖活动频繁、法律易变等因素，给中国在该地区的投资带来诸多政治和法律风险，极易产生投资争议。中国投资者和阿拉伯国家之间投资争议的解决目前主要有3种方式，即国内法规定的方式、中国和阿拉伯国家之间生效的双边投资保护条约规定的方式，以及阿拉伯国家参加的地区性多边条约规定的方式，为中国投资者和阿拉伯国家之间投资争议的解决提供了诉讼、仲裁、调解多种途径。基于此，中国投资者可优先选择在投资东道国以外的、具有良好声誉的第三国的仲裁机构通过仲裁方式解决投资争议，在某些情况下，也可考虑利用阿拉伯地区性多边条约规定的争议解决机制。中国政府应与更多阿拉伯国家签署双边投资保护条约，或将已签署的条约落实生效。在条件成熟时，中方可考虑在大阿拉伯自贸区谈判签订自由贸易协定，在协定中对投资争议解决作出约定。

关键词：国际法　投资争议　"一带一路"　阿拉伯国家

---

[*] 朱伟东，中国社会科学院西亚非洲研究所研究员。

阿拉伯国家拥有重要的地缘地位、丰富的石油资源和独特的历史文化。中国与阿拉伯国家的联系历史悠久，古代"丝绸之路"不但促进了中国和阿拉伯地区的商贸往来，也推动了双方人员的交流和文明的互通。近年来，中阿经贸投资交流日益受到重视，双方的投资、贸易增长迅速。阿拉伯国家已成为中国重要的海外工程承包市场和非金融类投资目的地。根据中国商务部公布的数据，2016 年，中国企业在阿拉伯国家新签承包工程合同额 404 亿美元，同比增长 40.8%；中国对阿拉伯国家非金融类直接投资流量为 11 亿美元，同比增长 74.9%。① 中国在阿拉伯国家的投资主要涉及资源开发、家电组装、轻工和服装加工等领域，而工程承包项目主要涉及住房、通信、交通、石油、化工、电力、港口、建材等领域。考虑到阿拉伯国家在"一带一路"沿线中的重要地位（例如，在"一带一路"沿线重要节点国家中，阿拉伯国家有 13 个），随着中国"一带一路"倡议的实施，中国在阿拉伯国家的非金融类投资和工程承包项目会进一步增长。商务部公布的一些最新数据能够很好地说明这一点：2017 年 1—6 月，中国对阿拉伯国家非金融类直接投资流量 6.3 亿美元，同比增长 25.6%；中国企业在阿拉伯国家新签承包工程合同额 162.6 亿美元，完成营业额 133.9 亿美元。②

风险总是与机遇相伴而生。阿拉伯国家或其所在地区存在政治动荡、恐怖活动频繁、法制不健全等不利因素，会给中国企业在这些国家或地区的投资带来潜在的隐患和风险，从而可能引发大量的投资争议。实际上，因该地区政治动荡引起的投资争议已屡见不鲜。例如，在中东变局发生后，一些阿拉伯国家政权发生更迭，由于新政府不承认或拒绝履行前任政府签订的投资合同，曾引发大量投资争议。③ 其中，外国投资者自 2011 年 3 月起在短短 9 个月内就在解决投资争端国际中心（ICSID）提起

---

① 参见中国商务部网站（http://xyf.mofcom.gov.cn/article/date/201703/20170302540290.shtml），访问日期：2018 年 1 月 8 日。

② 参见中国商务部网站（http://xyf.mofcom.gov.cn/article/date），访问日期：2018 年 1 月 8 日。

③ James MacDonald and Dyfan Owen, "The Effects on Arbitration of the Arab Spring", https://globalarbitrationreview.com/chapter/1036966/the-effects-on-arbitration-of-the-arab-spring, 2018 – 01 – 06.

了 4 起针对埃及政府的投资仲裁请求,而在此前 5 年内外国投资者针对埃及政府仅提起过 2 起投资仲裁请求。① 阿拉伯国家或地区存在的政治动荡等因素,也给中国在该地区的投资带来很大影响。例如,利比亚战争影响到中国在当地投资和承包工程的 70 多家企业,涉及 50 多个承包项目,项目金额高达 190 亿美元;也门还发生过军方武力围攻北京城建集团承包的萨那国际机场航站楼工程建设项目的事件,最终导致该承包项目被迫终止。北京城建集团为获得项目索赔,在 2014 年 12 月将也门政府诉至解决投资争端国际中心。②

此外,在"逆全球化"潮流的影响下,一些阿拉伯国家为了保护本地承包商、促进本地产品的消费以及增加本地的就业机会,对投资法律和政策进行修改,限制外资进入某些领域或提高准入门槛,提升承包项目的当地份额要求等。这种法律、政策的修改也极易引起投资争议。例如,埃及法律禁止外商投资核电领域,要求外国承包商必须获得埃及当地的承包资质,而且至少应将 51% 的工程份额分包给当地企业,使用当地设备材料的价值至少应达到 40%,而且外籍员工和当地员工的比例应保持在 1∶9;科威特的投资政策要求外国投资者应将在当地投资收入的 35% 再投资于当地,而不能汇回投资者母国,否则将对外国投资者处以 6% 的罚款。这一政策要求曾使中国承包企业遭受严重亏损。③

因此,了解中阿投资争议的解决途径,对于维护中国投资者的合法权益,增强中国投资者在阿拉伯国家或地区进行投资的信心具有十分重要的现实意义。此外,在 2018 年 1 月 23 日中央全面深化改革领导小组第二次会议上审议通过了《关于建立"一带一路"争议解决机制和机构的意见》,强调要建立诉讼、调解、仲裁有效衔接的多元化纠纷解决机制,

---

① Rabab Yasseen, "State Liability in Euro-Arab ISDS-the Arab Perspective", Paper Presented at the "Euro-Arab Investor-State Dispute Settlement Conference" (Cairo 11 October 2012), http://crcica. org. eg/newsletters/nl201203/YASEEN_ Euro_ Arab_ Investor_ State_ Dispute_ Settlement. pdf, 2018 - 01 - 03。

② 解决投资争端国际中心的仲裁庭在 2017 年 5 月 31 日对本案的管辖权问题作出裁决,裁定仲裁庭对该案具有管辖权。关于该案的详细情况,参见 https://icsid.worldbank.org/en/Pages/cases/casedetail.aspx? CaseNo = ARB/14/30, 2018 - 01 - 02。

③ 宋玉祥:《对外承包工程风险管理研究报告》,于建龙等主编《中国建设工程法律评论》,法律出版社 2017 年第 7 辑,第 128、133 页。

依法妥善化解"一带一路"商贸和投资争端。阿拉伯国家和地区存在的独具特色的诉讼、仲裁和调解相结合的多元化投资争端解决机制,对中国建立"一带一路"争议解决机制也有相应的借鉴意义。

对于投资者与国家之间的投资争议解决,国际上并没有统一的方式和平台。就此类争议的解决途径而言,包括协商、调解、仲裁、诉讼等方式;就解决平台而言,有国内、地区和国际诉讼或仲裁机构可资利用。在实践中,选择何种方式和平台解决投资争议,需要综合考虑投资东道国国内法的规定、投资东道国和投资者母国签订的双边投资保护条约的规定以及它们共同加入或批准的国际投资条约的相关规定。对于中国投资者与阿拉伯国家之间的投资争议解决也需要从上述几个方面进行分析。本文将首先考察在阿拉伯国家或地区存在的可资利用的投资争议解决途径,分析其利弊,然后在此基础上提出相应的建议。

一 国内法解决途径

投资者与国家之间投资争议的解决途径一般规定在国内法、双边投资保护条约或投资者母国和投资东道国都参加或批准的多边条约之中。对于那些与中国既不存在生效的双边投资保护条约也不存在共同加入或批准的多边投资保护条约的阿拉伯国家而言,中国投资者只能按照它们的国内法律特别是投资法规定的投资争议解决途径,来解决相应的投资争议。在本文论及的22个阿拉伯国家中,还没有与中国签订双边投资保护条约的国家有伊拉克、毛里塔尼亚、索马里、吉布提、科摩罗和巴勒斯坦。利比亚和约旦虽然分别在2010年8月和2001年11月与中国签署了双边投资保护条约,但它们迄今尚未生效。因此,中国投资者与这8个阿拉伯国家之间的投资争议的解决就必须考虑它们国内投资法的规定。

这8个国家都制定有单行的投资法,并在投资法中对外国投资者与本国政府之间的投资争议解决做了具体规定。我们通过对这8个国家投资法有关投资争议解决的分析,可以把它们的规定分为四类。

第一类规定外国投资者与本国政府之间的投资争议可以通过诉讼或仲裁方式解决。伊拉克、约旦、利比亚和巴勒斯坦的投资法都属于此类。例如,约旦2014年投资法规定,投资者与政府之间的投资争议应在6个月内友好解决，否则任一当事方可选择在约旦法院提起诉讼，或根据约旦仲裁法通过仲裁方式或根据当事双方约定的其他方式解决争议；伊拉克 2006 年投资法第 27 条规定，投资者与伊拉克政府就投资法的解释和适用而发生的争议可以由伊拉克法院根据伊拉克法律解决，也可以根据双方的协议通过仲裁方式解决；巴勒斯坦 1998 年投资促进法第 40 条规定，外国投资者与巴勒斯坦全国委员会之间的投资争议应首先通过友好谈判方式解决，在无法通过友好谈判方式解决时，任一当事方有权将争议提交给独立的仲裁机构或巴勒斯坦法院解决。从第一类投资法的规定来看，它们主要规定了诉讼和仲裁两种投资争议解决方式，而且允许当事方在两种争议解决方式之间进行选择。在选择仲裁方式时，这些法律都没有对选择的仲裁机构或仲裁地点作出强制性的要求。

第二类规定外国投资者与本国政府之间的投资争议可以通过仲裁或调解的方式解决。毛里塔尼亚和科摩罗的投资法就属于此类。根据科摩罗投资法第 13 条规定，所有外国投资者和科摩罗国家之间的投资争议可通过下列仲裁或调解程序解决：根据当事双方之间的协议进行的此类程序；或根据投资者母国与科摩罗之间签订的双边投资保护条约的规定进行的此类程序；或在非洲商法协调组织（OHADA）或东南非共同市场有管辖权的机构内进行的此类程序；或在有管辖权的国际机构内进行的此类程序。毛里塔尼亚 2012 年投资法第 30 条规定，外国投资者与毛里塔尼亚公共当局之间存在的有关本法的争议的问题，可选择毛里塔尼亚国际商会调解和仲裁中心或解决投资争端国际中心，通过调解或仲裁方式解决。此类投资法有关仲裁和调解的规定也比较宽松，当事方可以选择仲裁或调解机构以及仲裁或调解的地点。

第三类规定外国投资者与本国政府之间的投资争议在当事双方无协议或无相关国际公约可适用时，通过临时仲裁方式解决。索马里投资法第 19 条就属此类规定。该法规定，在当事双方无协议，也无双边投资保护条约或《华盛顿公约》可适用时，争议应通过双方设立的临时仲裁庭解决。仲裁庭由 3 名仲裁员组成，每方当事人指定一名仲裁员，首席仲裁员由双方指定的仲裁员共同指定。必要时，首席仲裁员可由索马里最高法院院长指定。仲裁裁决根据仲裁员多数意见作出，对当事双方具有约束力，并可像法院的最终判决一样得到执行。从索马里投资法的规定来看，当投资者通过临时仲裁方式解决投资争议时，临时仲裁只能在索马里进行，而不能选择在索马里以外的其他国家进行。

第四类规定投资争议应通过国内法院解决。吉布提 2009 年修订的投资法就属于此类。该法第 43 条规定，当吉布提与投资者母国不存在其他协议或国际公约时，因该法产生的投资争议应由吉布提有管辖权的法院处理。在这种情况下，外国投资者别无选择，只能通过国内法院诉讼的方式解决投资争议。

总体来看，上述 8 个阿拉伯国家规定的投资争议解决方式涵盖了协商、调解、仲裁、诉讼等。考虑到伊斯兰法律制度的复杂性和独特性，以及阿拉伯国家法院通常冗长的诉讼程序，外国投资者一般不愿意通过诉讼程序而更乐意通过仲裁程序解决此类争议，① 除非投资东道国投资法不允许投资者通过仲裁解决此类争议，如吉布提投资法规定的那样。因此，当中国投资者在这几个阿拉伯国家内进行投资时，应尽量在投资合同中约定好仲裁条款，或在发生争议后尽量达成仲裁议定书，通过仲裁方式解决争议。例如，对于因利比亚战争而遭受投资损失的中国投资者，笔者就曾经建议他们最好通过仲裁方式，来寻求获得利比亚政府的赔偿。②

中国投资者在选择通过仲裁方式解决投资争议时，应尽量选择在投资东道国以外的其他国家具有良好声誉的仲裁机构进行仲裁，如位于美国的解决投资争端国际中心、英国的伦敦国际仲裁院、法国的国际商事仲裁院、瑞典的斯德哥尔摩商会仲裁院等。如果考虑到投资东道国政府的压力、仲裁的费用等因素，也可考虑在阿拉伯地区的仲裁机构进行仲裁，但要尽量选择在中立、现代、具有较好声誉的阿拉伯国家的仲裁机构进行仲裁，如中国投资者可选择在阿联酋的迪拜国际仲裁中心或埃及的开罗地区国际商事仲裁中心进行仲裁。③ 在选择仲裁方式时，还要特别

---

① Mohamed R. Hassanien, "Trading Spaces: Lessons from NAFTA for Robust Investment Dispute Settlement", http://works.bepress.com/mohamed_hassanien/1, 2018 - 01 - 02.
② 朱伟东：《中方在利比亚投资损失该如何追回》，《法制日报》2011 年 4 月 5 日。
③ 一些在阿拉伯地区长期从事法律实务的律师也有同感，参见王俊《浅析迪拜与中方当事人涉中东/北非经贸项目的争议解决场所选择》（http://m.haokoo.com/mobi/view/2257965.html），访问日期：2017 年 12 月 16 日；关于开罗地区国际商事仲裁中心的介绍，参见朱伟东、拉奥夫（Mohamed Raouf）《开罗地区国际商事仲裁中心主持下的仲裁及其他 ADR 程序》，《仲裁与法律》2011 年第 120 辑，第 47—69 页。

注意投资东道国或仲裁地国是不是《纽约公约》的成员国,① 否则可能造成仲裁裁决无法执行。例如,中国投资者在苏丹建造麦洛维大坝时与苏丹政府的项目业主就工程索赔发生争议,双方约定在英国进行仲裁,仲裁庭裁决苏丹业主向中国投资者支付 2000 多万美元的赔偿。但由于苏丹不是《纽约公约》的成员国,导致该裁决无法按照该公约的规定在苏丹得到执行。②

二 双边投资保护条约解决途径

现在很多国家注意在双边投资保护条约中对投资争议的解决作出明确规定,这既可以有效地保护外国投资者的利益,也有利于在国内创设一个友好的投资环境。因此,无论是投资东道国还是投资者母国,都非常注重投资保护条约条款的起草,特别是涉及投资争议解决的条款。除上面提到的 8 个阿拉伯国家外,中国已与其他 14 个阿拉伯国家存在生效的双边投资保护条约。③ 通过对这 14 个双边投资保护条约中有关投资争议解决条款的分析,我们可以看出,这些条约都规定了任何投资争议应首先由争议双方友好协商解决,如双方在规定的期限内,无法通过友好协商解决争议,则任何一方可选择通过行政申诉、诉讼、仲裁等方式解决。对于行政申诉、诉讼和仲裁等争议解决方式的具体运用,这些条约却有不同的规定。总体来看,除友好协商方式外,这些条约规定的投资争议解决途径可以分为三类。

(一)特定争议可诉讼或仲裁

第一类双边投资保护条约规定,对于涉及国有化或征收补偿额的争议,可以选择在东道国法院进行诉讼或通过仲裁方式解决,而其他投资

---

① 在 22 个阿拉伯国家中,只有伊拉克、利比亚和巴勒斯坦还不是《纽约公约》的成员国。
② 商务部国际贸易经济合作研究院、商务部投资促进事务局、中国驻苏丹大使馆经济商务参赞处:《对外投资合作国别(地区)指南:苏丹》(2016 年版)(http://fec.mofcom.gov.cn/article/gbdqzn/index.shtml),访问日期:2018 年 1 月 15 日。
③ 这些生效的双边投资保护条约文本,参见中国商务部条法司网站(http://tfs.mofcom.gov.cn/article/Nocategory/201111/20111107819474.shtml),访问日期:2017 年 12 月 18 日。

争议则必须通过东道国国内法院解决。中国与苏丹、埃及、阿尔及利亚、阿曼、黎巴嫩、叙利亚、卡塔尔、沙特和巴林等9个阿拉伯国家签署的双边投资保护条约即为此类。除一些细节规定有所差异外，此类条约有关投资者—国家投资争议解决的条款基本相似。例如，中国同沙特和巴林的双边投资保护条约规定，涉及国有化和征收补偿额的争议均可通过诉讼或仲裁的方式解决，但中国同苏丹、埃及、阿尔及利亚、阿曼、黎巴嫩、叙利亚和卡塔尔的双边投资保护条约规定，只有涉及征收补偿额的争议才可选择通过诉讼或仲裁方式解决。此外，这些条约对仲裁的规定也有所不同。中国同苏丹、埃及、阿曼、阿尔及利亚、黎巴嫩、叙利亚、卡塔尔的双边投资保护条约规定，在选择通过仲裁方式解决涉及征收补偿额的争议时，只能通过设立专设仲裁庭（ad hoc arbitral tribunal）的方式进行。而中国—沙特双边投资保护条约第8条规定，此类争议应根据1965年《华盛顿公约》提交仲裁解决；中国—巴林双边投资保护条约第9条则规定，此类争议既可根据1965年《华盛顿公约》提交解决投资争端国际中心进行仲裁，也可提交专设仲裁庭进行仲裁。

从第一类双边投资保护条约有关投资者—国家投资争议解决的条款来看，它们大都规定只有涉及征收补偿额的争议才能通过诉讼或仲裁的方式解决，这就可能造成其他类型的投资争议将不得不在投资东道国法院通过诉讼方式解决。前已分析，对于中国投资者来说，在阿拉伯国家法院通过诉讼方式解决投资争议不是明智之举。即使对于涉及征收补偿额的争议可以选择通过仲裁的方式解决，除中国—沙特和中国—巴林双边投资保护条约规定可以选择根据《华盛顿公约》在解决投资争端国际中心进行仲裁外，中国同其他7个阿拉伯国家签署的双边投资保护条约都规定通过专设仲裁庭进行仲裁。中国和这7个国家都是《华盛顿公约》的成员，① 它们之间的双边投资保护条约完全可以规定通过解决投资争端国际中心进行仲裁，而无须采用专设仲裁庭的方式。考虑到专设仲裁庭的临时性质，当事方不得不指定仲裁员、制定或选择仲裁规则、选择仲

---

① 在这22个阿拉伯国家中，只有索马里、吉布提、巴勒斯坦不是《华盛顿公约》的成员国。关于该公约的成员国，参见解决投资争端国际中心官方网站（https://icsid.worldbank.org/en/Pages/about/Database-of-Member-States.aspx），访问日期：2017年12月19日。

裁地和仲裁语言等，这必然会造成仲裁程序的延误。此外，通过临时仲裁庭进行仲裁也不利于日后仲裁裁决的执行。

（二）特定争议可行政申诉、诉讼或仲裁

中国和科威特、阿联酋之间的双边投资保护条约属于此类。从有关投资者和投资东道国之间投资争议解决的规定来看，这两个条约的措辞是完全一样的。根据这两个条约的规定，如果投资者与投资东道国之间的投资争议无法在规定的期限内友好解决，投资者可选择下述一种或两种解决办法：（1）向投资所在缔约国的主管行政当局或机构申诉并寻求救济；（2）向投资所在缔约国有管辖权的法院提起诉讼，而有关补偿额的争议和双方同意提交仲裁的其他争议，可以提交国际仲裁庭。[①] 这两个条约还规定，国际仲裁庭应是专门设立的，并对仲裁庭的组成、仲裁规则、仲裁适用的法律、仲裁地等事项做了明确的规定。

从上述规定来看，只有有关征收补偿额的争议可以选择行政申诉、诉讼或仲裁的方式进行。同第一类条约规定一样，第二类条约规定的通过专设仲裁庭而不是通过解决投资争端国际中心解决征收补偿额的争议同样令人费解。此外，与第一类双边投资保护条约相比，通过专设仲裁庭解决的投资争议的范围有所扩大，即除了征收补偿额争议之外，其他争议经双方同意也可提交专设仲裁庭解决。这就为中国投资者利用仲裁解决其他类型的投资争议提供了可能性。如果投资东道国的投资法中有将投资争议提交仲裁的规定，中国投资者就可援引此类法律规定，将征收补偿额争议以外的其他争议提交投资东道国法律中规定的仲裁机构。不过，科威特2013年《促进直接投资法》第26条规定，投资争议应由科威特法院受理，但当事方也可约定将此类争议提交仲裁解决。可见，

[①] 在这两个条约中，条款的序号和位置稍有不同。在中国—科威特双边投资保护条约中，行政申诉和诉讼是作为两条并列的次级条款规定在条约第8条第2款中，而"有关征收补偿额的争议和双方同意提交的其他争议"是作为条约第8条第3款列出的；在中国—阿联酋双边投资保护条约中，上述三类争议解决条款都是作为并列的三条次级条款规定在条约第9条第2款中。所以，中国—阿联酋双边投资保护条约中的第9条第2款规定极易给人产生困惑：是否可在三种并列的争议解决条款中同时选择两种？如果同时选择诉讼或仲裁，显然会造成案件重新审理的情况，违反"一事不再理"原则或仲裁裁决的终局效力原则。从该条约的英文版来看，这条规定应该和中国—科威特双边投资保护条约的规定是一样的。

科威特投资法并没有直接规定可以将投资争议提交仲裁方式解决。从阿联酋的相关法律规定来看，外国投资者如希望通过仲裁方式解决投资争议，就需要与阿联酋相关部门达成书面的仲裁协议。因此，对于中国投资者来说，如果希望通过仲裁方式解决与科威特和阿联酋政府之间除征收补偿额争议以外的其他投资争议，仍需通过谈判在投资合同中加入仲裁条款，或者争议发生后达成书面的仲裁议定书。

（三）所有争议可诉讼或仲裁

现在的很多双边投资保护条约对可提交仲裁的事项不再做出限制，对于涉及投资的任何争议，当事方都可选择通过诉讼或仲裁方式解决。中国与摩洛哥、突尼斯和也门之间签署的双边投资保护条约就属于这一类。在这3个双边投资保护条约中，中国与突尼斯签订的双边投资保护条约最为典型，中国同摩洛哥、也门之间的双边投资保护条约有关投资争议解决的规定相同，对可提交仲裁解决的投资争议有所限制。例如，中国—突尼斯双边投资保护条约第9条规定，如果缔约一方与缔约另一方投资者的投资争议，无法在提交协商解决之日起的6个月内得到解决，则该争议应提交给：作为争议一方的缔约方有管辖权的法院，或依据1965年《华盛顿公约》设立的解决投资争端国际中心；一旦投资者将争议提交有关缔约方司法管辖或中心管辖，对两者之一的选择是终局的。从这条规定来看，中国—突尼斯双边投资保护条约对可提交仲裁解决的投资争议没有做任何限制。但中国—摩洛哥和中国—也门双边投资保护条约在做出上述规定的同时，又增加了一条限制条件，即为提交解决投资争端国际中心仲裁的目的，缔约任何一方对有关征收补偿额的争议提交该仲裁程序均给予不可撤销的同意。其他争议提交该程序应征得当事双方的同意。可见，对于有关征收补偿额的争议，这两个条约都规定当事人可直接提交解决投资争端国际中心进行仲裁，但对于其他争议，则首先必须征得当事双方的同意。考虑到在发生争议后，当事双方很难达成一致协议，增加这样的限制条件不利于投资争议的解决。

总之，与前两类条约相比，中国和这3个阿拉伯国家之间的第三类双边投资保护条约扩大了可通过仲裁解决的投资争议的范围，这符合国际上的发展趋势。同时，这3个条约在规定仲裁解决方式时，均选择通过解决投资争端国际中心进行仲裁，这有利于投资争议得到迅速、有效的解决。但中国—也门和中国—摩洛哥双边投资保护条约中有关征收补偿额的争议可以直接提交给解决投资争端国际中心的规定，在实践中可能会引起分歧。例如，在前面提到的北京城建与也门政府的投资争议中，当北京城建在 2014 年 12 月依据中国—也门双边投资保护条约的规定，将也门政府诉至解决投资争端国际中心后，也门政府对该中心的管辖权提出异议，其中一个理由就是中国和也门双边投资保护条约第 10 条第 2 款仅规定只有有关征收补偿额的争议才可提交中心处理，其他争议须经当事双方同意。也门政府认为"有关征收补偿额的争议"仅仅指赔偿数额，不包括法律责任。如果要求也门政府承担法律责任，则需要先在也门国内法庭就工程合同进行审理。如果也门国内法庭判决也门政府对征收负有法律责任，北京城建才可将争议提交中心。由于也门国内法庭尚未对工程合同进行审理，双方的法律责任尚不明确，因此，中心仲裁庭对本案没有管辖权。北京城建认为对上述条款应进行"宽泛"解读，条款中的"有关"不是指单纯的赔偿数额，还包括与赔偿数额有关的法律责任。经过审理，仲裁庭在 2017 年 5 月 31 日就管辖权问题作出处理，支持了北京城建的主张，即"缔约任何一方对有关征收补偿额的争议提交该仲裁程序（中心仲裁程序）均给予不可撤销的同意"这一规定不仅包括赔偿的数额，还包括导致赔偿的法律责任，裁定仲裁庭对该案有管辖权。目前该案正处于实体审理阶段。[①]

三 多边公约解决途径

在两国之间不存在双边投资保护条约时，投资者也可考虑利用两国共同加入的地区多边投资保护公约中有关投资者—国家投资争议解决的途径来解决投资争议。对于在阿拉伯国家和地区进行绿地投资即在当地设立公司的中国投资者而言，了解此类地区多边公约十分重要，因为当中国投资者在 A 国进行绿地投资设立甲公司，而甲公司又在 B 国进行投

---

① 该案的审理情况，参见解决投资争端国际中心网站（https://icsid.worldbank.org/en/Pages/cases/casedetail.aspx? CaseNo = ARB/14/30），访问日期：2018 年 1 月 9 日。

资,在这种情况下,如果 A 国和 B 国共同参加有地区多边投资保护公约,中国投资者就可利用地区多边公约的规定解决甲公司与 B 国政府之间的投资争议。阿拉伯地区早在 20 世纪 80 年代就存在两个重要的地区多边投资保护公约,即《伊斯兰会议组织成员国间投资促进、保护和保障协议》和《阿拉伯国家阿拉伯资本投资统一协议》。由于语言和宣传的问题,这两个公约在过去并没有得到广泛适用,即使来自伊斯兰国家的投资者和法律人员对这两个公约也知之甚少。[①] 不过,近年来,随着阿拉伯地区外资的涌入以及投资争议的日益增多,这两个公约逐渐被投资者所了解。

(一)《伊斯兰会议组织成员国间投资促进、保护与保障协议》

《伊斯兰会议组织成员国间投资促进、保护与保障协议》(Agreement for Promotion, Protection and Guarantee of Investments Among Member States of the Organization of the Islamic Conference)是由伊斯兰国家于 1981 年 6 月制定的,该协议在 1986 年 9 月 23 日生效。在伊斯兰会议组织(该组织在 2011 年更名为"伊斯兰合作组织")的 57 个成员国中,有 27 个国家批准了该协议。[②] 其中,上述 22 个阿拉伯国家中,有 15 个国家批准了该协议,它们是埃及、约旦、科威特、黎巴嫩、利比亚、摩洛哥、阿曼、巴勒斯坦、卡塔尔、沙特、索马里、苏丹、叙利亚、突尼斯和阿联酋。[③] 如果中国投资者在上述其中一个阿拉伯国家投资设立公司,该公司又在作为该协议成员国的另一阿拉伯国家进行投资,当该公司与投资东道国发生投资争议时,就可利用该协议规定的投资争议解决途径。

根据该协议,投资者包括自然人和法人。自然人是指具有该协议成员国国籍的个人,而法人是指根据该协议成员国有效的法律所设立的并被该国法律所认可的任何实体,其控制者或所有者具有何国国籍并不考

---

① Dr. Walid Ben Hamida, "Arab Region: Are Investors Rediscovering Regional Investment Agreements from the '80s?", http://investmentpolicyhub.unctad.org/Blog/Index/17, 2018 – 01 – 06.

② Sami Tannous & Matei Purice, "No BIT Available? Multilateral Investment Treaties in Middle East and North Africa", http://www.internationallawoffice.com/Newsletters/Arbitration-ADR/International/Freshfields-Bruckhaus-Deringer-LLP/No-BIT-available-Multilateral-investment-treaties-in-Middle-East-and-North-Africa, 2018 – 01 – 09.

③ 其他批准该协议的 12 个国家是布基纳法索、喀麦隆、加蓬、冈比亚、几内亚、印度尼西亚、伊朗、马里、巴基斯坦、塞内加尔、土耳其和乌干达。

虑,这就为在成员国投资设立公司的中国投资者利用该协议提供了可能。该协议第 17 条规定了投资争议解决途径。根据该条规定,在成员国根据本协议的规定设立专门的投资争议解决机构之前,所有投资争议应通过第 17 条规定的调解和仲裁方式解决。如果当事方不能达成调解协议,或调解员不能在规定时间内提交调解报告,或当事方不接受调解员提出的调解协议,每一当事方可将争议提交仲裁解决。与一些双边投资保护条约和《华盛顿公约》的规定不同,该协议并不要求仲裁必须获得双方的事先同意。一些学者认为,第 17 条有关仲裁的规定实际上就相当于同意提交仲裁的仲裁协议,成员国批准了该协议,就表明它们同意按照第 17 条规定的仲裁程序解决投资争议。2012 年 6 月 21 日由沙特商人针对印度尼西亚提起的仲裁而组成的临时仲裁庭首次在其裁决中确认了这一观点。① 在该案中,沙特商人瓦拉克(Hesham Al-Warraq)认为印尼政府在 2008 年对其在印尼世纪银行中的股份进行了国有化,他依据《伊斯兰会议组织成员国间投资促进、保护与保障协议》第 17 条有关仲裁的规定提出仲裁申请,要求印尼政府赔偿 2500 万美元。印尼政府对仲裁庭的管辖权提出异议,认为《伊斯兰会议组织成员国间投资促进、保护与保障协议》第 17 条仅仅规定了国家之间的仲裁,私人投资者无权援引该条规定针对投资东道国提起仲裁。仲裁庭驳回了印尼政府的主张,指出该协议第 17 条规定的争端解决程序同样适用于投资者—国家投资争议。

  第 17 条规定的仲裁程序是一种临时仲裁,由双方当事人各自指定的两名仲裁员以及由两名仲裁员指定的第三名仲裁员共同组成临时仲裁庭解决投资争议。在两名仲裁员无法就第三名仲裁员作出指定时,可由伊斯兰会议组织秘书长代为指定。第 17 条规定十分简单,只是规定了仲裁庭的组成以及仲裁裁决的效力。对于仲裁庭应遵守的程序规则没有做出规定。在实践中,临时仲裁庭可以根据当事人约定的程序规则或当事人选定的其他机构的仲裁规则进行仲裁程序。在上述沙特商人针对印尼政府提出的仲裁案中,临时仲裁庭就是根据联合国国际贸易法委员会的仲裁规则进行仲裁的。根据第 17 条第(d)项规定,临时仲裁庭作出的裁决是终局的,具有司法判决的效力,该协议的成员国有义务在本国领域

---

① Sami Tannous & Matei Purice, op. cit.

内执行仲裁庭的裁决,就如同执行本国国内法院的最终判决一样。①

当然《伊斯兰会议组织成员国间投资促进、保护与保障协议》并不限制投资者在投资东道国法院提起诉讼,或与投资东道国政府达成其他投资争议解决方式。但该协议第 16 条规定了一个岔路口条款,即如果投资者选择在投资东道国法院进行诉讼或在其他仲裁机构提起仲裁,则他不得再利用该协议规定的投资争议解决途径。这可以避免"一事再理",有利于尽快解决投资争议,避免久拖不决。

(二)《阿拉伯国家阿拉伯资本投资统一协议》

为推动阿拉伯投资者在阿拉伯国家的投资,在第 11 届阿拉伯国家元首大会召开期间,阿拉伯国家联盟成员国于 1980 年 11 月 26 日在约旦首都安曼签署了《阿拉伯国家阿拉伯资本投资统一协议》(Unified Agreement for the Investment of Arab Capital in the Arab States)。除阿尔及利亚和科摩罗外,其他 20 个阿拉伯国家都批准了该协议,该协议已在 1981 年 9 月 7 日生效。根据该协议,成员国还在 1985 年设立了阿拉伯投资法院(Arab Investment Court),可以受理成员国之间、成员国与阿拉伯投资者之间因该协议的适用所产生的各类投资争议。该协议既规定了阿拉伯投资者在其他阿拉伯国家投资的待遇、投资的保护实体性内容,也规定了投资争议的解决等程序性内容。

该协议提供的投资待遇、投资保护以及投资争议解决程序仅适用于"阿拉伯资本投资"。为此,该协议在第 1 条专门对相关概念做了界定。该条款规定,"阿拉伯资本"是指由阿拉伯公民所拥有的具有现金价值的各类有形和无形财产,包括银行账户、金融投资以及产生于阿拉伯资本的收益。② 而"阿拉伯公民"(Arab Citizen)是指具有某一成员国国籍的自然人或实体,只要其财产的任何部分都没有被非阿拉伯公民直接或间

---

① 《伊斯兰会议组织成员国间投资促进、保护与保障协议》第 17 条第 2 款第(d)项。该协议的英文版参见联合国贸易和发展会议网站(http://investmentpolicyhub.unctad.org/Download/TreatyFile/2399),访问日期:2018 年 1 月 9 日。

② 《阿拉伯国家阿拉伯资本投资统一协议》第 1 条第 5 款。该协议的英文版参见联合国贸易和发展会议网站(http://investmentpolicyhub.unctad.org/Download/TreatyFile/2394),访问日期:2018 年 1 月 8 日。

接所有。阿拉伯国家及全部由阿拉伯国家所有的实体也可视为该法中的阿拉伯公民。① "阿拉伯投资"（Investment of Arab Capital）就是拥有阿拉伯资本的阿拉伯公民在另一阿拉伯国家领域内在经济发展领域应用阿拉伯资本以获得回报的活动。② 我们根据这些规定可以看出，该协议仅适用于阿拉伯投资者在作为该协议成员国的其他阿拉伯国家内进行的投资，非阿拉伯国家的外国投资者在该协议成员国进行的投资不可能获得该协议的保护。

阿拉伯国家联盟成员国在 2013 年对该协议进行了修订，扩大了受该协议保护的投资者的范围。修订后的协议规定，直接拥有阿拉伯资本 51% 以上份额并且在另一成员国内进行项目投资的阿拉伯自然人或法人，可以受到该协议的保护。③ 与以前的规定相比，阿拉伯公民不再仅限于 100% 拥有阿拉伯资本的具有某一成员国国籍的自然人或实体。这样，在阿拉伯国家内与当地阿拉伯人设立合资公司的中国投资者，也可利用该协议的规定保护其在另一阿拉伯国家内进行的投资。

《阿拉伯国家阿拉伯资本投资统一协议》第六章专门就因适用本投资协议所产生的投资争议做了规定。该协议规定，因适用该协议在成员国之间、成员国和阿拉伯投资者之间所产生的各类投资争议，可以通过调解、仲裁或通过向阿拉伯投资法院提起诉讼解决。④ 调解和仲裁程序应根据该协议附件《调解和仲裁》所规定的规则进行。在争议发生后，当事人可以首先约定通过调解方式解决争端，如果当事人不同意进行调解，或者调解员不能在规定期限内提交调解报告，或者当事人不同意接受调解员的调解建议，则当事人可以约定通过仲裁解决争议。⑤ 附件《调解和仲裁》第 2 条规定了临时仲裁程序。仲裁庭组成后应在第一次会议之后的 6 个月内作出仲裁裁决。在仲裁庭提出请求后，如果阿盟秘书长认为

---

① 《阿拉伯国家阿拉伯资本投资统一协议》第 1 条第 4 款。
② 《阿拉伯国家阿拉伯资本投资统一协议》第 1 条第 6 款和第 7 款。
③ 该协议的修订内容，参见 http: //www. oecd. org/mena/competitiveness/OECD%20Study_Amen ded%20Arab%20League%20Investment%20Agreement%20（English）. pdf, 2018 - 01 - 09。
④ 《阿拉伯国家阿拉伯资本投资统一协议》第 25 条。
⑤ 《阿拉伯国家阿拉伯资本投资统一协议》附件《调解和仲裁》第 2 条第 1 款。

有必要，可以允许延长一次不超过 6 个月的期限。① 仲裁庭根据附件仲裁程序作出的仲裁裁决是终局的、具有约束力的，当事方应遵守并立即执行裁决。如果仲裁裁决作出后的 3 个月内没有得到执行，应将这一事项提交阿拉伯投资法院，由它作出它认为的适当的执行措施。②

该协议有关投资争议解决的最具特色的规定是阿拉伯投资法院的设立。长久以来，国际社会就梦想设立一个专门解决投资者与国家之间投资争议的国际法院，但一直未能实现。③ 阿拉伯投资法院的设立可以说是国际投资法历史发展中的一个重要事件，它为将来其他地区性投资法院的设立提供了一个很好的范例。根据《阿拉伯国家阿拉伯资本投资统一协议》第 28 条，阿拉伯法院由至少 5 名在任法官和多名候任法官组成。这些法官由阿拉伯联盟经济委员会从一个备选人名单中选出。每一成员国可以推荐两名候选人，这些候选人应具备担任高等法律职位的专业和品德资格。阿拉伯联盟经济委员会还会从当选的法官中任命法院院长。阿拉伯投资法院的法官任期三年，可以连任，他们在任职期间享有外交豁免权。此外，该协议还规定，阿拉伯投资法院设在阿拉伯联盟总部，除非法院作出重大决定，否则不得将法院移到其他地方。

从《阿拉伯国家阿拉伯资本投资统一协议》的规定来看，阿拉伯投资法院对投资争议具有强制管辖权（Compulsory）。在投资争议发生后，每一当事方都可在该法院内提起司法程序，而无须事先取得对方的同意。但是，阿拉伯投资法院的管辖权又是辅助性的（Subsidiary），即只有在当事方诉诸调解或仲裁程序后，才可将案件提交给该法院。④ 根据该协议第 27 条，在双方当事人未能达成调解协议时；或调解员未能在规定期限内提交调解报告；或当事人不同意接受调解员的调解建议；或当事人未能同意仲裁；或仲裁庭未能在规定期限内作出仲裁裁决，则每一方当事人均可将争议提交阿拉伯投资法院解决。阿拉伯投资法院可以受理成员国

---

① 《阿拉伯国家阿拉伯资本投资统一协议》附件《调解和仲裁》第 2 条第 9 款。
② 《阿拉伯国家阿拉伯资本投资统一协议》附件《调解和仲裁》第 2 条第 8 款和第 11 款。
③ Walid Ben Hamida, "The First Arab Investment Court Decision", *Journal of World Investment and Trade*, 2006, p. 699.
④ John Gaffney, "The EU Proposal for an Investment Court System: What Lessons Can be Learned from Arab Investment Court?", *Columbia FDI Perspectives*, No. 181, August 29, 2016.

之间、成员国和另一成员国的公共机构和部门之间、成员国机构和部门之间，以及成员国或成员国的机构和部门与阿拉伯投资者之间涉及本协议条款适用的，或因本协议条款适用所产生的任何投资争议。① 阿拉伯投资法院就上述投资争议作出的判决仅对所涉案件当事人及相关争议具有约束力，并且法院作出的判决是终局的，不得提出上诉。在对判决的含义发生争议时，法院可应任一方当事人的请求进行解释。法院作出的判决可在成员国内得到执行，成员国有管辖权的法院应以执行本国法院最终判决同样的方式执行该判决。②

由于阿拉伯法院做出的判决不能被提出上诉，为了避免因判决的错误而给当事人带来不公正，《阿拉伯国家阿拉伯资本投资统一协议》第 35 条还专门规定了一个判决复查程序。在判决严重违反《阿拉伯国家阿拉伯资本投资统一协议》或诉讼程序的基本原则，或在做出判决时法院和对判决提出审查请求的当事人均不知悉的决定性事实被查明的情况下，阿拉伯投资法院可以接受对判决进行复查的申请。此类申请必须在新事实被发现的 6 个月内且在判决后的 5 年内提出。复查程序只能根据法院的决定提起，法院在其决定中应确认新事实的存在，阐明审查的理由，并宣布可因此接受当事人的复查申请。在做出提起复查程序的决定前，法院可中止判决的执行。

为了避免和国内法院的诉讼程序冲突，《阿拉伯国家阿拉伯资本投资统一协议》和《伊斯兰会议组织成员国间投资促进、保护与保障协议》一样也规定了一个岔路口条款。阿拉伯投资者可以在投资所在地国内法院和阿拉伯投资法院之间进行选择，但他一旦选择向其中一个法院提起诉讼，就不能再向另一法院提起诉讼。③ 在阿拉伯投资法院和成员国国内法院存在管辖权冲突时，阿拉伯投资法院对该事项的决定是最终的。④ 投资者在选择通过投资东道国国内法院还是阿拉伯投资法院解决投资争议时，应当考虑各自法院诉讼程序的速度和效力。一些研究者认为，由于

---

① 《阿拉伯国家阿拉伯资本投资统一协议》第 29 条。
② 《阿拉伯国家阿拉伯资本投资统一协议》第 34 条。
③ 《阿拉伯国家阿拉伯资本投资统一协议》第 31 条。
④ 《阿拉伯国家阿拉伯资本投资统一协议》第 32 条。

阿拉伯投资法院争议解决更为迅速，而且其判决具有终局性，因此"阿拉伯投资法院是解决阿拉伯投资者与阿拉伯投资东道国之间投资争议的最好方式之一"。①

虽然《阿拉伯国家阿拉伯资本投资统一协议》早在20世纪80年代就对投资争议解决程序做了非常详尽、完善的规定，但很长时间内并没有阿拉伯投资者利用它所规定的投资争议解决程序。2000年以后，随着阿拉伯国家外资的逐步增多以及中东变局所引起的动荡局势，各类投资争议开始涌现，一些投资者开始关注并利用《阿拉伯国家阿拉伯投资统一协议》的投资争议解决程序。2003年1月14日，一家沙特公司根据该协议的规定向阿拉伯投资法院提起针对突尼斯政府的诉讼。这是根据该协议所提起的第一起投资争议。这家沙特公司要求突尼斯政府赔偿因突尼斯政府单方非法解除和它签订的合同而遭受的7900万美元的损失。阿拉伯投资法院确认了自己的管辖权，并在2004年10月12日作出了它的第一份判决，驳回了投资者的实体请求。②

2011年一家科威特公司根据该协议的规定，对利比亚政府提起了仲裁程序，要求利比亚政府赔偿因其取消一项投资项目而导致该投资者所遭受的损失。这是根据该协议提起的第一起仲裁程序。双方根据《阿拉伯国家阿拉伯资本投资统一协议》有关仲裁程序的规定指定了仲裁员。仲裁庭于2013年3月22日作出裁决，认为利比亚政府应该对违反合同、国内法和《阿拉伯国家阿拉伯资本投资统一协议》的行为负责，判令利比亚政府向这家科威特公司支付9.35亿美元的赔偿。③ 裁决作出后，利比亚政府在裁决作出地埃及开罗上诉法院提出撤销裁决的申请。埃及开罗上诉法院在2014年2月5日作出裁定，驳回了利比亚政府的撤销申请，理由是该裁决是根据《阿拉伯国家阿拉伯资本投资统一协议》做出的，

---

① Ahmed Kotb, "Egypt: The Arab Investment Court", http://www.iflr.com/Article/3539342/Egypt-The-Arab-Investment-Court.html, 2018-01-08.

② 关于阿拉伯投资法院及本案情况的介绍，参见 Walid Ben Hamida, "The First Arab Investment Court Decision", *Journal of World Investment and Trade*, 2006, pp. 699-721。

③ 参见 Diana Rosert, "Libya Ordered to Pay US $935 Million to Kuwaiti Company for Cancelled Investment Project; Jurisdiction Established Under Unified Agreement for the Investment of Arab Capital", http://www.iisd.org/itn/2014/01/19/awards-and-decisions-14, 2017-12-19。

协议附件第 2 条第 8 款规定裁决自仲裁庭作出后立即具有终局效力，埃及作为该协议的成员国应遵守该协议的规定。①

结论和建议

从上述分析可以看出，中国投资者在阿拉伯国家或地区遇到投资争议时，可以利用的争议解决途径相对比较完善。总体来看，对于和中国不存在有效双边投资保护条约的 8 个阿拉伯国家，中国投资者可以利用这些国家国内法规定的投资争议解决途径；对于和中国已有生效双边投资保护条约的 14 个阿拉伯国家，在发生投资争议时，中国投资者可以利用条约规定的争议解决途径。当然，上述两种途径主要适用于中国投资者直接在阿拉伯国家进行投资的情况，如在当地直接投资办厂，或在当地进行兼并收购等情形。对于已在某一阿拉伯国家设立合资工厂或拥有当地公司股份（49% 以下）的中国投资者，如果利用该工厂或公司在另一阿拉伯国家进行投资，在与另一阿拉伯国家政府发生投资争议时，中国投资者还可利用这两个阿拉伯国家共同加入的《伊斯兰会议组织成员国间投资促进、保护与保障协议》或《阿拉伯国家阿拉伯资本投资统一协议》的相关规定寻求解决此类争议。

从前面的分析来看，无论是阿拉伯国家的国内法，还是中国同阿拉伯国家之间的双边投资保护条约，基本上都规定了两类投资争议解决方式，即仲裁和诉讼。考虑到仲裁相对于诉讼的优势，笔者建议中国投资者尽量选择仲裁方式。在选择仲裁时，应首先考虑选择解决投资争端国际中心的仲裁程序，如相关国内法或双边投资保护条约没有规定可以利用该中心的仲裁程序，则中国投资者可考虑选择将争议提交给位于投资东道国以外的、具有良好声誉的国际仲裁机构。如果中国投资者不得不选择在阿拉伯地区进行仲裁，也要尽量选择在本地区具有良好声誉的仲裁机构。另外，在选择仲裁时，中国投资者还要考虑仲裁所在地的国家

---

① 参见 Khalil Mechantaf, "A Blast from the Past... the 'Unified Arab Investment Treaty' and Finality of Arbitration Awards", http://kluwerarbitrationblog.com/2014/11/13/a-blast-from-the-past-the-unified-arab-investment-treaty-and-finality-of-arbitration-awards，2017 – 12 – 12。

以及投资东道国是不是《纽约公约》的成员国。总之，争议解决方式的选择是一个十分复杂的过程，需要综合考虑各种相关因素后才能确定。

阿拉伯国家的地区多边条约有关投资者—国家争议解决的规定令人称道，特别是《阿拉伯国家阿拉伯资本投资统一协议》有关阿拉伯投资法院的规定。从国际层面看，欧盟长期以来推动建立多边投资法院，但直到现在仍未成功。阿拉伯国家早在20世纪80年代便成功设立了此类法院，而且从目前的实践来看，运作良好。一些研究者建议，欧盟在设立投资法院时，可以借鉴阿拉伯投资法院的经验。[1] 考虑到外资的大量涌入，此类地区多边公约规定的投资争议解决途径会日益受到投资者的重视。实际上，阿拉伯投资法院自2003年受理第一起投资案件以来，又受理了7起阿拉伯投资者针对其他阿拉伯国家提起的投资争议案件。[2] 对于在阿拉伯国家进行绿地投资的中国投资者，必须关注此类地区多边公约的规定，以便在发生争议时能够很好地利用此类争议解决途径。对于同为这两个地区多边公约成员国的阿拉伯国家而言，投资者可以从两个公约规定的争议解决途径中选择一种对自己比较有利的途径。

随着"一带一路"倡议的推进，更多的中国投资者会到阿拉伯国家进行投资。为更好地利用投资争议解决的规定，保护自己的合法权益，笔者针对文中提到的一些问题提出如下建议。

首先，投资者应认真了解阿拉伯国家国内法中有关投资者—国家投资争议解决的规定。虽然笔者在文中建议尽量不要通过在阿拉伯国家国内法院进行诉讼的方式解决投资争议，但考虑到中国和阿拉伯国家签署的双边投资保护条约以及阿拉伯国家的地区多边条约都没有排除通过国内法院解决此类争议，因此有必要了解阿拉伯国家国内法的规定，做到未雨绸缪。

其次，考虑到阿拉伯国家的政治局势，中国应推动尚未同中国签署双边投资保护条约的阿拉伯国家签署此类条约，或将已签署的此类投资

---

[1] John Gaffney, "The EU Proposal for an Investment Court System: What Lessons Can be Learned from Arab Investment Court?", *Columbia FDI Perspectives*, No. 181, August 29, 2016.

[2] Walid Ben Hamid, "Arab Region: Are Investors Rediscovering Regional Investment Agreements from the'80s?", http://investmentpolicyhub.unctad.org/Blog/Index/17, 2018 - 01 - 10.

条约落实生效。例如，中国和利比亚、约旦已分别在2010年8月和2001年11月签署了双边投资保护条约，但一直没有生效。中国和伊拉克、吉布提等几个投资较多的阿拉伯国家还没有签署双边投资保护条约。

再次，在续签双边投资保护条约时，中国应尽量对条约的内容进行修正与完善。例如，扩大可提交仲裁解决的投资争议的类型，使之可以涵盖所有类型的投资争议。尽量选择通过解决投资争端国际中心的仲裁程序解决争议，避免造成不必要的拖延和裁决执行的困难。目前，中国和阿拉伯国家的双边投资保护条约中有9个都是选择通过专设仲裁庭解决投资争议的，只有中国和突尼斯、摩洛哥、也门、巴林和沙特之间的双边投资保护条约规定可以利用解决投资争端国际中心解决此类投资争议；此外，一些双边投资保护条约的内容还存在语义含糊之处，需要在续签条约时予以澄清，避免引起不必要的误解。

最后，在条件成熟时，中国可考虑与大阿拉伯自贸区（GAFTA）谈判达成自由贸易投资协定，将有关投资的实体问题和程序问题都并入一个统一的地区性公约中，有利于减少双边投资保护条约造成的碎片化，有利于中国投资者有效利用争议解决程序维护自己的合法投资权益。

争议解决制度无论设计得多么精巧，争议解决结果仍然难以预料。因此，对于投资者来说，事前预防远比事后救济更加重要。考虑到阿拉伯国家和地区存在的各类政治风险和法律风险，中国投资者在投资前一定要做好各类预防工作，如审慎评估投资东道国的政治风险，做好风险防范预案；精心起草投资合同，利用稳定性条款，如冻结条款（Freezing Clause）、经济均衡条款（Economic Equilibrium Clause）等，防备法律或政策变更带来的风险和损失；向保险机构投保政治风险保险，以减少因战争、征用、禁止汇兑等各类风险带来的损失；尽量与当地公司或政府机构合作，提高本土化程度，分解各类风险；以及积极履行企业社会责任，与当地社区保持良好关系等。这些预防措施可在一定程度上减少各类风险的影响。

（本文原刊发于《西亚非洲》2018年第4期）

"一带一路"视角下的中国与以色列关系

肖 宪[*]

摘 要：作为"一带一路"沿线一个重要的节点国家，以色列的区位独特，社会稳定，经济繁荣，科技发达，对于实施中国的"一带一路"倡议具有难以替代的地缘政治和地缘经济价值，可以发挥重要的战略支点作用，是中国宜主动与之加强交往的战略合作伙伴。60多年来，中以关系经历了复杂和曲折的发展历程。近年来，两国关系发展顺利，双方开展了大量经贸、科技、教育和文化方面的合作，但双边关系仍有较大的提升空间。中国应以"一带一路"倡议为契机，进一步加强双方在基础设施建设、经贸往来、人文交流和其他各方面的合作。

关键词：中以关系 "一带一路" 基础设施建设 人文交流 经贸合作

虽然从国土面积、人口、资源等要素来看，以色列只是一个小国，但是它是一个世界公认的"科技大国""军事大国""外交大国""经济大国"和"教育大国"。以色列还由于其独特的地缘战略位置、与美国长期保持特殊关系，以及作为世界上唯一的犹太民族国家与全球犹太人的

---

[*] 肖宪，云南大学国际关系研究院教授。

密切联系，因而在国际事务中发挥着与其面积和人口不成比例的重要影响。中国和以色列分别位于亚洲大陆东、西两端，60多年来，两国关系经历了复杂和曲折的发展历程。在今天中国提出的"一带一路"倡议中，以色列作为中东地区一个重要的沿线节点国家，与中国的关系也格外引人注目。本文拟从"一带一路"的视角来讨论中以关系及其未来发展走向。

一 中以关系的历史回顾

以色列是中东地区最早承认中华人民共和国的国家，但却是该地区最后一个同中国建交的国家。中华人民共和国成立后100天，即1950年1月9日，以色列就决定承认中华人民共和国。中国对此表示感谢，并表示希望尽快正式与以色列建立外交关系。然而，由于随后朝鲜战争的爆发以及以色列国内亲美派的反对，以色列当局在同中国建交的问题上犹豫不决，一度采取观望态度，从而使两国失去了在20世纪50年代早期建立外交关系的机会。

朝鲜战争结束后，中、以双方又为建交进行了多次接触。然而，周恩来总理在1955年召开的万隆会议上接触了埃及总统纳赛尔等阿拉伯国家领导人并对中东形势有了更多了解之后，决定优先发展同阿拉伯国家的关系，在巴勒斯坦问题上采取支持阿拉伯国家的态度。尽管以色列已正式致函中国提出建交请求，但却为时已晚。① 1956年5—9月，中国先后同埃及、叙利亚、也门建立了外交关系。在1956年10月的苏伊士运河战争中，中国采取了坚决支持埃及的立场，中断了同以色列的一切接触，并公开批评以色列对阿拉伯国家的政策。从此，中以关系进入了一个长达30年的"冻结时期"。

虽然以色列在1971年10月第26届联大关于驱逐"台湾当局"、恢复中国在联合国合法席位的表决中投了赞成票，但中国并没有改变亲阿反以的政策。不过，中国也并不赞成"把以色列扔到大海里"的口号，以及对以色列采取劫持飞机、杀害人质的做法。1977年10月，埃及总统

---

① 殷罡：《中国与以色列关系60年评述》，《西亚非洲》2010年第4期，第32页。

萨达特主动访问以色列并寻求和平解决中东问题，中国对此给予了肯定和支持。而以色列方面也一直坚持承认中华人民共和国，始终未同"台湾当局"发展关系。到20世纪80年代初，中国开始实行改革开放，在对外政策方面做了较大调整，与越来越多的国家建立了正常的外交关系。在这样的形势下，中以关系逐渐开始解冻。

  自20世纪80年代中期开始，中国和以色列之间的民间往来逐渐增多，在经济和技术方面开展合作。从1982年起，中国允许以色列学者以个人身份来华访问。1985年6月，一个以色列经济界人士代表团来北京访问，一个中国农业专家代表团也访问了以色列。在双方民间交往日益增多的情况下，中以之间具备了建立官方联系的条件。1987年后，中、以官员在巴黎、纽约等地进行了多次接触。根据双方达成的协议，中国国际旅行社于1990年在特拉维夫建立了办事处，以色列也在北京开设了以色列科学及人文学院联络处。由于这两个机构均享有外交权，中以之间此时已建立了事实上的领事关系。

  1991年马德里中东和平会议召开后，中、以建交已水到渠成。1992年1月24日，以色列副总理兼外交部长戴维·利维在北京同中国外长钱其琛签署了两国建交公报，宣布中、以建立大使级外交关系，揭开了中、犹两个民族和中、以两个国家关系的新篇章。由于中国和以色列早在1950年就已相互承认，因此有人说，中、以建交是"一个推迟了42年的行动"。①

  中国和以色列建交后，两国关系发展迅速。在政治上，双方高层互访频繁。以色列总统赫尔佐克、魏茨曼、卡察夫和佩雷斯先后访华；总理拉宾、内塔尼亚胡、奥尔默特以及利维、沙洛姆、巴拉克等高级领导人也相继访华。中国的人大委员长李鹏和国家主席江泽民分别于1999年和2000年访问了以色列，李岚清、温家宝、钱其琛、唐家璇、杨洁篪、刘云山、张高丽、刘延东等中国高层领导人也先后访问以色列。这既表明了中、以双方对两国关系的重视，也反映出这一双边关系发展的

---

① ［美］江纳森·高斯坦《中华民国、中华人民共和国与以色列，1911—2003年》，载［美］江纳森·高斯坦：《中国与犹太——以色列关系100年》，肖宪译，中国社会科学出版社2006年版，第2页。

顺利。

早在中、以建交前，以色列就在中国香港设立了总领事馆，专门负责对华联络工作。两国1992年建交后，以色列除了在北京建立大使馆外，还于1994年在上海设立了总领事馆，2009年又在广州建立了总领事馆，2014年在成都也开设了总领馆。一个只有700多万人口的小国，在中国除了在首都北京有大使馆之外，还在各地设立了4个总领事馆，这一方面说明以色列对中国的重视，另一方面表明了中以关系的密切和人员往来的频繁。

由于双方经济有较强的互补性，20多年来，两国签署了多个经贸协议，贸易额增长迅速。1992年中、以建交时贸易额仅为5000万美元，1996年为4亿美元，2005年为30亿美元，2010年为50亿美元，而到2014年时双方的贸易额已达110亿美元。[①] 中国现为以色列在亚洲的第一大贸易伙伴和仅次于美国的全球第二大贸易伙伴。中国公司在以色列承建了多项工程，在以色列的中国劳工一度接近4万人。以色列农业科技发达，农业是两国最早开展的合作领域之一，双方在北京、山东、陕西、云南及新疆等地建立了农业培训、花卉种植、奶牛养殖、节水旱作等示范基地。此外，两国间文化、教育、体育等方面的交往与合作也在不断扩大。

尽管中以关系总体发展顺利，而且两国间既没有历史遗留问题，也没有直接的利益冲突，但中以关系的发展却往往会受到第三方的影响。例如，中国与以色列的关系就常常受制于以色列与美国的关系，中以关系也会受到中国与阿拉伯国家的关系、中国与伊朗的关系的影响。这方面一个典型的例子就是2000年7月发生的"预警机事件"。

以色列的军工科技享誉世界。早在中以建交前，中国就同以色列开展了一些军工技术方面的合作，加速了中国国防现代化的进程。两国建交后，中、以军事技术合作又有新的提升。20世纪90年代后期，中国同以色列达成协议，以色列向中国提供一套价值2.5亿美元的"费尔康"（Phalcon）预警机系统。但随后美国向以色列施压，称如果中国获得"费

---

① Http：//www.fmprc.gov.cn/web/gjhdq_676201/gj_676203/yz_676205/1206_677196/sbgx_677200，2015-07-01.

尔康"预警机,将损害美国的战略利益,并威胁说:如果以色列执意向中国出售这些装备,美国会减少每年向以色列提供的援助。在美国的强大压力下,2000年7月以色列单方面取消了向中国出售该预警机系统的合同。尽管以色列政府后来正式向中国进行了道歉,退还了预付款,并给予了赔偿,但这一事件还是给中以关系带来了很大伤害。本来2000年4月中国国家主席江泽民刚刚访问了以色列,双方关系正处在一个最好的时期,这一事件使中以关系在其后几年一度陷入低谷。2004年12月,同样是在美国的压力下,以色列未按合同为10年前出售给中国的一批军用"哈比"无人机(IAI Harpy)进行技术升级。[①]

中以关系除了深受美国影响之外,还会受到中国与阿拉伯国家和伊朗关系的影响。长期以来,中国一直同阿拉伯国家保持着友好关系,也正是在阿以关系逐渐改善的背景下,中国才与以色列实现建交的。中国一直支持巴勒斯坦人争取合法的民族权利,这一立场是不会改变的,当然中国同时也支持巴以和平进程。如何平衡地处理好中国同阿拉伯国家(包括巴勒斯坦)和同以色列的关系,一直是中国中东外交的一个重点和难点。当阿以(巴以)关系紧张时,中国就不可能放手同以色列开展交往,而且还必须表明自己的态度。同样,伊朗也是影响中以关系的一个重要因素。伊朗和以色列是中东地区的一对死对头,双方都视对方为本地区最主要的威胁。中国同时与伊朗和以色列都保持着良好关系,这种三角关系有时固然有利于中国发挥某种独特的协调作用,但也会影响中国与其中一方关系的进一步发展。这种情形在伊朗核问题上表现得十分明显,以色列很看重中国对伊朗的影响力,一直力图说服中国参与对伊朗施压,以迫使其放弃核计划。

二 近年来中、以经贸合作和人文交流

经贸合作和人文交流是中、以双边合作的重要领域,呈现以下特点。

第一,中、以两国经济互补性强、发展快,贸易额逐年增长。据中

[①] Yitzhak Shichor, "The US Factor in Israel's Military Relations with China", http://www.academia.edu/280877, 2007-08-05.

国海关统计，2014 年中、以双边贸易继续保持稳步增长，进出口总额为 110 亿美元，同比增长 0.5%。① 一直以来，以色列对中国出口以高科技产品为主，包括电子、光学产品、农业技术等；而中国则向以色列市场提供受欢迎并具有竞争力的原材料、轻纺产品和消费品等。

随着中以贸易水平的提升，双边贸易结构也在不断优化，从以电子、钻石、化工等传统产品贸易为主不断向高科技、新能源、生物技术、现代医药等方向发展转变，产品结构呈现多样化态势。以 2013 年为例，以色列向中国出口的商品结构为：计算机、电子和光学产品占 52.5%，化学和化工产品占 20.5%，其他经济类产品为 15%，钻石产品为 7.2%，机械设备为 4.8%；中国向以色列出口的商品主要有钢材、铜材、小轿车（包括整套散件）、煤等。中国的荣威汽车、长城皮卡、中兴智能手机等高附加值产品成功进入以色列市场，联想笔记本电脑等成为当地同类商品的畅销品牌，占据了约 1/4 的市场份额。② 中以之间服务贸易发展势头良好，2014 年前三季度，双边服务贸易额 5.1 亿美元，其中中国服务出口 2.8 亿美元，进口 2.3 亿美元，主要集中在旅游、运输、咨询等领域。③

在中东地区的 22 个国家中，2014 年中国同以色列的 110 亿美元双边贸易额排在中国同沙特、阿联酋、伊朗、伊拉克、土耳其、阿曼、埃及的贸易额之后，名列第八位，但排在前面的或是中东的人口大国，或是中国从其大量进口石油的国家。④ 而以色列是一个既没有石油、人口也只有 800 万的小国家，中以之间一年能有 110 亿美元的贸易额已很可观。虽说中国现已是以色列在亚洲的第一大贸易伙伴，也是其全球第二大贸易伙伴，但中以之间的贸易水平仍有一定的提升空间。中国同以色列的贸易额现仍不到以色列对外贸易总额的 10%，只有以色列对欧洲贸易额的

---

① Http：//www.fmprc.gov.cn/web/gjhdq_676201/gj_676203/yz_676205/1206_677196/sbgx_677200，2015 - 07 - 01.
② 张倩红：《以色列发展报告（2015）》，社会科学文献出版社 2015 年版，第 315 页。
③ 《2014 年中以双边贸易情况》，2015 年 5 月 26 日，中华人民共和国商务部网站（http://www.mofcom.gov.cn/article/tongjiziliao/fuwzn/swfalv/201505/20150500985318.shtml）。
④ 张进海、段庆林等：《中国—阿拉伯国家经贸关系发展报告（2015）》，黄河出版传媒集团 2015 年版，第 11 页。

1/3、对北美的 1/4。① 另外，中国和以色列贸易长期存在着巨大的贸易逆差，不利于双边贸易的健康发展。

2015 年 3 月，李克强总理在《政府工作报告》中专门谈到要"推动与海合会、以色列等自贸区谈判"，这表明中国政府对同以色列开展经贸合作的重视。3 月底，中国商务部发言人称，中国和以色列已完成自贸区联合可行性研究，结论积极，双方将在年内启动自由贸易区谈判。②

第二，近年中以经济合作的一个新趋势——中国资本开始涌向以色列。十年前，中国海外投资主要以保障自然资源供应为目的，因此，中国的能源和矿产公司与非洲和拉丁美洲国家合作较多。但现在，中国海外投资越来越多地瞄准品牌和技术领域，而这正是以色列的优势所在。以色列不仅有不少全世界著名的跨国公司，还有一些工业园区和高科技孵化区，加上该国劳动力素质高，资本和金融市场发展成熟，具有吸引投资的优势。中国现已成为以色列高科技企业的资金来源国之一，百度、奇虎 360、联想、平安等著名科技公司纷纷向以色列的科技投资基金注资。2013 年 5 月，中国复星医药公司以 2.2 亿美元收购了以色列飞顿激光（Alma Lasers）公司 95% 的股权。中国在以色列最大的一笔投资来自中国光明食品集团，该公司 2015 年 4 月用 25 亿美元收购了以色列以乳制品为主的特努瓦（Tnuva）食品公司。③

以色列国土面积虽小，但却是一个科技创新强国，其研发投入占国内生产总值的 4.5%，长期位居世界第一位，全球创新排名第四位。2013 年 5 月，以色列总理内塔尼亚胡访华时曾表示，以方愿意动员商界、科技界人士把"方向盘"转向中国，把以色列建设成为中国的"研发实验室"。④ 中国也非常看重以色列的科技创新能力。2014 年 5 月，刘延东副总理访问以色列，参加了以色列首届创新大会，并在《耶路撒冷邮报》发表题为《让中以科技创新合作之花更加绚丽》的署名文章。2015 年 1

---

① 就单个国家而言，中国是仅次于美国的以色列第二大贸易伙伴。欧盟和美国仍是以色列最主要的贸易伙伴，2013 年欧盟和美国分别占以色列外贸总额的 33% 和 20%，而中国占以色列对外贸易总额的 8.5%。
② Http://finance.sina.com.cn/world/20150317/152721741019.shtml, 2015-03-17.
③ 张倩红：前引书，第 319 页。
④ 付丽丽：《携手创新 合作共赢》，《科技日报》2015 年 2 月 2 日。

月,"以中创新合作联合委员会"第一次会议在北京举行,双方签署了《中以创新合作三年行动计划》,其中包括成立中以创新合作中心,成立中以"7+7"大学研究联合会,实施2015—2019年文化合作行动计划,启动"中以常州创新园"建设等。①

第三,中、以旅游合作空间广阔。旅游合作既是经济合作,又是文化交流。中、以建交后,随着1993年以色列航空公司开通特拉维夫至北京的国际航线和1994年中、以两国签署《旅游合作协定》,来华旅游的以色列人络绎不绝,但当时前往以色列的中国游客却不多。旅游业是以色列的一个重要产业,每年接待300多万名外国游客。2005年6月,中方宣布将以色列列为中国公民出境旅游目的地国,2013年6月,以方宣布接受办理非旅行社代理的个人旅游签证,越来越多的中国人也开始走向以色列(2014年赴以中国游客超3万人)。以色列航空公司由特拉维夫直飞北京的往返航班由原来的一周2班改为现在的一周3班,香港直飞往返特拉维夫航班也增加为每周6班。中国海南航空公司也宣布将于2016年4月开通北京至特拉维夫直航航线,每周3个航班。以色列旅游部驻中国办事处首席代表周毅(Jonathan Bental)2014年8月称,以色列的目标是3年内中国赴以色列旅游人数达到10万人次。

第四,教育是中、以人文合作的一个重点领域。从1993年起,两国政府就开始互换留学生,2000年,两国教育部签署了《中国—以色列教育合作协议》,涉及互派留学生、学术交流、语言教学、互认学历学位等方面。以色列的7所大学都具有较高的教育和科研水平,而且都采用英语教学,是中国学生出国留学的热门选择之一。中国赴以色列留学进修人员迄今已有3000多人次,而以色列在中国学习的留学生也有100多人。以色列政府为加强与中国的教育合作,从2012年起每年拨款4000万谢克尔(约合7200万元人民币)向中国提供250个奖学金名额。随着以色列兴起"中国热"和"汉语热",2010年以色列教育部决定将中文列入大学和中小学课程,高校也纷纷建立中文系、东亚系和中国研究机构。2007年和2014年,特拉维夫大学和希伯来大学在中国帮助下先后开办了

---

① 中国驻以色列大使馆网站(http://www.fmprc.gov.cn/ce/ceil/chn/gdxw/t1157065.htm),访问日期:2014年5月18日。

孔子学院。① 中国的北京大学、上海外国语大学、北京外国语大学和中国传媒大学4所高校也先后开设了希伯来语专业。

中国香港的李嘉诚基金会2013年9月宣布,将捐资1.3亿美元给以色列理工学院,帮助其在广东汕头创办广东以色列理工学院(TGIT),以推动中国在工程、科学和生命科学等领域的教育、研究和创新。这是中、以教育合作的一个大项目,也是以色列大学有史以来获得的最慷慨的资助之一。广东省和汕头市也将出资9亿元人民币(约合近1.5亿美元)及600多亩土地,支持广东以色列理工学院的建设。2015年12月,广东以色列理工学院建设正式启动,以色列前总统佩雷斯、广东省委书记胡春华以及李嘉诚先生、双方大学校长等出席了启动仪式。

第五,中、以文化交流内容丰富、底蕴深厚。1993年,中、以两国签署了《文化合作协定》,后又6次签署年度执行计划,有力推动了双方在文化、艺术、文物、电影、电视、文学等领域的交流与合作。以色列的音乐、艺术在国际上享有很高的知名度,以色列芭蕾舞团、基布兹现代舞团、爱乐乐团、室内乐团、青年爱乐乐团等先后来华演出。以色列还首次以自建馆的形式参加了2010年上海世博会。2007年,中国在以色列举行了"中国文化节",2009年举行了"感知中国·以色列行"大型文化交流活动。截至2014年,中、以两国间共有19对省市结成友好省市。②

中华民族和犹太民族都有悠久的历史和灿烂的文化,都对世界文明的发展做出过巨大贡献。更值得一提的是,古代曾有一些犹太人沿丝绸之路来到中国,长期生活在开封等地,并最终同化于中华民族。在近代,一些犹太人从英国殖民地或者从俄国来到中国,生活在上海、哈尔滨、沈阳、天津等城市,人数多达2万—3万人。在第二次世界大战期间,又有近3万名犹太难民为逃避德国纳粹的迫害,从欧洲来到中国上海,直到战后才陆续离去。③ 因此,以色列和世界各地的犹太人对中国,尤其是

---

① 参见张倩红:前引书,第294—296页。
② 中国国际友好城市联合会网站(http://www.cifca.org.cn/Web/Index.aspx),访问日期:2015年12月18日。
③ 参见潘光、王健《犹太人与中国》,时事出版社2010年版,第16—34页。

对上海、哈尔滨怀有特殊的感情。担任以色列总理多年的奥尔默特,其父母都出生在哈尔滨,其祖父的墓地也在哈尔滨。以色列还成立了一个"前中国犹太人协会",成员既有当年在中国的犹太人,也有他们的子女和后代。中国改革开放后,他们纷纷前来上海、哈尔滨参观当年犹太人生活的原址。上海市也将虹口区提篮桥地区列为"犹太历史风貌保护区",修建了纪念碑,并把原来的一个犹太会堂建成上海犹太难民纪念馆。

"犹太人在上海""犹太人在哈尔滨"成了中、以友好的象征和品牌,双方不仅出版了许多图书、画册,还拍摄了一些影视作品,并在中国、以色列和其他国家举办过多次展览。包括总统魏兹曼,总理拉宾、佩雷斯、内塔尼亚胡、奥尔默特等人来华访问时,一般都要到上海参观犹太人旧址。2015年8月,在中国人民抗战胜利暨世界反法西斯战争胜利70周年之际,以色列驻上海总领馆制作了一部宣传短片《谢谢上海》,以表达以色列人民对中国人民最真挚的感谢。

三 "一带一路"倡议下的中、以合作

中国2013年底提出"一带一路"重大倡议后,以色列一开始并没有表态。[①] 2014年10月,作为实施"一带一路"战略的举措之一,中国发起成立了亚洲基础设施投资银行(以下简称"亚投行"),印度、新加坡等21个国家成为首批意向创始成员国,后又有包括英、法、德、俄等多个国家也申请成为创始成员国。而美国、日本则明确表示反对加入亚投行,以色列或许受此影响,观望了一段时间,最后还是选择加入亚投行。申请作为创始成员国加入亚投行的截止时间为2015年3月31日,以色列是最后申请加入的7个国家之一。2015年3月31日,以色列总理内塔尼亚胡正式签署了以创始成员国身份加入亚投行的申请,成为亚投行57个创始成员国之一。以色列外交部在一份声明中说,以色列意识到了加入这样一个亚洲国家间组织的重要性,因而由外交部启动了申请加入亚投

---

① 2013年9—10月,中国国家主席习近平分别在哈萨克斯坦和印度尼西亚发表关于"一带一路"的讲话,标志着中国正式对外提出"一带一路"重大倡议。

行的程序。以色列加入亚投行的举动表明了该国积极响应中国"一带一路"倡议的态度。

2015年5月28日，以色列交通部长伊斯莱利·卡茨在授予中国上海国际港务集团（以下简称"上港集团"）海法新港码头25年特许经营权签约仪式上，对中国的"一带一路"倡议给予了高度评价。他表示"一带一路"倡议有助于改善区域基础设施，促进区域经济发展，以色列乐于和中国加强"一带一路"方面的合作。卡茨还表示，以色列目前处在基础设施建设快速发展阶段，正在建设新的机场、码头、铁路和公路，每年投资额40多亿美元，他相信以、中基建合作潜力巨大，将惠及双方。① 这可以说是以色列官方对中国"一带一路"倡议最为正式的积极表态。

基于双方各自国情和经济发展的互补性，"一带一路"倡议下中国和以色列的经济合作主要体现在以下方面。

第一，双方业已在基础设施领域开展合作，且发展潜力巨大。以色列地处欧、亚、非三大洲接合部，西面和南面分别濒临地中海和红海亚喀巴湾，无论是"一带"还是"一路"这里都是重要节点。"一带一路"建设的重点和优先领域是基础设施的互联互通，中国和以色列在此方面已经开展了令人瞩目的有效合作。2014—2015年，中国公司先后获得以色列两个重大基础设施建设项目。

一是中国港湾工程公司2014年6月中标以色列南部阿什杜德的新港建设项目。阿什杜德新港口项目是以色列最大的投资项目之一，总投资额为33亿新谢克尔（约合9.3亿美元），也是中国企业在境外承揽的最大港口建设项目之一。中国港湾工程有限责任公司以较低的报价通过公开竞标，击败另外3家公司获得该项目。该港口项目工程主要包括建造1200米港口码头、2800米防波堤，以及进场道路和仓库、办公区等附属工程。工程合同竣工时间为2022年，港口建成后，预计吞吐量为100万标准集装箱，将成为以色列南部最重要的港口。以总理内塔尼亚胡、财政部长拉皮德、交通部长卡茨、阿什杜德市市长拉斯里，以及中国驻以

---

① 《中以"一带一路"合作添硕果》，2015年5月29日，新华网（http://news.xinhuanet.com/fortune/2015-05/29/c_1115451333.htm）。

大使高燕平等出席了 2014 年 9 月底的协议签字仪式和 10 月 30 日的开工典礼,可见以方对此工程的重视。①

二是上港集团获得海法新港码头为期 25 年的特许经营权。2015 年 3 月,上港集团接到以方通知,该集团在有 4 家公司参与的竞标中胜出,成功获得海法新港码头为期 25 年的特许经营权。5 月 28 日,以色列港口发展及资产公司与上港集团在特拉维夫正式签署协议。根据协议,新港基础部分由一家以色列公司负责完成,中方将负责码头的后场设施建设、机械设备配置和日常经营管理。海法新港建设预计于 2020 年完成,全部建成后码头海岸线总长 1500 米,设计年吞吐能力 186 万标准集装箱。码头总占地面积 78 公顷,前沿最大水深 17.3 米,具备接卸世界最大集装箱船(19000 标准集装箱船)的能力,将是以色列最大的海港。上港集团预计投入资金 20 多亿美元,将海法新港打造成一个面向全球的国际货运中心。②

而更令人关注的是从特拉维夫到埃拉特的高速铁路项目,即所谓的"红海—地中海高铁"(Red-Med High-speed Railway)项目(见图 1)。

以色列的经济和人口中心在海法—特拉维夫—阿什杜德一线的地中海沿岸地区,而其最南端是濒临红海的城市埃拉特,中间被荒凉而狭长的内格夫沙漠分隔开来。早在 20 世纪七八十年代,以色列就曾考虑修建一条将特拉维夫与埃拉特连接起来的铁路,但因资金、技术等各种原因一直未能实现。进入 21 世纪后,被称为"红海—地中海高铁"项目正式被纳入以色列政府的发展计划。计划中的特拉维夫至埃拉特高速铁路项目全长约 350 公里,其中比尔谢巴以南的 260 公里需要新建,设计时速为 250 公里/小时。建成后,从特拉维夫到埃拉特只需要 2 个小时,而现在用汽车运输则需要 5 个小时。

对于以色列来说,这是一条具有经济和战略双重意义的铁路。从经济意义来看,这条铁路有利于南北交通,可以加速南部(内格夫)地区

---

① 《中国为以色列建南部最重要海港》,2014 年 10 月 5 日,新华网(http://news.xinhuanet.com/world/2014 - 10/05/c_ 127065105.htm)。
② 《上港获以色列第一大港经营权》,2015 年 3 月 28 日,环球网(http://finance.huanqiu.com/roll/2015 - 03/6034396.htm)。

的开发;最南端的埃拉特也将从现在只有 4.8 万人口的小城市发展成为一个有 15 万人口的中等城市。① 而这条铁路更主要的作用是其重要的战略价值。建成后,来自印度洋的货物将可从红海的埃拉特港上岸,经铁路运输到地中海的阿什杜德港或海法港,这样就可以绕开苏伊士运河,不但能缩短运输时间,而且还可避免依赖苏伊士运河的安全风险。所以,对于以色列(以及世界其他国家)来说,这是一条打通欧亚大陆、连接地中海和红海的陆上通道。一些评论甚至称其为"陆上的苏伊士运河"。以色列总理内塔尼亚胡将其确定为"国家优先发展的项目"。以色列内阁会议于 2012 年 2 月 5 日正式通过了修建"红海—地中海高铁"计划。②

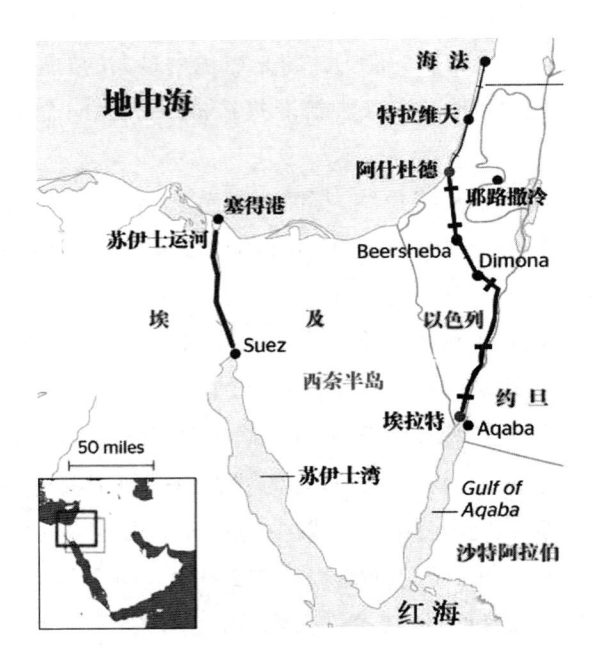

图 1 以色列"红海—地中海高铁"项目示意

资料来源:观察者网站(http://www.guancha.cn/Project/2014_03_28_217807.shtml),访问日期:2014 年 3 月 28 日。

---

① Neuman Nadav, "Regional Committee Approves Tel Aviv-Eilat Railway Route", *Globes*, http://www.globes.co.il/en/article-1000821581, 2013-02-11.

② Http://www.jpost.com/National-News/Cabinet-approves-Red-Med-rail-link, 2012-02-05.

据以方的资料,修建这条铁路将要架设总长度达 4.5 公里的 63 座桥梁,开凿总长度达 9.5 公里的 5 段隧道,总预算为 80 亿—130 亿美元,预计用 5—6 年时间完成。以色列希望通过国际合作来投资建设这条铁路。"红海—地中海高铁"项目公布后,已先后有印度、西班牙等 10 个国家表示对这一合作项目有兴趣。① 然而,到目前为止,真正同以色列方面进入实质性协商的只有中国。早在 2011 年 9 月以色列交通部长伊斯莱利·卡茨访问中国时,就与时任中国交通运输部长的李盛霖讨论并达成了双方在交通基础设施领域开展合作的初步协议。2012 年 7 月,卡茨再次访问中国时,与中方签署了一项具有战略意义的合作备忘录,其中就明确包括了双方将就"红海—地中海高铁"项目开展合作的内容。以色列总理内塔尼亚胡也表示欢迎中国参与"红海—地中海高铁"建设。② 对以色列来说,中国参与也就意味着中国的银行和投资公司将为该项目投资,中国有成熟经验和技术的铁路建设公司也将负责项目工程。由于"红海—地中海高铁"项目意义重大,许多普通以色列人对其非常关注,也对中国的参与充满期待。③

"红海—地中海高铁"对于中国来说同样具有重要的战略意义,它将使中国的货物能够更加便利地抵达北非和欧洲,而苏伊士运河航线将不再是唯一的途径。现在中国大部分从非洲进口的石油均需经苏伊士运河运往中国,与非洲、欧洲的进出口商品也必须经过这一"咽喉"要道,每年都有上千艘中国船只通过苏伊士运河。而近年来由于埃及的局势不稳,已使中国经苏伊士运河的运输线路受到影响。2013 年 8 月底,在苏伊士运河曾发生了对中国的"中远亚洲"号货轮进行恐怖袭击的事件。④ 从经济角度来看,承建这一项目也有助于中国的资本、技术和企业"走

---

① Wikipedia, "High-speed Railway to Eilat", https://en.wikipedia.org/wiki/High-speed_railway_to_Eilat, 2015 – 11 – 25.
② "China's Silk Road Strategy: A Foothold in the Suez, But Looking to Israel", *China Brief*, Vol 14, Issue 19, http://www.jamestown.org/programs/chinabrief/single, 2014 – 10 – 10.
③ 笔者 2014 年 6—7 月在以色列本—古里安大学做访问学者时,有多位以色列学者、媒体人士和普通市民曾主动同笔者谈论此项目,并对中国参与建设表示期待。
④ 《埃及局势影响苏伊士运河安全》,2013 年 9 月 3 日,新华网(http://news.xinhuanet.com/world/2013 – 09/03/c_125305354.htm)。

出去",并可为中国劳动力提供海外就业机会。因此,对于中、以双方来说,"红海—地中海高铁"都应该是一个互利双赢的合作项目。就此意义而言,前面谈到的阿什杜德港项目和海法新港项目都可以看作"红海—地中海高铁"的前期工作。

第二,中国与以色列的另一重要合作领域是农业。实际上,双方对此都有共识,2014年6月,中国农业部与以色列农业部在耶路撒冷签署了合作纪要,将双方的农业合作纳入"一带一路"倡议战略合作框架。①中国国务院副总理汪洋2014年11月访问以色列时也强调,中、以农业合作潜力巨大,要发挥互补优势,深化双方的农业合作。如果说中、以在基础设施建设领域的合作可视作中国向西"走出去",那么双方在农业领域的合作就是中国将以色列向东"请进来"。

以色列的农业科技世界领先,农业是中国和以色列最早开展合作的领域之一,包括建立培训中心、举行研讨会、建立示范项目、组团互访等形式。早在1993年,双方就在中国农业大学成立了中以农业培训中心,在北京郊区建立了示范农场,在山东、陕西、云南及新疆等地,建立了农业培植、花卉种植、奶牛养殖、节水旱作农业示范基地。近几年来,中国多个省市纷纷派代表团进行农业考察,并与以色列建立了有具体项目的农业合作关系,②重点是中国学习和引进以色列的农业节水灌溉技术、栽培和良种培育技术以及畜牧养殖技术等。中国借鉴和依托以色列技术,在节水灌溉领域开发了一些适合中国国情的低成本、高效率的产品,如在新疆实施了"中国—以色列旱作农业示范"合作项目;在栽培技术方面研发适合中国的低成本、高产出的蔬菜和花卉栽培技术,如在福建的"中以合作示范农场"综合项目,引进作物现代栽培设施、水产养殖设施、精准施肥等技术;在畜牧养殖技术方面,双方开发了适合本地奶牛特点的养殖技术,节约成本并提高了奶产品的质量和产量,如黑龙江与以色列就开展了奶牛养殖和乳制品生产技术的合作。中国与以色

---

① 《中以农业合作纳入"一带一路"》,2014年6月16日,新华网(http://news.xinhuanet.com/fortune/2014-06/16/c_126623885.htm)。

② 中、以农业合作项目涉及北京、天津、上海、广东、江苏、安徽、福建、浙江、山东、四川、重庆、湖北、湖南、贵州、云南、海南、陕西、山西、河北、宁夏、新疆、黑龙江、辽宁等省份,参见张倩红:前引书,第329页。

列的农业科技合作项目之多，涉及省市之广，超过了中国与任何其他国家的合作。

第三，中方可分享以色列水资源开发利用的先进技术。以色列的水资源极其缺乏，但它通过技术创新管理水、生成水、保护水、利用水，彻底解决了用水问题，是全世界用水技术最先进的国家。除了农业节水灌溉技术外，以色列的污水处理、海水淡化技术也非常先进和实用。中国也是一个严重缺水的国家，尤其是近年来城市化快速发展导致了缺水状况日益严峻，因此中国与以色列在水资源利用方面也有广泛的合作空间。2013年5月，以色列总理内塔尼亚胡访华时，双方达成的合作协议之一就是以色列将帮助中国实施"水技术示范城"项目。双方经过考察比较，选定中国山东省寿光市为以色列水技术示范城，并在2014年11月以色列经济部长贝内特访华时正式启动。寿光市将结合运用以色列的脱盐、污水治理、灌溉、供水和污水净化等技术，探索高效用水、节约用水、污水处理、水循环利用的新模式，并在试验取得成功的基础上加以推广和复制。① 实际上，以色列的海水淡化技术已在中国一些沿海城市得到应用，缓解了这些城市的淡水供应问题。

中、以在"一带一路"框架下的合作，正如以色列总理内塔尼亚胡2013年12月在耶路撒冷与中国外交部长王毅举行的联合记者会上所说的："我们的力量形成互补。中国有巨大的工业影响力和全球影响力，以色列则在所有高科技领域都有先进的技术。"②

四　几点思考

根据中以关系20多年来的发展情况，以及近年来中东地区局势的变化，尤其是从中国提出"一带一路"倡议的视角，来探讨中国—以色列关系及其未来的发展走向，笔者做出以下几点分析和思考。

---

① 冯志文：《山东寿光市成以色列水技术示范城》，2014年11月28日，人民网（http://scitech.people.com.cn/n/2014/1128/c1057-26108581.html）。
② 《中国竞标以色列大工程，美国恐怕又要来搞乱》，个人图书馆网站（http://www.360doc.cn/article/2799607_364692069.html），访问日期：2014年3月29日。

第一,在中国的"一带一路"建设中,以色列具有重要的地缘政治和地缘经济价值。从地理区位来看,以色列地处亚、非、欧三洲交通要冲,既扼守着海上运输咽喉苏伊士运河,又可从陆上连通红海和地中海。以色列作为"一带一路"沿线一个重要的节点国家,无论是陆上的"丝绸之路经济带"还是海上的"21世纪海上丝绸之路",都将穿越和交会于此。

作为一个中东国家,以色列的民主制度完善,法制健全,经济繁荣,社会稳定,教育发达,科技领先,并具有显著的人才优势。尤其是近年来中东地区发生剧烈变化,因中东变局、伊斯兰极端势力崛起而出现大面积动荡,并引发波及欧洲的难民潮,更加凸显出以色列在该地区"一枝独秀"的特殊地位。因此,对于中国推进"一带一路"倡议来说,以色列无疑具有难以替代的地缘政治和地缘经济价值,可以发挥重要的战略支点作用,是中国应该主动与之加强交往的战略合作伙伴。中国要以"一带一路"倡议为契机,进一步提升中以经贸往来、人文交流和其他方面的合作。

第二,中、以两国彼此欣赏、相互需要,双方合作具有良好的前期基础和巨大的发展潜力。如前所述,由于二战期间中国收留过数万名犹太难民,因此在以色列无论是官方还是民间,都对中国比较友好。相比西方发达国家,以色列很少对中国的政治制度和意识形态进行批评。[①] 两国建交以来,以色列历任总统、总理几乎都访问过中国。而在中国,社会各界对犹太民族也普遍怀有好感,对以色列国家能在逆境中取得令人瞩目的发展成就感到钦佩。近年来,中以双边关系不断升温,两国合作的水平与层次也达到了空前高度。

中国提出"一带一路"倡议以来,以色列朝野都表现出了强烈的兴趣,表示希望加强同中国的合作,参与"一带一路"建设。特别是双方在推进"红海—地中海高铁"项目方面的默契合作以及以色列加入亚投行,标志着以色列主动与中国"一带一路"倡议进行对接,以期未来实现互利双赢。以色列看重的是中国巨大的经济规模和市场潜力,作为联

---

① [法]沙洛姆·所罗门·瓦尔德:《中国和犹太民族:新时代中的古文明》(战略报告),张倩红、臧德清译,大象出版社2014年版,第30页。

合国常任理事国在国际事务中的重要影响力,以及中国式发展道路对解决中东问题的前景;① 而中国看重的则是以色列在许多领域中领先世界的高科技和创新能力,与欧美广泛的商业联系,以及独特而重要的地理位置。

在"一带一路"提出的"五通"建设内容中,中国和以色列可以重点加强在"设施联通"和"民心相通"方面的合作,即加快推进"红海—地中海高铁"项目和与之相配套的港口项目的建设,同时加强双方在科技、教育、文化、旅游等方面的人文交流,尽快落实 2015 年达成的一系列人文交流协议。在"贸易畅通"和"资金融通"方面,双方也完全可以在现有基础上大幅度提升合作水平。

第三,中以两国间既没有历史遗留问题,也没有直接的利害冲突,但双边关系有时却会因第三方而受到影响,尤其是在一些涉及政治、军事和安全的问题上更是如此。例如,中、以军事技术合作就曾受到美国的严重插手和干预,"阿拉伯因素""伊朗因素"也不时会对中以关系产生影响。然而,从近两年的情况来看,这种"第三方影响"的作用正在下降。尽管一直以来美国是以色列最重要的盟友,维护以美关系也是以色列外交的重中之重,但近年来以美关系却出现了较严重的裂痕。以色列在对外关系上加快了"向东看"和"融入区域"的步伐。一位以色列分析家认为,现在以色列不再需要"保护者",而需要的是"合作伙伴",它希望从一个"被保护的国家"变成一个"融入区域的国家"。②

巴、以双方都与中国保持着较好关系,都期待中国能在和平进程中发挥更大作用,2013 年 5 月甚至出现了巴、以领导人几乎同时访华的情况。同样,随着伊朗核协议的达成,中国—伊朗和中国—以色列两组关

---

① 2014 年 4 月,以色列总统佩雷斯访华时谈到,中国独特的发展模式对解决中东地区的贫穷、失业、教育和科技落后等许多问题都有着极大的启示作用,他将与中方探讨如何利用中国经验帮助中东解决贫困和实现和平的问题,2014 年 4 月 9 日,光明网(http://big5.gmw.cn/g2b/epaper.gmw.cn/gmrb/html/2014-04/09/nw.D110000gmrb_20140409_1-08.htm)。
② 例如,2015 年 3 月以色列总理内塔尼亚胡受美国会邀请访美,在国会讲话批评奥巴马政府,奥巴马则拒绝与其会面,参见刘平《美以关系降至冰点?》,《中国青年报》2015 年 3 月 4 日;Jean-Michel Valantin,"China, Israel, and the New Silk Road", https://www.redanalysis.org/2015/06/08/china-israel-new-silk-road/,2015-06-08。

系也已不再像以前那样水火不相容了。由于"第三方影响"越来越小，现在是加快发展中以关系的较好时机。当然，中国在发展同以色列的关系时，也要注意处理好与其他各方的关系。如中、以在"红海—地中海高铁"项目开展合作时，可以让约旦、埃及等国参与、受益，同时要提防美国再来搅局。

第四，尽管以色列政局和社会总体稳定，但对以色列投资、开展合作也并非没有风险，机遇总是与挑战并存。首先，中国同以色列开展经济技术合作的最大风险仍来自其外部环境，巴以冲突短期内难以解决，暴力冲突和恐怖活动时有发生。由于中东局势的复杂性，以及和平进程的长期性、曲折性和不稳定性，以色列在未来较长时期仍难以完全融入中东地区，其安全环境不可能有根本性改善。其次，由于以色列在政治、经济和安全等方面严重依赖美国，在"向东看"和同中国开展合作时，仍然会看美国的脸色，尤其是那些涉及政治、军事和安全的项目。所以，中国在同以色列打交道时，仍然不能忽略"美国因素"，避免当年的"预警机事件"重演。最后，从经济角度来看，以色列经济规模有限，自然资源匮乏，对外依存度高，容易受国际市场、价格波动的影响；以色列虽然是市场经济国家，但也存在着官僚主义、效率低下以及规章制度不透明等问题；以色列国内自由度大，工人罢工运动频繁，经常以游行、示威方式来表达自己的诉求，容易使双方一些合作项目受影响。

第五，促进中、以人文交流，增进双方相互了解；加强对以研究，纠正认知偏差。"一带一路"并非只搞经济，人文交流、民心相通亦是其中应有之义。虽然近年来中以之间开展了大量的人文交流，也取得了很好的效果，但仍有很大的拓展空间，两国民众仍存在着一些对彼此的错误认知。就中国民众而言，正如有学者分析的那样，一些人更多地看到战乱不止、动荡不安的以色列，而忽略其民主政治、经济繁荣和社会稳定的良好形象；一些人只看到美以特殊关系，简单地把以色列归为美国的"仆从"，而忽略了以色列作为一个民族国家的独立性与自主性，忽略了美以关系中的利害纷争。[①] 同时，国内有一些人过分美化以色列，夸大

---

① 张倩红：前引书，第344页。

它的成就和能力，夸大它对中国的感恩和友好。这些认知偏差，都应通过对以色列客观、深入的研究来加以纠正。

（本文原刊发于《西亚非洲》2016年第2期）

阿富汗与"一带一路"建设:
地区多元竞争下的选择

黄民兴 陈利宽[*]

摘　要：阿富汗是古丝绸之路上的重要枢纽，在中国"一带一路"建设中具有重大意义。同时，阿富汗也是国际竞争之地。美国的"新丝绸之路"计划以阿富汗为中心，计划建成从中亚到南亚的能源和交通通道，以及从中亚通往高加索、土耳其的油气管线。日本、巴基斯坦和印度的新丝路规划同样着眼于从中亚到南亚的能源和贸易通道。这些国家的丝路计划与中国存在竞合关系。阿富汗为推动国家重建对中国的"丝绸之路经济带"计划给予有力支持。相比于美、日，中国的"一带一路"建设坚持共商、共建、共享原则，积极推进与沿线国家发展战略的相互对接，尤其关注中国与阿富汗在资源开发、投资、工程承包市场等领域的互利合作。中国参与阿富汗的战后重建也存在一些风险：阿富汗的安全问题、阿富汗与邻国关系和有关国家发展计划的对接、中阿贸易通道、中阿贸易的起伏和逆差、阿富汗的经济疲软和商业环境。

关键词：阿富汗　"一带一路"　美国的"新丝绸之路"　多元竞争　国际合作

---

[*] 黄民兴，西北大学中东研究所教授；陈利宽，延安大学历史系讲师。

一 阿富汗在中国"一带一路"建设中的意义

"亚洲瑞士"阿富汗与瑞士一样,是一个多山的内陆国家,位于帕米尔高原西部,地处亚洲的心脏。阿富汗属于西亚东部,毗邻中亚、南亚和东亚(与中国接壤),因而是一个多重身份的国家:一般被认为是西亚国家,但在历史上又可以视为中亚国家,而冷战结束后阿富汗进入了南亚国家行列,成为南亚区域合作联盟的一员(2005年)。作为古丝绸之路上的重要中枢,阿富汗在中国"一带一路"建设中具有重大的意义。

第一,阿富汗的地理位置决定了它在本地区的战略地位。历史上,阿富汗长期是古丝绸之路的十字路口。横贯亚洲大陆的陆上丝绸之路路线在东亚、中亚主要有3条:其一是沙漠绿洲丝路,即从中国长安(今西安)出发途经西域、中亚通往西亚、南亚;其二是北方草原丝路,即从长安出发向北经欧亚草原通往西亚、欧洲,又称"皮毛之路";其三是西南夷道,即从长安出发途经中国青海、四川、云南通往印度,又名"青海路""麝香之路""茶马古道"等。在上述路线中,阿富汗地处沙漠绿洲丝路的中枢,而这条丝路是最重要的古代东西方商道,也就是通常所说的丝绸之路。因此,来自东亚、西亚的商旅均由此进入印度,而阿富汗也是中亚与南亚交通的必经之地,阿富汗与巴基斯坦之间的开伯尔山口就是连接上述地区的战略通道。该山口是兴都库什山最重要的山口,全长53公里,东面出口距巴基斯坦西北边境省首府白沙瓦仅16公里。由此,阿富汗距离最近、最重要的外部出海口在巴基斯坦;此外,阿富汗也通过土库曼斯坦和伊朗与外界保持陆上交通联系。

因此,阿富汗在古丝绸之路交通中占有重要地位,喀布尔和赫拉特均为亚洲重要的贸易城市和战略要地。作为东西方交通的要冲,以及南亚次大陆的战略屏障,阿富汗历史上一直是兵家必争之地、民族迁移之途。许多古代民族曾经在这里青史留名。经由阿富汗征服过邻近地区的古代帝王包括马其顿国王亚历山大大帝、加兹尼王朝国王马穆德、跛子帖木儿,印度莫卧尔王朝开国君主巴布尔,蒙古大汗成吉思汗等。阿富汗曾成为它的两大强邻争夺的对象:东面的印度莫卧尔王朝和西面的波斯萨法维王朝。19世纪以后,阿富汗成为英、俄两大帝国中间的缓冲国。

阿富汗也是南亚、西亚与中国之间文化传播的重要通道，佛教和伊斯兰教都是由此经西域传入中国内地的，巴米扬大佛就是最好的证据，而中国晋代高僧法显和唐代高僧玄奘也都是经此进入佛国印度，他们分别在名著《佛国记》和《大唐西域记》中记载了巴米扬大佛的雄姿。历史上不同民族的征服也带来了异域文化的风采，使阿富汗的文化更具有多样性的特点，如亚历山大东征带来的希腊文化与印度文化的结合形成了辉煌的犍陀罗艺术，后者于3世纪后向阿富汗东部发展，而最终受其影响的佛教艺术经西域传入中国。伊斯兰教兴起后，伊斯兰化的波斯语言和文化逐渐在阿富汗传播。18世纪普什图人主导的近代阿富汗国家建立后，波斯语开始成为阿富汗贵族的主流语言。① 波斯语后来成为阿富汗的官方语言之一。由此，阿富汗成为当今世界上3个以波斯语作为官方语言的国家之一，并且是连接另外两个波斯语国家伊朗和塔吉克斯坦的桥梁。考虑到波斯文化在中国、中亚和印度的广泛影响，阿富汗的媒介作用就更加明显了。

从北宋开始，丝绸之路的重点从陆上转向海上。到明朝年间，贯通亚洲大陆的传统陆上丝绸之路不复存在，取而代之的是短途的地区贸易和海上贸易。19世纪末20世纪初，控制了中亚的俄国完成了西伯利亚铁路的修建，从而形成了一条从符拉迪沃斯托克到达莫斯科的钢铁欧亚大陆桥，最终结束了丝绸之路的历史。同时，世界海上贸易的兴起决定了印度西北部（今巴基斯坦）成为阿富汗的主要贸易通道和出海口。

第二，阿富汗重要的地理位置决定了它对中国西部边疆，尤其是新疆的稳定具有重要价值。中、阿两国的共同边界为92.45公里，虽然不算长，但阿富汗与中国新疆在民族构成、文化、民俗等方面有许多类似之处，民间来往频繁。阿富汗的极端宗教思潮同样对新疆有着深刻影响，如塔利班时期就有数千名维吾尔族极端分子在塔利班营地中接受训练。同时，阿富汗战争以来的14年中，以美军为首的国际部队始终未能实现阿富汗的和平。另外，阿富汗南面的巴基斯坦西北边境省也是巴基斯坦塔利班十分活跃的地区（该地近两年也有东突分子活动），而其北面的中

---

① 波斯语是塔吉克人使用的语言，普什图人占领塔吉克人地区后受其同化而接受了波斯语。

亚同样有极端组织活动，因此阿富汗成为连接巴基斯坦和中亚极端组织的十分重要的中间环节。除了受到恐怖主义威胁以外，非法移民、越境走私毒品和武器等也是涉及两国国家安全的重要问题，需要双方合作应对。如果阿富汗能够实现真正的和平和繁荣，必然对中国西部边疆的安全稳定，乃至"一带一路"建设的深入开展有保障意义。

第三，阿富汗可以成为中国经济发展重要的原料来源和商品市场。阿富汗矿产资源丰富，但由于技术薄弱、运输困难和资金缺乏，迄今一直没有进行过全面的勘探和开发。储量较大并且目前已开发的主要矿产有煤、铁、盐、天然气、大理石、铬矿以及一些宝石、半宝石，其他包括铜、铅、锌、镍、锂、铍、锡、钨、汞、重晶石、云母、滑石、氟、石棉等。其中，天然气在20世纪由苏联人发现并进行工业开采，成为阿富汗最重要的出口产品（曾主要出口苏联）。阿富汗的石油资源不如天然气丰富，且勘探活动十分有限。此外，阿富汗宝石著称于世，如天青石、绿玉等。[1] 据美国国防部2010年测算，阿富汗矿产资源总价值约9080亿美元；而据阿富汗政府估算，阿富汗矿产资源总价值约3万亿美元。[2]

阿富汗是一个落后的农牧业国家，主要粮食作物有小麦、玉米、稻谷、大麦，主要经济作物有棉花、甜菜、甘蔗、油料作物、水果、坚果（包括阿月浑子、杏仁、核桃等）和蔬菜；主要牲畜有绵羊（包括著名的紫羔羊）、山羊和牛。现代工业主要是农矿产品加工业，包括纺织、食品、建材、皮革、化肥、五金、罐头、火柴等部门，而地毯是阿富汗具有悠久历史的独特的手工业产品。因此，阿富汗的主要出口产品是农牧产品，如棉花、水果、干果、地毯、棉花、紫羔羊皮、皮革等，主要进口商品是糖、茶叶、烟草、纺织品等日用品和包括汽车、轮胎、石油产品、化学品在内的资本货物。

第四，阿富汗的重建可以给中国提供重要的投资和工程承包市场。阿富汗的基础设施相当落后。二战后，在苏、美等国的援助下，阿富汗

---

[1] 关于阿富汗的矿产资源，参见王凤《列国志·阿富汗》，社会科学文献出版社2007年版，第一章第二节。

[2] 《美研究报告称阿富汗矿产丰富：总价值约9000亿美元》，2015年4月6日，证券时报网（http://finance.sina.com.cn/world/yzjj/20150406/005821891644.shtml）。

建成了一条联结国内大城市（喀布尔、贾拉拉巴德、赫拉特、坎大哈、马扎里沙里夫和昆都士）的高等级环形公路网，并且与苏联、巴基斯坦、伊朗等邻国边境的交通干线相连，但连年战争以及缺乏维护使这些公路的路况变得很差。资金匮乏和地势崎岖使阿富汗长期没有铁路。20世纪70年代末，该国开始建设两条从苏联边境到喀布尔的铁路，分别与今土库曼斯坦和乌兹别克斯坦的边境相连，其长度分别为9.6公里和15公里，它们是阿富汗境内仅有的铁路。

另外，经历了30多年战争的阿富汗，基础设施和工农业遭受了严重破坏（2001年塔利班政权崩溃时，战争摧毁了该国80%以上的基础设施）①，因此该国面临着繁重的重建任务。迄今为止，国际社会对阿富汗提供了大量人道主义援助，开展了许多重建工作，取得了一定成绩。然而，阿富汗在基础设施、工农业生产、文教设施等方面仍然面临很多问题，经济的"造血"能力微弱，需要国际社会的进一步援助。

二 "一带一路"倡议与阿富汗其他"新丝路计划"的竞合性

基于地处欧亚大陆的十字路口的战略价值，冷战结束后，阿富汗重新引起国际社会的关注。20世纪90年代以来，阿根廷、美国等国家的跨国公司和土库曼斯坦政府在阿富汗拓展业务（包括在阿富汗境内铺设天然气输气管线）②，阿富汗实际上已成为重要的国际力量博弈场，即使当时阿富汗仍处于激烈的内战中。近年来，一些国家政治高层发起了多个"新丝路计划"，中国提出的"一带一路"倡议并非是对接阿富汗经济发展战略或规划的首创者，这些计划的合作领域、具体实施路径、实施阶段及目标都值得关注。

---

① 陈琦：《阿富汗重建路漫漫》，《共产党员》2002年第4期，第53页。
② 1994年，阿根廷的布里达斯石油公司在土库曼斯坦获得石油租借地，开始生产石油。此后，该公司开始进行经阿富汗西部铺设输气管的可行性调查。1996年2月，布里达斯公司又与拉巴尼政府签订了一项在阿富汗建设和经营天然气管道及成立相关的国际财团的协议。Angelo Rasanayagam, Afghanistan; *A Modern History*, I. B. Tauris, 2003, pp. 159 – 160。

（一）美国的"新丝绸之路"计划

当下，学界热议的美国"新丝绸之路"计划源于美国有关经过阿富汗的油气管道问题的中亚计划。1995年4月，美国政府成立了包括国家安全委员会、国务院和中情局在内的工作小组，研究美国公司参与中亚油气开发的问题。在此背景下，1997年10月，美国参议员布朗巴克在与约翰·霍普金斯大学中亚和高加索研究所所长弗雷德里克·斯塔尔教授密切合作下，最早提出了有关"新丝绸之路"的提案。[①] 1998年2月，优尼科公司也向美国国会提交了一份名为《新丝绸之路：拟议中的阿富汗输油管》的报告，呼吁美国领导阿富汗的和平进程，为该公司策划的输油管方案的实施创造条件。[②] 1999年，美国国会通过了《丝绸之路战略法案》，该法案授权美国政府采取措施支持中亚和南高加索地区的消弭冲突、人道主义需求、经济发展、基础设施建设、边境管控、民主和公民社会的建设。[③] 2005年，斯塔尔进一步提出"大中亚计划"，建议美国以阿富汗为中心，推动中亚、南亚在政治、安全、能源和交通等领域的合作，建立一个由实行市场经济和世俗政治体制的亲美国家组成的新地缘政治板块，从而保障美国在中亚和南亚地区的战略利益。为推动计划的实施，美国国务院甚至于2006年1月调整了内部机构设置，把原属欧洲局的中亚五国纳入新设的中亚南亚局。2011年7月，美国国务卿希拉里正式宣布采纳"新丝绸之路"计划。

因此，美国的"新丝绸之路"计划经历了一个逐渐完善的发展过程。其基本方案是"能源南下，商品北上"，具体说，就是以阿富汗为中介，实现中亚能源南下到巴基斯坦，同时把巴基斯坦的制成品北运到中亚。这一方案以南北向的输气管为轴心，其目的是推动本地区的稳定和经济

[①] 高飞：《中国的"西进"战略与中美俄中亚博弈》，《外交评论》2013年第5期，第40页。

[②] Anonymous, "A New Silk Road: Proposed Petroleum Pipeline in Afghanistan", *Monthly Review*, Vol. 53, No. 7, 2001, p. 35.

[③] "Text of the Silk Road Strategy Act of 1999", https://www.govtrack.us/congress/bills/106/hr1152/text, 2016-02-13.

发展，防止阿富汗的毒品输出，① 同时使美国的势力深入中亚地区，阻止输气管北方的俄罗斯、西方的伊朗、东方的中国与中亚国家发展关系，尤其是能源联系。② 美国考虑的另一条线路是从中亚通往高加索、土耳其的油气管线。上述两条管线形成了一个"丁"字形线路，完成了冷战后美国在中亚、南亚和西亚的战略布局。尽管计划的内容主要涉及经济方面，但也包含了重要的政治内容和战略意义，具有一定的排他性。尤其是2011年出台的最终版本，旨在为美国的后阿富汗撤军时代布局。美国认为，阿富汗的政治稳定与经济繁荣密切相连，而阿富汗只有彻底融入中南亚区域经济发展中，才能够实现自身的繁荣稳定。因此，整合中南亚经济板块、促进中南亚区域经济合作，成为解决阿富汗问题、顺利完成撤军计划和确保反恐成果的重要前提和保障之一。③

然而，美国的"新丝绸之路"计划遇到了许多具体问题。经过多方努力，从阿塞拜疆经格鲁吉亚到达土耳其的巴库—第比利斯—杰伊汉管线（BTC）于2002年开工，2005年5月正式开通。从阿塞拜疆经格鲁吉亚到达土耳其的南高加索天然气管线（SCP，巴库—第比利斯—埃尔祖鲁姆管线）于2004年开工，2007年竣工。至此，美国"丁"字形线路通往西亚的"一"字有了结果，但上述线路仍然面临着沿线格鲁吉亚境内南奥塞梯与阿布哈兹问题及土耳其的库尔德地区动荡的不确定性。至于"丁"字形线路的主线即从中亚经阿富汗到南亚的"1"字形线路，则由于阿富汗和巴基斯坦西北边境省局势的持续动荡而进展不大。

面对实施中的实际困难，美国也开始强调其他国家的参与。例如，美国积极吸引外资参与阿富汗国内建设，帮助阿富汗建立独立的经济体系，提出国际社会共同分享阿富汗重建的"过渡红利"。④ 作为美国主导

---

① 1984年，美国52%的海洛因来自阿富汗。参见Tom Lansford, *A Bitter Harvest: US Foreign Policy and Afghanistan*, University of Southern Mississippi Gulf Coast, Ashgate, 2003, p. 144。

② 冷战后形成的里海石油管线方案主要有5个，即南俄方案（北线方案）、里海底方案（中线方案）、北伊朗方案、中国方案、阿富汗方案。见杨恕、汪金国《反恐战争前后的阿富汗周边地缘政治形势》，《兰州大学学报》2002年第5期，第58页。

③ 韩隽、郭沅鑫：《"新丝绸之路愿景"——"大中亚计划"的2011版?》，《新疆大学学报》2012年第5期，第97页。

④ 陈宇、贾春阳：《美国"新丝绸之路计划"现在怎样了》，《世界知识》2015年第6期，第30页。

的阿富汗重建问题的国际治理方式，阿富汗地区经济合作会议（Regional Economic Cooperation Conference on Afghanistan，RECCA）机制正式发起于 2005 年，前 5 届分别在喀布尔、新德里、伊斯兰堡、伊斯坦布尔和杜尚别举行，会议认为其"已经对阿富汗地区的经济建设有了重要的理论支持"。2015 年 9 月，在喀布尔召开的第六届阿富汗地区经济合作会议（RECCA-VI）最大的成果之一，就是在美国主导的国际会议上第一次以文件形式确认了中国"一带一路"倡议的重要地位，并将"一带一路"的"五通"糅进了备忘录。大会最后通过的《主席声明》提出："与会代表注意到中国提出的'一带一路'倡议及其对东亚、中亚和南亚广泛的经济和社会发展潜力。"①

（二）日本的"丝绸之路外交"政策

1997 年，日本时任首相桥本龙太郎提出了针对中亚和外高加索地区的"欧亚外交"政策，其主要目标是提高日本在中亚和外高加索地区的地缘政治地位，同时争夺该地区能源开发及贸易的主导权。在此基础上，日本于 1999 年进一步提出了"丝绸之路外交"政策，试图加强日本与该地区的高层交流，推动中亚的经济发展和双边能源开发合作，并积极参与中亚不扩散核武器、民主化和政治稳定等活动。2004 年以后，日本着手建立"中亚＋日本"对话机制。在同年举行的首次"中亚＋日本"外长会议上，外相川口顺子提到了推动包括阿富汗在内的"地区内合作"。本次会议和 2006 年召开的第二届外长会议还讨论了中亚—阿富汗—巴基斯坦管道以及土库曼斯坦—中国—日本输气管线、哈萨克斯坦—中国—日本输油管线等项目。②

与美国相比，日本的"丝绸之路外交"是反方向的"丁"字形，即从中亚到巴基斯坦的南北向管道和从中亚到日本的东西向管道。与美国相同的是，它同样带有强烈的政治性和排他性（旨在削弱中、俄在中亚

---

① 陈晓晨：《"一带一路"与美"新丝绸之路"的相遇》，2015 年 10 月 20 日，人大新闻网（http：//news.ruc.edu.cn/archives/115443）。

② 高博杰：《日本的中亚政策及中国的应对策略》，《国际关系学院学报》2011 年第 1 期，第 69—71 页。

的影响),以及战略缺乏连续性和整体性,未能考虑到其在经济、技术和政治方面面临的巨大困难。

(三) 巴基斯坦的中亚计划和印度的"连通中亚"计划

巴基斯坦是最早着手发展与中亚关系的南亚国家。该国与阿富汗一直存在领土争端,并多次爆发冲突,因为巴基斯坦的西北边境省在历史上曾属于阿富汗,当地居住着大批普什图人。所以,巴基斯坦在阿富汗抗苏战争期间追随美国支持圣战组织,希望在苏联撤军后与新的阿富汗政权建立良好关系,从而确立对印度的战略优势。中亚独立后,巴基斯坦盼望与中亚建立贸易和能源联系,因此它的计划与美国是相近的,而巴基斯坦寄予希望的就是塔利班,后者的任务是统一阿富汗并建立稳定的国内秩序。1995年3月,巴基斯坦与土库曼斯坦签署协议,委托布里达斯石油公司进行经阿富汗西部铺设输气管的可行性调查,管道的终点是巴基斯坦俾路支斯坦省。美国的优尼科公司也试图开展类似的输气管工程建设。但阿富汗形势的动荡使上述计划最终破产。[①] 阿富汗重建开始以后,阿富汗、巴基斯坦政府在修复联系两国的公路方面取得一定成绩。

南亚大国印度在苏联解体后提出了"连通中亚"计划,但是由于印度与中亚之间缺少直接的陆路通道,印巴关系又持续动荡,该计划难以推进。近年来,美国帮助塑造了印度的丝绸之路战略,因为该战略以印度为终点,为巴基斯坦的"丝绸之路"提供了支点。2012年7月,印度重新阐释了其新丝绸之路规划,主要内容之一包括打造通往中亚的能源和贸易通道。[②] 因此,印度的新丝绸之路规划与巴基斯坦相同,都是南北向的"1"字形,主要服务于本国经济,但同时具有重要的战略意义。

除此之外,土耳其发起的"中东走廊"或称"现代丝绸之路计划"也包括阿富汗,而伊朗于2011年提出的"铁路丝绸之路"计划中,阿富

[①] 关于这一时期跨国石油公司围绕经过阿富汗的中亚油气管线进行的激烈竞争以及巴基斯坦与阿富汗战争的关系,参见 [巴基斯坦] 艾哈迈德·拉希德《塔利班——宗教极端主义在阿富汗及其周边地区》,钟鹰翔译,重庆出版社2015年版,第12—13章。

[②] 甘均先:《中美印围绕新丝绸之路的竞争与合作分析》,《东北亚论坛》2015年第1期,第110页。

汗也被列入铁路沿线国。因此，前文所述的美国和地区各国的"新丝路计划"中，只有美国的战略具有全球性，而其他诸国的计划则主要服务于本国利益，尽管日本计划中的管道规模不亚于美国。另外，美、日、巴、印等国的共同特点是规划缺乏合理性，主要是因为作为连通南亚唯一通道的阿富汗重建遭遇了重大挫折。当然，我们还必须看到，上述计划反映了不同国家对复兴丝绸之路的不同理念，与中国提出的"一带一路"倡议具有一定竞争性，但更重要的是，它们并非相互排斥，而是具有广泛的合作空间。中国的"一带一路"倡议若能与上述"新丝路计划"通力合作，各个计划均可以相互加强，同时发挥"力量倍增器"的作用，支持由私有经济带动的经济增长和就业，并促进欧亚大陆乃至更广范围的经济融合。

三 "一带一路"下中国与阿富汗的发展合作

中华人民共和国成立以来，中国一直与阿富汗保持着良好的双边关系。中国政府向阿富汗提供了力所能及的援助，包括水利建设、种植业、养殖业、工业等领域。在阿富汗抗苏战争期间，中国也向该国难民提供了人道主义援助。

（一）中国与阿富汗双边关系发展现状

自从阿富汗战争结束以来，中国积极参与了阿富汗重建。2001—2014年，中方免除了阿富汗的到期债务，提供了15.2亿元人民币的无偿援助。① 中国也为阿富汗完成了一批援建项目，主要包括：帕尔旺水利工程、昆都士公路重建项目（总长232公里）、喀布尔共和国医院重建工程、喀布尔和外地八省市电话系统扩容改造项目、从萨罗比到贾拉拉巴德的公路修复工程。截至2008年底，中国在阿富汗经济合作的合同总额近3亿美元，完成总营业额1.8亿美元，主要涉及通信、公路建设等基础

---

① 李克强：《在阿富汗问题伊斯坦布尔进程第四次外长会开幕式上的讲话》，2014年10月31日，中国外交部网站（http：//www.fmprc.gov.cn/web/gjhdq_676201/gj_676203/yz_676205/1206_676207/1209_676217/t1206165.shtml）。

设施,以及房地产和有色金属领域。① 自 2006 年 7 月起,中方给予阿富汗 278 种对华出口商品零关税待遇。②

此外,中国积极参加了阿富汗矿物资源的开发。2009 年 6 月,中、阿签署矿业合作谅解备忘录。之后,中国在阿富汗承揽了两项重大的矿业开发工程。其一,2009 年 7 月,由中冶江铜联合体中标的阿富汗艾娜克铜矿正式开工,项目投资 28.7 亿美元,早期生产规模为年产精炼铜 22 万吨,项目建设期 5 年,配套设施包括火电厂和磷肥厂,以及学校、医院、清真寺等服务设施,还计划修建钢厂和铁路等,总投资额超过 100 亿美元。其二,2011 年 9 月,中石油在萨尔普勒省的阿姆河油田招标中中标,拟投资 50 亿美元进行石油开发,协议为期 25 年,并建立炼油厂。这是战后阿富汗的第一个石油开发项目,也是当时外资在阿富汗最大的投资项目。上述项目的完成,可以为阿富汗提供大量财政收入和就业机会,从而加强其经济的造血能力。据报道,如果项目进展顺利,阿富汗可以从萨尔普勒省油田开发中获得 70 亿美元的收益。③ 2012 年 11 月,中国驻阿富汗大使徐飞洪接受阿富汗电台(Spogmai)采访时说:上述工程是"阿富汗迄今最大的两项境外投资项目,堪称中阿互利互惠合作的标志性工程"④。

除了经贸和投资往来以外,中、阿两国也积极开展了人文方面的交往,尤其是在人才培养方面。2001—2014 年,中方为阿富汗培训了 1000 多名经贸、财政、农业、外交、教育、水利等领域的专业人才。中方支持阿方派遣艺术团及文化专家来华参加亚洲艺术节和其他文化交流活动,为阿富汗青年来华留学提供政府奖学金,支持在阿富汗汉语教学,鼓励两国高校开展校际交流。2014 年 10 月,两国政府发表的《关于深化战略

---

① 《对华关系环球纵览》,2016 年 2 月 1 日,环球网(http://country.huanqiu.com/compare/index/bid/54/cid/51/fid/160/tid/18)。
② 《阿富汗总统卡尔扎伊结束访华离京》,2010 年 3 月 25 日,新华网(http://news.xinhuanet.com/politics/2010-03/25/content_13246482.htm)。
③ 林晨音:《"进军"阿富汗油田 中石油签下大单》,2011 年 12 月 29 日,法制晚报网站(http://www.fawan.com/Article/jj/zh/2011/12/29/142839141405.html)。
④ 《驻阿富汗大使徐飞洪接受 Spogmai 电台采访》,2012 年 11 月 22 日,中国外交部网站(http://www.fmprc.gov.cn/web/gjhdq_676201/gj_676203/yz_676205/1206_676207/ywfc_676232/t991865.shtml)。

合作伙伴关系的联合声明》指出：双方将在文化、教育、青年、妇女、公民社会、媒体等领域加强交流与合作；未来五年将通过各种渠道向阿方提供500个中国政府奖学金名额；中方将推动两国媒体加强互动，支持阿方促进妇女权利的努力，为阿富汗妇女儿童提供力所能及的帮助。① 同年，习近平主席宣布，中国将在未来5年向阿富汗提供3000个人员培训名额。② 2015年，中、阿两国在双方建交60周年之际举行了"中阿友好合作年"活动。此外，中国也承建了阿富汗国家科技教育中心、喀布尔大学中文系教学楼等多个重大民生项目。2014年，中国传媒大学教授车洪才花费了36年心血编纂的《普什图语汉语词典》出版，阿富汗总统加尼亲自为他颁授了赛义德·贾迈勒丁·阿富汗勋章。

（二）借力"一带一路"提升中国与阿富汗合作的思考

对于中国提出的"一带一路"倡议，阿富汗给予了热情的支持。2014年10月，阿富汗总统加尼在会见国务院总理李克强时表示："丝绸之路经济带建设有利于阿富汗等地区国家的长远发展，阿方愿积极参与，同中方扩大互利合作，支持南亚国家同中国加强合作。"③ 同时，中国政府也支持阿富汗全面参与、融入地区发展的各种计划。2014年10月发表的《阿富汗问题伊斯坦布尔进程北京宣言》指出："注意到阿富汗在连接南亚、中亚、欧亚（或欧洲）和中东地区的'亚洲中心'大陆桥作用"，鉴于此，"通过真诚的地区合作与国际社会的持续支持，阿富汗将能充分发挥其地缘和资源优势，为促进阿富汗和'亚洲中心'地区的贸易与发展做出重要贡献"，"我们确认，推动地区经济合作、交通互联互通、基础设施建设、贸易便利化和人员往来是伊斯坦布尔进程合作的重中之重。我们支持实施与这些重点相契合的项目，包括与'亚洲中心'地区国家、

---

① 《中华人民共和国与阿富汗伊斯兰共和国关于深化战略合作伙伴关系的联合声明》，2014年10月28日，新浪网（http://news.sina.com.cn/c/2014-10-28/215731059183.shtml）。
② 李源潮：《加强中阿合作，再现丝路辉煌》，[阿富汗]《每日瞭望报》2015年11月4日。
③ 《李克强会见阿富汗总统加尼》，2014年10月29日，中国外交部网站（http://www.fmprc.gov.cn/web/gjhdq_676201/gj_676203/yz_676205/1206_676207/xgxw_676213/t1205350.shtml）。

地区组织和其他机构现有多边项目和措施相补充的项目,促进与阿富汗基础设施的有效互联,加强和促进'亚洲中心'地区的经济互联、发展和融合,建设利益和命运共同体。……我们'亚洲中心'国家,承诺积极参与东西走向交通通道的建设,并在南北走向上使阿富汗与南亚基础设施有效相连"①。

毫无疑问,中国"一带一路"倡议中提到的政策沟通、设施联通、贸易畅通、资金融通和民心相通将为深化中国与阿富汗全方位合作注入新的活力。除了上文提到的矿物开发、减免债务以及基础设施投资等方面,我们需关注阿富汗政府的投资优先领域,找准双方合作的新亮点。不过,中国在"一带一路"背景下参与阿富汗的建设也存在需要关注的问题。

第一是阿富汗的安全问题。虽然国际社会对阿富汗重建投入巨大,但由于各种原因,迄今阿富汗的安全形势仍然十分严峻。据说塔利班控制了阿富汗62%的土地,② 已经进入了过去较为平静的阿富汗北部活动,于2015年9月一度攻占了北部重镇昆都士。此外,中东的极端组织"伊斯兰国"开始进入阿富汗,塔利班成员约有10%已经成为"伊斯兰国"的同情者(阿富汗安全部队消息),据传双方已相互宣战。③ 而奥巴马上任后,就宣布美国开始从阿富汗撤军,于2016年底完成全部撤军行动。从具体进展情况看,2014年12月28日,北约驻阿富汗国际部队举行了完成使命仪式,此后北约在阿富汗保留了12500名士兵,执行一项为期两年的为阿方提供训练和援助的任务,而阿富汗政府军从2015年1月1日起全面接管战斗和安全行动任务。另外,国际社会积极推动阿富汗政府与塔利班展开和谈。2015年7月,阿富汗政府与塔利班在巴基斯坦进行了正式对话,双方表示将为和平与和解进程创造条件。但由于塔利班前

---

① 《阿富汗问题伊斯坦布尔进程北京宣言:深化地区合作,促进阿富汗及地区持久安全与繁荣(全文)》(2014年10月31日,北京),2014年11月1日,中国外交部网站(http://www.fmprc.cn/web/gjhdq_ 676201/gj_ 676203/yz_ 676205/1206_ 676207/xgxw_ 676213/t1206432.shtml)。

② 这是巴基斯坦驻阿富汗前大使的说法,参见《中国在阿富汗的投资是否安全》,2014年10月29日,新浪网(http://mil.news.sina.com.cn/2014-10-29/1259808154_ 2.html)。

③ 法新社联合国2015年9月25日电。

任最高领导人奥马尔死讯公开,其后塔利班又发生内讧,新任领导人曼苏尔被杀,原定于 2015 年 7 月底举行的第二轮对话被取消。其后,塔利班加强了恐怖暴力活动。鉴于阿富汗安全环境的持续恶化,美国于同年 10 月宣布推迟撤军行动。根据新计划,驻阿富汗美军人数将在 2016 年的大部分时间里保持 9800 人,进入 2017 年后其人数将维持在 5500 人,重点任务仍然是训练阿富汗国防军和协助打击塔利班武装。

我们必须看到,阿富汗重建是一项国际社会广泛参与的工程(这与伊拉克形成鲜明对比),美国、德国、意大利、日本、英国、印度、巴基斯坦、伊朗、中国及中亚等国家和地区均积极参与,尤其是驻阿富汗国际部队的士兵来自 37 国。联合国和许多国际非政府组织也广泛参与了阿富汗重建。另外,美国在阿富汗政治、安全重建和阿富汗政府财政方面发挥了最重要的作用。今后,中国将继续与国际社会一道,共同致力于阿富汗冲突的和平解决。

第二是阿富汗近期经济发展重点与优先领域与"一带一路"的契合性。任何计划的实施都离不开阿富汗国内经济发展战略或计划的支撑,中国的"一带一路"倡议也需关切阿富汗当下的迫切需要。阿富汗目前正在制定综合发展战略,以期克服阻碍贸易和运输的瓶颈。例如,阿富汗业已开始大力投资急需的交通基础设施。2012 年 3 月,在塔吉克斯坦首都杜尚别举行的第五届阿富汗地区经济合作会议就反映了这一思路。会议期间,阿方与巴基斯坦、塔吉克斯坦和伊朗签署了两个地区经贸合作协议,其一涉及地区贸易合作,其二涉及基础设施项目(阿、伊、塔三国合作建设连接三国的跨国铁路工程、阿—塔输变电线路项目、三国跨境输水管道项目);另外,巴基斯坦同意恢复停工的援阿项目,即自阿巴边界托克汉姆至贾拉拉巴德公路项目。阿富汗还希望巴基斯坦启动建设巴方境内到托克汉姆的铁路,以便与阿铁路连接。① 同年 11 月,在曼谷召开的联合国中亚经济特别项目会议(SPECA)进一步确认了前述会议业已达成的内容,其中提到已经取得进展的 3 项跨国基础设施项目:其一是铁路项目,包括考尔霍佐波(塔)—潘吉波音(塔)—舍尔汗班

---

① 《第五次阿富汗地区经济合作会议主要经济成果》,2012 年 3 月 28 日,中国商务部网站(http://www.mofcom.gov.cn/aarticle/i/jyjl/j/201203/20120308039389.html)。

达尔（阿）—昆都士（阿）线路，贾拉拉巴德（阿）—托克汉姆（阿巴边境）—兰迪库塔尔（巴）线路，查曼（巴）—斯宾波尔达克（阿）线路；其二是公路项目，包括连接阿富汗与土库曼斯坦和塔吉克斯坦的公路；其三是能源项目，包括从土库曼斯坦经阿、巴到达印度的输气管（TAPI），阿、塔、吉、巴输变电线路项目（CASA-1000）。①

第三是阿富汗与邻国关系和有关国家发展计划的对接。阿富汗的重建离不开周边国家的参与，而阿富汗与这些国家的关系并非四平八稳，尤其是与巴基斯坦。重建开始后，阿富汗一直指责巴基斯坦继续支持塔利班在境内活动，威胁阿富汗安全和主权。因此，对于中国而言，如何协调上述关系，把"一带一路"规划与阿富汗、巴基斯坦、伊朗和中亚国家的相关发展计划对接起来是一个重大课题。

与美、日注重地缘政治和排他性的"新丝绸之路"计划不同，正如中国政府发布的《推动共建丝绸之路经济带和21世纪海上丝绸之路的愿景与行动》文件所说的："'一带一路'建设是一项系统工程，要坚持共商、共建、共享原则，积极推进沿线国家发展战略的相互对接。""积极利用现有双多边合作机制，推动'一带一路'建设，促进区域合作蓬勃发展。"② 从方向上看，美国的"新丝绸之路"计划核心是南北向的路线，而中国的"一带一路"整体上是东西向的，并且呈现为一个巨大的带状，包括整个中亚、南亚、西亚和南高加索地区，同时中国的计划考虑到了与有关地区和国家（包括俄罗斯）相关计划的对接。"丝绸之路经济带"沿线各国唯有相互尊重，互不干涉内政及实现互信，丝绸之路的建设才更容易获得成功。

第四是中国与阿富汗的贸易通道。目前，中国西北部通往西面的主要通道有两条：一条是从新疆经哈萨克斯坦、乌兹别克斯坦到土库曼斯坦的线路，它可以进一步延伸到伊朗和土耳其；另一条是从新疆到巴基斯坦的中巴经济走廊，它包括公路、铁路、管道、港口、园区

---

① SPECA, *Review of Work in the SPECA Framework in Support of the Implementation of the Decisions of the Fifth Regional Economic Cooperation Conference on Afghanistan*, Bangkok, 2012.

② 《推动共建丝绸之路经济带和21世纪海上丝绸之路的愿景与行动》，2015年6月8日，新华网（http://news.xinhuanet.com/gangao/2015-06/08/c_127890670.htm）。

等在内,其建设将把中国西部与印度洋直接联系在一起。上述两条通道分别穿越阿富汗国境的北方和南方,而两条通道的存在加上瓦罕走廊与中国接壤的长度有限、地形崎岖和阿富汗安全形势,目前不大可能另外开辟直接通往阿富汗的通道。事实上,中巴经济走廊可以为阿富汗提供更为便捷的出海通道,而中国已经同意为阿巴公路、铁路的修建提供帮助。①

第五是中、阿贸易的起伏和逆差。2010年3月,两国政府再次签署协议,规定阿富汗95%的输华产品享受零关税待遇。但由于安全形势和政治走势不明朗,近年来中、阿贸易额下降,同时因为各种原因,中资企业目前进行的矿业开发尚未进入产出阶段,阿富汗对中国工业品有巨大需求,因此阿富汗在对华贸易方面存在较大逆差。2011—2012财年,阿富汗从中国进口额为5.77亿美元,对中国出口额为1020万美元。②2013年,阿富汗的进口额下降为32826万美元,出口额降至960万美元,逆差为31866万美元;2014年,阿富汗的进口恢复到39356万美元,出口猛增到1737万美元,但逆差上升为37619万美元。③在阿富汗的矿业生产尚无法大规模开展的情况下,中国可考虑帮助阿富汗发展现有的主要创汇产业,如皮革、棉花、干果、地毯等,同时推动中资企业从事的矿业生产尽快进入正轨。

第六是阿富汗的经济疲软和商业环境。由于安全环境的不确定,近两年阿富汗对外投资吸引力明显下降,其高度依赖外国援助的经济发展模式面临巨大挑战。根据亚洲开发银行报告,2013年阿富汗国内生产总值(GDP)为207亿美元,实际增长率仅为3.6%,与上年(14.4%)相比大幅度下降。④ 同时,阿富汗经济的可持续能力很差,90%的国内生产总值来自西方军队在阿富汗消费、西方援助、西方国际组织和联合国组

---

① 《中方回应将助阿富汗建造公路及向巴基斯坦出口水电站》,2015年2月10日,凤凰网(http://news.ifeng.com/a/20150210/43146896_0.shtml)。

② 商务部国际贸易经济合作研究院、商务部投资促进事务局、中国驻阿富汗大使馆经济商务参赞处:《对外投资合作国别(地区)指南:阿富汗》,2014年,内部印刷,第39页。

③ 参见中华人民共和国国家统计局网(http:data.stats.gov.cnsearch.htm?s=%E9%98%BF%E5%AF%8C%E6%B1%97),访问日期:2016年2月15日。

④ 商务部国际贸易经济合作研究院、商务部投资促进事务局、中国驻阿富汗大使馆经济商务参赞处:前引书,"参赞的话"部分。

织及人员在阿富汗的消费。① 同年，全年居民消费价格指数（CPI）涨幅达7.7%，失业率高达40%。此外，该国还存在基础设施不足（阿富汗电力2/3靠进口②），市场有限，汇率不稳，工业园条件有限，法律法规不健全，政府部门腐败成风、办事效率低下，金融、银行配套服务落后，劳动力素质差等问题。③ 因此，外资企业在阿富汗中标的大型项目至今难以真正开展（包括印度中标的哈吉加克铁矿和中国中标的艾娜克铜矿）。另外，中、阿两国尚未签署避免双重征税协定和投资保护协定。在这方面，中国可以协助在阿富汗的中资企业改善经营，帮助阿富汗提高自身的造血能力，并就签署避免双重征税协定和投资保护协定开展前期谈判。

  总之，由于历史和现实的原因，阿富汗在中国的"一带一路"建设中占有重要地位。但是，由于阿富汗国内安全、经济和周边关系等方面的原因，具体工作的开展仍然面临着较大困难，需要稳步推进。同时，中国政府应当继续推动阿富汗政府与塔利班的谈判，为阿富汗安全形势的改善做出自己的努力，从而为阿富汗自身发展以及中、阿双方的经贸合作创造稳定且安全的外部环境。

（本文原刊发于《西亚非洲》2016年第2期）

---

  ① 《中国在阿富汗的投资是否安全》，2014年10月29日，新浪网（http：//mil. news. sina. com. cn/2014 - 10 - 29/1259808154_ 2. html）。
  ② 商务部国际贸易经济合作研究院、商务部投资促进事务局、中国驻阿富汗大使馆经济商务参赞处：前引书，第33页。
  ③ 参见《阿富汗投资环境综述》，2016年1月15日，中国商品网（http：//ccn. mofcom. gov. cn/spbg/show. php? id = 8661）；商务部国际贸易经济合作研究院、商务部投资促进事务局、中国驻阿富汗大使馆经济商务参赞处：前引书。